国家出版基金项目
NATIONAL PUBLICATION FOUNDATION

辛亥革命资料选编

第三卷

各地光复 （上册）

刘　萍　李学通／主编

卞修跃　古为明／编

社会科学文献出版社
SOCIAL SCIENCES ACADEMIC PRESS (CHINA)

辛亥革命先著记（之三）

杨玉如

第四节 各省先后响应

（1）长沙 武昌首义，既于辛亥八月十九日胜利实现。湘省党人焦达峰、陈作新等得电讯，即剑及履及，调兵遣将，星夜准备响应，以焦前在武昌与首义党人盟誓甚坚，恐有负约也（焦达峰前与武昌党人约如湘先发动，鄂即日应之。如鄂先发动，湘即日应之。详见前第三章第五节）。果然，只经旬日布置，遂于九月一日拂晓，焦达峰率炮兵进小吴门，陈作新率步队进北门，先占军械局，进围抚署。巡抚余诚格穿后垣逃，巡防统领黄忠浩抗顺，杀之。翌日各界集谘议局，推达峰为都督，作新副之。后因梅馨作乱，于九月十日城外兵变，陈作新往抚被杀。变兵复至都督府杀焦达峰，推谘议局议长谭延闿继任都督。但谭就任后，湘省仍能出兵援鄂，于是湖北无后顾之忧，东南各省动摇，共和基础得以稳固，未始非长沙首先响应之力也。

长沙更易都督详情 先是湘抚余诚格，闻武昌起义后，即将长沙新军尽调驻外县，以防其变。又与巡防统领黄忠浩秘商，将巡防兵调入省会。自焦达峰占领长沙，余诚格逃，黄忠浩被诛，而分驻各县之新军，于是又调返长沙。初，新军标统梅馨之归自益阳也，焦达峰即令率其众由株萍铁路攻赣，因斯时南昌尚未响应故也。馨言须休息半月，然后出师，达峰不可，又言至少须八日，亦不从，且曰不从令者死，于是梅馨勉强应之。及归营，乃集将士言其事，因激怒之曰："今满清之命运不可知，而达峰起于会党，不谙兵事，吾曹至省喘息未定，即令出攻江西，吾要求半月成行，不可，乃欲治吾以军法。吾非畏死不能革命，第悯吾士卒之劳，且羞为之下，彼必迫吾行事者，吾当手刃之，以救湘人，如何？"皆默然不应，馨恐其士卒离心，或已附焦也，因内悔失言，遽啮舌而吐曰："予病了。"卫士扶以入，诸将亦散。会达峰以谗言遽撤梅馨标统职，其三营十二队队长，悉更以己所亲信。于是众乃大哗，相率来见馨，而馨皆拒不见，托词病甚，不可以风，从医嘱拒客，众益恐。有部下杨子玉者，独披帷入见曰："前统领有命，而吾辈未敢附和者，未知决心如何耳。今事急，当唯命。"馨闻，蹶然起曰："汝曹能从老子令乎。必从吾令，可即发，子玉当携一队往和丰公司门外挑衅。陈作新无谋之辈，必自来弹压，即杀之，并携其首入北门。吾自率众由小吴门又一村而冲都督府，则达峰首级可得。"众从之。杨子玉即以众至和丰公司门外，小有劫掠。副都督陈作新果亲往谕，遂为子玉所害。达峰都督府守卫单薄，梅馨率兵至时，有报告陈副都督于北门外落马者，达峰方握剑乘马以出，梅馨遇之于门，即挥众断其首，而陈作新之首亦至。谭人凤、谭心休、阎鸿飞、曾杰、陈树人辈皆逃。于是众议举梅馨为都督，馨固辞不敢就，余钦翼献策曰："今举都督，非资望不能服众。梅统领既不肯为都督，则吾辈军人皆无一可者，我建议莫若选文治派中如谘议局议长谭延闿辈为之，以成革命大事。诸君以为何如？"众皆鼓掌称善。梅馨曰："谁为我们请谭议长。"余钦翼曰："某愿往。"于是往迎谭延闿，延闿拒弗纳，前锋将火其门，谭氏惧，启而纳之。时延闿犹匿不敢见，其母出，顿首于诸将之前曰："吾子与诸君非有宿怨，何忍见害?"众告其谋，弗解，惟涕泣叩头如故。余钦翼百般安慰之，延闿寻出，亦痛哭不已。余告以推为都督之意，不允，乃强之入教育会。众军望见，拍掌如雷，即议投票选举。谭延闿得票多数，于是乃强之就职，谭亦无可如何，入府门，涕犹潺湲不止云（录覃理鸣口述）。

（2）九江　九江新军得武汉首义消息，早有欲动之象。谣言纷起，日必数惊。至九月初二日午后一句钟，五十三标军士乃迫令标统马毓宝起义。马首肯，随即密令定于本日夜间十点钟发动。届时由金鸡坡炮台放炮三响为号，各营发枪三响以应。旋见道署火起，保恒不知下落。当由义兵将火扑灭。九江府汉良一闻炮响，即已潜逃，迨陆军往攻时，上下人等均已不知去向。所有道、府两署，遂垂手而得。江西提法使张检前奉派来浔筹办军务，带有卫队四十名，亦同声响应，张只身逃。五十一标标统庄守忠奉派率第一营来浔，驻扎南门外洋火厂。城内事起，惟该营不附和，守忠并拟入城对敌，讵为马标统早已预为防备，在南门城上设野炮二尊，正向该营，兵士遂不敢动，相率往省逃去，未逃者遂纷纷投降。

初三日马毓宝即将本部移驻道署，将兵备道匾额撤去，改名曰中华民国驻浔军政分府。马被举为都督，府内分军务、政务二大部，军务部即由马自兼，政务部由地方商学各界公举罗大佺主之。其内部之组织，均照鄂省办理。此次九江新军起义，举动极为文明。九江知府汉良眷属大小男女共计七口，已被拘获，军政府均准商会保释，并不加害。

（3）西安　党人徐朗西、康宝忠、井勿幕、张益谦等，联络会党，原拟九月八日起义。时巡抚恩寿入京，藩司钱能训护院，凡新军认有革命嫌疑者悉移调外县，而代以防营，并逮捕党人。新军遂于一日发难，三日占领渭南、临潼各县，公推管带张凤翔为全陕复汉军大统领，后改称都督。钱能训及文武百官均逃。城内驻防顽抗，继投降，皆杀之。都督府设高等学堂内办公。其后两旬，陕甘总督升允率回军三十余营进窥咸阳，与民军迭次激战，西安颇受威胁，后清帝退位始停战。

（4）太原　山西巡抚陆钟琦，闻陕继武昌起义，派新军往守潼关，九月七日发给饷弹，定翌日出发。时杨彭龄为一营连长，姚继藩为参谋，与同志商起义。八日晨发难，举姚以价为司令官，分攻抚署及防营，杀巡抚及其子，防营亦溃，遂举阎锡山为都督，温寿泉副之。二十三日清军攻陷娘子关，双方交战甚烈，及清帝退位停战。

（5）昆明　武昌首义，云南陆军高级干部时有密议。其消息外露，总督李经羲忧之，与总参议靳云鹏、统制钟麟同及王振畿、唐尔锟等筹商，欲调罗佩金（七十四标统带）、李根源（讲武堂监督）外出，李烈钧（陆军小学监督）则早派往北洋观操矣。并拟惩办李鸿祥（七十三标管带）、谢汝翼（炮队十九标管带），又命唐尔锟、刘显治由黔募兵。尚未及行，而义军已起。初约九月九日夜三时发难，七十三标（统带丁锦，靳云鹏私人）在城内，由李根源率之，协统蔡锷率七十四标入城。是晚八时，三营管带李鸿祥分发子弹，队官唐元良附丁锦者也，为其所觉，其排长黄毓成〔英〕即开枪击毙之，枪声震及全营。适李根源至，吹集合号，三营全部出，二营管带逃，队官率兵来会。其统带丁锦率标部卫兵抗拒，一营附之，力不支，锦遂逃。李根源乃整队攻军械局，钟麟同、靳云鹏、王振畿等率辎重营陆军警察队机关枪队顽强抵御。李势颇危，时蔡锷尚在某处议事，及接督署镇司令部电话，始知北校场已发难，急统兵入城攻督署，又分兵协攻军械局，至十一时始克之。督署则于次日上午十时攻下。再移攻钟军，血战数小时，钟被围不能冲出，即拔刀自刎。但靳云鹏伪装舆夫，肩空轿出城，乘车走矣。军政府设于两级师范学堂，公推蔡锷为都督。

（6）南昌　九江独立，赣抚冯汝骙一筹莫展。九月十日，绅学各界会议于谘议局，推协统吴介璋为都督，刘启凤为民政部长。十二、十三两日，赣州、吉安、南安、南康、瑞州等处次第光复。二十二日彭程万继吴任。未几李烈钧自皖回，彭辞，李烈钧任都督。虽一月中三易都督，幸全省秩序如常，居民安堵。

（7）贵阳　党人张百麟、黄泽霖等，组自治会，创办《西南日报》，鼓吹革命。自武昌首义后，即与谘议局议长图响应，于九月十三日开会，议决商请巡抚沈瑜庆宣布承认民国，即推为都督。沈不就，自解职去，于是推杨荩诚为都督，赵纯诚副之。

（8）上海　陈其美、李平书早经分途联络，李徵五、潘月樵在会党方面亦颇尽力，临时又有张蓬生、刘福标等参加，遂于九月十三日聚数千人及商团数百人起事。先占领闸北警察局，以陈汉钦为领袖。又据浦东警察局，以陈天民、沈侠民为领袖。上海道闻风逃遁。惟制造局张楚宝顽抗，民军初进攻，颇有死伤，其美因往游说楚宝，竟被拘。次晨再攻，局内工人多内应，遂克之。湘人李燮和亦光复吴淞炮台。九月十五日遂公举陈其美为沪军都督，李平书为民政长。后又以李燮和组军政分府于吴淞，张蓬生为北伐司令。．

（9）杭州　九月十三日谘议局沈钧儒等请巡抚增韫独立，增不允。次日新军八十一二两标与上海派来敢死队百余人发难。八十二标统带周承菼占领抚署，八十一标朱瑞占领军械局，增韫被俘。驻防旗人不降，十五日以重炮轰之，即屈服。于是以谘议局为军政府，公推铁路总理汤寿潜为都督，周承菼副之。

（10）苏州　上海独立后，党人章梓等五十余人赴苏，与新军各标营商洽，随邀集绅商，请巡抚程德全宣布独立。九月十五日晨，城内外一律悬白旗，公推程德全为都督，协统艾忠琦为司令长。次日松江光复，公推钮永建为军政长。清江浦则先一日晚由十三协前队队官赵云亭、二十五标掌旗官龚振鹏起义，率领辎重营入城，联合步六营、马一营、炮二营、工程一营，由协统魏宗瀚统率，于十六日晨与巡防营交战，败之。道尹兼护江北提督蒉良潜逃，举蒋雁行为清江浦军政分府都督。

（11）镇江　江苏陆军十八协三十六标一营管带林述庆，与许崇灏协力运动，九月十七日夜，会议于岘山，宣布起义。公推述庆为镇军都督，崇灏为参谋长，随崇灏游说停泊附近之海军军舰十二艘归顺。扬州盐务缉私统领徐宝珊，亦经李竟成、赵鸿禧劝其反正，编为镇军第二师。臧在新、韩恢则收编淮安驻军为一混成旅。述庆军力甚盛，攻宁援鄂均极努力。

（12）广西　九月十七日谘议局议决独立，由议长秦步衢与巡抚沈秉堃、藩司王芝祥商洽，会同新军反正，章陶严、陈元伯等联络军警甚力。次日晨正式宣布，公举沈秉堃为都督，王芝祥、陆荣廷副之。后沈统军北伐，王亦辞，由陆荣廷继任。

（13）安徽　党人于九月十五日光复寿州。十八日谘议局议决独立，推巡抚朱家宝为都督，王天培副之。旋发生纠纷。适王庆云等在淮上声势甚盛，皖北皆附之。朱遂离皖，马毓宝兼代。后孙毓筠、柏文蔚先后继为都督，皖局始定。

（14）福建　先是彭寿松、马景融等运动军警起义，将军朴寿加意防范。九月十七日，谣传旗军围攻统制孙道仁宅。其晚推二十协协统许崇智为总司令，督师与旗军战，十九晚旗军败，乞和，总督松寿自尽。二十一日晨，一部分旗军向汉界攻击，又经击溃，将军朴寿、都统胜恩均被俘。诛朴寿，所有旗兵缴械给资遣散。公举孙道仁为都督，于二十二日视事，厦门、漳州、泉州相继光复。

（15）山东　山东自闻武昌起义，民党丁惟汾、王讷等与绅商联合，以八事要求清廷，未允。遂于九月二十一日组织保安会，推巡抚孙宝琦为临时都督，但孙与袁世凯通款，未久即取消独立。

　　（16）广东　　自武昌首义后，朱执信、胡汉民等图规复广州，陈炯明等更在省外积极活动。九月四日凤山被炸，八日绅商团体集议反正，十一日东江发难。惠州、南海、顺德、三水继起，省垣附郭新军，亦跃跃欲试。十八日各界齐集谘议局，议决独立，奉总督张鸣岐为都督，提督龙济光副之。十九日夜张走避，龙不就职。遂举胡汉民为都督，未到前由协统蒋尊簋代之。二十二日胡由香港至，正式任事。

　　（17）石家庄　　新命山西巡抚吴禄贞，字绶卿，湖北云梦人，蓄革命志最早，实湖北党人之杰出者。清光绪庚子时，尝与唐才常谋起兵汉口，事泄，唐被张之洞所杀，禄贞走日本学陆军（见第一章第二节）。回国，为肃亲王善耆所识拔，因上万言书于监国载沣，条陈东三省边事甚悉。监国赏其才，遂以道员赏加副都统衔，充延吉边务大臣，间岛交涉，于边事多所裨益，边民利赖。以功补蒙古正白旗副都统，调充第六镇统制官。武昌首义，荫昌统各镇南下抵抗，第六镇亦归荫调遣。至保定，荫昌与禄贞论鄂事，禄贞主抚，谓可以口舌降服，为荫昌所怒斥。荫临行时私语人云："吴禄贞系革党，至前敌当诛之。"禄贞闻耗，遂托病不行。会山西起义，巡抚陆钟琦被杀，清廷遂命禄贞为山西巡抚，令率一镇及六镇各数营赴晋平乱。禄贞顿兵石家庄，竟只身招降晋军，说服都督阎锡山与己合作，又劫留北京运鄂军火，以间接援助武昌，并径奏清廷云：

　　　　自湖北兵起，各省响应，如决江河，莫之能御。为今之计，莫若大赦革军，而息战争。夫革军之所以敢冒不韪，赴汤蹈火而不辞者，固欲求国民幸福，而非甘心与国家为难也。现禄贞已经招抚晋省混成一协、巡防队二十余营，可供征调，如蒙采一得之愚，请饬冯国璋军队退出汉口，愿以只身赴鄂，说以大义，命其投诚，以扶危局。倘彼不从，当率所部二万人以兵火相见。但朝廷若不速定政见，深恐将士忿激，阻绝南北交通，而妨害第一军之后路，则非禄贞所能强制也。抑更有言者，官军占领汉口，焚烧掠杀，惨无人道，禄贞桑梓所关，尤为痛心。此皆陆军大臣荫昌督师无状，司长丁士源、易乃谦逢迎助虐，应请圣裁，严行治罪。

时第二十镇统制张绍曾，亦顿兵滦州。禄贞早有结合，因密电张迅率师来会，起兵于直、晋、豫之间，断北军后路，直捣清廷，实行中央革命。不幸此电为直督陈夔龙所得，因即告密，遂致张亦受影响。清政府以禄贞种种行动皆威胁朝廷，遥助革党，无异反形已露，深加痛恨与恐惧。奈当时军威已替，又不敢显斥其非，明正其罪，恐致激变，只得用二三权臣卑劣之计，密购绿林贼盗，往石家庄将禄贞刺死，窃其头而去。于是湖北军失一重要外援，而袁世凯消弭心腹之患，遂为所欲为矣。

（18）滦州　武昌起义，北洋军镇奉檄赴援者星夜不绝，金谓北军忠勇，乱可速平，而镇统张绍曾首发难滦州，京师大震。绍曾，大城人，充陆军第二十镇统制官，驻山海关、永平各境。辛亥八月秋操，绍曾统兵诣操，行至滦州，而武昌事起，师遂次滦。久之，绍曾纠合第三镇协统卢永祥、第二混成协统领蓝天蔚、三十九协统领伍祥祯、四十协统领潘矩楹等，奏言：

臣等伏读连日诏敕，武昌失守，大军南下，惊心动魄，以为世界革命惨史，行将演于国中，弥漫而未有极也。乃旬日以来，中央政策，用兵而外，未闻于政治本源大加改革，以懈其已发，而遏其将萌。循是以往，人怀疑阻，祸患益深，臣等忝膺戎寄，值国家多难，正宜疆场效命，秣马厉兵，静候驱策，何敢妄干时政，越职建言。无如警报频传，军情浮动，时闻耳语，各有心忧。乃据各将士等环陈意见，胪列政纲，以改革政治诸端，要求代奏。臣等再四思绎，立言虽或过激，而究非狂妄之谈。压抑既有所不能，解譬亦苦于无术。当此时局岌岌，亿众之向背，实为可虑，万一中路遄征，军心不固，大局将益不可收拾。所有各将士请愿意见，政纲十二条，谨据情代奏。

时太原独立，清廷震惧，立可其奏，采择施行。某日绍曾复奏请迅速改组内阁，制定宪法，以靖乱源。复可其奏，并奉温诏嘉奖。时第四十协统领官潘矩楹已受军谘府密饬，使图绍曾，矩楹犹豫不忍发。清廷又诏授绍曾为长江一带宣抚大臣，夺其兵权，而以潘矩楹为第二十镇统制官。绍曾电辞，其部下亦电政府，留绍曾不受代。既绍曾客来自津，出矩楹报政府密电示之，绍曾始称病避入天津德国医院。

驻滦七十九标步兵三营，时归通永镇王怀庆节制，其管带施从云、王金铭，与党人白毓崑等忽昌言独立，推王怀庆为北京大都督，迫地方绅商筹款，且电告北京政府、外交团及省谘议局。十一月丙子（1912年1月1日），时怀庆方驻防开平，闻警即单骑赴滦慰谕。语未毕，王金铭起立曰："吾辈主共和，除专制，且公举军门为北军大都督矣。即请入室，就职任事。"怀庆以势孤，佯许之。翌日施从云复延怀庆入营计事，警卫极严。怀庆入，谓众曰："细思君等议论极有道理，第饷匮兵寡为可虑，万一事败，王怀庆三字一文不值，故不能不谋定而后动。为今之计，筹饷为先，滦州士绅，吾多旧识，请入城募之，如何？"众喜，选良马令王乘之去。王行之歧途，即加鞭策马向开平而逃，施等追之竟弗及。王怀庆既逃归开平，即整军备战，会曹锟亦将兵至，己卯（1月4日）夜半，施等劫火车乘之，期潜至北京。曹锟已预将雷庄铁路掘断，而施等不知，车覆伏起，四面围攻，死亡殆尽。施从云、王金铭均生获，同被害。余兵缴械遣散，京奉路遂通。

白毓崑为天津法政学堂教习，自滦事起，毓崑即为主谋，党人推为参谋部长，至此亦慷慨就义。党人先后死于此役者有陈涛、董锡纯、葛胜臣、刘瀛、黄云永、戴纯龄、张永胜、常福安、冯日兴、云振飞、文道溥、熊朝霖、孙谏声、何尚达。其选往游说幸免于难者，籍忠寅、胡源汇、王葆真诸党人，尚不可胜数也。

当吴禄贞、张绍曾东西顿兵，抗疏言事时，北方秩序，岌岌不保。袁世凯正与湘、鄂民军鏖战阳夏，颇以为忧。商于第二军军统段祺瑞，欲留兵扼武胜关与南军相持，而自提大军定北方，平反侧，以固后路。祺瑞云："此小事，无烦大兵，祺瑞了之足矣。"即芒鞋草笠，微行北归，未旬日而禄贞、绍曾皆败。

（19）重庆　党人谢持、朱叔痴、杨沧白、朱必谦、江岳生及夏之时、张培爵等，于辛亥十月二日在重庆独立，公举张培爵为都督，夏之时副。

（20）泸州　川南于十月五日宣布独立，公举刘朝望为都督，温汉珍副。

（21）关东　奉天谘议局议长吴景濂，联合士绅，发起联合保安会，举清督为会长，民政司张元奇拟仿山东办法，布告独立，其余官吏多不赞成。于是新军协统蓝天蔚于十月六日在关东独立，称关东都督。

（22）成都　川督赵尔丰见清廷已不可挽，释议长蒲殿俊等。十月七日，各界公推蒲殿俊为都督，统制朱庆澜副。后十日，旧军田征葵变。蒲、朱走避，尹昌衡、周俊等平乱，于是公举尹昌衡为都督。十一月二日杀赵尔丰。

（23）南京　先是民党组联军，进攻南京，苏军司令刘之洁、浙军司令朱瑞、沪军司令洪承点、镇军司令林述庆等，统军会于镇江，公推徐绍桢为总司令。十月二日，分道前进，血战多日。至十一日晚，镇、沪、浙三军围攻天保城，破之，苏军亦占领雨花台。清将军铁良、总督张人骏乞和，以张勋不肯解除武装，乞和未成。张人骏等奔徐州，联军猛攻，城内之敌于十二日晨悬白旗，开仪凤门投降，联军以次入城，迎程德全移督南京。

（24）伊犁　杨缵绪原为湖北四十二标统带，调任伊犁陆军协统。党人冯特民随往。及各省相继光复，袁大化、升允、长庚、志锐等，谋拥宣统西迁。特民劝杨独立，于十一月十九日（1912 年 1 月 7 日）宣布反正，并照会俄领事，请承认革命军，严守中立。特民与黄立中占领南库，李辅黄据东门，迎马腾霄、徐建国、周浩如等军队入城，郝可权率炮队攻将军府，冯大树攻副都统署。旋由卸任都统广福斡旋，组五族共和会，举缵绪为会长，广福为临时都督，成立临时政府，特民捕志锐戮之。

　　初，武昌义军突起，京师谣言繁兴，报纸复宣传各省将独立，协理大臣那桐，遂电各省每日报安，揭诸官报，以镇人心。未几报者日少，至是遂绝，都人愈惶恐。

邹永成回忆录（二）

邹永成 口述　杨思义 笔记

一〇　辛亥九月初一日长沙之光复详情

我走后，中路巡防营第五、六、七、八、十各营，陆续开到省里来了。于是徐鸿斌、王鑫涛、刘光莹等急忙分向各营去运动，各营目兵都表示同情。到了廿七日（10 月 18 日），焦达峰从浏阳回来了，因他的会党还未到齐，便召集陈作新、安定超、袁天锡、彭友胜、文经纬、易宗羲、吴作霖、袁剑非、徐鸿斌、汤执中、张嘉勋、谭满芳、刘芝德、丁炳尧、左学谦、刘光莹、陈林戟、吴瑞卿、王鑫涛、曾国经、熊光汉、杨守贞、黄湘澄、张自雄、易美堂、阎鸿舞、杨世杰、邓超、柳大纯、丁洪海、洪春岩、成邦杰、粟戡时、王猷、黄石陔、黄镇、黄石安、彭国均、曹政典、曹耀才、蒋名荪、洪兰生、李海标等一百多人在贾太傅祠体育学堂开一个扩大会议，决定改期于三十日起事，由炮兵营李金山负责举火为号，各营看见火起，便一齐响应。可是这晚始终未见火光，各同志深为诧异。原来这晚李金山的炮兵营防范很严，他无法活动，没有举火机会，所以这晚又未成功。到了九月初一日早上，余诚格和黄忠浩在抚台衙门已经得知消息，商量用大炮对新军营房实行轰击。这时李金山在四十九标营门口会着安定超说："昨晚卫兵司令与值夜的关防极严，无从下手，要改在初二夜才能发难。"安定超听了心中很不服气说："这是已经决定了的不能更改。"到七时三十分便和刘光莹、王鑫涛、张嘉勋、丁炳尧、刘清安、杨雨农等临时决定由四十九标即时发动，以吹哨为号，并由安定超负责吹哨，各营听到哨子即时集合。李金山回炮队准备，王鑫涛、刘光莹通知各巡防营，张嘉勋通知马队，丁炳尧通知五十标，刘清安通知工程营，杨雨农通知辎重营。八点钟安定超在李金山手里拿到一排子弹，要谭满芳到四十九标操场吹紧急集合哨子，四十九标二营左队就下楼，把营部军装库打开了，军需长蒋某问他们"到底甚么事？"安定超说："今天起义，你听命令好了。"打开以后将子弹每人分给十发。八时二十分各营集合完毕，这时目兵大都已受革命运动，就是未受运动的也一起都跟了集合。官长不知何事，一个个大惊失色的望着。安定超朝天放了三响信号枪，并向目兵演说革命意义，同时传禁令三点：一、各队由代表指挥，官兵都不准擅离队伍，有犯的以临阵私逃论罪；二、严守纪律，没有反抗的，不准随便放枪；三、不准取民间物品，如有违犯禁令就地正法。同时即下动员令：1. 彭友胜率四十九标二营后队会同五十标和马队由北门进城，占领荷花池军装局；2. 安定超率四十九标第二营前队、左队、右队会同辎重、炮兵、工程三营由小吴门进城，占领谘议局；3. 李金山率炮队进城后即到军装局领取炮弹，威胁抚署。动员令下后，便分途出发。旧日官长到这时没有办法，只好跟了同去，但无法指挥目兵反抗了。当站队时有个队长易棠龄出来问："你们干甚么事？"一个目兵便拿出刀来说："今天我们起义，你要反对便先杀你。"他没有办法，只好跟进了北门。

上午十时彭友胜的队伍已经进北门，占领军装局。马队和五十标亦陆续到达，于是又占领谘议局。安定超出发时小吴门巡防营的管带命目兵把城门关起来，不给革命军进去，并且叫目兵射击。但目兵都不放枪，后来黄忠浩、余诚格要他们打，还是不打。安定超到城下叫开城门，城上仍不理会，相持一点多钟。安定超便叫炮队退到教场坪，将炮架起来，做将射击的姿势，以威胁守城的巡防营。并扬言四十九标已占领军装局，五十一标一部和马队也已进城。各巡防营本来有联络，到午后一点钟王鑫涛、刘光莹回到小吴门与守城代表交涉，同时彭友胜也派袁镇斌率兵赶到，于是城门开启，安定超等带队入城，一直到谘议局。当我们军队占领军装局时，焦达峰穿了便衣拿着枪在军装局往来，兵士不认识他，以为是奸细，把他捉了。幸而安定超、李金山两人来取炮弹，见了为他们解释，并介绍才把他放了。安定超拿了枪弹到谘议局，李金山拿了炮弹威胁抚署，随即由焦达峰、徐鸿斌、廖家栋、刘镇南、成邦杰、杨世杰、阎鸿蠹、袁剑非、杨守贞、吴作霖、常治、李洽等冲入抚署里面搜索。余诚格见势不佳，由院后墙壁挖一个洞逃走了。黄忠浩从后门逃到又一村，被我军队捉住。捉住他时正骑在马上，预备上城墙指挥军队，并带着几个卫兵。这几个卫兵已受革命党运动，他们恐怕革命军不认识黄忠浩，故意说："这是黄统领。"革命军便把他一刀刺下马来，到了小吴门又用刺刀割下头颅。革命军占领抚署，义旗就高悬在旗杆上了。

这里有谭延闿与粟戡时一段谈话值得记录，谭延闿对粟戡时说：

当九月初一日晨，汪诒书（字颂年，清翰林，长沙人）至予家。寒暄后即云："外面谣言很重呀。"答以"诚然"。汪问："有无特别消息。"答以"有亦不过谣言"。遂云："何不同去看寿丞（余抚别号），探探消息。"乃相与步行至又一村，入则见汪瑞闿（字撷荀，时任盐道兼长沙关道）、申锡绶、王毓江（均在营务处服务）、沈仕登（即长沙县知事沈瀛）等俱立坪中，见我笑曰："新都督来了。"予以此类言语足召巨祸，遂云："不要乱说，不要乱说。"汪等涎脸嘻笑，拍我肩曰："你还怕不黄袍加身吗？"予且行且答曰："你们不要乱说，这种话是关系别人身家性命的呀！"行至景桓楼下，余抚之仆人见之（系素认识）即请上楼坐："我去请大人来。"遂入，及登楼，见室内陈列古玩书画甚多，桌上置一名单，约三四十人，汝列第一名，阎鸿飞第二名，文经纬第三名，若焦、陈二人名字均在十数名之后。单上字迹不一，不是一人所书，似系数人集合各举所知仓猝所书者。无何，余抚至，寒暄毕，即指名单问予曰："这班人你有认识的吗？"我答以："我认识一多半。"又问："这班人到底何如？"答以："都是一班好议论者。"又曰："他们都要革命呀！"答以："他们能干甚事，命是容易革的吗？"余抚云："是啊，你见了他们随时劝解劝解，要他们不要瞎闹生事呀！"忽一仆至称："报告大人，新军攻城。"余云："没有的事，再打听罢。"我等恐其要发命令布置战争，即兴辞云："今日中丞有事，改日再谈罢。"余抚亦起，又向我们解释云："今日新军开往株洲，他们误会了，所以说新军攻城。"我们刚欲下楼梯，又一仆至云："报告大人，新军进了城。"余抚又云："没有的事，再打听罢。"我们刚下楼梯，又一仆至云："报告大人，新军已到了贡院东街。"余抚云："没有的事。"随又云："要他们准备罢！"又向我说："回去拜上老太太，请他老人家放心，没有甚么事，不要紧的。"我们乃与点头而别，仍自又一村出，因思黄泽生（忠浩）老军务必有办法，他驻扎先锋厅，距抚署又近，遂与汪同往访之。至则号房一见告我们："大人已上院去了。"我们即知泽生是走正门进的，悔不该从又一村出来，所以错过，假使我们从正门出来，必与泽生相遇。遂与汪拟再往抚署，行至辕门，见辕门口大贴其告示，首行大书"中华民国军政府都督谭示"映入眼中，其字我一见即识为常省吾（即常治别号，曾充谘议局书记）所书，乃相谓曰："还进去做什么，赶快回去罢。"抵家不久，即有一班兵士到我家里，请我到谘议局去开会。

黄忠浩被杀后，各同志集合在谘议局，商量组织军政府，由文斐报告公推焦达峰为大都督，陈作新为副都督。当时谭党的人欲拥谭延闿，唆使常治出来大叫："这都督是临时的，请谭议长出来说话。"谭即向大众说："今日我湖南革命成功是一桩大喜事，但革命是要打仗的，延闿是文人，对于打仗自愧不懂，只希望各位维持秩序，保全治安。"云云。跟着常治又出而演说，大约谓："革命距成功之日还远，希望革命同志不要自满，莫以为革命的事就做完了呀！"云云。又议军政府之下设军、参两部，推阎鸿寿、袁剑非、吴作霖、阎鸿飞、杨世杰等分别担任。长沙知县沈瀛独不肯降，经人劝说仍然不悟，当时被杀。杀后在他靴统内搜出了余诚格手令"格杀勿论"的名单一纸，上面有龙璋、粟戡时、邹永成、文经纬、易宗羲、吴作霖、洪春岩、文斐、袁剑非、阎鸿飞、阎鸿寿、谢介僧、曾杰、谭心休、王猷、杨任、李洽、成邦杰、杨守贞、焦达峰、陈作新、袁天锡、龙云池、常治、吴超澂、杨世杰、刘芝德、向冠臣等三十三人，这名单在余诚格的桌上也放着一张。这时候反动势力并未肃清，到了晚上藩台衙门的亲兵队为汉奸所煽动，突然进攻官钱局，同志夏季佑被杀，王猷腿部受伤，幸而四十九标第二营左队会同在巡逻的马队和炮队一连将他们包围缴械解散，全局始定。

一一　宝庆与新化之光复详情

八月廿八日（10月19日）我回到宝庆，就把湖北起义和省城同志准备响应的详情告诉谢介僧，并说："我们在宝庆也要即速举事。"介僧说："无钱也没办法。"我就答应到河街岭找益美祥店主曾子亿去想办法。这曾子亿也是甲辰年和我在宝庆共谋起事的同志，那年我们开会就在他家，用费还是他的，虽是一个商人，他的革命情绪非常热烈。这回我就把武汉起义的情形以及我们的决心都告诉他，并请他捐助经费，他慨然的拿出八百元大洋出来。我们拿着这钱就商定起事计划。介僧主张我用副都督名义到新化去起事。次日我就动身到新化，首先找着谭二式要他赶快召集人众，他与会党最熟，有的是人，所以找他当然没有问题，所缺的还是经费。因为我的钱都留在介僧处作宝庆的用费，这里仍要另想办法。我只好找着我的岳父罗夷伯问他要钱，他在劝学所管金柜，起先还是支吾不肯，我恶着向他说："你若不肯，我便打破你的钱柜。"他把我这太岁没法，只得气嘘嘘的拿出两百元给我。钱到手之后，我便约集刘鑫、杨子俊、孙崎、罗醉白、刘叔原、刘伯卿、谭二式诸人在刘鑫家中开会，商议在三天之内便要起事。新化许多绅士们要求我："远处发财，莫在新化动手。"我问谭二式："我们的人众所在之地到底去新化近，还是离宝庆近？"他说："到宝庆近些。"于是我又决定在宝庆动手，谭二式便于九月初三日先走，去找谭恒山召集会党人众，约定初八日在宝庆集合。

初五日（10月26日）我得着长沙光复的消息，初八日（10月29日）赶回宝庆，即刻约葛天保、陈自新、黄常存、岳意如、毕同、李洞天、唐献、唐盾仁、谢介僧等在河街岭机关里开会。葛天保说他的朋友张贯夫现充营长，带着一营巡防军驻在五峰铺，离城只九十里，如果有人肯前去运动，他可以写介绍信。此时我只想大事快成功，顾不得利害，只好自己出马，催着葛天保把信写好，独自雇了一乘轿子连夜赶去。到五峰铺时营门还未启开，我喊门进去，请张营长说话。幸而此人果然极明大义，经我说动，慨然答应立刻集队训话，请我向官兵演说，把革命的意义及武汉、长沙起义的情形一一向官兵解释申述，官兵闻之无不欢跃从命，天未大明就向宝庆出发。初九日下午三时达到府城，很轻易的便光复了宝庆府，县官都跑了，没有杀却一人，也没有一人与我们抵抗。此时谭二式的队伍也到了，大家公推谢介僧做大都督，我做副都督，谭二式是参都督，又推邹代藩组织军政分府。出示安民后，我们又分兵取新化。新化城内原有清兵晏金生驻防。我们进攻的队伍不过二百多人，快枪不过三十多枝，其余都是梭标大刀，另外只拱着许多箱子诈说是炸弹。那时清朝的官兵最怕炸弹，晏金生听说我们有这许多炸弹，即忙开城摆队在五里路外恭候。我们入城之后，就把晏金生押了，逼着他下令缴枪，无敢不遵，新化也就是这样开玩笑似的于九月十一日（11月1日）光复了。

一二　湖南全省次第肃清

当宝庆各属光复的时候，湘南也次第反正。衡州是南路巡防统领赵春庭光复的，永州（零陵）是贺寅午光复的，郴州和嘉禾、宜章一带是李国柱、彭邦栋、刘重、周正群、李天民诸人光复的。湘西方面，常、澧两属先光复，澧州是前云南蒙自府知府王正雅带兵数营回他的家乡（慈利）路过津澧，听说湘、鄂两省反正，知道清朝大势已去，他自己在丁未年替清朝镇压黄克强的河口起义开罪革命党，如今也想立功赎罪，以保身家，所以就便在津澧起义，并出师荆沙援鄂。常德原驻西路巡防统领陈斌升，他是黄忠浩的死党，长沙光复后他正在徘徊观望。适逢杨任奉焦督任命为西路招讨使，率领同志余化龙、胡幻安、陈图南、涂衡、王大桢、刘敦荣、向忠勇、修先桢、武振、钟杰、陈凝之、张盛唐、张学澧、杨启佑等于九月初九日来常招抚，陈斌升听说这些人都是革命党员，正想替黄忠浩报仇，便假意的欢迎，将他们安置在考棚里做招讨使行署。省城九月初十日（10月31日）之变，谭延闿又电令他杀杨任，正合其意。他乃于十三日带兵包围考棚，将杨任捉了剖腹挖心，其余的同志如余化龙、胡幻安、张盛唐、张学澧、陈凝之、向忠勇等都被乱枪乱刀杀死，陈图南、涂衡二人也杀得半死，剩下的几个幸逃脱了。陈逆目的已达，不久也弃职潜逃。常德依然反正，只有上湘西因有镇箪道朱益潜勾结中营游击杨让烈，带着镇箪兵盘踞在沅陵以上的廿多个州县，至十月间还不肯归降。我党同志黄石安、杨思义，刘建、刘超、蒋维中、武振、谢楚光、修先桢、陈康等乃组织炸弹队前往征讨，以辰州（沅陵）考棚街修宅作机关。十月下旬杨思义携炸弹到对河凤凰山上去试放，震轰之声惊动满城，居民皆言："革命军到达对河打大炮了。"纷纷关门闭户自动悬挂汉字白旗反正，辰州的府县官闻风化装而逃。杨让烈知大势已去，也于当天扯白旗反正。过几天省方所派的巡按使龙璋同志带着一营巡防兵到了，杨让烈往江干恭迎，龙璋杀之于沙滩以示威。朱益潜在凤凰得讯，知道事不可为，乃亦畏罪潜逃，他所辖各州县次第的自动反正，湖南全省至此才告肃清。

一三　长沙九月初十日事变之痛史

如今再追述省城九月初十日一回最痛心的事。当初一日各界在谘议局开会推举都督时，谭党的人因没有达到他们拥谭的目的，心里很不服气，乃于次日（初二日）倡议组织一个参议院，推举谭延闿为议长，号称民意机关，把他们同党的谘议局旧议员都罗致进来做参议员，革命党人只占少数。他们以压倒之势决定该会职权为："议决一切军政措施，凡都督发布重要命令都要经该会通过才许施行。"他们犹以为不足，又于初三日把都督的事权分为民政、军政两部，推举谭延闿任民政部长，于民政部之下分设各司（即各厅），司长人选都推举他们的同党任之，又推举未参加起义的四十九标旧标统黄鸾鸣任军政部长，下辖参谋、军务、军法、军需等处，其人选亦以新军中未参加起义的旧高级军官为之。至此正副都督已形同虚设，革命党员更无从参加政权，只能袖手旁观。他们仍嫌不足，视焦、陈如眼中钉，定要将他去掉。那时焦达峰在反正前所约集的会党已陆续到省，虽未参预军政事宜，但可自由出入督府，围绕于焦之左右。宪政党人以为口实，到处肆放谣言谓："省城进来了不少的土匪，焦督就是土匪头子，省城的治安可虑。"初五日又借口都督未经征得参议院的同意，就任杨任为西路招讨使，冯廉直为南路安抚使是为违法，要求都督引咎辞职。陈作新听了慨然道："谁耐烦做都督，说不干就不干。"乃独自上马出府而去。达峰的本党同志多人来商议此事，都说："不可让步。"有些激烈同志更为不平，认为这些宪政党人本应在诛除之例，如今反倒来约束我们，不如通统将他们杀了。座中有妥协分子出而制止说："我们革命正要集合群策群力，如今就行杀戮，将来谁肯跟我们来革命。"达峰也以为然，只商议解散这个不必要的参议院，乃着人邀作新进府照常视事，但此时已经风声外露。宪政党人听说焦、陈不肯辞职，并有解散参议院、诛戮士绅之谋，乃感觉人人自危，急谋对付之法，于夜间约集多人在荷花池开会，当时到会的除宪政党头子谭延闿、陈炳焕及其爪牙数人外，还有黄忠浩的军师廖铭缙，黄忠浩的胞弟黄诚斋，军务司长向瑞琮，五十标的营长梅馨、蒋国经诸人。他们所以要约这些人，因为廖、黄想替黄忠浩报仇；向瑞琮平素与保皇党有联系，且不满意陈作新；梅馨、蒋国经二人是因反正时驻在外县，至初三日才回，于革命无功，焦、陈不肯升他们的官，因而怨恨，时露不满之言。谭党的人便利用这些人的心理，约他们来用言语挑拨。大致说："当初我们附和他们反正，原想暂时维持省城秩序，免得糜烂地方。不想近日以来土匪进城的一天天的加多，这焦达峰就是土匪头子，时常声言要暴动，省垣的百姓早晚就要遭殃，我们的性命都将不保，要想一个良策对付才好。"又说："这次湖南反正，只有五十标无功，早晚就要被焦、陈解散的。"梅馨听了这些挑拨的话，立即向在场的人告奋勇说："这一班土匪，让我来消灭他们，大家听信罢。"梅馨回去后，又在五十标兵房里开了一次会，把士绅阶级不满意焦、陈的话告诉他的部下，并说："焦达峰只有会党，不喜欢新军，我们不杀他，他就会解散我们的。"这话被五十标的革命同志邓超、丁惠黎听着了，马上去约安定超、刘光莹及马炮步工辎各营同志和巡防营代表在义昌祥号开会，商量应付办法。到会的有丁炳尧、陈林戟、刘清安、王鑫涛、邓超、丁惠黎、张建良、杨玉生、吴瑞卿、刘安邦、汤执中、李金山、谭满芳、赖楚、熊光岳、易尚志、徐鸿斌以及商界刘芝德等多人，当时决定四项：1. 各代表回营，严防目兵被梅馨煽惑，以免附逆；2. 杨玉生、邓超、张建良、丁惠黎负责开导五十标的目兵不得附逆，并从中组织，如有叛乱者从内部去打击他；3. 四十九标及工辎两营如闻事变即登东侧高山，准备作战；4. 马队、炮队、巡防各营，如闻事变立即援助杀贼。决定以后，就由各代表签名发表宣言："警告各军不得叛变，如有叛变，定当予以严厉制裁。"此宣言发出后，反动分子果然知难而退，一时未敢蠢动。不幸湖北的战事紧急，来电求援急于星火。焦都乃先派王隆中率四十九标全部前往增援，于初六日乘轮出发，此时正给反动分子一个好机会。原来新军中的革命同志以四十九标为最多，而且最积极，只举一端可以证明：他们自反正后，所有目兵都升了官，有升至营长的，一旦奉命援鄂，全体自动的解职回营，仍当目兵，这种革命精神，真不可及。所以反动分子都畏惧他们，如今调虎离山，正合其意，就趁机进行他们的叛变计划。九月初九日达峰与参议院会商，正拟编组第二批援鄂军，把五十标全部开出去。谭延闿去告诉梅馨，梅馨认为不可再缓，乃于九月初十日先派人邀些地痞拿着票子到北门外和丰火柴公司去挤兑，一面着人去催请陈作新弹压。陈由督府骑马出北城，行至铁佛寺，正遇梅馨派其队长钟镇堃带队赶到，一刀将其砍落下马，并又割断其首级，持之进城，沿途高呼道："我们替百姓杀了土匪，大家不要害怕。"一直闹到督府，经卫兵拦阻，正在噪闹，达峰在里面听着亲自出来宣慰，被一个叛兵从背后一刀刺去，众叛兵一齐动手，将他由景桓楼拖到仪门外栀杆边。达峰面不改色对叛兵说："杀我无妨，只莫扰乱湖南秩序。"又向栀杆上的国旗敬一个礼，就被这一群魔鬼用刺刀戳死了。当时曾杰也被捉，叛众正要动手杀他，内有一个叛兵认识他，连忙呼道："此人杀不得。"才得幸免。

焦、陈被害后，谭党的人就倡议推举谭延闿做都督。此时龙璋、谭人凤、谭心休及其他任参议员的革命同志，默察当时的形势，只提防他们莫扯龙旗归顺清朝而已，所以无人敢出而反对（后来谭党的人反诬说谭延闿任都督是谭人凤持刀逼着他干的，这显然是遮盖之词）。于是仍由这一群叛兵蜂拥至荷花池谭宅，将谭延闿生扯活拉的拖到都督府来，请他做都督。谭吓得面无人色，向着大众作揖说："你们无论派我何事，我都不敢辞，只莫要我做都督。"粟戡时知其畏惧再被弑的心理，便向众演说："下弑其上，此例最不可开，如果长此下去，其乱将无止境，还影响列国对我交战团体之承认，以后万不可再有此类事情发生。"众叛兵齐声应诺，谭心始安。当即发洋五万元犒赏叛军，同时又假意的悬赏五万元缉拿弑焦、陈的凶手，从此湖南的政权就长期的落在湖南的官僚宪政党的余孽之手了，言之可伤。

一四　反对妥协投江自杀

我去攻打新化后，谢介僧也在九月十三日晋省把宝庆的事交给军政府办理，他还不知道焦、陈两督已被杀害，冒昧前往，一到省城便被他们捉住，幸得谭人凤力救，方得出狱。当时在省的同志也是死的死，逃的逃，后来连谭人凤也站不住脚，跑到湖北去了。我得着这些消息痛心之至，便把宝庆、新化交谭心休接手，自己也到湖北去请兵报仇，会着孙武诸同志。他们说："我

们只耽心你也被谭党所害，原打算把这里弄清楚后，就出师湖南
替你们报仇，不料汉阳失守，这里军事上正紧，暂无余力对付湖
南，只好留待后日再说。现在南京已经光复，你且到南京与克强
商量去。"我便同萧翼鲲到南京，谭人凤也到了那里，我与他同
去会黄克强，把湖南的事哭说一番。克强说："目前没有好办
法。"谭人凤暗暗拉我的衣，我莫名其妙出来。他对我说："陶
成章被人暗杀，你总知道，我劝你对此事以后不再提了。"他这
话我始终莫名其妙。其实陶成章是陈其美与他争光复会的领导权
而被暗杀的（凶手即蒋中正），与这事何干。一九一二年元月中
山先生当选为开国大总统，所有革命党的出头人物都得到了重要
位置。我的革命目的根本不在做官，懒得与他们竞争，他们也便
遗忘了我。只有谭人凤，论他的功绩与资格决不会在胡汉民、陈
英士诸人之下，他们竟不替他留一个位置，我很替他不平，他自
己也不免牢骚。在汉阳失守、武昌吃紧时，黄克强与黎元洪都已
离开防地，武昌剩一空城留给谭人凤去独力撑持，那时他的名义
先称北面招讨使，后推为湖北总司令。南京光复后武昌的局势稳
了，大家又把他挤开，推他到南京去当代表。在选举大总统时，
只有他一个人投了黄克强一票，其余都是票选孙中山，因此不为
当局所欢喜，把他闲在上海逛马路。我在南京无意中遇着旧同志
罗澍苍从广东来，他也替谭胡子抱不平，打算把曾传范的一旅人
调来归谭节制。曾传范也是我们常共患难的老同志，只要我向克
强说产生一个名义给谭胡子，再由我去一个电调他，他没有不来
的。于是我先到上海告诉谭人凤，他也喜欢，只是用什么名义正
在推敲，邹代藩插进来说："你在湖北不是现有个北面招讨使的
名义吗？"大家方才领悟。我即刻发电调曾传范来沪，曾回电即
日开来，我们便把北面招讨使的牌子挂起来。我又到沪军都督陈
英士处说知，他慨然的帮助军饷十万元，再到南京去告诉克强，
他也承认了，也帮助三万元的开拔费。曾传范到后仍嫌兵力不

足，又将新化谭二式所部三营调来，他是谭胡子的儿子，更无问题。沿途又有我和谭胡子打电给湘、鄂两督照料，不多日便到了上海。正想整军北伐，忽然南北和议告成，袁世凯继任大总统，通令各省军队改编。谭人凤调任川汉铁路督办，所部应即解散，不遵者以土匪论。谭遵命照办，我独持异议，对谭说："袁世凯决靠不住，不特你的军队不可解散，连南京应裁撤的军队都不可裁撤，否则后悔无及。等到袁世凯真个要做皇帝时，你们想再招这许多兵也来不及了。"谭人凤不依，我坚决的说："你去和克强商量，把所有不要的军队都配好子弹，交把我带到绿林中训练去，等到大局变动时也好出来备用。"谭人凤骂我道："你发神经病吗？"我气愤不过，又见一班老同志只图苟安，马马糊糊便把民国重任交把靠不住的袁世凯，辜负我们从前的一片心血。因此郁闷于心，决计自杀。四月廿日夜间，我坐人力车到北车站去搭开吴淞的末班火车，想到吴淞去投长江比较清白些。等我到站车已开去，我只好改投黄浦江，便到车站里的西餐室买了两杯白兰地喝了，就在餐桌上写了一首不大高明的绝命诗，诗曰："轰轰革命十余年，志灭胡儿着祖鞭，不料猿猴筋斗出，共和成梦我归天。"又在诗后批了几句话说："我不死吴淞而死黄浦，希望谭人凤等人注意袁贼。"写好后我又坐车回招讨使行辕，走进我的卧室，与我同室的人邹代藩、曾杰、谢介僧、李洽等都未回来。我把诗放在桌上就走，仍坐人力车到黄浦滩，给了车夫五元，叫他转去。将上身的洋服脱下，金表金链都放在岸上，即忙向江心纵身一跳，以为从此脱离人世了。我在水浪之中打了几滚后，就失去知觉，等我醒来时，已经睡在巡捕房了。看护的巡捕对我说："当你跳下水时就被划子上的人看见，他们争着来打捞，用钩子钩着你的西装裤，才把你拖上，当时叫近岸的巡捕把你送到捕房，你的上衣和金表也送来了。"我才知道仍在人世，很觉无谓。第二天谭人凤等看见我的绝命诗，急忙派人到黄浦滩寻访我的尸体，毫无踪迹。随即动文去通知陈英士，由沪军都督府知照巡捕房，这才把我找着。当他们多方找我时，又在报上登了一栏启事，以致轰动了各报的记者，纷纷前来访问。我厌烦极了，决计离开上海到北京去观察形势。我的世交熊希龄在当财政总长，误会我是来京找差使的，问我："进行那件事？"被我臭骂一顿。我心中所念念不忘的仍是要替焦、陈、杨报仇，虽然黄克强到京时曾劝我回湖南，并要谭延闿汇川资来，我都没答应。只有孙武与我同情，主张暗杀，先从梅馨入手。我们又送焦达峰的胞弟焦达人五百元，要他弟报兄仇，刺杀梅馨，如果有人为难他，我们都起来说话，岂知他一去无音，使我们失望，只好自己回去组织。同时在湘的同志纷纷来信催我，所以我又告别孙武回到湖南来。

一五　志切报仇回湘活动

我到湖南本不愿和仇人谭延闿见面，只因同志葛天保被他捉去当宗社党办，我不得不去见他营救葛天保。他见我去屈就他，喜出望外，登时把天保放了，并说："彼此世交，诸事还请帮忙。"我问他为什么要杀焦、陈、杨，他把责任推在士兵身上。他又留我吃午饭，亲自开了一瓶白兰地，我也敷衍他一顿。次日就聘我为都督府高等顾问。他虽然拼命拉拢我，到底还改不了我的报仇心，时常与谢介僧、周来苏、刘文锦等秘密商讨对付他的计划。谭延闿见我党激烈的同志都回来了，他虽碍着黄克强、宋教仁的面子不敢怎样，但恐留着梅馨、向瑞琮等人在省，与我党碰着终会发生乱子出来，所以把他二人保送到中央去任职。因此我党的势力也渐渐又长大起来了。谭延闿又感觉不安，尤其见我为激烈分子所拥护，视我如眼中之钉，想尽方法要把我骗走，先托罗仪陆向我疏通，送我一个赴美考察的名义，到美国去留学，我不答应，后又下个条子到秘书室，备文去中央保我授陆军中将，我都拒绝，依旧进行我的秘密组织。中间遭祖母之丧回到新化，又由新化暗招数百人下省，与骑兵团长刘文锦、水师统领易棠龄、分统杨玉生及谢介僧等密谋起事，推倒谭延闿，被侦探刘石渠所悉，走报谭延闿。谭将易棠龄扣押，刘文锦、杨玉生免职，送谢介僧一万元要他离省。谢介僧和易棠龄又把此事全推在我一个人身上。那时黄克强、宋教仁先后都回到湖南一趟，谭延闿正想巴结他们，不敢奈何我，只得托周震鳞、彭庄仲、伍任钧诸人向我疏通说："谭延闿实在对你不错，既送你出洋考察，又保你的中将，要多少钱就拿多少钱，这回的事也不愿根究，他决不学汉高祖杀功臣，只劝你安静的住在湖南，不要再闹了。"我见一般同志都是这般拉稀，一人孤掌难鸣，也只好答应不再与谭为难，但我的心中总有些不甘。

一六　宋案发生谭延闿调虎离山

一九一三年三月宋教仁在上海被袁世凯派人刺杀。我对谭延闿说："我们必要报仇，我决计到上海去与克强诸人商量去。"谭延闿说："你不用到上海去，我们请你到湖北去。湖北的同志如孙武之辈，都同你好，你可以同他们去联络。对湖北的军队也要把他联络好，将来南北有事，湖北是要紧的，要钱数十万或一百万，都由你去用。"我说："既然这样，我就到湖北去。现在不用多带钱去，只需两万元便足，等到要用巨款时，我再打电来。"谭延闿更表赞成，当时便付我两万款子，又交密码一本给我带去。我回到私宅立即把家眷遣送回籍，带着同志十余人于四月初到达汉口，先会着孙武，再与军中诸旧同志见面，交些钱给杨王鹏，要他去联络其他的军队，又嘱王道在法租界租定一所房子作机关，就请他帮同主持。此时孙武的态度略有变更，他不主张再闹南北风潮，劝我也莫管。我乃与他渐渐疏远，只与詹大悲、宁调元、熊越山、钟仲衡、时功玖、夏述堂等数十人时常见面。五月初间，在国民党汉口交通部开过一次会，情绪都很激昂。又在詹大悲的家中开了一次秘密会议，商议进行计划。此时袁世凯的军队纷纷南下，河南的白狼派熊嗣鬻、贾谊代表来汉同我接头，我委白狼为湘鄂豫三省联军先锋司令，并派贾谊回河南用地雷炸毁黄河铁桥，使袁军不能继续南下。不幸在埋放地雷时被袁军拿获，用极刑供出同党，熊嗣鬻与他同时被害。我又要王道购买德国白郎林手枪一百枝，分送军界诸同志。六月下旬我听说李烈钧免了都督职，后又回到了江西，我派刘庭举去取联络，在九江遇着李的秘书长何海鸣，因李还未到，由他代回了一信，交刘带回。刘庭举在船上被黎元洪的侦探发现，知道他与李烈钧接头，便跟着上岸，一直跟到《民国日报》门口，见刘走入报馆，以为他是替民国日报向李烈钧接头的，不知道他是由报馆的后门通到我机关的。侦探即时报告，黎元洪就派军警会同法租界巡捕将《民国日报》查封，搜去文电布告多件，并将曾毅、周览、杨端六、成希禹等四人捉去，我的机关幸未破获。

这几天张声焕从湖南来，谭延闿托他带了三万八千元来接济机关。他先去见詹大悲、杨王鹏，被詹大悲截去三万元，只交八千元给我。詹是最激烈的同志，他有了这笔巨款，见机谋泄露，就想先发制人，即日起事，跑来对我说："我们有了钱，今晚就要动手。"我说："一切都无准备，怎好动手，我们的兵力还远不如敌人，李烈钧处尚无动静，湖南的军队也没有准备好，目前决不可轻动。"詹大悲不依，非干不可，我再苦口相劝，他终不听从，并盛气的答道："我今晚一定干，看你动不动。"我见他如此坚决，只好电告谭延闿，叫他准备接应。詹回去后就下命令，命钟仲衡、何作俦、黄子监、时倚、方汉等运手枪炸弹赴汉阳造纸厂，与已受运动的黎天才所部进攻兵工厂；又命临时集合南湖的徒手兵进攻武昌的起义门，由门内埋伏的徒手兵放火接应。此项命令真同儿戏，钟仲衡等到达造纸厂进门便被捉住，登时枪毙。南湖徒手兵的机关亦即破获，城内的接应也无动静。我与王道等在机关内听音信，许久寂若无闻，派人至詹处探问，也说："没消息。"次日方知已经失败。第二天晚上詹还是要干，在武昌城内到处放火，汉口、汉阳均无动静，结果还是失败。同志被杀者更多，单是督府卫队同志被杀的即有数十人之多。詹大悲轻举妄动，使我前功尽弃。在汉口的同志还不知躲避，宁调元、熊越山居然坐着马车出游，招摇过市，被侦探侦知他们的机关，在富贵馆将他们拿获，所有重要证据及计划书都被搜去，经租界引渡把他二人枪毙。詹侦事后一人逃往上海。黎元洪便电请袁世凯悬赏通缉，同时被通缉者十五人，我也名列第二名。我的机关虽未破获，但在这样形势之下，一时未便进行。我暂时隐匿数日，后将机关交王道主持，就乘日轮返湘。谭延闿慰劳我说："此次未被捉去已是万幸，袁世凯通缉你的电令已到了数天，我未发表，你且在省休息罢。"过几天我因事进府，谭延闿鬼头鬼脑的把我拉进一间房子里，密对我说："你不要出来乱跑，现在湖北来了一个侦探长，要我将你交给他押回湖北去。他带来的侦探还不少，如果在街上碰着你，我就无法救你了。"我信以为实，次日就出省往醴陵，在百炼公司避居几天（这公司是辛亥以前的革命机关，去年黄克强回湘时，我和彭庄仲、刘承烈、刘文锦、周来苏、谢介僧、龙养源等七人向都督府硬要了三十万元作资本，来扩充营业，除炼焦外兼买卖矿砂）。后来回到省城，谢介僧对我说："你这回中了谭组安〔庵〕之计了。他见你在省瞎闹，碍着克强的面子把你没法。凑巧你自告奋勇要到湖北活动去，他便将计就计故意资助你去闯祸，好让黎元洪杀你。不料你还溜撒，居然逃出命来，仍回到长沙，他乃再用调虎离山之计，故意造作谣言将你吓走，以免伤他的脑筋。如今他已被迫宣告独立，你可无妨了。"我才恍然大悟。

一七 二次革命谭延闿首鼠两端

自宋案发生后，谭延闿和黎元洪越发信使往来不绝，凡湖南同志一切言动，都尽情密告元洪，大概我由汉口寄来的报告都会转给元洪了，可惜我们还在梦中。不仅如此，他还派有梅馨、向瑞琮常驻北京，随时将湖南的内情密告袁世凯。袁得知湘省情况后，深恐谭延闿归顺有心，而驾御乏术，压不住湘人对宋案的愤怒，乃为釜底抽薪之计，于五月间派向瑞琮、唐镜三、唐乾一三人携带巨款回湘，运动看守三公祠湖南火药局之警卫兵，纵火焚毁火药局，将内存之枪炮子弹通统烧完。湖南以前虽号称五师军队，都是巡防营和新军（一旅即廿五混成协）所混编的，实际上人枪不足三万。一九一二年秋，督府因其不合新编制将各师取消，仅留两个步兵团、一个炮兵团，以程子楷、陈强、唐蟒三人领之，另编几个守备队略似以前的巡防营，把编余的枪炮子弹都存在火药局。如今烧得精光，则全省军队不足两万人了，以如此单薄的力量，如何造得反来，所以谭延闿倒为之称心快意，以此作为口实来拒绝国民党人的讨袁主张。无如湖南的人民对袁世凯暗杀宋教仁特别愤激仇恨，皆表示不顾一切要和袁世凯干一干。七月七日谭人凤由上海来代达克强的意旨说："赣、苏、皖、闽、粤各省决计在七月间起义讨袁，湖南万不容坐视，要立即响应。"谭延闿仍推说枪弹不足，谭人凤替他打电商请粤督陈炯明设法，粤方答应叫湘督派人前去购办。谭延闿没法再推，才派罗澍苍前去赶办。七月十二日李烈钧在湖口发难，十五日黄克强入南京成立总司令部宣告讨袁，苏、闽、皖、粤各省及川东同时响应，湖南的同志急不可待，逼着谭延闿也于七月十七日宣布独立。但他在未独立之前，曾经派江俊持函告诉黎元洪说："湖南群情愤激，无法制止。延闿已准备药水，如湘称独立即服毒自尽"等语。黎元洪回复他说："徒死无益，不如阳示附和，阴图敉平"云云。延闿有此把握，所以十七日那天无抵抗的便宣布独立了（他的函电后来在黎元洪文电集中发现了）。我在醴陵休养时接着汉口机关王道的密信说，江西即日就要独立，他已用我的名义，即湘鄂豫三省联军第三军总司令名义，发出许多委状给湖北军队中的同志，要我即速来鄂主持准备响应。我乃于十四日进省会谭延闿，他假作欢喜的对我说："如今好了，江西独立了，你可以出来了。这回要把你抬出来才对得起你。"我便把王道的信给他看，他连说："好极了，你就用这个名义到湖北去活动罢。"他又要我先和周震鳞、程潜商量一下。十七日湖南宣布独立，派程子楷为讨袁军第一军司令进兵通城，唐蟒为援赣司令进兵萍乡，蒋翊武为豫鄂招抚使，我仍用湘鄂豫联军第三军军长名义偕同程子楷、蒋翊武出发到岳州。后来我们出亡时，在报上看见黎元洪替谭延闿申辩的电谓："谭延闿调兵赴岳，事先曾派人来告，谓各军均驻长沙深以为忧，故调赴岳州，以分其势"云云。我们才知上当。

我们进驻岳州时，袁世凯已有几艘炮舰，泊在城陵矶监视，使岸上的我军不敢动。我写了一封长信去招抚，他们只打一个收条回来，并无回信。我便招集会水的水鬼十余人，想用水雷去轰炸他，特地回到省城赶办水雷，走到都督府去见谭都督，那知情形大变，他们正在商议取消独立。谭延闿说："黄克强已走了，湖南的独立怎样办？"谭人凤说："未独立前我不赞成，既已独立，只好向前进行。"文经纬、易宗羲立起来说："我们今天主张取消独立。"吴作霖拍桌说："有不赞成取消的，今天就对不起。"谭人凤见此举动，便无言的走出督府。我正想跟着他走，忽听第二间办公室内有文斐、李祺两人在大声说："取消独立总要牺牲几个同志吗？"我听着这话，心想文经纬、易宗羲、吴作霖、文斐这几个狗才，自焦、陈死后都变了节，只想依付谭党搞官做，如今又想牺牲同志去降袁世凯，总有一天要轮到他们的。

像我是被袁、黎通缉的人，我不急走必受其害，又见周震鳞、刘承烈也都走了，我便向谭延闿告辞说："我要走开湖南。"他说："器之你不要走，我已经租了一只洋船，我们同走好吗？"我假意唯唯的答应，急忙的出了都督府，把本日的情况愤愤的告诉在外的众同志。葛天保说："我们还是要干。你不要急走。"但是我已气病了，心中郁结不畅，似乎要吐血，又怕辜负诸同志的热忱，也就答应不走，搬到岳麓山云麓宫去养病。住了半个月，葛天保又来说，他们已经运动了不少的军队就要起事，劝我即速回去。此时我的病已经差愈，便又回到天鹅塘。刘松衡、魏伯益、杨久明等都来同我说："在四五天内就可以发动，逐出谭延闿，再宣告独立。"我得着这消息，病为之愈。到第四天晚上，果然军队发动向城内进攻，枪声不绝，可惜城内不能接应，无法进城，又无其他接济，到天晓时即行失败，变兵一营全数溃散，城内指挥的同志刘松衡、魏伯益、杨久明均被捉去杀害。葛天保逃到我处，我资助他急速离省，我也到南岳山去暂避。住了十几天，当地的民众都在猜疑我，我站脚不住，乃又化装到省。此时谭党的人正在准备欢迎汤芗铭。我仍化装一个乞丐，跳到日本轮船，睡在厕所边的甲板上，到汉口又跳过开上海的日轮上伏着。我的佣人却押着我的行李住在房仓里。一路幸无人识破，安全的到了上海，打发佣人回去，自己便亡命到了日本。不久葛天保、王道等也赶来了。

谭延闿于八月十三日取消独立，并通电说："湖南宣布独立，水到渠成，延闿不任其咎。湖南取消独立，瓜熟蒂落，延闿不居其功。"是何等的滑头。后来汤芗铭到湘，他又开了十几个人的名单交把汤芗铭做礼物，说这些人都是激烈分子，逼着他独立的。汤乃按名逮捕，除了已经逃走的我和谭人凤、周震鳞、龙璋、程潜、唐蟒、刘承烈、仇鳌诸人外，其余未走的杨德邻、文经纬、易宗羲、伍任钧、梅景鸿、杨守贞诸人都被枪决，文、易两公是主张牺牲同志去降袁世凯的，也名列谭延闿的礼单内，冤哉。

一八 组织民义社继续讨袁

一九一三年冬，我们住在东京。见亡命来日的同志一天天的多了，王道建议："我们湖南的在日同志应来一个组织，继续去革命。"我深以为然，即日约集同志多人在我的寓所三湘别墅开会，到会者有刘承烈、刘文锦、葛天保、王道、谭蒙、王仡、萧宏济、刘白、周况、李武等数十人，议决定名为民义社，公推刘承烈为社长，我为副社长兼财政部长，王道为总务部长，李武为军事部长，这些同志都是湖南在日的激烈分子。除了刘承烈兄弟外，其余都是没饭吃的苦同志，凡是有饭吃或做过大官的人，都不肯来，我们也不要他们。只有刘承烈虽不是个积极分子，但在湖南做实业司长，临走时带了不少的公款来，大家想利用这项公款做经费，所以公举他做社长。不料他一毛不拔，留着这钱供他和他的兄弟刘文锦挥霍，听凭这些苦同志去饿饭，有些人甚至连红薯都没得吃，也不肯接济一文，激恼全体同志，结队到他家去闹，甚至要打他，还是没得结果。于是又开会取消他的社长，公推我来当社长。我虽然与这些人一样的穷，但肯四处想方法挪借，如新化的矿山、醴陵的百炼公司，都是我筹款的目标，常派人去捐借，前后所筹将近百万。我拿着这款就派遣同志到内地去组织革命机关。从一九一三年至一九一六年所有长江一带尤其是湖南被袁政府所破获的革命机关，大都是我民义社派去的同志所组织的，牺牲同志不知多少人。后来中华革命党成立，世人都把这些账写在陈其美的身上，我也懒得与他去争这笔血账。

一九一四年三四月间，中山先生组织中华革命党，由陈其美负组织的责任，逼着党员要打指模印，誓约上又载明要服从孙先生一人，有许多人都不服气，不肯加入。尤其湖南同志几乎全体不加入，只有陈家鼐自己向中山要个湘支部部长的委状，去街上招摇，湖南同志也无人理他，只争着来进民义社。中山先生便注视我们，托居正来向我们疏通。我们为中山先生的热忱所感召，也就不得不全体加入。对于湘支部长一席，我们争持要投票选举，中山也答应选举，结果我又当了选。但中山的本意是属望于覃振，他见覃振未当选，又令将选票作废，由他任命覃振为湘支部长。民义社同志大动公愤，要打居正。中山又命许崇智来调停，委我为湖南司令长官，大家才不闹了。后来覃振又要求司令长官必要兼支部的军事科长。我嫌他是政客不愿与他合作，也就辞职不干，仍用民义社的名义继续进行我的革命工作，覃振也另保林德轩任司令长官。此人作事巧诈，每逢我社的同志因机关破获殉难时，他必去向中山痛哭，说是他派的，要求抚恤，待把抚恤费领到之后，便插在自己的荷包里，后来成为湘西一富翁。

一九一五年夏我回到上海，主持策动长江一带的革命，在沪招集不少的青红帮供我社驱使。又派多人去运动江阴独立，我们已经运动成熟之后，陈英士才派杨虎、蒋介石前去参加，后来这账也写在他们的份上。我又在上海办一报馆，名曰《救亡报》，交王道去主持。同时薛大可也办了一个亚细亚报分馆，在上海专门鼓吹帝制。王道带着许多同志去把他捣毁，陈英士运动肇和兵舰起事，我社的同志也帮着在岸上活动，打警察局、抢枪枝，都是王道率领打手去干的。南京警察厅长齐燮元被刺未中，也是我社同志干的。

一九　枉费气力又替谭延闿造机会

一九一六年正月，我社的同志杨王鹏、龚练百、廖湘芸、高建铃、李堂、谭蒙等在长沙起事，进攻汤芗铭的将军署。同志死者数十人，杨王鹏、龚练百、李堂都殉难，其壮烈与黄花岗之役差不多，虽然当时未成功，却发动湖南人的驱汤勇气。后来程潜与桂军进入长沙，汤芗铭弃城而走，未尝不是这次的壮举把他的胆子吓虚了。在此役我社才建立军队两千余人，都是我派王协在湘收集的散兵。程潜到时，我才回湘把王协所收的部队编为第一旅，我自己任旅长。当时湖南情形复杂，各派林立。刘人熙虽被举为督军，不过成一傀儡。程潜号称总司令，实力也不充足。真正的力量还是操在谭延闿之手。只因我社同志进攻督署，汤芗铭吓慌了，求救于乃兄汤化龙。此人在宪政党与谭延闿是密切的同党，那时他正在上海，谭延闿躲在青岛，他得着兄弟的急报，便把谭延闿请到上海来，托他疏通。克强约束党人莫与他的兄弟为难，并答应把湖南的政权归还谭延闿。谭即乘机要求汤化龙介绍陈复初、赵恒惕、陈嘉佑（陈炳焕之子）三人先回湖南去建军。那时蔡锷已经出师讨袁，袁世凯被迫取消帝制，就要倒台。汤芗铭事急求人，不敢不依，即刻补充陈复初等三人的枪枝，派他三人当旅长。后来汤芗铭临走，谭延闿又派曾继梧回湘。汤芗铭把李佑文一旅也交给他，又把陈复初、赵恒惕两旅扩充为师，共成一军，委曾继梧任军长，并把督军印信也交给他才走。谭延闿有这许多力量，又会钻营，把黄兴、蔡锷两人哄得喜笑颜开，都支持他继任。总统黎元洪更不消说，早就勾结好了，所以又得回任湖南督军兼省长，湖南的政权依旧又落到宪政党谭延闿的手里。革命党人白费一生的气力。跟着曾继梧又逼着解散我的军队，我灰心已极，只得让他解散。

二十　心灰意冷羞谈革命

谭延闿再次督湘后，我认为中国革命最不彻底最无正谊，无论如何革不好，从此我决不再谈革命了。然为生活所迫，又不得不与世浮沉，在旧革命队伍里任过几年的闲职，无非是顾问参议之类，只混一混饭吃而已。一九二四年孙总理指定我为中国国民党第一次全国代表大会代表，也无所建白。一九二六年大革命我任第六军参议，奉程潜命运动叶开鑫所部，师长邹鹏振加入国民革命军。一九二七年蒋介石反动，我越发灰心，本不愿再在污浊社会里混饭吃，但到一九三〇年为胡汉民所敦劝，要我任中国国民党党史委员会撰修委员。我念先烈的史实不可不彰，又恐蒋党颠倒是非伪造党史，不得不出而与之奋斗，故又任伪职。无如心与力违，在职十八年，屡次与徐忍茹等争论，揭举他们的伪谬，终敌不过他们的反动势力，结果仍编成一部伪党史。

廿一 反本归真重上正轨

一九四八年，我深愧自己勇气不如当年，明知蒋中正反动得不可救药，仍然跟着反动政府混饭吃，实在有些对自己不起，所以弃职回到湖南，来寻找革命的出路。幸承诸革命同志提携我与诸君子共同组织中国同盟会湖南联谊社，参加一九四九年的湖南解放运动，这才上了革命正轨，也许是我最后的努力吧。

1955 年 5 月邹永成病榻口述，杨思义笔记

襄阳光复记

毛　拔

编者按：辛亥革命武昌首义之后，各地响应，湖北省武汉附近的府县早为起义军占领，随后宜昌府、黄州府、安陆府相继竖立民军旗号，这时襄阳人民也奋起响应。光化县知县黄仁葵在武汉起义后，组织地主武装，阻止人民革命；及至光化陆军起义时也宣布赞成，襄阳府光复后，掌管军政分府。本文为黄仁葵的文案毛拔（长沙人）所写，专为歌颂黄仁葵的。文中夸大了黄仁葵光复襄阳的功绩，但是所记当时光复情况应是可靠的。本书原为1912年6月写成，在长沙出版，但流传绝少，今就湖南省文物管理委员会所藏排印本与黄氏家藏抄本（曾经黄明、黄宝校订）互校印出，删去叙文，并删去抄本中的程颂万题词与每篇末尾的"记曰"，选录抄本中的电稿文牍20通（抄本原附录来往电稿文牍50通）。

光化篇

襄郡七属以光化为最冲要，距县十里有镇曰老河口，帆樯辐辏，商贾骈阗，襄汉间一都会也。其地五方杂处，习尚强悍，刀痞会匪，卵育其间，素号难治。前清以其地为上游扼塞，水陆皆有防营驻焉。庚戌（1910年）正月，善化黄仁荄重宰光化，惩初任时会匪柯了凡之变，濒行，请大府少假兵柄，俾得行便宜销逆乱。大府允之，委充左路巡防帮统，近岁县令兼军统自仁荄始也。仁荄官鄂久，所至有惠政，能得民，性豪侠，尤喜谈兵，闻武昌民军起，即思举兵响应。而兵备道喜源者，荆州驻防旗人也，方募重兵，塞襄樊。仁荄既扼不得发难，乃一意维持秩序，保境土以待时机，一切规画厘然备矣。当警电初至，民心惶惑，崔泽奸徒，蠢然欲动，仁荄忧之，急檄四乡绅耆练团自卫，复召集河口绅商语之曰："武昌肇变，讹言繁兴，必有乘风剽劫扰乱市廛者。河口防兵单弱，不足备非常，盍仿汉口商团成式，募勇丁数百名，昕夕训练，无事则分段巡防，有警则择要堵御。如是则匪徒不敢逞，而君等生命财产可保无虞。惟需饷甚巨，必君等同心擘画，量力输捐，事乃克济。"时镇商亦亟思自保，闻言皆鼓掌称善，即日署名认捐，得钱万余贯，而官钱局员陈玮、警务长俞燿坤、牌照局员谢荣恩亦协力赞助之。不数日商团成立，举巡防马队管带周飞鹏兼统之，屹然为一军，河口镇始终未遭蹂躏者，商团之力也。

商团成，有兵无械，仁荄因请兵备道发快枪三百枝、子弹一万颗。喜源令取之郧阳，不可得，则勉给新枪九枝、旧枪三十枝，尚锈涩不堪用。幸仁荄前设警察教练所时，值左路巡防第五营以无饷裁撤，营中枪械当缴省，仁荄电请截留快枪一百二十杆、子弹七千颗在县，以备巡警操用，至是出以治团，团兵始无徒手。人多服其先见云。

河口部署既定，复以其暇补葺县城，料简器械，增募勇丁数十名，为豫、陕交界及下游荆、沙一带侦队，公财竭则称贷继之，故光化筹防最早亦最严，势力为襄阳七属冠。邑中江湖会党何永茂、宋友芝等勾结豫匪，暗煽营团，屡约起事，均诇知诚谕，先期解散。仁焱复躬自拊循各军，刊发训条，谆谆以保卫地方相勖，于是各营团暨会党皆感畏，谋亦遂寝。

襄阳距省千有余里，自武汉战争，道途阻梗，邮电断绝，消息不得时达，惟闻北兵焚掠汉口，民军势且不支，喜源方谋联合荆州，为规复武昌计。仁焱至是忧愤，私念荆、襄不下，武汉必危，武汉危，而全局瓦解矣。如得襄阳，则荆州可不劳而定。因谋诸邑绅李德润、张冠儒、辛逢吉、李荫福等，谓武昌光复月余，不遣一旅至襄，此民军之失策也。今宜具书通款武昌，请出一军规襄、樊，以清上游而保大局。乃命邑绅吴葆真、傅殿扬赍书赴省，由间道行，时九月廿六日也，未至省而光化义师起。

初，左路巡防统领刘温玉驻老河口，是年移驻襄阳，以所部马队一营留防河口，哨弁辛玉山朴实勇敢，号得力，仁焱倚之。而是时喜源见光化筹备独严，恐将不利于己，辄多方摧挠，冀少削其势力，因嗾温玉檄调玉山率队防襄。仁焱持不可，则又调巡防马步各队自卫，移驻襄陆军马队二棚代防河口，以防营易驯，陆军难驭也。其遣陆军时，仅与空枪，不给子弹，抵防后月饷又不时发，以此兵士人人怨愤，仁焱尝一再振济之。陆军中有张国荃、李秀昂者，其才智出辈行，颇影附革命，以受箝束太甚，潜与同伍谋起义。十月初八日，仁焱莅河口官钱局，国荃、秀昂先从营团给获子弹，遂挟众荷枪、臂缠白，趋官钱局，各营团会党从而附和之。仁焱出问："此何为者？"国荃独前曰："武昌起义，豪杰归心，我等安能郁郁久居此？今计已定，倡竖义旗，以公邑宰，请主大计耳。"仁焱颔之曰："是乃吾志也，惟斯事以保全治安为要，君等宗旨如同，我当为民服务。"众曰："诺。"时防营管带周飞鹏适至，飞鹏故倾向民军者，前上书都督曾列名焉。因见国荃、秀昂率尔举事，意颇轻之，语言间有抵触。秀昂疑其阻挠，出不意枪毙之。仁焱惊恶，然以变起仓卒，无可如

何，乃抚其众而统之。要约既定，遂布示安民，登埤誓师，以商
务会为议事厅，定取襄阳之策。①

襄阳篇

襄阳上通秦、陇，下控荆、鄂，西连巴蜀，东接南阳，四战
之地也。喜源以满员备兵其间，与荆州驻防相犄角，初闻省变，
颇以防守自任，尝电达内阁，言襄阳重地，拟练兵十营，以备战
守，请由中央拨济军饷，复电允之。由是募兵，檄提各属钱粮局
款充饷糈，设营务处，以知府曹允源为总办，知县魏仲青为提
调，徐以和为坐办，内则倚冯沄为腹心，外则结刘温玉为牙爪。
都督黎元洪与温玉有旧，素电劝其处置喜源，占领襄郡。温玉故
朴遫无远志，得电惶惧，反以其事语源；源由是忐忑不自安，外
虽依之，而阴怀疑忌，温玉不知也。然襄阳自是益岌岌矣。

初仁葵闻武昌事起，即谋规复襄阳，及起义之日，遂宣言于
众曰："河口一弹丸耳，不足以言战守。襄阳形胜扼要，兵家所
必争，宜急取为根据地，以巩义军基础。且喜源方拥重兵，我不
往彼必来攻。今日之举，襄阳闻变，度已汹动。乘其未备，而急
捣焉，一鼓可下也。"众韪其言，议既定，即夕秣马厉兵，简精

① 郭孝成《中国革命纪事本末》："十月初八日，忽人声鼎沸，一人骑马持枪，
驰骤于街衢中，扬言大军已到，商民无恐，速插白旗，速即反正。时光化令
黄仁葵、马队周飞鹏、水师营黄裕斌、官钱局陈玮，适在会议，仓皇咸遁
走。忽枪声一震，周飞鹏即受伤而死。黄仁葵知倡义者系襄阳开来之陆军中
张国荃、李秀昂二员，当劝其不必暴动。遂集众开议，首由张国荃建议攻取
襄阳，众均认可。"尚秉和《辛壬春秋》："光化县河口镇驻巡防马队及水巡
数百人、陆军二十人。陆军排长张国荃、弁目李秀昂……光化令黄仁葵至河
口与队长周飞鹏、水巡长黄裕斌讲事，国荃率二十人驰至河口大呼曰，大军
至矣，速竖白旗。市民惊扰，仁葵及飞鹏出视，国荃击飞鹏毙之。即召集兵
警，谋率师攻襄阳。"本文抄本"记曰"也说："张、李'通款武昌'；所谓
黄仁葵自称起义'是吾志也'，均为夸大之词。"

锐先发，遣间使驰书乞师于武昌总司令黄兴。兴，仁葵族弟也。又飞函南阳镇总兵谢宝胜，称举义保民，约不相犯，并传集河口绅商，语以取襄阳为保光化之策。竟夕戒备，迟明遂行。

取襄阳之师才三百人，仁葵率水师，张国荃率陆师，日夕分驰百八十里，以初九夜半会于襄阳上游之老龙堤，初十黎明，直薄城下。时喜源闻风先遁。刘温玉闻光化兵至，仓卒闭城，率兵士登埤守。义军前部许鸿钧、张承源、王开典缘附郭民屋跃而登，守兵急燃枪。开典直前叱之曰："同胞竟相残耶？"守兵怵而止。于是城绅周宗泽、杨绍桢、杨承恩、李曰谦、刘秉鉴等同诣温玉曰："今日之来者非他，光化令黄君也。闻其人素谙大计，居官有贤声，既来此，方欢迎不暇，固可击耶？且战衅一开，如城中数万生命何？君幸毋以战祸我襄人。"温玉由是无斗志，宗泽等乃告知府曹允源、知县魏仲青启门延义军入。[①] 是役也，主客异形，众寡殊势，可谓冒险矣。而卒以三百众光复名城，兵不血刃，盖人心思附义军，即喜源不逃，温玉敢战，亦无用云。

义军入城后，与军民约法，即组织军政机关，集绅商军学界会议于昭明台，投票选举，仁葵得七十余票，为襄阳军政分府管理民事；国荃得六十余票，为分府司令部管理军事。分府规设四部：曰司令、曰参谋、曰军政、曰政事。部有长，部又分科，科有长有员，用人由众推举，加委任焉。设会议厅，常会月六次，

---

① 《中国革命纪事本末》：光化起义后，攻襄阳，贪夜添招新兵二百，共六百余人，"由张国荃、李秀昂、黄仁葵、黄裕斌统率进发。初十日晨抵襄阳。是时城内有刘温玉、孙长龄所带步马五营驻此。幸城中不知来兵多寡，不敢与抗，兵未进城，即已白旗飞扬，刘温玉等不知去向。"《辛壬春秋》：张国荃率六百人攻襄阳，"国荃首攀垣入，开门纳众。时城内驻巡防队马步共五营，管带刘温玉、孙长龄等，以未知敌众寡，不敢抵拒。"可见率兵攻襄阳者是张国荃；刘温玉不敢抵拒，是因为不知来兵多寡。文中所谓"黄仁葵闻武昌起事，即谋规复襄阳"；又说："刘温玉不战是因为黄仁葵有贤声"，均夸大了黄仁葵的作用。

特别事则开临时会议，从多数取决。分府成立，以知府曹允源充顾问官，襄阳令魏仲青辞职，以张隽义代之，檄绅董改团防为保安社，编壮丁备守望，并筹办警务善其后。在襄旗员惟张家湾统捐局知府存厚及同知祥泰二人，城下之日，存厚不及逃，为李秀昂部兵所杀，祥泰得保护不死，地方一律安堵。

襄阳既定，即传檄各属，时光化已委俞燿坤接任，余县均先后来归，无梗命者。

谷城与光化最近，县民海凤山闻河口兵起，即率团兵倡议反正，仁荽当檄河口哨官黄春霆驰往弹压，知县张肇芳缴印仍留任。石花街巡检王萃奎为仇家刺杀，余均安堵。凤山有团众三百，即令防守其地，以维秩序。

南漳有镇曰武安堰，市廛颇盛，先有防营驻扎，共推蓝占廷为首响应义军。占廷分兵为三队，一队留武安堰，亲率两队趋县城。时知县夏绍范已有愿书至府，而城匪四起，县狱被毁，正危急间，占廷军及襄阳马队适至，匪始望风散，商民得无扰。绍范竖旗缴印仍留任。

宜城令吴文炳，闻襄阳已定，即具书遣自治会董彭用熙诣府请兵弹压。兵未至，有匪卅余人，伪称义军已至，绐开城蜂拥入，毁署劫狱，大肆剽掠，文炳走匿民家，城中汹乱。襄阳兵至，获匪徐忠汉等十余人，斩其渠以徇，人心始安，仍檄文炳视事。

均州距襄阳稍远，檄到，知州陈文琪即传谕绅民，竖旗反正，土匪不靖，以周鸣岐前往安抚。文琪换印视事。

枣阳接壤应山、随州，与铁路北兵相距最近，知县瞿长龄瞻顾不敢竖旗，军府屡议声讨。仁荽念其所处独难，不欲以兵力相胁，至十一月停战议款，长龄始诣府缴印。于是襄阳七城全境光复。

军事篇

襄、樊陆师，旧有巡防马步队二营、陆军一营，益以喜源新募之兵，数逾四千。光复后，巡防统领刘温玉及陆军管带孙瑞卿均遁走，兵士无主，则联合江湖会党，持枪四出骚扰，势且溃散。军府成立，乃设法招集之。合光化旧军及下游来襄投效溃卒，与各属起义民军从新编制为三协。以一协驻郡城，许鸿钧统之；以一协驻樊城，李秀昂统之；以混成一协驻老河口，黄振远统之；而国荃为总制。其旧有水师，亦改编二营，以黄裕斌统之，分驻襄、樊、河口一带。水陆部署规模具矣，而饷械缺如，一再上书都督，备述困难，电允接济，迄未获也。

民军初据襄阳，其气锐甚，方议下取荆州，为武汉声援，进攻南阳，并窥汴洛，其初志固不欲坐守一隅，及未得勤远略，则以全力清内奸，消隐患。襄境与河南接壤，故多奸民，椎埋攻剽，承平时已然，此变既乘，益猖獗无忌。团练不能得力，乃以军队兼治之，有案必破，前后所获盗魁，无虑数十百人，一经讯实，立置重典，无漏网者，于是境内匪徒稍稍敛迹矣。

国荃起卒伍，专兵柄，骤比肩仁炎，内颇不自安；又以军队多仁炎旧部，益生疑忌，故每见必盛陈兵卫，以示威重，稍有裁抑，即睊睊相视。参谋周宗泽、杨绍桢数居间调停之。仁炎亦恐生内讧，召外侮，致坏襄阳大局，乃曲意交欢国荃，务以至诚相感动。国荃尝责饷，仁炎未能时应，意望甚，与秀昂密谋劫以兵。仁炎廉知即夕置酒私第，招国荃、秀昂与其徒燕饮，酒酣纵谭英雄成败，历举古名将以讽。国荃意移，因相与约为兄弟，尽欢而散，谋亦遂寝。其后国荃意气日平，至欲自居部将，仁炎未敢当也。

秀昂鸷悍过于国荃，遇事辄专擅，其在樊城率取存厚衣物，并不关白，遇军务部长邰信于官钱局，一语不合，拔刀拟之，信长跪谢过乃已。县丞廖定祥招秀昂幕客饮，秀昂闻之怒，驰至署，定祥出迎，一见瞋目嫚骂，手鞭而足蹴之，定祥呕血不能起。与标统任鸿钧交恶，乘其饮妓馆，使人要杀之。鸿钧部下声言复仇，势汹汹几酿暴动。仁菼闻报，即使人驰往谕解，乱始弭。然秀昂虽暴戾，而治军严整，居樊城两月，宵人敛迹。故仁菼虽心恶秀昂，终器其勇，思有以陶铸之，且起义功同之人，未忍害也。仁菼去，继者以秀昂骄性难驯，遂置大解。

筹饷篇

襄阳居鄂省上游，民皆土著，勤纤啬，不习废鬻，无秦、晋商贾巨万之家，物产生殖不及武汉百分之一。惟汉水从秦中来，秦货出口以老河口为总汇，唐、白二水从豫境来，豫产输出由张家湾经过。前清时老河口、张家湾均设统捐局，榷百货，而河口与樊城又别有落地捐，以及官钱、筹饷川淮监局，岁入倍于丁赋，皆绾以局员，而受成于省会。近年省用尤繁浩，不给则取资纸币，由是纸币遍鄂境。自武汉军兴，声势阻遏，民间持纸易银，公私俱困矣。喜源奉阁谕募兵，虽允给饷，迨兵集而道梗，饷用无出，诸款搜括略罄。光复后，养兵益多，需饷尤巨，而是时襄河糜烂，商贾裹足不前，统捐筹饷之额锐减，甚至局用不给，川淮盐纲，运道既塞，民几淡食，而税课更无论已。官钱局管财政机关，时则铜元匮乏，险象环生，度支遂益困难，而都督又有免钱粮裁统捐之令，饷源由是断尽矣。各营新集之师，馈运一有不继，则哗溃堪虞，势不得不筹议募捐以纾其急。于是分府责无可贷，而谤亦随之矣。

府中设财政局军需科，以绅士刘秉鉴、杨君谟、杨君直等董理之，诸军索饷不敢后时也。自光复以至取消分府，凡七十余日，用钱十九万余缗，而军饷居十之八，行政费仅十之二。综计提用襄、樊、河口各署局存储十一万余缗；而喜源遗存服物玩器三十九箧，绅商估值价售，得钱五千余缗；富户助军，量资产区分上中下三则，依则认捐，数达卅余万，而实缴者才十之一。民间财力艰难，不能迫而集也。后议补给公债票，章程布矣，未及行而仁葵去。

苏清泉者，均州首富也，舆论谓可捐巨金，乃命周鸣岐往劝谕。清泉阳诺而心怀观望，事久不集。鸣岐愤恨，拘管清泉于州署，州人夙恶清泉不仁，无出为缓颊者。鸣岐乃籍其家财物，载数船而返。军府初议止于责捐，至是并没他物，颇悔过甚，遂飞檄释清泉，并召至府温语抚慰，而检其田宅契券还之，清泉感激称谢。计其捐值约四万余缗。仁葵去时，喜源、清泉物有存者，悉移招讨使接管云。

安陆篇

革命军初起，动言独立。夫独立云者，对于清政府之词，非可对于邻境也。省会尚难独立，况于郡县耶？襄阳上接郧阳，下通荆、郢，原有辅车之势，前清所以划置一道也。安陆光复先襄阳三日，倡之者陆军管带张楚材也。郧阳光复后于襄阳，以知府伍铨萃为分府。荆门州则关克威安抚之。仁葵以邻郡既复，唇齿攸关，乃具书遣吴葆真聘安陆，荆门钱某聘郧阳，同日出发，略言："荆州未复，北兵尚强，宜为通力合作之计，特修聘问，愿闻教言。"时三郡秩序未备，无来报聘者。

张楚材既据安陆，视襄阳为囊中物，又虑兵力不敌，犹豫未敢前，及闻仁葵、国荃复襄阳，始悔之，因悔生忌，遂蓄意破坏襄军。仁葵尝以光复情形两电都督，电经安陆，楚材悉压阁之，一不以达；且密禀都督，谓仁葵、国荃赴襄时，沿途劫掠，行同土匪。都督虑其不实，交招讨使确查。一日李秀昂于樊城获一卒，身有公文，检视之，则都督批楚材禀词，及军务部移招讨使文也。至是而楚材隐谋悉露矣。枣阳光复稍后，楚材尝派兵深入其境，仁炎电诘，则以准备进攻河南唐县假道为词，而其兵向枣阳商户索钱二千缗逃去。

方招讨使之未至安陆也，楚材虑其不利于己，谋约襄军共拒之，于是电告仁炎、国荃曰："季军此来，心怀叵测，盖欲逐弃我等，安置私人。试思襄阳非两君，安陆非楚材，招讨使焉敢越仙桃镇一步。事成则彼收其利，公理谓何？今安陆已备敌，谅尊处亦表同情，如有二心，神人共鉴。"仁炎、国荃知其诡谲，未之复也。楚材又专电国荃，谓："君等复襄之功，楚材已禀都督，委君为襄阳总代表，楚材为安陆总代表，自宜联络一气。"盖欲以此离间襄军，意国荃必附己也，乃相与一笑置之。其后季军至，楚材不逊，其党全明汉、柴洪胜等，均为季军格毙，楚材亡去，雨霖通电缉之。

南阳篇

南阳古宛叶地，中原有事所必争，为豫省西北门户，距光化才百余里。武昌起义，东南响应；西北如鲁，如秦、晋亦先后告独立；惟河南当铁路冲，全省官民轵伏于北军威力之下而不敢动，势使然耳。南阳总兵谢宝胜，淮军宿将也，老而雄杰，深自负。武汉事亟，巡边至河口，与仁炎相见甚欢洽，约诘奸保民，互相捍卫，河口绅商厚犒其军，宝胜欣然去。未旬日而光化义兵起，仁炎偕国荃赴襄阳，河口空虚，虑宝胜来袭，濒行移书曰："仁炎今与志士建义旗，规襄、樊，君能同仇，乃所欣愿；即不能，请各行其是，幸毋相犯。"宝胜复书，劝仁炎计擒张、李，免白旗，回光化，否则当以兵戎相见。由是襄阳、光化诧言数

惊，曰："南阳兵至矣。"仁荄复移书曰："辱教不以鄙人为不
肖，敦勉计画，至于再三，挚爱之情，感沦肌髓。惟是潮流倾
洞，长乱种因，匪伊朝夕。仁荄仕学有年，今日之举，非为仇
满，实以保民耳。每念近时当轴诸公所为，造劫速亡，未尝不太
息痛恨，岂肯号召亡命，自寻干戈。故在光化即遣尺一，奉宣本
怀，而莅郡数日，已檄定五县一州，市不易肆，民不易居，锄匪
以数百计，庶几与麾下管领地面、保卫商民之盛心，不相刺谬。
麾下忠勇人也，专阃建牙，威望遐布，流连故主，人孰无情。然
今日之时势，实有不能泥引古训以相比例者。试问贵管为何国之
地，所卫为何国之民，今欲以一人一家之事，而与亿兆种族心理
相竞争，负一隅兵力相抗拒，岂非自菑自丧之道！仁荄为军民推
认，承乏分府，专典民刑，一切军旅自有主者，惟时加策勉，诚
以慎固边圉，勿犯邻封，布置就绪，即避贤路，誓返初服。今季
招讨将移荆门之师，经此北上，会合群帅，指朱明之旧都。素谂
麾下忠勇性成，所部不弱，方思以中原民命财产相托，望公为苏
州之程，福州之孙，共奖义旗，宣告部民，俾毋惊布〔怖〕，师
行假道，不犯秋毫，谅为麾下所许。兹承明问，似于华夏大势，
尚未明了，而持道途风说，认为天命未改之征，所以爱我者至
周，而于自处，但有决死之一策，名义无居，望实交陨，窃为麾
下不取也。仁荄夙叨知爱，敢不贡其区区，天时人事相逼而来，
更不得为二百余年垂尽之皇室，多尽私谊。临书叹涕，不知所
云。"然宝胜是时本无出师意，惟于鄂界新店铺、孟家楼、李官
桥诸处，增兵设备，不时躬巡。一日巡边莅仁荄幕僚张辅翼家，
愠曰："辅翼人民军，家当籍没。吾念黄仁荄能保民，特贷尔。"
盖有味乎其言矣。

　　先是襄阳既定，即议上攻南阳，东出汴、郑，断铁道，扼河
津，以绝北军饷道。至是襄、樊士民多上书请规南阳，南阳士民
亦有来襄献图愿为响应者。仁荄见时机已迫，又移书于宝胜曰：

"仁菼辱公一日之知，书问往还，商榷至计，似较他人为切。战局风云，朝夕万变，南阳四战之地，公盖身蹈危机，相逼日近，虽有良、平之谋，贲、育之勇，将无所施。公又素性刚烈，谁敢为公言至计者。仁菼不言，是直负公，匪独负公，且负天下！何也？汉人宿将如公者，盖无几人，若能因仁菼一言，而翻然改图，移其忠于满帝一家之心，以为保护中华一国之心，则豫、楚之交，必无战争，百万生灵，胥登衽席矣。今为公计，如能光复河南全境，与东南各省为声援，抚驭豪强，诛锄猾盗，俾北军各归其土，而卫其乡，则豫军都督谢公之威名，当不在各省军府之下，此策之上者也；即不然，铁路附近，敌备甚严，开归阻室，声势难达，公亦当据南阳形胜，立军政分府以资号召，而避环攻，镇抚一方，静观时变，可以对民族，亦可以对清廷，如赵佗之居南越，窦融之在河西，抑策之次者也；否则犹疑不决，进退失据，清廷断无复辟，公之苦守为无名，汉族皆系同胞，公之勇力亦无用。且南阳固思汉，北军亦岂真心为满者，公能保部下必无识时俊杰，发难于肘腋间者乎？仁菼忝辱旧知，不忍操戈同室，故冀幸麾下，早告独立，还为一家，既泯猜嫌，兼图进取。今徘徊已久，士气日增，若徒顾全私交，必将受人诘责。季军日暮来襄，会师北伐，假道贵境，事所必然，兵凶战危，迫不得已。公纵不自恤，顾其若生民糜烂何哉！尚望与幕僚裨将及部内贤绅熟思审处，当共谅仁菼筹策发于至诚，言词根于血性，绝非以盲瞽之词，陷麾下于不义也。惟公实图利之。"宝胜不报，又移书南阳自治会，劝其拥宝胜建军府以系人心，亦无有敢用其策者。

十一月，河口谣传："南阳镇有马步炮队五千人，分道出发，电襄阳告急。"又侦报："怀庆、南阳两镇，将集重兵，会攻襄阳。"不得已始议出师，于是电安陆派兵进规唐县；电郧阳派兵出荆紫关攻淅川；而本部兵分两路，一由襄阳出新店铺攻新野，一由河口出孟家楼攻邓州。部署已定，行有日矣，适接和议条件："北军退出原驻地方百里外，民军不得追袭。"又奉都督电饬："遵守条约，严防原驻地方，不可进兵，致使北军藉口，外人诘责。"其议遂辍。终仁茭在襄未尝有战事。季军至，乃分遣各部徇下唐、邓、新野诸州县。而宝胜亦卒以兵不用命，愤极自杀。

季军篇

鄂军起义，四境归心，不烦挞伐，惟荆州驻防未下，而安襄郧荆道喜源，以旗籍备兵梗命，于是鄂都督以季雨霖招讨之。季军之初出也，无尺土一兵之藉，其后于汉川收梁钟汉于京山，招刘英并其军而势力始厚。时仁茭已定襄阳，欲藉形胜图中原，而苦饷械不裕，闻季军将至，喜曰："襄军有助矣。"因遣吴葆真持书通款表欢迎，又屡电促其来郡会师北伐。然雨霖观望上游，迟疑不进，惟遣先锋高仲和、耿毓英等驻安陆、枣阳，以侦襄、郧情况。本部则久驻沙洋与攻荆州军为犄角，又以暇日经营堤工，其抵襄阳则在南北弭兵时矣。

军政分府之权，除军事外，悉与旧日知府主管事项无异，而制定于临时，义专于兵事，军兴则假以号召，事定则从而取消之，亦视其治乱何如耳。仁茭举任分府，曾宣言暂时承乏，及吴葆真至沙洋，雨霖谓曰："黄君何以不为知府耶？"因遣代表朱穆君、施宪武赍招讨使公牍并襄阳府知事印，诣郡委旧知府曹允源为府知事。国荃及诸将吏皆悻悻曰："是侵我襄军权限也！襄郡既定，何以招讨为？"仁茭虑酿他变，以温语抚循之，而允源以年老坚不就职，遂以牍印付来使，为书婉谢雨霖。而雨霖坐是益疑襄军，不肯轻进矣。

季军既于安陆逐楚材，宣布罪状，因电襄阳曰："内部相残，非心所欲，事不得已，出此下策，当为同胞谅鉴。"于时有倡议拒招讨使勿纳，画疆自守者，仁荄力持之。既闻雨霖抵郧，即派员绅四人，远迓百里外，守候旬日，襄、樊两处，治馆供张。雨霖至，则率各界郊迎，宾礼备至，雨霖亦欣然款洽。先夕季军前部忽在郡南十里之文笔峰潜夺守炮，兵士大哗，急遣参谋周宗泽、杨绍桢等驰入季军，询知夺炮疑为拒己，宗泽等因言设炮所以备敌，与季公无恶，如有不然，愿以身质，于是两军始释然。

方季军之未至也，仁荄念在襄日久，事与愿违，颇萌退志，因电都督，自请取消军政分府，谓："仁荄本一病夫，因襄阳上游关系大局，不能不急图光复，仗我黄灵，幸而有济。数旬以来，增兵筹饷，与民事相杂糅，部署粗完，可告无罪，而昕夕焦劳，咯血愈剧，形神不支。此间情形，自阴历十月半后，南阳谢镇于边隘分驻重兵，日夜思逞，又太原失守，潼关剧战，河口声势，恐致动摇。刻已严密筹防，而粮捐并免，署局空虚，公债不前，饷捐未缴。值停战议和之际，实设防修备之期。大局安危，间不容发，必须明强过人者流，主持办理。闻季雨霖君不日可到，拟请留驻襄阳，兼摄民政，俾仁荄得取消军政分府名义，调理病躯。仁荄并非畏难避事之人，实不能以衰病恋栈，特恐季君临事执谦，务乞早电请其照允，万不可拘泥形迹，致误前途。束装俟命，无任感盼。"都督电复，谓："光复襄、樊，勋劳卓著。俟大局一定，自应论功，仍希珍卫，勉为其难。季雨霖计可抵襄，即望和衷共济，分府名目各处一律取消，以后称为司令处可也。"仁荄即取消分府改司令处，照常视事，以待季军。因复通电大总统、副总统暨各省都督曰："连接西安万急各电请援，情形危迫，襄阳饷械并绌，攻守两难，节经照转呼吁接济在案。乃迟之又久，消息杳然。顷接张都督电，潼关敌兵炮火猛烈，危在旦夕，以大义利害相责，焦急欲死，仍无以应。东南各军牵于和议，坐视不救，不独有伤南北感情，大局亦不堪设想。敌军早拟进攻南阳，以图北伐，一因饷械两缺，二因不敢违约，三因季军迟滞，商榷无人，以致内虚日久，外患环生。今西华若失，敌必南下武关取建瓴之势，而襄、樊吃紧矣。仁荄等扼守形胜，饷械无援，内不能取信同仇，外不能赴急邻省，日蹈水火，实觍面目。惟有恳求毋信和议，速整联军，即日分道中原，以牵敌势而舒秦患；一面迅予拨银十万，协济襄军，一面敦促季军即运荆州枪械来襄赴急。仁荄一病躯，刻已取消军政分府名义，无能为役，惟当奉以完全无缺之襄阳，告无罪于天下而已。临颖涕泣，自哀尤为陕哀。敬布苦忱，伏维亮鉴。"适雨霖至，即以军财民政移交接管。雨霖见仁荄执谦，谓可与同事，因已有南阳之行，遂以留守名义挽劝仁荄任卫戍司令。都督电至，改称襄阳道，绅商亦合词请留，仁荄几不能行。会陆军部长黄兴有电，言："克复名城，厥功甚伟。让而弗尸，谦德佩甚。希速来宁，襄助一切。"仁荄乃决计行，去之日军民祖帐，有泣下者，而襄事遂专属之雨霖。

附录 来往电稿文牍

十月十一日（1911 年 12 月 1 日）至武昌电（由安陆转）

武昌都督钧鉴：初八日（11 月 28 日）义师恢复光化县及老河口，初九日（29 日）进取襄阳，满贼喜源闻风带兵脱逃，祥泰同行，仅拿获存厚及其戚傅某，立时炮毙。义师于初十日（30日）巳刻入郡城，绅商欢迎，闾阎安靖。三日之间，连得一府两县，兵不血刃，汉族之兴，人心可卜。余如郧郡及均、谷、南、宜、枣各县，业已传檄，指顾可定。投票公举，到者八十余人，仁荄为军政分府，国荃为襄阳总司令官，力辞弗获，恐拂舆情，只得暂时承认。襄阳乃武昌根本，老河口为襄阳屏蔽，上通川陕，接壤河南，关系均极重要。望示方略并多济军械，实力资助，以期巩固。除备文专员赴省请领印信、关防、军械，并面禀筹饷练兵、保教安民各事宜外，余情续陈。襄阳军政分府黄仁炏、总司令官张国荃谨叩。真。

十月十四日（12月4日）致武昌电（由安陆转）

武昌都督黎鉴：仁炏、国荃克复襄郡暨各属州县，市面均安靖。惟襄、汉贸易早经阻滞，银钱缺乏，铜元尤少，官票不能畅用，军需紧要，务恳先拨铜元十万串，派妥员押解来襄，运到即以官票解省，以救眉急而维市面。如不能如数接济，襄光军队哗溃堪虞，事关大局，不胜迫切待命之至。仁炏、国荃。盐。

十一月十一日（12月30日）武昌来电①（由仙桃镇转）

各府州县及各义军钧鉴：我军自兴义以来，凡属中外人民，莫不力图保护，以固国本而重邦交。此固吾人应尽之责，即中外人民亦莫不称道文明弗置。从此更宜于有外人商务及教堂等处，并外人在沿途时均须加意保护，以重名誉而免交涉。不胜企盼之至。元洪。迥。

十一月十六日（1912年1月4日）至武昌电

武昌都督鉴：襄自十月初十日（11月30日）光复以来，仁炏、国荃迭呈禀电，并专傅殿扬君晋省请领印信、关防、枪械、铜元，缕陈起义缘由，及怡〔恪〕遵条例一切办法与地方安靖各情形，道途阻滞，未知能否径达。现俟季雨霖君兵到，即谋北伐，先攻南阳。惟襄阳居四战之地，内忧外患，防守宜周。顷探知北兵由随窥枣，日添军队，又得西安军政府张凤翙君警电，毅

---

① 来电日期均为电文到达日期。

军又添大股，与陕军相持于灵、宝间，太原确已失守。诚恐晋军一蹶，陕省独力难支，黄河流域将无完全。嘱即转电帅座，速出师北伐，以遏满兵之锋。似此情形，陕若有失，襄必戒严，东西兼顾，饷械两乏，伏望指示机宜。襄阳军政分府黄仁焱、总司令官张国荃叩。谏。印。

十一月十八日（1912 年 1 月 6 日）武昌来电（由仙桃镇转）

襄阳黄分府仁焱、张司令官国荃鉴：现和议已有条件，自冬月十二日（12 月 31 日）上午八时起，限五日内北军退出原驻地方百里以外，民军不得进袭；定期在申开国民大会，解决国体问题，从多数取决，决定后两方面均须依从。仰速饬驻襄及安陆各民军，须遵守条约，严防原驻地方，万不可进兵，致使北军藉口，外人诘责。大都督黎。元月二日。印。

十一月十八日（1 月 6 日）致武昌电

大都督鉴：奉元月二日电，谨悉。查前数日有北兵四百余人，由随州至枣邑边界之随阳店，南阳谢镇亦带兵八百余人至襄邑边界之新店铺。我军先锋队分两路出发，一驻枣阳城外，一驻襄阳北乡吕堰驿，准备进攻。兹奉前因，遵饬该先锋队严防边境，不可妄进，并电安陆各民军知照。季雨霖君大队闻抵安陆，亦应遵守条约，严防原驻地方，不必来襄。和议结果如何，乞随时指授机宜，以定进止。襄阳府军政分府司令官张国荃叩。巧。印。

十一月十九日（1 月 7 日）致武昌电

大都督鉴：巧电谅达。昨夜有河南土匪勾结逃兵数十名，随带徽章，沿途抢掠，闻有进攻南阳之举。国荃闻信，一面派兵进剿，一面电告南阳镇府县，将来若有侵犯，即照土匪办理。是否有当，乞示遵。襄阳军政分府司令官张国荃叩。皓。

十一月二十日（1月8日）致武昌电

大都督鉴：顷得西安来电，文曰：军政分府鉴：真电悉。承允酌济军械，感甚。现在伪甘督长庚及前督升允煽诱回民，分路入寇，势甚猖獗，敝军府竭力与抗；北京又添派兵队与敝军相持；灵、陕间亦不易攫，太原失守，又复实有其事，其留守之师已退至敝境。似此日趋于困迫之途，大局将不堪设想。秦、晋一失，西北上游之地全归伪朝，鄂军进取更难着手，贵军府当见及此。顷闻保定实已变动。祈速与安陆、郧阳、荆沙联合各军，就近协助鄂、湘，号召吴越，并力疾趋，速定大局。不然内而国民失亡，外而列强生心，恐不能善其后。请速转达武昌决行止。秦陇军政府张凤翙叩。印。等因。查议和期内，彼此不得进攻，满清违约犯陕，应加诘责，自有钧裁。除电复张都督外，合为转达。襄阳军政分府黄仁炎、司令官张国荃叩。

同日又致武昌电

大都督鉴：此间情形自阴历十月半后，谢镇两次由河口入犯，均经击退。现闻于新野、新店铺、孟家楼等处皆添重兵，日夜思逞，而随阳店亦有北兵驻扎。又，太原失守，潼关剧战，其声势皆与河口上游有密切关系。财政则自粮捐并免，各署局存款有限，一提即竭，公债预约，又皆观望不前。现和议虽开，兵防尤须严密，各府县土匪蜂起，一时未能全平。善后诸端，尚须明强过人者流主持办理。闻季雨霖君不日来襄，拟俟其到日即请留驻襄阳，担任其事，俾仁炎得当众取销军政分府，以符暂时承认原议。襄阳军政分府黄仁炎叩。号。印。

一月十四日① （3月2日）致武昌电

副总统大都督钧鉴：日前有逃兵潘金鳌受河南土匪勾结，往攻南阳，业经电禀在案。兹已拿获，于十三号正法示众，合电陈。仁荄、国荃叩。寒。印。

同日又致武昌电

金陵大总统、内阁总理，武昌副总统鉴：顷接西安张都督漾电开：号电悉。袁贼诡诈百端，显系远交近攻，图谋西北，使居高建瓴得势，渐以蚕食东南。尊处转电黄、黎二公，俾与唐使交涉，究竟如何结果，望速示知。总之能战始能守，能守始能和。为我军今日计，但当从战字上着想，和则意外之结果耳。会师北伐，仍不可不筹备，乞将出师期限并我军相遇旗帜、暗号电示。敝军现抵灵宝间，若克陕州相机直下洛、郑，愿从鞭镫。甘省长如三路入寇，意在据陕，以建南北分割之基；敝军分道堵剿，互相胜负。惟东南抵御，饷械不支，承转电荆沙，多分运军火以为接济，乞愈速愈好。至饷项尤望设法分惠，不胜盼祷。近日议和情形如何，并乞电知。秦陇军政府张凤翔叩。漾。印。等因。查陕省受兵，义当援助，唇齿相接，利害攸关，尤难坐视。襄军饷械两绌，迭经电闻，邻警频传，急无以应，特此飞转，请向唐使严诘；并一面从速筹拨利器，以凭分济而备进攻。如蒙俯允，乞详确电示，俾转复前途，免误大局。襄阳军政分府黄仁荄、司令官张国荃叩。寒。印。

一月二十日 （3月8日）武昌来电

襄阳司令黄君仁荄鉴：电悉。光复襄、樊，勋劳卓著，俟大局

---

① 壬子年。

一定，自应论功，仍希珍卫，勉为其难。季雨霖计可抵襄，分府名目各处一律取消，以后改称司令处可也。昨伍外交总长来电，又续停战十四日，希即饬各军队知照。惟议和日久，战备更宜紧严，务与季雨霖和衷共济，督率军队，经营攻守为要。元洪。谏。印。

又武昌来电

襄阳军政分府鉴：本府密查官殷圣治奉公至南漳，劣绅等诬为冒充密查，已送县收监治罪，祈飞饬该县释放。盼复。几务部。正月十三日。印。

一月二十一日（3月9日）致武昌电

副总统钧鉴：连电想均得达。季雨霖抵郧后，仁荄等即派代表四人欢迎百里，守候旬余，函电陈达军情，并未间断。昨闻其已抵宜城，又经连络员王镇华驰往接洽。不意昨夕季军前部忽在襄阳南门外文笔峰地方，将襄军守险之炮夺去，守炮兵士全被胁从，居民震惊，恐酿祸变。窃思大局犹未巩固，陕事正急，河南未复，满奴未灭，若内部轻听谣言，自起猜忌，解释无效，岂不寒心。除再由本地绅商，并驰函派员极力接洽外，理合禀知副总统，请即转饬季君。鄂军驻襄司令官黄仁荄、分司令部张国荃叩。箇。印。

同日又致武昌电

内务部鉴：殷其治已由南漳县护送来襄，并取具各绅保状，重以台命，业已释放。仁荄。箇。印。

二月二日（3月26日）武昌来电

季招讨使雨霖鉴：电均悉。现和议为满人所梗，袁处危境，段祺瑞联合各路统兵将帅，赞同共和，联名上奏，若汉人如此醒悟，无论所战所守，大局不难早定。前已加派河南奋勇军，不知已抵襄否？现又加派刘公率军前来，厚集兵力，攻取河南新野，即派充临时指挥官，黄仁葵即委襄阳道，一俟中央政府定制发表，再更名色可也。刻下战阵万变，总宜进取为要。元洪。俭。

出示行用军用票由

会衔出示晓谕事。惟照本分府、司令自起义以来，收复襄郡，市廛不易，匕鬯无惊，微我阖郡父老子弟万众一心，岂能如是？惟是建设伊始，召募目兵，业已成镇，百废待举，军需尤急，兼之商业停滞，金融机关更觉奇绌，有不可终日之势。兹经本分府、司令召集阖郡绅首磋议维持之策，筹思再三，惟有举办军用票一法，藉资挹注。查军用票有本分府、司令印信为据，可以完纳地丁钱粮杂税等款，决不失信于人。现拟发行五万张，一方面以供给军资保安宁之秩序，一方面以救济市面促金融之流通，实于商民大有裨益，合行出示。为此示仰尔商民人等，往来交易，或买官盐，或完钱粮，均准使用军用票，不准折价扣算，有碍通行，致负本分府、司令保民保商之意。倘有无知之徒，藉端阻挠，造言破坏，定即从严惩办不贷。切切。特示。

南漳县知县夏绍范禀陈管带蓝占廷军律严明由

中华民国南漳县知县夏绍范谨禀：窃知县前奉宪台照会内开，饬将本年下忙钱粮地丁税契迅速征解，以济军饷〔饷〕等因。奉此，仰见宪台统筹全局，慎重款项之至意。惟查漳邑地方辽阔，崇山峻岭，民间完纳地丁，向不踊跃。惟本年军事倥偬，愚氓惶恐，尤属缓不济急。自本月十一日管带蓝占廷亲率义军到县，招兵筹饷，先在税契等款挪用，左支右绌，拟禀请留下忙地丁暂给该军饷项。正会绅筹商间，接奉军政府都督黎示内开，本年下忙钱粮概行豁免。宪示甫颁，群情鼓舞，势固然也。惟管带蓝占廷到县以来，约束兵丁，市廛不扰，缉捕土匪，劳瘁弗辞。现在全境渐次安谧，厥功甚伟。如仅给以口食，似尚未足以示鼓励而作士气。漳邑筹款维艰，可否早日编入大队，统由宪台发给饷糈，匀拨军装，庶调遣既成有用之师，而防守亦获莫大之益。所有丁粮无款可解暨蓝管带军律严明情形，理合禀请大人俯赐查核批示祗遵。除禀总司令宪外，肃请钧安，恭候垂鉴。知县绍范谨禀。

宜城县知县吴文炳呈报兵事由

中华民国襄阳府宜城县为申报事。窃知县于本月初十日传闻义兵克复襄郡，当即率同县属一城二镇七乡绅民开会欢迎，升旗庆祝，于十一日备文称贺，并表同情。适四乡土匪猖狂，驿站梗塞，竟敢拦劫公差，致将公文失落，遂于二十日遣自治会总董彭用熙等代表恭诣崇阶叩贺鸿禧，并请拨派义师下县弹压。十三日奉批，暂时听信来兵安民等因。奉此，正率绅民恭备箪食壶浆以迎王师，十五日突有土匪三十余人，先来探马三匹，声称大军来到。当时将信将疑，正拟饬勇探明，再行往迓，乃该土匪等已赚开城门，蜂拥而入，竟至县署，开炮轰击，打坏衙署，劫牢返狱，抢出征获下忙钱粮铜元三千余串，练兵经费数百余串，号马二十三匹，各项衣物书籍约值万金之谱，署内为之一空。知县走避民房，幸未被击。因思土匪如此猖獗，势非禀请大兵剿办，难以殄灭。当以公文备办不及，派令城自治董事会总董彭用熙星夜赴辕告急。二十一日即蒙发兵下县，克复城池，拿获匪徐忠汉等四十余名，由招抚宪周择元就地正法。所获枪弹等件，除由招抚宪携呈若干外，余均发县充公。阖属军民无不焚香顶烛，鼓舞异常。惟四乡余匪未除，城内漏网之匪亦尚不少，恳准招抚暂行留兵十名，以资防堵；一面从新招练团勇二队，俟练勇募齐，即令留守之兵回营。第查宜邑路当冲衢，为襄、荆咽喉要地，非驻防重兵，多备枪械，不足以昭重视。虽招练勇二队，而枪械过少，仍属无济。拟请宪台颁发后镗枪百支、子弹四千粒，如后镗枪缺少，即乞暂发前镗枪若干支、子药若干箱，聊济目前之急。至满颁县印已不适用，拟请颁发新印，以昭信守。一俟奉到新印，即将满印缴销。宜邑地丁屯饷及各项捐款，因地方不靖，征收甚难，前次征集之款又经被抢，值此乱后，征收亦属不易。除饬加紧催收，俟成数即行陆续批解外，理合备文申请宪台鉴核斥候，批示祗遵。须至申者。右申中华民国襄阳府军政分府宪黄。

批附：来电阅悉。所请颁发枪弹及新印各节，已另文行知矣。此复。

宜城县管带刘德山禀陈军政暂行简章由

中华民国襄阳府宜城县民商公举管带官刘德山为报告事。窃维军队为保卫商民之本，前经宪台派来招讨使率队下县剿办土匪多名。本月二十二日，德山被县属自治商务各会公举招练新军一营，并面受招讨使周知、宜城县事吴委托，二十三日正招兵点验时，忽有城南三十里捞地湖地方民人报有匪百余名，当即前往拿获首领一名，拾得马刀一把，余均逃逸。二十四日已经成立左右两队，二十五日闻有满兵大队来宜，将临城下，城内惊忙。立饬城门紧闭。顷据出城南四十五里璞河瑙地方侦探回营报告，是往郧阳招兵者，计八员，内有统领，当即整顿欢迎，备馆招待。所有姓名，另单呈鉴。随其后者为赴宪辕征取南阳之先锋队，队官姓聂，司务长姓耿，率兵百姓均府属人，二十七日可望抵宜。安襄郧荆鄂军招讨使宪季，闻已抵安陆，合亟报告。又县属民商代表拟定中华民国襄阳府宜城县军政暂行简章，开折缮呈，合并恳请大人查核。再，此外宜城各情形，谅已由知县吴面禀。为此报告，伏乞照验施行。须至申者。计粘赴郧阳镇官员及护兵姓名。右申中华民国襄阳府军分府宪黄、总司令宪张（名册暨简章略）。

辛亥革命襄阳见闻录

张玉衡

编者按：张玉衡，字星五，又号扁麓山农。湖北襄阳人。清末以廪生先后作襄阳鹿门书院斋长、安襄郧荆道中学堂文案及襄阳艺徒学堂教员。后曾由湖北巡抚端方派赴日本考察学务。辛亥武昌起义前后，在襄阳办民团文牍。1912年后谢绝世事，一意授徒行医。

这份资料是根据作者《辛亥年日记》原稿以及《十年见闻录》（1911～1920）编辑而成，主要内容为辛亥革命的资料，其余癸丑讨袁、白狼活动、洪宪帝制、黎天才在襄阳的活动等资料，仅为附录而已。为了使资料名称更确切地反映内容，定名为《辛亥革命襄阳见闻录》。原件存作者外甥刘叔远处，由陈辉整理。

辛 亥 年

八 月

二十三日　晴　连日传说本省有兵变，制军私奔蔡店〔甸〕，各府征兵去救也。听说因营兵在省换饷银与钱店争闹，被警察拘执，故尔起事。

上灯时府署传书，办写飞札饬各属，大约云：奉督宪二十一日电谕，本省革命军勾结土匪，已将武昌、汉阳占据，奉电旨派荫大臣带北京兵来剿，不日即到。督宪会剿，现在于九江设粮台办粮。督宪乘楚豫兵轮来往于蔡店〔甸〕、火车店〔站〕之间以观势。急征各属钱粮暨税漕银两，以备兵饷，饬府转饬各属耳（据记十九日起手）。

二十四日　晴　曹太守连日清晨上道署，日午方归。传老河口官钱局封门。（谣）樊镇各局员纷纷上府。

钱价已到五十八九两，骤退至五十二两。官票不流行，各钱店纷纷兑钱，闻官钱局不能支，只准兑一串，多则不发。曹太守委府经历曾、邑宰魏过江弹压市面，维持官钱局。请钱店各商，谕以大义，饬通行官票。道、府、县各出示晓谕七十二行照常使用官票，不准折扣。①

晚至务老、费翁、大家兄处一坐，即归校。

二十五日　晴　听说昨晚八点钟，喜观察请杨廉〔濂〕翁、刘子翁、吴雨翁、张紫翁进署议事，办团练也。②

上灯后至道校见务老，得睹十九日《汉报》，上载督部堂拿获革命党事甚详，但只十八日事。十九日事须二十日始报。据汉口、汉阳、武昌三处间皆有所获。城门早闭，出入只准一人，必检必查。已问不出口供者，约四五人，当时在辕门外正法。内有一陈姓名化龙者，说是革匪，说话系襄阳腔。并有供称小朝街襄阳学社，所驻尽是革党，登时拿获。一年四十者，二年二十余者

---

① 作者于日记择钞中记载为："二十四日，官票不流行，各商民纷纷兑钱，官局不能支，曹守委经历曾传缨、邑宰魏仲青过江弹压，并出晓谕，请各绅商相维持。"二者略有出入。

② 作者于日记择钞中记载为："二十五日，道宪喜源，请邑绅刘务滋、杨濂溪、吴雨农、张子琴进署议办民间团防事。"

（廿六），年十余岁者，皆未登供，不悉姓名也。并起获党册、兵器，兼获二女匪。以余观之，此报甚不足据，当缓二日，阅汉亲友来书，方足为凭耳。夜二鼓书并识。

二十六日　晴　早饭后至道校，见务老，知河口官钱局未封闭，与樊城发钱之法同。至西街见子琴云：中衡昨已招六十名团防也。闻喜道宪早电知行辕拟招兵防襄樊。至廉西〔濂溪〕处，知已过江。今日商务会开议，道、府、县均到。当谈及设防事，劝务老一行。后来听说道府、县未过去，过去者仅府经历、县捕厅耳。①

有学生从省城逃回襄者，说伪元帅黎元洪黄陂人，系营官。参赞汤化龙，本省议长。

二十七日　晴　早饭后至雨翁世叔处坐时许，谈团保事。偕至道校，为起悬提公款赶办团保以资防守禀稿。即在道校食午饭。上灯时至道校看徐濯之写道、府、县各禀。② 写讫发，始归，夜交八点钟。

二十八日　晴　郑兆麟归自武昌，得知庆哥暨学生刘寅均逃出小东门，廿日也。并说李葆翁在汉口，杨玉如世兄说也。

二十九日　晴　晨，至道校，见务翁谈。平明始能启城门，黄昏应即闭。宜派人查出入，柴米应请官定价。樊城各钱店止兑票。粘米前日价八百零，今骤涨至一串一百文。③

三十日　晴　黎明起，见街口道宪晚开城门早闭门示、县定米价示、止兑钱示。

范老三逃归，与之言论，无乱话而有忧容，是吾郡中一佳子弟欤。襄、樊各钱店罢市。

---

① 作者于《十年见闻录》中记载为："二十六日道宪喜招兵防襄樊，饬旧中衡张文杰为管带，兵皆旧绿营卒。"

② 着重点是原有的。

③ 作者日记择钞记载："二十九日，城六门闭，设守，稽出入。平明始启开，黄昏即下锁。请官定柴米价。"

九 月

初一日　晴　米行绝客货，凡米贩均寄米于关外。乡间兑票者纷纷至城，间有以车运粮至城者。

吴世叔来说，今日议事会副长与董事会正长对放炮。观此可以知诸新政之不足恃矣。噫！省城之变，其易平乎？

午饭后至农林所晤朱子美，云初级师范昨日食一餐，今竟日不举火。[①]

初二日　晴　为自治会绅董张、杨起驳县八月卅日照会，提兴文局款禀稿。

初三日　微阴　闻樊镇各钱店每日准兑铜元二百串文。

初六日　晴　十点钟阖县绅董齐集昭明台，议办团防。计已定议者，八甲七十二团，首事一百三十余名，言明派我作书记。

夜办禀稿，为恳给谕饬事。造城乡各团绅姓名册。

初七日　晴　清早起写公信一通，并钱折一具，随禀册亲自送张子翁处，并说知务翁也。归校，将总练局各公事稿粘卷一宗，禀册缮发。

初八日　晴　早饭后上古楼。团事会议，公议旗帜、刀叉款式、号衣颜色、办事职守。

起请县主刊给襄阳团练总局图记禀，并缮送杨府去。开催请东长门外甲、西门外甲、幽揽寺甲各团董开定办团董事单，以凭请县给谕条。

夜，起请出告示通知各团清查户口禀稿并事宜章程五条。

初九日　晴　今日总绅派来团防亲兵六名。

初十日　晴　清早搬行李于古高庙，今日团防营派来六人。

[①]　作者日记择钞记载："九月初一日，初级师范学校（校长杨寿昌），竟日校内办事人不能举火，向前曹守假皮衣数件，付质库。"

十一日　晴　五总绅首到。

十二日　晴　饬孝全请康福卿、刘金锺兼催各甲上街写捐。

十三日　晴　兵备道示：现据昨仙桃镇来电，武昌克复，马祖藩被刺，请洪管带前来桃镇收，各哨叩。等因。合行牌示（此牌不确）。

总绅刘务翁到（午）。杨总绅到（申）。张、吴总绅到（酉）。

十四日　阴雨　今日城乡第一区各团长谕均下齐（共十一甲）。

午，杨总绅到。

太守曹请五千元之绅商士庶议事。

十六日　晴　午刻，总绅务翁、廉〔濂〕翁、紫翁、雨翁、刘子翁到。随五绅踏查城垣，自东门起至小北门止，凡有缺坏处所，均记以纸，并约计共丈尺，以便估工修理。

十七日　晴　饬孝全送信于师古堂，为渔洋坪团首不合群故也。

夜，起踏查城垣段落丈尺折稿。

十八日　晴　送踏查城垣单于杨府。

二十日　晴　午刻，刘总绅至，据说昨日接观察公事，饬管带〇〇团防各营。听说袁宫保驻德安。□□请枪二十支，禀于县中刘、吴二总绅坐办。

二十一日　晴　报章不足信。据鉴三说：小朝街之陈公馆所住襄阳学生，素与站岗之警察不相能，以不遵警章，不受稽查故。因陈公馆之间壁有匪党官兵，往拿之警察泄宿忿，故诬陈公馆之住客皆匪类，拿去蒙童数十人，皆问不出口供，下之模范监。瑞帅妄电奉旨有分别办理之语，报纸竟大书特书，云襄阳学社之学生皆匪党。此八月十八日报也。至八月十九日，报又云：匪头刘起高襄阳人，据说即指刘子敬之子，该子不省〇，渠父叫其捐官之五千金被人赚去，属实。当日□□时，询及匪人一切事，均不知，自古迄今，安有如此不解〔事〕妄人而能为头目乎？报章之欺人，不待智者已明矣。谨案：余于各报章，自杜门后均不愿入目，以其不足观览也。近数年来，非特报纸，即□门抄等件亦不愿见之。噫！江河之日下，岂一朝夕哉？

二十二日　晴　重缮请提育婴清节款项禀，杨、吴、刘、张、刘五绅齐看，发。

二十三日　阴　鉴三至。夜不能睡，枕上成截句，题曰"感事"，聊以当哭（诗略）。

二十四日　阴雨　酉时，李哨官差帖来说，县中枪请出，系前膛二十支，火药一桶，子弹十斤，洋炮一盒。

二十五日　阴雨　饬团勇禀知各总绅，县中枪已下。

前题，叹学堂："纨袴膏粱一网收，青年断送万千头，苍苍厌乱应何日，剩有寒儒种要留。"

二十六日　阴，微雨　禀道提育婴清节款批昨日奉到，今由杨绅处交局。

二十七日　晴　午刻刘绅至。上灯时见杨德绅，商办本局月报与遵公事催各甲禀复县谕暨开办情形、各甲户口数目事。

夜，起知会各甲报户口数目稿。

二十八日　晴　杨、刘、吴、张总绅午前到。

十　月

初三日　晴，有霜　巳刻，收县署信一件，即饬勇报杨府。

又收到杨绅信一件，题明送刘贡爷①照发。

收到渔梁坪甲十家庙团户口册一件，计户三百整，发领火药弹子领状。

午刻，杨总绅至，随后刘、吴两总绅到，请北甲之团首马敬

---

① 即刘贡三，因系拔贡，称为贡爷。

臣、周方五、杨君盘、单赤霞至。

初四日　晴　收到县署批发请药弹状，即加封并条送刘绅去了。

初五日　晴　发补修城垣兴工日期与领款禀。起拨借皆不忍堂□□，以济防勇口粮禀稿。

初六日　晴　辰刻，城垣开工。发禀恳道宪拨启善堂款禀。南门甲团长李，团首刘、李、徐来说提汉圣庵房租事与请门牌六百章，即发。

午后，杨总理至，请李哨官来说今日夜巡事，出绅首值夜单。

初八日　晴　刘统领（刘温玉）在安陆败归。

初九日　晴　喜观察离襄。①

初十日　阴，微雨　光化军于九点钟由北门进城。② 晚，将

---

① 作者日记择钞记载："十月初九日，道宪喜托巡去襄。其未去时，每因公会议，刘、吴、杨绅悉以身卫之。"

② 作者日记择钞记载："初十日辰时，张国荃领光化军，由小北门越城入，光化令黄仁荄与之俱。直至古楼，回首声言：'五百人驻府署，五百人驻道署。'其实数无几。有以白布缠袖者，有以白布裹头者，有以白绫束腰者，有服军服者、负枪者，有骑羸马者，徒手者为尤多。有拥至各布店索白竹布者，争以力裂为条，分散之，候时一匹尽，而人散。不辩其为土著、为外来也。

巳时县署饬纪担茶炉至，觅道士借板凳，说大众来楼会议。语未毕，而张、黄（张国荃、黄仁荄）拥曹守科头至。又有一队人拥魏令，亦科头至。各绅等便服科头随其后。叫两典（襄阳两大典当铺）具餐，喧哗甚。楼下数饭馆，人争席，点心铺为之一空。

府县两铜符，当调销，道符数日后获之菜圃中，亦缴销。

向魏令索钱，抬数筐到楼（古楼上），县六房书办失所，全入天主堂。众绅秘议，票举张国荃号司令，驻提辕，黄仁荄号分府，驻道署；张部下最著名者李秀昂，号协统，驻樊城。其余分驻各学堂。

正会议间，有一队人捉樊匦局委员存厚及其账房某（据调查账房姓傅，绰号驼子，大名不详，系存厚的妻弟），杀于文庙前，俗呼学宫场。

公文账务行李携归舍。

十一日　传军令，饬各保甲局使役夫鸣锣，照常贸易，勿闭市，沿街清户口，城门稽出入。

黄分府设司法局，放冯偶昀充执法科员。

札张嶲义充县知事。有与魏令为难者，清算其赈项，并派人看守其眷属。

放调查员，提公款，至七属暨四乡，劝各富户出军饷，申鸦片烟禁。

派两文庙奉祀生。府文庙奉祀生为严文粹，县文庙奉祀生为汤执中。

十二日　张司令饬毁小北门、大北门城外两龙王庙，越城所上之阶也。禁城市行人，饬民屋门口悬夜灯。

沿途尽军人，如穿梭，有步者，有骑者，有以铁丝缠帛作鸡矩形缚额上，有以匹帛缠束腰间，着短绫袄、圆领而窄袖、领甚宽、白质而彩绣者，有骑大马、挂大刀、斜披匹帛、帛上辍五色绢贴大朵花者，有戴老金黄色金丝绒西人鸟打帽者，装饰不

又有一股人，至县狱放囚犯，闻炮声不一处，事定后得悉死囚逃生而欢呼。至西耿街，军人（原驻襄的清巡防营部分军人）有以枪毙之者。于是由黄仁葵执笔划部，分署名，定规则。倏忽间纸告罄，续之以道士敬神之黄表。正殿排长案，用方桌三章连成之，围坐数十人，烛光明若昼，前后人站观，密如蚁。至夜半散。天将黑时，余即饬大儿禀知各绅，携砚归舍，撤团保总局。

前三日，旧随役刘正秘禀，知光化军数人已潜入城，宿原任光化县桐城张公馆，余未信，并责以自乱语。先是学生自鄂归，传说军令，不准拖辫发，戴帽顶。以白布缠袖、白旗悬门口，可免患。民间预为备。本日城门闭，沿郡未下板门。早凭楼台北望，临汉门（即小北门，因门临汉水，故名）有白旗树焉，居民多惊恐。未几即白旗满街，光化军至。

在楼会议，曹守、魏令坐依吴、杨二绅侧，面面相觑视，无一言。刘绅故挺身与张、黄相周旋，时大发议论，极力为招呼。闻县狱要开，饬两仆肘腋之，飞走至狱所，照料囚犯出西关，密遣人妥为安释之。

是日天本晴，张军入城时，忽阴雨，倏又霁而风，气象甚凄惨。"

一样。

军人与军人相遇于途，有夺其器械马匹者，有声言去请大令者，有彼此互举手讲礼者。

府县城隍庙及文庙等处，皆设有桌凳、写名簿招兵者。间左卖菜娃未几亦穿军装，挂指挥刀，从者数十人。

凡门口所悬之科第及封赠榜尽摘下，否则以刺刀击堕之。四乡土匪起，乡绅多赴司令处请军队者，立派兵往平之。①

十三日　晴　启城内六甲团长防火警。

二十一日　收到总绅说单一件，饬办保安社勇丁清册备案、请缴徽章禀稿，并走商杨、吴、刘、张四总绅也。②

二十二日　晴　起团保总局章程禀表稿。

二十三日　保安社禀稿册表规则成，呈核。

二十四日　晴　吴雨翁遵分府谕，送两客至局，江禹九、邹云峰。

二十五日　晴　发禀办保安社禀。

夜修留宾兴各款稿。

二十六日　晴　江、邹两客行。发举杨三爷（杨濂溪）为保安会长禀。总绅刘务翁、杨廉〔濂〕翁、张子翁至，来宾任仲武、王惠甫、李伯谦、杨仲有、曾蔚山至，议止提学款事。

二十七日　晴　鄂军派冯、杨至襄，招待引至昭明台。昨日下传单，请城内诸生议止提学款事。

二十八日　阴　发恳留公款以维学校而恤民情禀。鄂军施、庄、老宋爷至。

---

① 十月十一日、十二日两日日记在日记原钞稿中阙如，在日记择钞中记述颇详。

② 作者在日记择钞中记载："奉刘绅说条一纸，因团保总局既撤散，改办保安社，促余起禀稿及章程，并前防丁改为社丁诸名册。"

十一月

初一日　微阴　午前奉保安社长、副社长谕，迁笔砚于城自治局。即作启知会团长，并嘱明午代邀各团首、佐至局议公事也。①

初二日　阴，大雪　午前为保安社开办，会议于自治局。通城到者四五十人。午，在局食饭。廉〔濂〕翁、子翁两翁皆至。②

初三日　晴　收到县总会一函，议裁差养丁事也。

书记徐子尧到局。携行李至局，夜，拟本社子目。

初四日　阴，大雪（冬至）　张子翁、毛焕翁、杨仲翁、曾鼎翁、周方翁、成大翁、黄柏翁、曾蔚翁至。

初六日　晴　杨总理，张副理，毛、曾、周经理，成、李、龚、黄、高各调查均至。本社办事规则成。

杨总理（焕三），张副理（紫卿），毛（伯屏）、曾（蔚山）、周（芳五）经理，成（□亭）、李（伯谦）、高（冠南）、黄（圣陶）、龚（文贵）调查均到会，议定本社规则。

初七日　微阴　正、副社长至，本社章程规则经正、副两长核并发缮。

初八日　微阴　正、副社长至，起禀分府、司令、知县三禀稿，报本社章程规则与请津贴。经正长核定，应给副长一阅，好缮发也。

初九日　晴　各室条例成，收开办各禀稿以及章程条例呈正、副长暨各理事员过目，以便发缮。

---

① 作者在日记择钞中记载："初一日，奉保安社长杨绅手谕，迁砚于前城自治局，即管家巷之皇经堂。"

② 作者在日记择钞中记载："初二日，在社知会通城众绅首，为办保安事，到者五十余人，修禀恳保存道校书籍唐碑稿。书尽失，碑损三块，尚可拓。"

初十日　晴　挂门外及各室牌。

十二日　据闻法局副长冯沄呈：襄樊偷窃之风有碍治安，请无恒产者编成一册，给资令贸或交有产业者领回务农。说本县知县令交本社明日提议也。

十六日　晴　据社长说，本社之称总与否，尚待酌也。周方五、曾鼎三主使下各处匾。

十七日　晴　清晨，谒务老，晤。

收到分府挂发一件，文云：据禀并简章规则以及社员姓名预算月支各表，均已阅悉。第规则内开司事一人，核其所供之事，全系奔走，名实不甚相符，应即更名供事，以示区别。再，消防极为紧要，且在保安权限之中，务须切实考查，以备不虞。所有总社任事各员，应即分别照会。图记现已刊刻告成，发县致送，即将启用日期具文报县转呈，以备查考。嗣后该会应与襄阳县直接，以归统一。惟津贴一项，挹注颇难。查启善堂内向日存有刘子敬具控朱华封之案，经官断入该堂成本钱三千串。前经该县团绅禀官借拨一千五百串以作团防经费，虽经照准，未及拨用；该社既是需用孔亟，即可援案办理，着在启善堂前款项下暂借一千串，按月抽取，以济公需，一俟财力稍纾，筹定的款，再由该社拨还可也。规章及表均存，除照会襄阳县，此复。（十六日）

副社长吩咐起保存道校书籍唐碑禀稿。

请城内各甲代表员传分府面谕清查户口事，据云限半月期。

十八日　晴　清晨收分府发禁种罂粟告示二十章，条谕分发四乡。

禁种罂粟告示并照会，均交经理处去了。

夜，起禀存留赈款以备年歉稿。

十九日　晴　晨起，修昨稿呈社长核定。正社长过目，吩咐发各员照会。

二十日　晴　夜，起致樊保安社函稿，谈淮盐事务也。

评议员到社，会同社长议定所拟简章、规则决行。

二十一日　晴　发援案提款恳饬启善堂按月备拨禀。

本社图记成，县宪送来，公议于明日禀报启用，用后交正社长处存放。

正、副社长均到。夜七点钟，县宪差帖知会明日庆贺元旦。

二十二日　晴　晨起，饬勇贴门联，挂灯结彩。毛经理差帖来说，请转致社长请十日假。

二十七日　晴　即元月十五日。

鄂军都督来电：襄阳军政分府黄君仁葵、司令张君国荃均鉴：元、谏两电皆悉，保护外人，可称周到。现在清遵约已退出原驻地点百里以外，将来战场，必在鄂豫之间。兹已加派季招讨使率刘佐龙一标，并原率一标，共两标，饬发襄樊，联合各军队，占领唐县，向东攻击，直取河南，以定中原。顷接外交总长伍廷芳由沪来电，议和又续停战至旧历冬月廿七日早八点钟正。希转饬各军队知照。君等光复襄阳，伟功卓著，俟大局平定，自应论功，以后仍希和衷共济，同深敌忾。并希将近情转告陕都督为要。元洪。青。军政分府外务兼交通局。

三十日　晴　昨日县发公文四件。其三件：一改历，二转分府批准办本社，三补给图记文。其四则奉招讨使公事，各县宜赶办团练也。

十二月

初一日　襄阳县保安社正社长杨、副社长张布告社勇知悉，本社奉招讨使公文，内开：凡设立社团处所，所有社勇即着社员管理等因。奉此，本社遵即将管带一席裁撤，所有本社社勇一切事宜，经本社会议，公请经理员闻君华堂管理，教练约束等事交刘广德主持。尔社勇幸勿违傲，致干究惩，切切此告。年月日。

襄阳县保安社正社长杨、副社长张为知会事。照得本社奉襄阳照会，转奉安襄郧荆招讨使季札，内开：凡有设立保安社团处所，所有社勇即着社绅管理等因。奉此，本社遵即将管带一席撤销。除本社会议，公请本社经理员闻君华堂管理本社社勇一切事宜外，所有约束社勇以及教练等事，即派副教练员刘广德充办，以专责成。遇事禀商管理员闻君，勿得玩忽，盼切祷切，须至知会者。年月日。

本社正教练员王云程于本日辞差。

曾、谷两经理任评议，经手运府志板寄社。

上灯后，县署发公债捐章程，请转发经理室存放。

初三日　晴　城内六门闭，传闻招讨使至。昨夜岘首各山，总司令所安放之大炮被人夺去。老少喧哗，出城欢迎也。未片刻，城门又启。午刻招讨使之指挥官到。

本日天气，非烟非雾，倏忽变幻，不可思议。

初四日　早，饬勇送樊保安社信，请会议举府知事也。

收到黄分府留别布告二十章。①

初五日　季招讨使九点钟莅襄，住府署。②

初六日　阴，微雪　总司令处饬纪来社，要将社中大小火器开一条。当禀明社长，开条附于后。

将十一月分报销册呈社长处，揭门首，遵各员吩咐也。

午，赴社长邀，醉归。夜睡不宁静，因酒兼厚味也。至今始信淡泊之能养人也。季招讨来拜。

初七日　阴，午后晴。

呈开：前在县署共领前膛枪捌拾枝，除社勇借用四十支外，尚余四十支，谨声明。元月廿四日，保安社上。

---

① 作者日记择钞及《十年见闻录》记载："初四日，黄分府散布告留别。"
② 作者日记择钞记载为："季雨霖九点钟莅襄，驻府署。夜，大雪封条，四乡哥老会大起，到处散飘布，名曰下公事。"

初八日　晴　张四爷叫写信樊保安社，请代为调查淮盐事。

初九日　李荫翁来说，南甲应添徐学勉、王修新当稽查员。曾经理说，社夫陈和尚已向两社长说明下月添钱四百文。

收到司令处信一函，传口号也。

十四日　晴　即新历二月初一日也。晨起作知单，奉大招讨令，今午要到社会议也。

十二点钟，招讨委财政局员梁君钟汉来社议捐款也。到者甚多。两典暨樊镇徐绅等均至，社内仅供烟茶而已。①

十五日　晴　起禀留一文捐款以备本地灾歉，呈招讨使。

是日张汉骞谢知襄阳县事，梁钟汉接府知事，废与府同城之知县也。

十八日　晴　梁派员议止提公款。

连日会议止提公款事，杨三爷主稿，我帮同作，出会会友只六位，邀到刘姻伯处午酌，写官也。

十九日　晴　毛焕三（又作焕山）作古人。

二十日　晴　即二月七号。

公吊毛焕三。

黄分府去襄，沿街挂国旗，全社绅董送行，随之去者至十八号船之多，曹太守亦在其内。

社长上书招讨使、梁知府事，言提公款事。

二十一日　晴　李秀昂正法。②

府知事梁、兼招讨使财政处郑、民政处科员何至社，议将阖

---

① 作者日记择钞及《十年见闻录》记载："十四日，季授意于商民，举梁钟汉为府知事，住县署，取消县知事张冀义。凡存典之公款，随后皆提尽，惟育婴公款存典者，奉梁府知事之财长郑免提并上禀蒙批准立案。府知事提公款严督责，大修其官廨，若久居者然。"

② 作者日记择钞记载："二十一日，季授计于部下阚龙，暗杀李秀昂于市，然后声明其罪。"

府属公款提清结，到者共卅人，何执笔主稿。

二十二日　晴　传说周凤笙（周凤声，即周鸣岐）正法于河口。

二十三日　晴　黄子琳饬纪为我送占米猪肉，感甚，此何时局，而犹馈亲友，亦厚道之一端也。

二十四日　晴　张统制发南阳。①

二十五日　阴　季招讨离襄。

二十七日　府知事出示，不许过年（旧历年节）。

二十八日　梁府知事邀全县绅董于十点钟到社会议。

夜，九点钟，财政长郑廷楠来片请杨三爷五位保人到署内一叙，想是好消息也。②

二十九日　晴　闻卜老爷到社。从今午起，每日十二点钟，城头试炮。

三十日　晴　樊民政厅浦鹤年来拜，曾蔚翁在座，即饬勇执两社长名片，并社局片去回拜也。

壬 子 年

正　月

初一日　晴　张赞翁、张子琴、曾鼎三、徐子瑄、谷进之到社。

初三日　微雨　发出报销册暨报单，携行李归舍，并禀知正副社长也。每日得暇，即至社一坐。

---

① 作者日记择钞记载："二十四日，张司令亲出打南阳，未久即归襄。"

② 作者日记择钞记载："二十八日，郑廷楠来社（系县知事财政长），面言维持育婴清节堂公款事，许可，随即上禀，恳成案，蒙批准止提。"

初八日　微雨　自此始，得暇即课儿读。季招讨还襄。

十三日　晴　单汉臣假保安社请同人议捐款助饷事。

十五日　微阴　刘鉴三至，据说已辞馆也。

办移交并呈文稿，饬徐子瑄缮交杨府。发儿归自杨府，办外防各营报销赈。

十八日　晴　移文请图记发交周芳五转致黄三，将前办团练所假之杨府五彩旗衣四件，令字旗四件，刀叉四件，旗竿六件付还，西甲之军装三件亦付还。

辛亥年除夕则在保安社，仅归舍一祀祖先，未暇与儿辈聚谈也。壬子年初四日，即携行李归舍，作团聚之计。

十九日　将保安社报销册缮付出门，请用图记即发也。闻华堂、吴雨农、龚翰臣、张赞翁、曾蔚山、周芳五、张子琴至，因广信请结算公款也。

二十日　晴　出民防队一区团防总局补修城工局报销册禀，饬孝全送至杨府。

二十二日　晴　季招讨、梁知事去襄，陈午亭接县知事事。

二　月

初二日　晴　大旺册刘军统（公）到襄，驻道署。

十一日　晴　毛伯屏来下帖，为葬渠父，请十八日襄奠礼。

二十七日　晴　客有自城内来者，据说樊城当铺被兵劫抢，李刘集小京货店亦被匪劫。一点钟，城内六门闭。

又有人说，樊城未抢，兵与兵相私斗，死数人于戏园。

二十八日　又有一客到学馆，说樊镇军人与军人相斗，死于戏园中有数人，从此禁演戏。

三　月

初九日　晴　乡间买树，以手折断之枝柯归圃主，手折不断者归买者，从中说合人，有食合食之说，然视各地之乡风。

十五日　晴　大麦欲黄而未干，贫民无粮，摘其穗置锅中，用火烘，俗曰泡青，亦可慨也。

十九日　晴　纺织家喻户晓，妇多周知。凡自农人，亦多通一艺者，若木砌缝庖之类，多出自种分地者，不假外求，而木工善做农器，若篝秒之属，尤工也。

大麦系农人保家粮，所以养雇工所赖以做工者，故不恒卖，卖者皆迫于不得已耳。

五　月

十三日　晚，在馆闻炮声，有农来告曰，城中张、刘军变，终夜频转辗，不能眠。

十四日　晨，随徐生之二兄，登扁山颠遥观，未及半，逢张军数十人，向尹家集逃去。既至巅，见满城中尽黑烟，身发颤，强观之，风略定。

十五日　遣田伙沿路探消息，报云城门闭，禁出入。

十六日　天小雨，携三儿孝殿归，未数里，雨即大，路泞泥滑而软，行人断。由西城沿城根走，至东门候许久，身尽湿。门启入，市尽闭，知左军劫居民，多至数百家。至各亲友处一看，皆长叹。

七　月

□日　有客至馆，说刘公夜袭其部下林鹏飞于大北门之关帝庙，格杀其党数十于镜湖前后，悉河南之好汉，林竟脱。

八　月

初七日　火药局走火，在馆夜惊醒，疑闻雷，远近犬齐吠。知有变。

初八日　早，有农人来告，即归看。门首先见行医牌震堕，屋瓦间有震坏者。步至城东北角，民房多倒毁。有压死人者，有尸无下落者。局基陷成坑，道署毁，所存鲁之裕《荆南通志》、《太和山志》板，皆失去（次年春陶凤集为鄂北观察使，拆旧道署木石修府署，驻焉）。每由馆归舍，见舍北斜对门，书"国民党招待所"，出入人如织。

九　月

初八日　张国荃被刘军统赶走后，越二年在京师破获杀之，见报纸。季雨霖于黎军独立时，杀之于沙阳，见布告。附记。

癸　丑　年

二　月

左军屡有调省之说，久未行，近日有逍遥乎河上者。

十九日　夜，八点钟，樊镇回龙寺巷内起火，随后烧及龙门书院，马步各营即上街巡夜。一时前后各钱店，暨略大之铺面，被劫者四十余家，毁坏市房八所，烧死老妇人一个。

四　月

初　里巷噩传征民兵。

十六日　枣阳王安澜带征兵来襄，驻提辕。左军之未散者尽归之。

五　月

初　王安澜设军蓄局于新街，饬通用军蓄票。设牧厂于九宫山铁佛寺。

九　月

初一日　闻枣阳失守，或曰白狼占据也。征兵去剿，一营五百人尽陷。

初八日　本城戒严甚。

十三日　本甲派我上城守夜，时近三更，已随队应名，将行而大儿子孝全至，坚请代往。

十一月

初七日　县知事郑宗常，颁省民政长命令，解散各省旗兵，布告三千余言，有"人敝非法敝"等语，最精。按：此为撤征兵先声。

甲　寅　年

正　月

初七日　河口戒严。

二　月

十一日　光化失守；时鄂北观察使朱幼泉初到任。

十二日　本城戒严，六城门闭。

十三日　午后即归。资重捆载，大号车马夫役，不知其向何去。

十五日　连日严稽查，拿匪人，颇有获。

十七日　奉兵到一营，号小炮队，驻武圣宫，城内方免虞，系朱幼泉借调南阳镇守使吴庆同所统属者。

二十日　据光化岁贡生段庭瑗来说，才到家，报云，匪首宋姓，于十二日早饭后进河口，先攻商会，执会总董李某，要八帮各出饷八万元，无则枪毙该董。即劫市，上中两街，生意繁盛，为之一空，烧毁房屋无数，人民死者千余，副会董宋某之子，亦被枪死，殊可惨。幸只一对时。

三　月

初四日　宁军至（即江南留鄂军排长吴东屏），驻军昭明台。系朱幼泉禀添军，省调来协防者。未久，鄂军至，撤征兵，安澜带至德安府散之，军蓄局、牧畜厂，尽取消。

四　月

春间二麦未熟时，米一斗价二串四百文。

五　月

中旬　江南留鄂军之旅长，由犹龙至古楼，看形势各险要之山口，设炮，住防军。

七　月

沿街洋铁店，造快壶，争购之。壶内安巨管，管离壶仅容指，上有盖，即中露管顶，长于壶，下开有透风眼，旁有嘴，有柄。注水壶中之四周，以穰柴少许烧管中，倏即开。询之洋铁匠，据云前军人打白狼，拾其所弃者，照式仿造之，原名白狼壶，亦便捷轻利之微端也。

乙　卯　年

正　月

下旬　襄郧镇守使兼第九师师长黎天才至。前队军人与旧住

〔驻〕防之军人，在河下及古楼北之五星庙前，因上下行李起冲突，彼此伤有人。按：此即南北闹意见之先声。

第九师系江南留鄂旧营底，弁兵之籍贯不一省。

四　月

九师设随营兵士学校于东长门外，就旧绿旗营驻防基添修者，教将弁。

自是风渐侈，俗渐坏。

八　月

初八日　袁大总统生日，设寿堂于试院，官僚团拜，行三鞠躬礼，鸣炮。凡进寿堂者，襟扣上带牡丹花一朵。令民间悬旗、灯，各学堂放假。

未改革以前，十余岁幼女，多蟠髻于额上，有反象焉。既改革以后，男子鞋多着青底者，谚以谓清到底也。

男女衣尚窄小，着革鞋，绫缎以坏色为时新。

九　月

初十日　过江，为人诊病，便道登跨鹤楼，见宣统时有盐务官李某号凫全者，由浙载一分书碑，文系吕仙对客自述其生平，末有廋辞十八字："伏列在傍，似人而非人；挽拘在下，似天而非天。"按碑文前后语气，大约是明宗人之托词，感外夷之欲主中华也。而是碑树于排满正盛之际，洋务盛兴之时，李某其有微意乎？

又碑托朱彝尊所书，朱系诸之假借字，夷本与彝通。

十一月

初九日　闻袁大总统业于初六日登九五尊位。官饬地方鸣锣，教民间一齐结彩庆贺。

□□日　县署横牌，沿巷口贴示，改民国为帝国，本年为洪宪元年，通行在案。

兹县署又悬牌，将帝与洪宪取消，仍称民国五年。

丙　辰　年

五　月

初十日　得初七日北京电称：大总统袁于初四日巳时，因病出缺。初八日又电，黎副总统元洪暂行代理。

由县知会官绅各界，于明日齐赴旧试院，行悼礼。凡来宾，皆左膀缠青纱一条，二十七日内不宴会，不作乐，并称十七日为首七之期也。

丁　巳　年

四　月

初六日　日无色，昨夜风，今晨窗棂几案皆黄沙，异哉！连日阴雨，而是沙从何来？或曰是黄河之沙也。

六　月

初七日　夜，起怪风，江边船多坏，大木拔，房屋有吹倒者。

十一月

初七日　本年秋冬雾最多而重，因秋雨过多，地气湿，土潮欤？是年秋雨，坏城门楼，由内塌数丈，打坏居民宅，逾岁修。

二十六日　风尤大，沙更重，天色昏，气骤热，多不着棉絮。

天气奇冷异常，雪不大而冰坚，豆麦苗尽萎。

戊　午　年

正　月

初二日　晴　上午八点钟，地微震。

七　月

因郧多匪，张镇守使移节驻郧阳防堵，赵旅长驻襄。

十　月

二十日　黎天才上古楼，集官绅，宣布独立，号鄂省靖国联军总司令，改警备队为卫署队，分守道县衙门。

十一月

十六日　夜，陆军第七师旅长张联升、团长赵荣华率其部下去。

二十五日　黎军袭摘警备队队士枪。

警备队中区司令部梅永贵时赴黎署招饮。

午饭后，从樊过江，进小北门，街上人喧传，闻枪声，齐上门。站俟之，有报云贡院开火。未移时，见军人荷枪，押数十徒手警士出小北门，始知为摘枪。走至古楼南首，有军人谓曰："此路系火线，不可走。"速回首走学宫场，见有以门扇抬受伤军人往北来者。至小井，见红花园一带有路哨，转至西街大儿子盐店中。家家闭门，闻远处或有枪声。夜深门外不断军人马蹄声、革鞋声。天明归，沿街说昨紫竹庵、贡院、道署、县署均开火，毙警士数人。

二十六日 陆军九师参谋长李寅宾羲丞，托病进西医院。刘公复出招马步兵军，王天纵等应之。公自左军散后，迟迟进京，因母病回籍。襄樊绅耆联络福音堂司铎起红十字会，举前江西道员吴绅为襄会长。选调停人至三师吴营为转圜。

王安澜又揭竿聚众于枣阳，号护国军。

十二月

初九日 昼夜闻枪炮声，在樊镇北，至十三日晨始止。

十二日 夜，黎军出西关去，其部下阎营长得胜殿，刘公、王天纵随之。

县狱囚尽逃，知事黄厚焱事后被议，下法厅。

城内北至县街口，南至十字街口，铺店多被劫，十室九空，成衣店为尤甚。

连日月如昼，举城民惊恐。有力者多携眷与赀重借住天主堂，堂内至不能容足，使署之文官及眷属亦寄寓福音堂及医院中。

舍门外，两夜间人马声不绝，有向豆腐铺问轿行处所雇脚夫者，有负重气喘出声者。

十三日 晨，襄樊红十字会导第三师师长吴佩孚进城，南阳镇守使吴庆同与之俱。

广信典被劫，民间微被扰。红十字会会长吴绅当面诉，三师之军气靖。

九师旅长张连陞、团长赵荣华旋襄。

南阳镇守使吴、三师师长吴先后去。

部升旅长张（即连陞）兼镇守使，驻襄。

部升团长赵荣华为旅长，驻安陆。

严冬防，饬各乡保董，办清乡，甚认真。

查抄大旺册刘公家。

己 未 年

三 月

月初　赵旅长荣华为渠太夫人做生。樊镇抚州馆开戏园，颜曰升平，有坤角。

下旬　麦发虫，如小蚕，色青黑，食麦叶，不为灾。

四 月

初一日　天旱甚。连日大风扬尘，云聚又散，宣祈雨、禁屠、拈香。

六 月

初十日　赵旅长杀票匪头目吕五女子于樊陆家门外，其党与共七名，同弃市。

改革以来，军法甚严。先后杀土匪，更仆难数，而前蹶后进，欲清乡而乡实不可清。前两年，四乡无赖聚众持枪，劫取民财，曰上军费，计犹拙。近数年，劫捉人曰拉肉票，勒出钱赎，否则杀之，曰撕票。劫捉人之妇女勒赎，曰快票。于是稍有资者，咸进城驻，房屋皆满，租价较前涨六七倍之多。票匪著名之头目曰郭矮子，悬赏格，拿未获。五女子，其流亚也。

十四日　襄水涨，漂流人畜，并漆树，知上山发水。连日大雨，至二十二日，襄水出岸，樊铁匠街上水，东南乡一带，凡低洼处，皆白水。据说白河以上，水尤甚，漂没民舍无算，河下屡捞死尸，暨牛畜柴树。至二十四日，消三尺余，始有人渡河。

七 月

初一日　大雨，襄水又溢，是处起蛟，谷隐寺后山陷数丈长一块，深五六尺。习家祠堂内，白水深数尺。

初二日　晨，雨尤大。

闰七月

缺雨，菜价增。

八 月

获小雨两次，冈地旱。

十二月

初七日　微雨　米价增，每斗钱一串二三百文，小麦每斗钱串余文，蚕豆每斗钱一百文，粟米每斗钱串一二百文。十二日莱菔每斤钱三十文，麻油一斤钱三百二十文。

市面紧，各机关处缺钱，官设小学堂教习闹学费，颇有饥馑之象。街上有丐妇，鹄面鸠形，携其婴儿，三五成群，作北河以上声音者。据说其大队饥民，城门口未放入也。

二十八日　赵旅长出示说钟祥军队闹饷。

布价涨，上好青布每尺钱百余文。

南关外白布庄歇。李刘集、欧家庙一带，所出小布，系洋纱。纱价增，不获利。闻有改织本地纱者，工倍而利微也。

黄金价减，前数年每两贵至八十串文。今减一半，每两只换钱四十串也。银价增至每两换钱二串三百余文。

鱼肉贱，四民不聊生。

庚 申 年

二 月

下旬　刘公死于沪上。

四 月

十三日　小麦上市，每斗价六百七十八文。蚕豆坏。客冬无雪，幸一春多雨，麦尚有秋也。

下旬　连日河下号船街上拉夫。传说天水军要开差小驶，向大旺册筹款甚巨。市面紧，粘米斗钱一串七百文，民不堪命也。升平园欲停耍，汉口镇倒闭铺户四十余处。

二十六日　晨　赵司令去襄。昨日沿街挂旗，各界在昭明台排钱，共出席（下有脱文）。今朝仍悬旗相送。早，乘显桥，由小北门登舟，各官绅集汉皋楼。有排茶点于路者，不赏一文也。

升平园停演。

继赵守襄者，为王团长宗荃，张镇守使所遣其部下也。

四乡土匪蜂起。

五 月

传说武汉铺户又有倒闭者。

四乡望雨，连次虽雨不大，连日酷热。

六 月

初一日　张镇守使旋襄，驻道署。因赵眷留使署也。

一夏未得透雨，秋收不一，有颗粒全无者，米麦价日增。

八　月

初一日　微雨　又往长兴寺地方诊病，得悉双之土匪头目曰大杆，唐巷人，唐新老爷。其杆下之散匪庞老么，拉毕家营之女，年十八，据为妇。其同为匪者，气不平，将庞老么枪毙，邻里送毕女归，女羞愧，竟自雉经。

夹河地方，某村农家小康，只一女，已适人，归宁，被匪拉去数日，以钱千余缗赎归，仍予其婿。

刘家集左近，有阎家营。农人某，善硬肚，举营皆习之。其法系咒语，一念周身即有力，肚甚硬，枪弹不能入。但只能一时。忌露齿，忌说话，气一松即不灵。并能黑夜持枪刀觅土匪，匪不敢犯而避之。

按：硬肚之说，自庚子乱后，其法即传于南阳北乡与南阳交界，故至今犹习之，乃拳匪之余术耳。

土匪所拉之票，有寄之良民家者，不自设守，而令民守之。闻有逃归者，良民代出钱了事也。

县农林会长张锡三之侄号雁宾，被匪拉去，索钱六千。匪掷不顾，怒曰：此票定要撕，太可恶，大骂之。语咬群，即有一匪，从后手箍之，又一匪以刀刺死之，而皆作鸟兽散。[①] 张某竟得脱，并未出一钱也。或亦曰：皆双沟之团防队扑散也。

凡匪拉者皆小康，巨户则不拉。匪之隐语曰：树大，防拉去招风也。

匪之劫取农人财也，或一二匪不持枪，径入农家作客。闲话数语后，即开口说，我是某老爷令我来给你下准帖，要你上款若干，你准定几日交，我即来取。怀中出一帖与农。农即骇甚，倩人婉商再四，若做生意买卖之还价者然。还好，到期日即来提

款。稍迟，即曰："此款有人抗么？须禀知某老爷，烧你之房屋。"

北乡之土匪三大杆：一、唐新斋，唐巷人；一、一个镆，三几瑑人；一、老陶家河人，不记其姓名。

黄山洼之巨富刘姓，有田伙某，为匪线，引至洼，劫刘财，并拉刘数票，窝于黑龙庵。有群匪白昼持枪至马家集，皆以巾缠左袖示区别。集罢市，齐上门。匪声言曰："不准闭市，我等系往某处觅王仲芝，不与汝相干。"即各将腰间所带之铜元散于地，约二十余串，大言曰："汝穷汉来拾之，我等皆打富以救贫者也。"悉拥至王仲芝之团局，肆其抢掠而走。有他处的防士暗地尾追之，知归黑龙庵。随布告就近之各团，并请来驻防之张镇守使兵，分道扑庵。正在吹号合围间，忽又有一友兵从北来，亦吹号相答应，即有一兵士来言曰："我南阳官兵也，因追匪至此，让一面予我，我当与公等共力围击之。"咸曰"诺"。迟时天已昏，约至晓即开火。夜来庵中喧哗甚，闻有叫八哥者，叫六哥者。天未明，忽闻枪声在数里外，起望之，南阳兵与土匪均北逃。龙王集之团士，恃硬肚术，敢追之，击伤团士两人，硬肚一人。匪入魏家集，团士因子弹竭而返。行文至南阳，亦无从究诘也。匪既退，镇守兵至庵中搜检，见碑上缚男尸一具，跨下有柴灰一堆，乃以火烧死，则所拉之票也。院内覆巨钟，内有人叫救命者，众力扛举之，一男得幸出，则待赎之票也。询之姓刘云。

马王庙街户书李书田，偕其子往北乡收新，被匪拉去其子，要钱三千串赎。幸匪中有马某者，马家集人，即李之花户也，为之说情，兼用诈术，以钱二百串赎回。将放时，匪嘱之曰："今日好好吃饭，行将送汝归。"并以枪弹纳枪中有声，李骇甚，意以为撕票也。移时许，果释之，始知其言信而不诳也。说者谓："李本县公门中人，其平日惯指勒术，讵料今亦堕人之术中耶！"

初二日 赵司令之眷属，及赵部下各官长之眷属数百户，先后去襄。前数日号船几十支，大小北门两码头，禁挑水与行人。

即日张镇守使住本署，由道署迁也。

九　月

自黎军去后，襄人有随之去者。历年襄之穷困无赖，不时依附之。其最著者李化民，在施南充团长，并有在施、宜两府作知事者，此襄流亡之薮也（李化民即李德三）。四乡各集，凡前设文武汛官者，今皆设警察分所，所长归县知事放。其好缺，则文武各官长所荐之外省人。双沟左近朱家集某所长，赵司令所荐，退伍下级官也。警士被土匪串活，连枪二十余支俱从匪。其他处缺坏者，则以位置本地绅耆所荐之青年喜事者。前在各衙之书办，皆为诸乡所长之书记。

改革以来，惟禁鸦片烟是一件大好事。元、二年间只大赀本奸商勾津贩卖，每两五六十串文。兹则遍地皆是，每两价三串余文，由是旧瘾复原，靠是货营生者，不可枚举矣。

四乡团保多敛钱养团士，向官请枪以自卫。就中所办之好者，推双沟为最。缘地方商业兴旺，多出钱，厚养团士二十名，敢捕匪，能越境拿贼。语曰："重赏之下，必有勇夫。"果不诬耳。

十　月

初六日　王督军派来第七师步兵两营，住樊镇，乃张敬尧之旧部，新归王统者。

十五日　张镇守使全军上河口，夜二更过河前去。

十七日　新来张敬尧之旧兵第七师中，有一连住樊川主宫，棉衣未领到，镇守使以旧衣洗装暂发之，兵士不愿，因于是夜十二点钟时枪伤排长一员，持械而逃，从清河口过渡而去。

十八日　据报四乡土匪又起。

张家湾之警局长孟子翘，因拿土匪，开罪于天水军驻防之官长，后天水军开差，借索夫役事，苦打孟几死。竹篠铺警长谢玉堂，犯赃收卡，并杖责。

前者西南乡杨家岗团绅杨需斋，因庇族匪寄卡，责令交出。病，保出竟死。随后乡间之团绅，因事受凌辱者，不一而足也。

官军之治匪，剿捕外，亦招安。吕五女子先投诚，以朱家集之团局长处之。既归正，而故态复萌，还治其罪。现唐新老爷亦投诚，又以是局长待之也。

二十三日　官绅电致镇守使，为七师兵开小差事。张使即从此日由河口遣一营人，襄樊始粗安。

二十四日　张使回辕。

闻黎天才只身逃沪上，部下溃兵由栈道窜郧之二竹。襄之前在黎军中见回里者甚多，有一最著名者名王鹏臣，王家岗人。张使请至辕，问川省情形，并携之至郧为联络员。张使去后，有第七师之变，得信回辕，得悉川溃兵窜郧者，皆久困败卒，器械多失，与饥民无异，见官兵即逃。剿既不可，抚亦无款也。变法以来，湖北极力维新者，施、宜、郧三府耳。改革后，施、宜受祸最深，今乱兵又至郧，其蹂躏可设想耶。

从前黎师在襄独立时，襄之随声附和者，王安澜、刘公、王天纵、李化民外，有张华堂者，天水军驱黎驻襄时，拿获之。以七万贯赎罪，现又充团总，据说赎款早偿还也。

当二百、当一百、当五十大钱，皆川军政府造。钱质过轻，物质所以昂贵也。三月闻官曾示禁，困稞不收。刻下布满襄市，皆奸商贩至。惜民间不察，而喜用之，以为便于携取耳。爱小利而忘大患，诸多类此，殊堪浩叹。

近来青年在官者，夹棉衣多古铜色里，并有金红色者，甚为可怪。绿衣之诗，想未一读也。

十一月

初七日　夜八点钟时，地微震。

有街邻任姓名前，随黎师长充连长，今来见，自叙其在外受尽辛苦，于前月底领率数十人来张使署投诚。住三神殿，兵士多外省人，愿缴械领费散。任现居使副署副官处，候差遣。

十七日　连天街上见来辕投诚之溃兵，皆首盘青包巾，三五成群，询知共千余名。闻有尚着夹衣者，现住各庙，俟给钱回籍也。

前往樊之第七师兵，于昨日开往下驶，说赴德安等处也。

省立之师范校皆数月未领到款，度支维艰。

师范校作游戏会，教员学生装优人。出招贴，于月之二十一日演戏，遍送入场券于各机关，每券索钱一串文，名曰助赈。

二十四日　张使示逐游民。

陕军辛亥起义记事

朱新宇 著　　孙浮生 校订

　　说明:《陕军辛亥起义记事》稿本,原无标题,只是第一行作"朱新宇四十年记事,此自辛亥年录起"字样。但前后并无其他记述。是朱新宇先生亲笔,或他人过录,无从肯定。原本为"西安宜文斋"普通红十行纸簿,字迹端楷兼行。偶于西安南大街一小巷口旧书摊上,以人民币二角购得之。获此凤毛麟角,洵莫非一幸事乎!

　　藏此遗稿于破篋中,忽忽已十余年。今秋因至友张宣同志之介,谈及搜集近代史资料事,忽触及朱先生此手稿,诚一难得之珍本;倘得机会跻列于近代史之林,洵莫非又一幸事乎! 是为记。1981 年 12 月于西安碑林之一侧。

孙浮生

朱新宇四十年记事　　此自辛亥年录起

　　岁次辛亥(时在太原陆军小学任兵学教员),年卅八岁。二月,吾二弟由秦来信,问余能否前往。余答以即日启行,蒙吾父给予川资现银十两,大洋十二元,小洋十四角,匆匆就道。临行时将小洋十四角留于家中,以作妻室零用之资,可叹也夫。

行至郑州换车时，将票误拿，车随误登，原抵洛阳府者乃竟至河南省矣！及下车乃知其误。在汴梁小住二日，调查省城军队情况，与军界友人王萃华、任耀武、阎永孝、赵守钰在聚乐园畅叙。省城景致大概游览一周，乃购票至洛阳。是时川资将次用尽，暂居于客店之内，以待随伴赴秦之机会。

逾二日，同店中遇一川人李墨臣者，由京新选秦州州判，急赴甘省报到。余乃进前连络，并告以川资不足，约随同往，拟公雇一骡车，一切花费托其照料，车价平摊，路中先为垫付，到陕后一一奉还。幸承李君允诺，言明车价十四两，住店开销及一切杂费，公记一账，以备到陕后按两股平分。议妥后，即装车由旱路西进。

自开车之日起即阴雨连绵，第一日按站仍住新安，第二日行抵铁门，道路泥滑不堪。至英毫停车二日，厥后每日雇骡拉辕仅行数十里，勉至陕州，始见日光。行至函谷关以东，山沟之泥泞诚生平来所未经验者也。至临潼看账，已用去卅金以外。三月初旬抵西安省城，直至白龙湾卸车。由余二弟出大清银票十二两奉还李墨臣君，伊即辞别赴四川会馆小住二日，重新雇车赴甘报到。

第二日下午，余二弟派人将余之行李迁居西关，随住于陆军混成协步一标之楼上。是时，余二弟鼎铭（锦宇）任一标教练官（团附）兼代理统带（团长）事。余五弟彝铭（叙五）现任炮兵营队官（连长）。

余住标本部楼上，藉资静养。于第二日晚间到一标二、三两营及二标二营谒见各管带（营长），因系同学故也，即陈畹芳、方谦益、王鹄臣三人。斯时各管带均有家眷，晚间回寓未晤，仅见到督队官（营副）叶菊亭、队官（连长）鲁蔚亭、唐畅垓，茶话片时而已。

不数日，一标一营管带李子明约余便酌，二营督队韩璞山送余一品锅，其余诸同学竟无丝毫应酬，但多有嫉余之来者。余见此情形，殊觉可笑，同学之感情，如此待余，其与余弟之相交已可概见。比较汴梁任、王、阎、赵待余之情况，诚不啻天渊也。

三月底，由鼎弟介绍与协统（旅长）刘锡三晤面，茶话片时。逾数日，二标三营出一军需长缺，于晚间蒙协统刘锡三传见，命题考试。斯时余傲骨未退，本不欲考，伏思寄人篱下，不得不然，乃照口授之题旨，用铅笔直书成篇交卷。

翌日发给委状，由鼎弟向一营庞军需处借来军服一套，照例穿好，以次谢委到差。谢委时始与二标统带周觐臣晤面。伊在晋充教练官（团副）时，曾话数次，见其长官习气尚不甚深，多发实言。记有云：汝之同学王鹄臣，昨日谈及汝办军需，恐不妥协。余以故交素所深知之人相答，鹄臣乃不语而退。由此一件，已见周之为人忠厚矣。

王鹄臣与余本无意见，往往顺口胡言；且人格卑陋，人所共知。当日既能在周统带面前谈余不妥，一定与柳子澄亦有异言。王系二营管带，柳系三营管带，即余之直属长官，到差后势不能不格外注意也。

当余赴协部谢委时，仅晤张翔初、哲荫棠、王鹤堂、王汉卿诸君，惟翔初邀余上座，并赞扬鼎弟之品行学问，惟末云令弟性太刚直，我二人同病相怜，惜乎不合时宜也。余闻之颇以为然。余斯时见各军官言语动作甚为率真者，惟翔初一人而已。

四月，鼎弟赁寓于西关外曹家堡，全眷已有信由晋来秦，计算日期，全眷将抵临潼时约彝弟同往迎接。

余自到差后，中心悦而诚服者翔初、靖卿而外，余觉一无可取。如张月波、柳子澄运动力大，且好务外；李子明、陈畹芳近乎阴险；周觐臣、冯越千过于忠厚；王鹄臣巧于钻营，且疑心甚重；王相臣、王鹤堂心术不端，言行夸诈。以上诸君有一日数见，有隔日一见者，谈话时稍不留神即生意见。

余弟彝铭充炮营队官已年余矣。于五月间邀集同营队官党仲韶、余运德，排长张钫、王鼎寿首先剪发。家中老幼见之，莫不惊讶，吾父曾责余不阻止彝弟剪发事，余笑而未答。

一日鼎弟告余曰："彝弟人小鬼大，竟与革党联络通消息。"余默然无以应，心窃喜焉！然每思问及取联络者为谁，及晤面则又忘及也。

五月，一标二营陈管带畹芳因病请假月余，因工程费报销不清拟撤职，现代理者为本营督队官韩璞山。是时有委鼎弟调任是职之说，而运动者王天吉、柳子澄为尤切，后卒为柳子澄所得。当柳子澄在二标三营时本系代理，以王仲霖现在军官大学充学员，代理者只支公费，已逾一年，是时任为实缺管带，就劳绩而论，亦在情理中也。

子澄在二标三营临交卸时，与余相处颇好，再三邀余前往。余虽面许，心中甚不为然。

继子澄代理是营管带者为二标教练官张靖卿兼充，余久拟与之接洽，因差使太小，处专制时代，未敢冒昧相见。兹张君既到三营，可以朝夕聚谈矣，心窃喜焉。靖卿到差以后，整理营务甚为认真，凡教练官应办事宜，如编订功课及规定教育表等项，均委余代为经理。

六月，各省奉部令，督练公所总办名目一律取消，设参议一员，直接督抚。协统毛致堂改充参议，刘锡三升协统，张月波升一标统带，递遗二标一营管带缺，委协参军张翔初兼理。

是时二标统带周觐臣办事素不认真，现以协参军兼一营管带之张翔初凡事亟思整顿，诸事要好，周固不高兴；而二营管带王鹄臣从中挑拨，以致互生意见，大起风潮。

当一标管带出缺时，原拟鼎弟升充。是时执法官王相臣从中破坏，并告讦鼎弟迁移寓所时私用公物，苟派兵士在寓私役。后委锡三、月波查复无据，鼎弟之统带固未到手，而相臣之原差即行撤去矣。

王相臣之撤职，实因与军队毫无感情，人多忿恨。继是职者为协部军需官王鹤堂兼理。自鹤堂到差以后，与军队之恶感尤甚。

七月，余弟鼎铭由一标教练官奉令赴北洋参阅秋操，军事参议局派科员彭仲翔随焉。

陕西巡抚恩寿屡求去，现奉上谕允准开缺，即日东行。藩宪钱能训暂行护理。

陕西将军文瑞恶陆军之不相安也，乃上策于钱护院，拟调扎边防，将巡防营调进省城。钱护院迫不得已，乃将一标一营开驻汉中。

是时，二标统带周觐臣在盐店街开一澡堂，稍有亏累，管带以下各军官群起相攻，直讼于参议局。经毛致堂批准，照例委粮饷科查办。周科长与周觐臣私交甚厚，不无偏袒。当由周科长吉人召集全标军需到局数次，再三盘诘，均以所能知者实告。厥后吉人留余一人落后，密授意托余代为辩护，余以无才推辞。窥其意党见甚深，似故与翔初、靖卿等为难者。延至八月终，仍未得到解决。

三营管带张靖卿见督队官李铭山系行伍出身，于新军学识隔膜，拟请调换，请余接充。余谢曰："现在操场工程未完，李某学识虽浅而经验甚深，营中士兵诸多信服；且本营实缺管带又系同学王仲霖之名，将来王某毕业回来，吾决不与之同营办事也。"

八月十四日，满城谣言四起，相传陆军将于十五夜间起事。将军文瑞调旗兵守四城门及满城，定期在秦王城内演操，同抚宪会衔电奏万炳华来省驻扎，要求钱护院发子弹未允，又面令咸宁县张衡玉大令为修补满城，张亦未肯；文愤甚。

数日以来省城谣言四起，巡警道出示以安民心。各大宪虑军装局徒恃巡防队守护，恐不妥当，由毛参议请准护院，令一标三营派官兵两排前往守卫。过后细思，本属天意，迨起义时不发一弹，不折一矢，即为陆军所占领，诚毛参议莫大之功也。

事逾后仔细调查，十五夜陆军原有是议，因风声已露，骤然停止。是日下午为全协官兵休假之期，照例过节。二标一、三两营官佐齐集三营营部，大开宴会。余与翔初畅饮，均大醉如泥，毫不知觉，至第二日晨始各醒晤，见满床呕吐不堪，彼此相顾大笑，且后悔莫及。

八月十六日，全眷由西关迁居城内，住夏家十字路东刘宅之后院。第二日午刻，余妾李氏得产一男，年近四旬尚初得子也。

八月廿四日，乃星期休假之期，闻谘议局（在贡院内）开特别会议，余亦挤入其内，旁听会议及演说事项。因报载新任巡抚杨文鼎有以石油矿抵借外债事，各界到者甚多，竭力反对。议决后，见有一人登台宣布于九月一日开常年大会，并报告议会开支之经费。末云武昌、北京两处专电，均称陆军于十八夜占据黄鹤楼，直攻督署，瑞澂逃，张彪避，均奉旨革职拿问。今晨接电，汉口英法租界捕获革党廿余人，省城内获卅人，并无供词，均被诛，由是将陆军激变也。言罢摇铃散。见会场中之戴红蓝顶者闻之面带忧悸。余闻此人竟公然宣告是言，默为佩服，经调查始知为郭希仁也。

余斯时恨无双翅飞渡两湖，以瞻光复之盛举。自叹困羁于此，毫无一益，绝不料陕省以无子弹之陆军，竟大有人在，徒手占据军装局，又将起义于其后也。

参议局屡开军事会议，拟将一标三营开潼关，二标三营开凤翔，二标一营开兴安，拟发饷后即预备出发。

八月廿六日，二标一、三两营管带张翔初、张靖卿以出防在即，拟于明日起全标赴临潼往来演习旅次行军，由标转呈协部，刘协统允之。

是日，为协部检查各营内务及武器之期。黎明，协统即到二标，随员为协参军军需执事（副官）司号各官佐，至午刻检查已毕，奉翔初、靖卿嘱，余与杨雨臣先赴临潼预备粮秣，以备明日旅次宿营之用。

廿七日下午，由三营张靖卿带领全营官兵直抵骊山行台，所有饮食、住所均以布置妥帖。晚，均赴温泉沐浴，闻号息灯就寝，军纪甚好。

廿八日黎明，三营回省。下午二时，二营官兵由王鹄臣带领前来，供给照常。

廿九日黎明，二营回省。下午三时，一营官兵由张翔初带领前来，供给照常。当二、三两营来骊山时，军纪尚好，迨一营前来，见各正副目（正副班长）晚间领取食物时，言词、行动有异寻常，余与杨雨臣颇惊讶之。

是晚，临潼县培绎如来，并约翔初、恩厚、霍斯礼赴县署用饭，回时将近三鼓。

霍斯礼系旗籍，与翔初在日本同学，现充陆军测量学校监督，特来察看地势，预备三五日内带同学生前来实习也（测量第一期）。

翔初由县署回后，时已不早，又命护兵进城沽酒买烧鸡，邀余等作终夜之饮。至五更稍闭目即起，随同队伍回省。沿途翔初见队伍风纪不好，申斥官长数次。迨入营时已日落西山矣。

余回营后赶赴标部领饷，预备明晨点发。由标回营后忙乱半夜，始将饷单一一算清。至两点钟，因想与一营军需处尚有应算之账，乃提灯前往，路过二营及一营地界，见士兵多未就寝，翔初室亦未息灯，似尚有人在室谈话。余由一营部回营时，见炮营排长张伯英由一营出。然斯时虽有些形迹可疑，余仍未料陆军反正如此之速且易也。

九月一日星期，原系发饷之期，又系放假之日。早七时，一标统带张月波来二标标本部点名，照常站队，军纪甚好。九时将名点完，各自回营。余斯时仍在梦中，不料今日陆军放假之期，即我民军起义之日也。

余与彝弟所住之炮营相距有数百步之遥（二标三营在大操场西北，炮营在东北），相别已有十数日未见，今日如此义举，伊（在点名发饷后约十时）曾于黎明时赴林家坟会议，至此竟不一言告我，亦无一字传我。在彼固当严守机密，不应轻易告人，在我实盼得些消息，也可加入其间。

要之，由余看来，陕省之光复实非易事，至云马上轰动全局，已经歃血誓盟，诚我所未料到者耳。

是日，谘议局开常年大会，原定上午十二时开会，钱护院及文将军到会甚早，未及钟点即促开议，未至十一钟即散会。后闻其气相，是时均甚仓皇，似预有所知者。

余是晨于九钟在营料理已毕，乘车进城时市面照常，路遇士兵，见其神色多有不正；行至大清银行，尤见人甚拥挤。命车夫疾行，至厚大公司停车，进内稍坐，购蓝丝绒八尺。适有协部护兵满头大汗前来问余曰："执法官何在？"答以"未见"。未及继问，而护兵疾去已远。厚大公司同人向余曰："每逢星期，王鹤堂查街甚忙，其他均可休息矣。"随留余人内室打牌，余应以回寓一看当即来也。

由厚大公司上车时见天色暗淡，偶闻锣鼓声，问诸车夫，答云"日食"，细窥日光，正在食甚之际。

回寓后稍坐片时，寝室狭小，且有产妇，拟即去。行至院中，忽闻枪声四起，适王永祥来寓，问其发枪何故，答云不知，面带惊惧之色，意谓陆军果真变耶，恐未必耳！适余父由外回寓，神色仓皇，曰："西关陆军入城，市面均已闭门矣。"

下午四时，满街枪声，各家关门闭户，余欲出而不可得。走至大门口，先见马队经过，似查街然。步队偶过，亦甚整齐。已而又见三营护兵郭进才身背两大衣包，由余面前经过，未及通语，余以为不知为谁氏搬家，并不料其已现抢劫之形矣。

反正思想心盼已久，至此时竟未敢深信，究不知今日之举，其然耶？其不然耶？斯时忽而心惊，忽而色喜，对家中老少尤须装作镇静。

迨日落西山，枪声仍未断，偶有由外来者传云："某处火起，烧及若干房舍，某店抢劫一空，某家掳掠已罄。"余心忐忑，亟思出探消息，而家中尤不放行。默思徒手空拳，一人出外，倘遇一坏人，不但无益，而且有损。计划至此，只好耐过今夜，明晨再看情况。

晚间炮营司书李载阳来家，毫无实言，吾弟彝铭于午间带队由南门入城，伊非不知，乃竟未露一字。惟云："尚在营中，此刻万难回家。"半吞半吐，令人生厌。吾父见此情形，心何能安，竟向其叩头，托其带信，设法保伊回寓等语。余见吾父向伊如此优礼，是以李某之言属实矣。余默笑不已。

回忆夏间鼎弟有言，彝弟思想行动迹近党人，焉有今日遇此机会，独在营中之理。李载阳之语，吾固毫无相信，而彝弟素日行为，此时尤未便向家人宣布，惟有上床蒙被闷睡。

第二日早起，家中仍不令余出门，焦急万状。伏思手下无人，孤掌难鸣，即出门亦无大益。又思反正者不识究系何人为首领，倘靖清、翔初连袂而起，稍候或派人相邀也。

正踟蹰间，忽骑兵营司务长靳维仁来家，见其头裹红巾，衣沾血痕，神色已变。问其何来，答以攻击满城而来。问攻满城何意，答以旗人灭我汉室二百余年，现在受其专制，莫不痛恨，洗灭族类，此其时矣。又问其谁为首领，伊乃答以张云山、万炳南二君。问彝弟及靖清、翔初，均答不知。

迨午刻，心神不安，亟思出外探访。乃先赴柳子澄、方谦益两处询问。伊家中均答以自昨日未归，生死未卜，眷口异常忧戚。余于城中各街道尚不熟悉，行至西门，见城门紧闭，适逢二标二营在此守护，余不识彼而彼多识余者。问余何往，余答以即刻出城，由兵士二名给余白布记号，随之登城，见城垣之上，抢劫之物堆集如山，由二兵领至下城之区，令余乘座木框。约有四五人监视此区，将余系下，并告余口号，以备回时登城回答不误，方能系诸城上也。

余出城后，急赴炮营队部，查看彝弟踪迹，直入其室，见床帐书物照常陈列，营中不见一人，只见大操场横卧死尸二具，见此情形，无处觅问，匆匆而返。路过西关张家磨房，细问昨日所见情形，昨午炮营官兵整队乘马，由南关进城，在步队之先。余心稍安，行至城下，问答口号，仍将余提上，顺口道谢数语而去。进城后顺路胡行，见大街之上除军队往来外，不见有人行走。家家门户紧闭，急至三顺和将门敲开，见阎静轩、宁仲珺、赖小渊在焉，细谈一切，乃知昨午有军队若干，拥护张翔初由大街东行。问其现住何地，答以大约现在军装局。余问军装局距此若干路远，答云在东南城内，现天色已晚，明早同到贵寓一同前往可也。余乃匆匆回家。

初三日，见有秦陇复汉军大统领张四言白话告示，遍贴各街，示云：各省皆变，排除满人，上见天意，下见人心……等等。余思大统领张姓者云山耶？靖清耶？抑翔初耶？

早饭毕，见宁仲珺、阎静轩、赖小渊、吴养吾弟兄及王霭亭等一同前来，当即向吾父言明，齐赴军装局，并探询彝弟下落。出门后疾驰而去，在钟楼迤西，路遇钱鼎（定三）、曾继贤（子才）带队查街，彼此见面握手。曾子才告余曰："定三兄现已推举为副大统领矣。"余随向钱定三致贺。及抵军装局，见门口死尸甚多。一眼先见哲荫棠之尸在内。是时陈殿卿带队守卫，盘查甚严，由伊亲导入内，至靖清处，陈殿卿乃出。适逢刺杀旗员霍斯礼（测量学校监督），众皆骇异。

余与靖清握手，靖清云："三日不见，景象大变，虽云冒险，诚属天意。然目兵无识，竟将银行、钱庄抢掠一空，想市面商家尚无惊扰耶？"王霭亭乃顺口畅说，如何抢物，如何取银，家家惊慌，受累不堪。语言聒聒，当由靖清许以派人稽查，格外保护可也。

吴养吾问靖清曰："文将军已死否？"答云："不知下落，现正派人四处密查。"言至此，翔初由内出，向余问曰："汝为何此时才来？"余赧颜无词以答。翔初对众点首让坐，携余手入后，至过厅之旁一小室内。谓余曰："汝即在此办事，人太多，余亦有不识者，不能为汝作介绍矣。"

余见过厅凡三间，中间为过道，余两间有土炕四。用白纸书条，分贴于壁，参谋、会计两部在西间各占一炕，军需部物件较多，在东间独占一室。职员各据炕沿治事，执笔者盘踞坑上约十余人，均不相识。惟军需部一房之内，有廿余员，仅识杨雨臣一人而已。

余在军装局与张伯英谈，问彝弟情况，据云现在东城上任炮兵司令。并介绍余与参谋部郭希仁、李子逸两君相见。始恍然前星期在谘议局登台演说者，即此二公也。

当余由军装局回寓时，直走大街，路过三顺和与同人相见，并邀小渊、仲珺、静轩明日可以前往，不必躲避。众然之，忽有兵士数人在外敲门，不敢直开，在楼窗中向下急问何事。咸云要黑湖绉包头数匹，与以二匹黑纺绸，仍行吵闹；又与以黑湖绉二匹，仍不去，尤吵闹不休。经余上楼细望，见有王永祥、金光裕均在内。余不免五中火起，对王永祥曰："今日反正，理当保商保民，万不可如此胡行！速去为是。"王永祥竟向楼上连发数枪，吵骂而去。余回寓未久，金、王均来住于客厅之内，并向弟媳处报告，言余对待伊等如何无礼，早晚以弹飨我为快。

余斯时见下流人如此行为，不准人言，不听人劝，商民将来受累不浅。第二日早起，赴军装局与翔初、靖清、相臣再三措商保民之策，并集合老营队伍之计。

翔初面派郭希仁赶办保护旗一千，派妥员遍插各商号之门口，派朱福胜、张聚庭、徐世勋、马炳郁持令箭出外分巡；一面出示安民，由李子逸主稿；又下传单，命官长集合队伍，派刘世杰、马玉贵点名，凡起义民军，发给现银八两，作为奖赏，明日再照章发给薪饷。

是日由郭希仁介绍，又认识常铭卿、王子端、王伟斋、杨西堂，由杨雨臣介绍，结识席子厚、惠春波、杨荫堂诸君，以期联络。余斯时奉翔初面谕，派余为三部之顾问，并嘱余与靖清速拟军政府编制草案。

是时土匪满街横行，藉搜旗人为名，随意抢劫，人心惶恐。若挟嫌报仇者，无日不有。各寓所用之差人，大半分散，互议结队抢夺之计。如余家所用之老金，乃最愚莽之人，每晨随众负枪而出，至晚始得回寓。余虽痛恨，毫无善策以挽救之耳。

自九月初一日起义以后，大清银行抢劫一空，各票庄均有损失，惟天成亨尤甚。

各衙署门口微有火起，官僚于下午逃避民房，均未得死。

藩库幸赖钱定三于入城后，即指派陆军中学堂学生前往守护，由教官马晋三、学生牛策勋、王一山率领之。

当炮兵营官长带队占领军装局时，守门者原系一标三营之两排士兵，引众入内，搜查弹库，因试验枪弹，竟有自相击毙者。

咸宁县狱距军装局甚近，占据后即派民军一排，将囚人一律放出。长安县狱由辎重队前往验放。

迨初二日黎明，始由翔初、云山统率全军攻取满城，至午刻始破。细查文将军，不知下落，都统以下各官均战死。凡官署物品以及小康家之器具，均为民军所有。

万炳南系一标三营护兵，本系哥老会首领，至此时占据参议局（督练公所旧址），自居为大元帅，派陈侗到军装局，要挟大统领，翔初无可如何，乃对众宣布愿即刻让位。钱定三、刘世杰、陈殿卿、张靖清、张仲仁、党自新、郭金镛、张伯英、陈伯生、郭希仁、李子逸及余等，闻之大为不平，极力反对，聚于大厅之后院，对众宣言曰："若如此，余等先焚军装局，大家皆散"云云。并饬陈侗回报万炳南知照。此初五日事也。

初六日，由希仁、子逸等调和会党，以息内讧。乃请伯生通知哥老会革命党诸伟人，齐集咸宁县署会议。是午由张云山带领会党重要人物卅余人，马开臣带领政学各界革党四十余人，钱定三又带会革官长学生卅余人，余随定三一帮，到时席地而坐。经希仁及张衡玉（前咸宁县长）二君陈说本省形势，全国大势，古今英雄起事成败之由，及近世洪、杨之失败，申言利害，约两时之久，大家深以为然。万炳南亦微有感动，乃发"听从众选"一语。又请翔初演说，翔初仅自谦数语，末云众议难违，只好勉为其难，俟大局稍定，再当让贤云云。众心稍安，齐声大呼同扶翔初，永无二心，始各散归。

是日照旧管人数发给官兵全饷一月。所有前日陆军各级官长，概行退职，各标营队均归会舵另编统率。

余与翔初、靖清计议，赶紧先设一官长部或集贤馆，收纳各官，预备另行位置，随派鲍孝先任此事。

各标营队均归会舵统率以后，余弟彝铭即将炮队交卸，改任总稽查官，专以查办不法官兵、维持市面安宁为职责。

会党首领陈得贵与彝弟有隙（原系彝弟之兵，因事责革），频发言欲飨之以弹。经张伯英、党自新从中调停，晓以要重义气，并介绍与余晤面，乃得和睦。

前数次会议，尚未提及张云山位置，亦系一大缺点。是时闻云山密集心腹，在高等审判厅内揭洪汉之旗号，遍设码头，招兵买马。于是一城之内，复汉、洪汉之旗对竖焉。

是时司令部在军装局，而督练公所、高等审判厅又有两机关对峙，城中甚为震恐。初六日晚，又在督练公所会议，经吴世昌劝解万炳南，谓大局尚未定，不必争大统领，现由众公推汝为副大统领，万乃允。自公推张翔初为大统领后，咸知副大统领为钱定三，就目下而论，是有一正二副矣。

初七日，翔初集合重要人物，齐到高等学堂，在讲堂内谈话，用粉笔于黑板之上一一指定现职，张凤岗（云山）为调遣兵马正都督，吴世昌（华堂）副之。马至贵（青山）为粮饷正都督，马福祥（瑞堂）副之。刘世杰（俊生）为军令正都督，郭金镛（胜清）副之。张靖清为军政府正都督，张钫（伯英）副之。

初八日迁至高等学堂办事，翔初室为总帅司令处，设文武总参议二员，一为郭希仁，一为党自新。后房设秘书长二员，李子逸、常铭卿任之。西半院设民政府，由王锡候、张衡玉任之。以外另设八司，分住外署。东半院设军政府，由张靖清、张伯英任之。军政府先设四司四处，即军衡司、军制司、军计司、军法司、参谋处、副官处、军需处、会计处。余于编制后，充参谋官三四日，继改任副官长。不数日因副官长管理庶务，全权均在总军需处，随将此处裁去，只用执事官（副官）八员，书记官八员。

余于副官处取消后，改任军制司司长。军衡司原委张月波，军法司原委冯越千，军计司原委沈伯龙。迨靖清改充参议，党自新改任为军政部部长后，参谋处人员大半裁撤，只用一二等参谋各二员，如沈伯龙、金和暄为一等，刘伯铭、周筱溪为二等。张月波、冯越千去后，四司事务均归并余一人办理。迨共和以后，于四月间始奉总统命令，部改为司，司改为科，余始担任一科事务。自九月至民元六月，始得起薪，每月龙票卅两，钞票卅两。以前办事人员，每月只领津贴银六两，无分阶级，视同一律。余未用一钱，家中共用百余金，均作借款，厥后实行发薪时，一一归还，已请总军需处照数陆续扣清矣。

当军法司未成立时，原设有执法处，王相臣、常荫林任之。及改编时，仍拟以王相臣为司长，常荫林副之。是时军令都督刘、郭前来干涉，不但不准王、常办军法事，且非马上处以军法不可。由翔初再三阻止，乃免刑罢职。

参谋张绍绪热心任事，与余相交最善。是时忽有兵士廿余人前来寻隙，以要存饷为名，非即刻刺杀不可。由余急邀靖清前来劝阻，代为担任，许以稍缓数日。士兵又要求不准张绍绪在此充当参谋，靖清亦允之，众乃散。当由靖清给以川资五十金，张绍绪随于是日出省。

数日以来，各街公立码头，招集军队，昔日之混成协，几乎无兵不官矣。

现委刘刚才为一标统带，朱汉庭为二标统带，郭金镛（胜清）兼三标统带，邱颜彪为四标统带，邓占云为五标统带，屈荃将驻省之巡防马步营一律改编游缉队，委屈荃为统带官。

藩库由马晋三、牛策勋详细调查，库中尚存现银七十余万两。外间时有谋劫取者，幸赖陆军中小学生努力防守，数昼夜不能休息，卒得保全。

大统领出赏格告示，搜查前清各大员及印信。出示令商民限三日内，将私藏枪弹呈交并给奖银。

斯时连巡缉队之在省城者，兵力有六标有余，城门尚未大开，市面商店多闭门歇业，米面柴炭将断来源，士兵株守城内，晏安无事，军纪愈坏。藩库现银雯用廿万，余与希仁、靖清、子逸、自新等会商，以现在各省电报不通，究竟某省反正，某省守旧，毫无消息。我省将来四面受敌，如何了局。急宜四路分兵，前往驻扎要地为妥。希仁曰善。

当时先筹联络员数人，以便分赴各省调查，藉通消息。众云此项人才，不必各省皆派，如湖广一带去一二人，大局情形均可立晓。只求派人得当，有切实报告常来足矣。公推甘聘莘、张静斋两君前往，许以赴鄂后往来于沪宁之间侦探实情，务要确切迅速。即命其出发，余仅致徐绍桢一函，托其面交。又派王一山赴晋接洽，并侦北路情况，余仅致温寿泉一函。

由李子逸主稿，用招安布告文，派专使赴河南连合大侠王天纵，劝其兴兵陕州，直攻洛阳。计划已毕，适钱定三来，余等陈说现况。伊念潼关为陕东门户，河南、山西距京较近，未易反正，清兵必出兵攻陕，乃自请督师赴潼关防御。又指派井勿幕为北路招讨使，曹健安为西路招讨使，张仲仁为南路招讨使，翔初一一认可，令刘刚才带一标随护钱定三东行。

当民军进城时，定三本带旧一标三营驻扎鼓楼，后因队伍另编，遂隶他人，不得已开办学生队，甫就绪而东发矣。

学生队在师范学堂开办，改派马文伯前往接办。定三临行时，因左右无可靠之兵，托余代印空白肩章一千枚，余告知靖清，即派王建竭半夜之力，始得印齐。

郭希仁先生又为定三觅东路各县向导数人，临潼刘霭如、渭南白霞仙、华州刘海珊随行焉。

是时渭南县令杨调元尚为满清守城，定三启行时，希仁戒之曰：东路以潼关为重，阁下东出所过州县，有不归顺者，可令向导诸人潜入城内，运动下之。如仓促不能立下，可不必攻城，绕道而过，直赴潼关可耳。省城、潼关既为我据，则彼一二州县亦无能为矣。

定三（九月初八日）出发时已传一标士兵早开，随行者仅护兵四名，学生队廿名。又军装车五辆。迨伊行至临潼，细询乃知队伍尚未出城也。

是时临潼士绅曹印候已率民团据县城，囚县令培绎如。定三一见投机，遂有就临潼编练大队之计划。

刘刚才所统一标，本定三旧部居多，当时各士兵以功成而骄，掠财而富，十之八九皆不听调遣矣。

刘刚才本系商州人，又欲分兵一营开赴南路，定三勉强允之。随赴东路者，只有张建有、李长胜两营，开行甚缓。定三睹此情形，血泪频挥。及到渭南，县令杨调元已调集刀客严纪鹏之众，守城甚严。定三本拟绕道而行，适杨令出城欢迎，见随人不多，愈加放心。城内所伏土匪，皆注意于军装车辆，已生抢夺之心矣。

渭南士绅有韩映坤者，平日武断乡里。省城反正，杨令以其系武进士出身，托其招集团勇，以资保卫。讵韩之为人，昏恶万状，不知革命为何事。省城起义，伊心本甚不平，见渭南变乱情形，随与同恶张秉祥约集严纪鹏等，乘机煽动各刀匪，预备引诱定三入城，一鼓而歼之。是其预定之计划也。

定三入城时毫无知觉。迨县令邀之入署，细谈始知其为副大统领，后悔无及，知出阻亦无大益，乃告便惊惶失措入内宅，携其眷属子女一同溺井。

定三见县令神色不正，仓皇人后，亟思对待之策。是时由外闯进多人，开枪轰击，定三指挥各学生伏地放枪，毙匪十余人，该匪不敢前进。

当土匪稍退时，县令之老仆人由内出外，经定三一手捉住，追问县令何往？仆人告曰，县令及全家均已投井矣。定三愕然。又问投井时在土匪开枪以前，抑在开枪以后？仆人告曰，全眷投井时并未闻一枪响也，现城内土匪甚多，请副统领赶紧设法出城为妥。

定三见势不支，乃将所带枪械机钮损坏，急率众由县署后墙逃遁，惊惶奔跑。伏匪四起，所有跟随无一存留。定三率其弟且战且走，二人由城垣跳下，超过一小河，其弟在前，身体健捷，一跃而过。定三斯时气力已惫，未能超跃而扑（九月十一日），随被戕，卒年二十七岁。其弟国宝费一夜之力，急急跑进省城，报告以上所遇之实在情形也。

十二日，钱定三之凶耗到省。正在计划间，忽得惊报，汴军已到阌乡。翔初乃命伯英督师东行，并发给东路兵马都督关防一颗。伯英必得郭金镛偕往，并请带三标全标官兵前去，以其多老炮营旧人，与伊素有感情，而郭又系会党首领，且与伊均河南籍，驾驭各将士较为得力。乃十三日下午东发。

余忆汴军之来，虽系奉令，万无斗志。所来之营长中，不外乎傅应璜、任耀武、王萃华等。统兵大员，不外乎齐功甫、马继增两人。伯英出发以前，余预为写信五六封，临时交伯英带去。以便派干员前往投递，密为联络，倘汴军能为我用，亦容或有之事也。

是时军政部及调遣兵马都督府，投效者源源而来。商民来请发给保护旗者拥挤如市。录事数十人，写旗者日无暇晷。

是时各县大小文武官员，具文投诚交印记者络绎不绝。

商民交枪及子弹者纷纷前来。每交一枪，由十两至二两为止。每子弹三十文至十文为止。随交随收，随收随发银钱，并予以收据。

草滩有吴殿英者来投效，行跪叩礼。翔初、靖清见其仪表魁伟，前数年曾充常备军管带，甚器重之，并留酒饭款待。吴殿英曾受升允厚恩，于饭后竟潜到书记处，私下运动，给以红谕并护照等件，拟持此公文，保护升允全眷出城。余与伯龙于号簿中查出此条，立白靖清。随将陈书记撤职，暂为监禁。一面派人监守升允眷口，不准出城。见靖清写一谕单捉拿吴殿英，余告曰："今已天晚，明日再办不迟。"余乃将谕单掖于怀中，并云此刻风声一出，想吴某自此不敢复入城矣。靖清云："谕单现在汝身，明日切记万勿忘也。"余应之。

余于晚间回寓路过三顺和，嘱托王霭亭急唤吴殿英之子前来，秘告其实，令其赶紧到草滩与其父送信，暂为避匿为妥。余与殿英本无深交，不过一时念及乡谊之义耳。且处时世，凡无大恶者，总宜从旁救护为是。

连日以来事甚忙迫。靖清既不相问，余亦一字未提，以为吴某之命从此可保全矣。逾数旬，吴殿英在马青山处谋得一屯军管带，仍驻草滩。当甘军与我军交锋时，吴殿英竟与升允时常通信，经密探报告于军令都督。当由郭胜清于十一月某日亲带马兵数十人，前往围擒，立刻就地正法。

伯英未及潼关，而豫军已到两营，入关后抢掠一空。伯英抵华阴，一面作备战计，一面急将余信数封派人一齐送去。究竟余信送到有无效果，伊不敢决。斯时伯英之念，急宜克复潼关为是。派侦探向前搜索，获得步哨两名，细问开来兵数若干？司令官为谁？来此何意？该步哨答云："发来之兵，系汴军六十一标，标统系任耀武。行抵陕州，任统带集合队伍时，有云现余有病，拟在此休息三五日，留第三营为援队，明日一、二两营先开可也。入关后抢掠财物甚多，兼有妇女在内。已装载十余船，有顺黄河而下之说。"又问其各营管带姓名，并知王萃华亦在其内也。斯时伯英一面派弁回省函告于余，一面缓缓督队前进。及我军到关，而豫军已退半日矣。

汴军退出时，王萃华已见余信，留回函于潼关厅处。大概谓此次之来迫不得已，未见接仗而冒然退回，又恐汴抚见疑，今得一完善之策，回汴见汴抚消差时，万不能直云未接仗，只好谓兵力太少不能抵抗。潼关道要求我军停战，保伊全眷到豫，以潼关道系宝抚至戚，又系瑞澂亲弟，贵军杀旗，我军护旗，就形势观之，虽未接仗而实无取连络之痕迹也。末云吾军入关惊扰商民，罪无可逭，负荆俟诸异日可耳。伯英入城后曾见此函，并无下追击之命，亦未发防御之令，乃出示安民，派人来省报告并领取应用物件。是时潼关百姓均目清兵为贼，而日望省城民军之来也。

当钱定三之遇难也，陆军学生贾俊修自渭南逃归，为余备述始末。余问一标一、二营所在，俊修尚不知也。余计省城距渭南一百卅里，该标营于初八日即行东发，而至今未到，乃知官兵概不服调遣也明矣。继思兵马、军令、粮饷三都督分立后，各标营官长日趋各督之门，大统领命令渐不能行。筹画至再，非请希仁过云山处不可，子逸深然其说。因于十三日冒雨到高等审判厅与之联络，希仁见云山幕府毫无同志，乃与邹子良、马开臣商，令其到云山处为内主，以期密通消息。自希仁等到云山处尚受欢迎，事无巨细一一见委。适王荣镇新自长武归，报告永寿县闻省城反正，已加急密报兰州。又闻升允已由草滩走甘省，长武要隘早宜派兵驻守。并请拨兵与伊，自统以行。云山未允，未几潼关失守信至，适严纪鹏以渭南之变害及钱副大统领，恐军府问罪，乃进省投云山，愿率其众以效死力。由希仁与云山再三措商，始令王荣镇率之东行。

军政府迁至高等学堂以后，由弁目胡桂林将钱护院捕送前来，安置在偏院一室中。钱恐到此后必不利于己，以故自用手枪连击二弹，伤及左胁。当由翔初赶请西医代为调治，并另设寓所以养之，胡弁得赏银一千两。

劝世道光昭本系旗籍，由民团押送前来，暂看管于闲室中，后经张衡玉调停，令其捐款赎身，政府索以五万，而光昭仅允以五千。后送长安县狱，共交出捐银一万有零。迨共和成立始放之归。

提法司锡桐在瑞庆德商号搜出，兵士送至张云山处，自认捐款，云山以优礼相待，名为看管，其实优待。除捐公家两万不计外，又贿送张云山现银两万两，盐店街房舍四大院。和议告成，云山派人护送出关。

提学司最后出，因其年老家贫，又非旗籍，由尹仲锡、王人文具保，派川籍陆军中学学生护送回川。

余弟鼎铭由晋绕道河东，狼狈回省。云山闻之，专诚迎聘前往办理军务，余弟再三致谢，卒以病辞。后云山乃派专使赴醴泉，聘请宋芝田（伯鲁）前来。彭仲翔随鼎弟由京回陕到军政府，翔初派伊在参议处办事。

是时伯英出省，沿途招募，各县土豪闻省城起义，到处聚集。愚者惟事抢掠，智者颇思自效。

伯英到关，即收蓝田杨茹林及临潼曹寅侯所招团勇，嗣王荣镇偕严纪鹏至，伯英即深与结纳，令其到渭招其党羽千余，陆续成军。斯时一标一、二营亦相继到关。

据前探报告汴军西来，我军未悉其兵多寡，伯英又派富平党又青连夜到省请兵。

翔初于初九日潜率守军装局陈殿卿所带之一营赴潼关救援。余与希仁面商请其到云山处会议，调邓占云全标缘南山赴潼关，调井勿幕由河北赴潼关。三路援应，或不致有失败也。

此次汴军之来，绝非前日之陆军，闻各种军服甚多，相传有五省之兵，不能不预为计划也。

翔初尚未到关，伯英已于二十日冒大风雨开仗，连战两日，将士甚为奋勇，敌军锐气已减。严纪鹏率其敢死队肉袒持白刃先登，豫军遂溃。时邓占云及井勿幕均未到关也。

是时省城谣言四起，以北洋大队不日到关，市面商店多未开，而住家者纷纷迁移。余弟鼎铭将余父母及弟媳子女辈送至三原北乡暂住。

虑及将来在东西两路必有艰巨之战事，独恃步队恐难操胜算。以前炮营之炮均已分散，多被会党方面劫去，势难再收集成营，且系山炮，射程短，威力小，现军装局尚存有大陆炮十余门，会党方面无人会使用，幸仍存置未动。余弟鼎铭现任军械科科长，翔初乃派伊到渭北山东庄一带，专募鲁籍精壮农民千人，利用其朴实勇敢，无会党彩色，组成大炮队，加紧训练，定名为大统领亲卫炮队，盖防止兵马都督调遣编并也。以后在东西两路配合作战上收效甚著。全眷迁居三原后，惟余眷留省，与彝弟同住二府街。

是时军政府改为军政部，党自新为部长，于十月初二日随大统领一齐迁至北院。北院系旧日总督署，清西太后西幸时即住其内。兵马都督张云山已迁居南院，即现时之巡抚署。

现时四面风声鹤唳，谣言群起。传闻大军将至，省城军队哄传哗变，土匪预备有响斯应。斯时情况余非不知觉，老亲既已迁居外县，省城偶有大变，不致受惊。余既决心与光复同人共患难、共生死，早置身家性命于不顾矣。

一日，鼎弟由三原闻惊而来，密告余曰："以后余辈干事，无论如何必无大益。若彝弟者，是其局内人物，又当别论也。若余辈者，不革不会，万难了局也。"余闻其言，心虽不赞同，亦未加辩驳，仅默然应之。不数日省城几有马上哄变之形，风声紧急，余仍徒手空拳出入于北院，往来于街市，甚为坦然。鼎弟以余为愚钝极矣。

斯时鼎弟以余为昏愚，余视鼎弟尤为昏愚。明知此刻不了，在鼎弟可以随意，可行可止，余与彝弟万不能无故而去也。果真再变，能有一线一路可以挽回，必当设法挽回，否则自戕家室而后自戕，未为晚也。省城情况如此，潼关告急一日又数至，忽探马报告长武陷，永寿失，邠州被困矣。

初议各路分兵防守时，原调五标守长武，第二营石得胜于九月十三日出发，第一营杨树棠于十七日继发，三营未及开而二次潼关失守矣。邓占云率赴东路救应，潼关甫克而邠、长告急，乃刻日调省西开。又严催杨树棠赶程赴援。讵二营到乾州，以凤翔、岐山土匪扰乱，折而南行。迨邓占云及苟占彪一营开赴西路，石营已全军覆没，逾二日苟占彪相继阵亡。邓占云以兵力不支，奔汉南联合川军去矣。

翔初由潼关回，卫队队官王子青腰部受伤，送至余寓，暂住调养。

余鉴各路将士不服调遣者居多，心甚忧悸。论者多以东路受困为危。余独谓将来西路尤甚，非云山亲出督师不可。翔初亦与余同意，托希仁到云山【处】劝驾，云山慨然应允。即日起程，余辈约翔初同送至西关。云山拜辞，谓翔初曰："西路军事，有弟一人担当，诸君可高枕无忧；惟去后饷项子弹须常接济，勿令匮乏。弟兄中如有不合之处，无生意见，可宽以容之，不必较量。"余与希仁密赞曰："闻云山落落数语，不愧良将也。回忆送伯英赴东时，何迥不相同耶。"

云山出城，仅带四标两营与参谋邹子良、高介臣、刘幼宾、马开臣等，差官马弁卫队二百余人。时向紫山在狱中出，调养已愈，相率富平悍卒千余来省投效。云山乃选精壮者八百余人，率之西行，编为第六标。又飞调高陵大侠王占云所募游击队归四标邱彦标统率，赴西路助剿。

当时省城变耗之哄传也，兵士鼓动，土匪流言，斯时各都督互相钳制，各保禄位，万无二次捣乱思想；偶因意见不合，一时气愤，口出叛语，在兵士信以为真。以故无稽之谈时有所闻。是时各都督所注意防范者，万炳南一人而已。

云山出发后，马、刘、吴三都督来翔初处会议，云省城谣言四起，已数旬矣。以致商民不安，住户迁居，至今未能发作者，幸吾辈有所钳制，今所可虑者，万哥之一部分耳。现凤翔告急，若能令其开赴凤翔，则省城稳如磐石矣。

翔初云："若令万哥赴凤驻防，抵御甘军之兵何在焉？"众云："就现时而论，临时一招，即有数标之众。"希仁云："可调曹寅侯之敢死队一同前往。"众问兵数确有若干？希仁云："约有两标，仍请三督赴万炳南处与之商谈。"

三督赴万炳南处议妥，乃调曹寅侯之队伍，于十月十九日开差。斯时城内外驻扎之军队，大统领处亦不能尽悉其所在。云山西发后，搜罗队伍，尚有齐得功之马队驻扎存古学堂，蒲坤山之炮队驻扎八仙庵。万炳南均调令随己，又集合其心腹李汉章、吴长世等，所招卫队亦有三四营，率之西行。至凤翔分兵驻陇宝，数战不利，汧陇遂失，参谋柯石达死焉。万炳南坐守凤翔待援，其详见于《凤翔战记》，兹不赘述。

自党自新为部长后，事权画一。余与沈伯龙应付一切往来事宜。最要者如筹饷、领弹，以及城内之密查、四关之防范，在在注意，未敢或懈。大凡总机关处核发物品，虽处之以公，而领出者一见彼众我寡，物议沸腾，势所难免。要之，兵队有多寡，军情有缓急，办事者准情酌理，局外人那能知此，徒知胡搅而已。余见此情形，乃与希仁措商，最好能于会中选出副部长两员，前来监视，以便遇事调停，方为合宜。自新亦深以为然。不然，自新之冤愈不能白，外面恶感愈积愈深。后经翔初认可，乃以马瑞堂、陈雨亭二君为副部长，以二君与各都督有联络，且素皆信服。二君性质一和平、一激烈，与自新可相济为用。余与伯龙在办事上，亦容易应付也。

是时接到南方友人来函云，八月十八日晚间，武昌党人联合炮工各营起义，直攻总督署，公推混成协协统黎元洪为大都督。

廿日，民军占领汉阳兵工厂。

廿一日，民军占领汉口，安民后公推詹大悲为军政分府。

廿二日，民军向江夏厅释放熊希龄，公推任外交部长。

廿三日，清廷授袁世凯为湖广总督。

廿四日，清军统带马继增率兵抵汉，张彪投马军中指挥一切。

廿五日，清军派海军提督萨镇冰乘楚有兵舰抵汉。

廿六日，民军在刘家庙与张彪开战，张败走。

廿七日，民、清两军大战于刘家庙，清军战死三千余人，退走卅余里。

廿八日，民、清两军仍酣战，清军又败退，夺获弹药六车，军装不计其数。

廿九日，民、清两军大战于头道桥，清军败退。

卅日，民、清两军大战于三道桥，清军投降者约三千人。

九月初一日停战，各省民军多暴动。

初二日，民军占领九江，举马毓宝为都督。

初三、四日，民、清两军大战于七里河，胜负未分。

初五日，广东革党岑亚贞炸毙清将军凤山，岑亦死。

初六日，湖北民军败退于大智门。

初七日，援鄂湖南民军三千，与清军大战于跑马场，由黄兴统率。

初八日，云南独立，举蔡锷为都督，枪毙清藩世增。同日，山西独立，举阎锡山为都督，枪毙巡抚陆钟琪〔琦〕。同日，江苏巡抚程德全悬挂白旗，宣布独立，各界欢迎，随公推程德全为都督。南京现因张人骏为满清守城，反对独立，率将军铁良自缢于皇华馆。徐绍桢甫在镇署宣布独立，并联合程德全，而张勋督兵已至下关。数日以来，正在酣战之际。此南方友人草草致书于余者也。

又得河南消息，河南屡次反正未成，河南大侠王天纵已派健儿千余，将任耀武所统之军抢掠潼关财物扣留，并掳其枪械，编成劲旅一标，开赴东南以阻清军。

陕西光复，革党与会党联合之力也。但会党中人恃功骄恣，气焰日张，即以为纯系会党之功，且不知民主共和为何事，误以为会党出头之日也。

码头，本会党当日之秘密机关，此时革命功成，当在取消之列，乃反大施扩充，关中、安康、汉中各县镇，码头已遍设矣。票布本系秘密执据，此时亦应收毁，乃反广为散发。刘俊生、马青山、马瑞堂诸人，于此尚知大义，主张取销，而张云山坚执不肯。云山他事颇听希仁之言，惟此事则屡说无效。

云山原开有通统山，号洪汉，反正后又广印票布，命会中哥弟分赴各州县，散布各属。会党人又络绎来省，投云山，听号令，其时云山所发公文告示，有"公议洪令"小戳记，与兵马都督关防并用，人多病之。各带兵官长到外属，亦有提倡者。于是省城码头有黄青云、蓝田有、余成龙、王悦钦、聂青山等，商州有刘松山、牛春山等，临潼有黄金山，三原有陈坤山，泾阳有王悦德，兴平有王金山，同州有崔丁海。除北山一带尚未派布外，其他各州县均有一二首领，码头林立，不能悉计，办支应，理讼词，直代县官行政，甚至以地方主人自居，鱼肉良懦，苟派钱款，乡人恐惶畏惧，直似满人入关。同志目睹此情形，莫不扼腕太息。不意两月之久，竟变成会党世界矣，将来岂不贻笑柄于他省耶。

是时铨叙局局长张衡玉，对此尤愤激异常，屡为马青山言码头之当取消。云山出师乾州时，大家赴西关送行，礼毕，张衡玉于云山马前痛陈利害，云山亦感动。遂托衡玉代拟限制码头章程，大县若干人，中小县若干人，只准动用巡警经费。讵此章一出，而各州县之无码头者，又援章添设，以为必不可缺之机关，是又为彼党助势矣。

马青山为此事，原先与云山已起冲突数次，曾将云山所印票布一大包强携去。某日在前参议局万炳南处议及此事，陈伯生与万炳南势至用武。自云山督师西发，副都督吴世昌总理都督府事。余与宋伯鲁屡为言裁撤之善，至年终乃议定办法，于共和后始实行宣布，改码头为民团，其编制主权，仍操之县官。

云山由乾回省，路过各州县，闻码头甚扰民，心亦厌之。及裁撤码头之令实施，云山亦甚赞成。遂由正副六都督会衔出示取消，然其气焰仍未大减。后东西有事，又设法调赴前敌助战。其罪大恶极者，陆续严法惩办数十人，而码头之风乃逐渐消除。

南乡韦曲镇，有管码头之乔世佣者，素日无恶不作，经人告发屡矣。翔初派兵擒拿来省，交军政部讯明，处以死刑。是时党自新因与伊相识不便提问，沈伯龙与伊同村，尤宜避嫌，委余讯问，当即正法。此余任事以来，第一次所斩之人也。

潼关二次克复后，伯英锐意进攻，豫军中有伯英同学姚任支等，以友谊通函往来求和。伯英与之且和且战，先克阌乡，旋出函谷，在灵宝相持。未几而赵周人率毅军八营至。十月廿二日忽传潼关有失守之信，派军制司司员李怀芝、韩枫龄赴东路探视，行抵东关，即见有逃兵散乱，三五成群回省者。至华阴，见大队纷纷回走，知大势已去。李、韩迅速回马，连夜进城报告于翔初，翔初率自新带卫队六连于黎明出城，赴关救援。余又请刘俊生、吴华堂带队前往助战。

当伯英初克潼关，立意在以攻为守，而将士多系招募乌合之众，不习战事，不服调遣，且不知大局。以为既得潼关，即可高枕无忧。且伯英系河南人，由省所带队伍，多属同乡，志在东归；又兼数次与豫军讲和，酬酢往来，某日我军与豫军在函谷关外列阵相见，伯英与其代表握手谈话间，敌人突放枪一排击死我军多人，各将士见前两次彼此往来，已为诧异，及受豫军之诈，于是颇疑伯英与豫军暗通矣。又因克复潼关以后，赏金所发不均，各将士半狐疑、半怨望。积此数因，随多数不服调遣，赖伯英镇静处置，未致生变，然而险矣。

某日伯英赴南原察看地势，城内竟将入伍生（陆军中学生）十数人，及解饷员之无发辫者，均被乱军杀死。伯英无法阻止，亦不能骤然惩办倡乱者。一般无识之卒，竟至误事如此。

翔初到关，召集各官长会议。各官长以潼关之失，多归咎于伯英。伯英慨然曰：前次失败，固由我调度无方，然诸将士之不服调遣，亦不能辞其咎。今强敌在前，前事不必追究。现大统领亲来督师，诸君如能听从命令，以我现有之众，挡毅军现有之兵，可决必胜。众皆默然无语。

翔初规划五路进攻之策分配各标营，某敌某路，限期出发，集合于华阴县东门外。各标营分数层，四面环立，作方城式。翔初与伯英居中誓众，言吾省存亡在此一举，当同心戮力以摧强敌，声气悲壮，众皆变色。伯英又详言前次致败之由，与此次所应预防者。各将士唯唯听命。

翔初率刘俊生督中路，伯英督中南路，我军既出，而赵周人命姚景铎送信至，云奉内阁电，北京与湖北正在议和，约两军暂住所扎地点停战，以待和议之宣布。

翔初在华阴庙楼〔接〕书，急送县署，请郭希仁答复。书方拟成，而翔初亲来县署，与希仁商云，伯英因前次与豫军议和，屡受其诈，以致将士怀疑，不服调遣；今大军既发，而彼来求和，非杀之不足以释疑也。

希仁曰稍缓，乃作书急告省城，请军府各同志，商定迅复，以待解决。是日黎明，军府接到火急信一件，大家未及折阅，知悉军情紧急，危险极矣，多惊惶色；及阅信后，始知为此。当由聚亭约青山、瑞堂、仲翔前来，余约卓亭、子逸、雪亭、伯龙、筱溪、和暄等到秘室计议，始云斩来使自古所禁，然欲释众疑，以激将士之义愤，偶一为之亦不为过。议斩者最居多数，乃立即作复，信到即将来使姚景铎斩讫。众忿始息。

翔初随督队进攻，酣战数钟，将士异常奋勇，毅军不支，渐退。斯时临潼、渭南、华阴三县民团聚集万余，手持刀矛前来助战。翔初见民心如此奋勇，仍督兵前进，布置战线。自晨至暮，军民齐心奋战，乡人妇孺箪食壶浆，供给于后，直追至潼关北原，毅军纷纷逃遁，乃发收队号音。此一役也，兵士固属奋勇，而百姓又如此齐心努力，所以克复甚捷，而毅军之伤亡甚多。三次克服潼关，人马未及休息，西路三、淳、凤、岐、邠、乾告急之文，一日数次。适逢刘俊生、谢彩臣率兵到关，翔初命俊生即刻督谢军及王荣镇队伍开赴西路，命张伯英仍守潼关。翔初同自新、华堂率卫队回省，翔初进城时马最捷，余与伯龙、子逸、仲翔等相商出城欢迎，甫议出而翔初已单骑入府矣。所随之骑卫队均落后，紧随者只有柳占魁一人耳。翔初入军政府，甫入座，尚未开言，忽由外来一面生之人，匆匆投信，立呼面交大统领。余见其形迹可疑，急呼柳占魁、冯殿元擒拿，并搜其身畔，果有刺刀一具，六轮手枪一具，在右手袖内，子已装满。再阅所持之信，内仅一纸条，胡写数语，直不成文。盖预备当面交信时，以实行其刺客之计耳。

当翔初甫由军装局迁至高等学堂时，终日往来出入者不胜其数。一日来一老翁，手持《近思录》一册，前来要求面见大统领。各执事官（执事官即副官）等见其疯癫，驱逐出门，斯时之卫兵亦不能详细检查。逾日持《近思录》之老叟又至。适逢翔初与伊走对面，问其何来？回称面见大统领，有紧要条陈来上。翔初云："我即大统领，如有条陈速说可也。"老叟自称年老，非赐以座不能言。翔初乃邀其坐于木炕上。甫对坐，余适由炕前经过，见系前数日所来之疯叟，亦未甚注意。迨行过数步，转念翔初与此疯叟对谈，绝无大益。乃急返身直趋炕前审视叟状，并将两肱曲置于炕桌之上，伏聆叟语。

闻叟所谈者，孔子道德语，老子清净语，毫无可取。翔初对坐默然，不过藉此安坐休息片时，实亦未闻其所语云何也。余问疯叟曰："妆来此究为何事？如《近思录》一书，余辈少时已经熟读矣，勿烦赘述。"疯叟此时形色不安，勉强言曰："来此特献宝耳！"余大声曰："宝何在？"见伊右肱作颤，面色亦变。余疾向外喊曰："快来人。"伊斯时已用右手向左袖内掏物。余已深料其袖中必藏有险物在，先用力将翔初推开，外面已进来数兵。余呼曰："速绑。"而疯叟此时已跪伏于地，左袖中遗出光明袖剑一柄。当由众捆缚，大家齐声喊杀。翔初云送执法处问明，再杀不迟。

当由执法处王相臣、常荫霖连讯数次无供。有人〔云〕旗人装疯者，有人〔云〕汉人疯迷所致者。奉翔初谕暂送县狱监禁。

今日由潼关回，又遇一送信之刺客，乃于是日同戮于北院口。特并记之。

自张云山西出督师，驻扎长武。先恃邓占云，邓军溃散汉南后，我军之在邠、长者，除向字八营外，张南辉、赵占彪自耀州率旧日之巡防队及新招之众数百，王占云从高陵遣来游击队数百，彭泗海由宁州带来湘军数营，统合步马炮实数不过十五营，而空手者约有半数，快枪不满千支，由总军需处连夜赶造铡刀数千，火箭数千，又由外交部部长宋向辰监造炸弹数千颗，以供东西应战之用。

是时云山处多系铡刀队，纪律虽不严，而作战时奋勇异常。

适清廷授升允为陕西巡抚兼办两省军务，现驻泾州督陆洪涛、罗开福等十余营，我军众寡不敌，已有不支之势。迨闻潼关二次失守之信，云山星夜回省，筹固根本。以邠、长战事均系邹子良布置指挥，遂委其护理行营关防。又面召何春霖、周朝武，令其与子良会同办理。云山去后，何春霖与子良遂因权限争执，号令不能齐一，各营队多不服调遣，出队随意，不相援救。与甘军一战，而向字营全军覆没，冉店镇遂陷，各军溃散。郭建德带炮队直回省城，子良堵截未能止，不得已，乃退守乾州。

邠、长败信至省，马青山即促云山迅速西发督战，云山以东路方急，人心惶恐，未敢离城。适四标统带邱彦彪自请先行，云山遂令其护理西路行营事，邱军开至咸阳，逗留不进。云山恐其误事，马青山又敦促西开，云山乃带六标二营、二标一营、郭建德之炮队、草滩屯军一营、赵占标旧部及新募人数千余名，即刻出省。

邱彦彪素敬畏云山，云山亦颇能听其言，此次因邠、长失败，随起逼夺之心，护理数日，俨然以兵马都督自居矣。

云山到乾，闻邱彦彪如此举动，亦难与之相争，一切任其办理。长武陷后，甘军东下，未悉我军虚实，持重未敢深入。越十余日，探悉乾州以西并无一兵，马安良随将所部十七营陆续东进，甘军大队遂进据邠永。不得已，邱彦彪督率各营约八千余人分路迎敌，大败于豪店监军镇，各营队全溃，彦彪连夜遁至省南。幸云山在乾极力堵截散队，封闭四城门，登埤防守，晚间多设灯火于城上，云山周流巡察，手持步号，一人故作各种号声，时辄一变，一夜不息，敌惊疑不敢逼。越数日，散队及各路招募者又渐集，于是云山静守待援，而乾州一带扼要地势悉为敌军所占据。其详另见《乾州战记》。

是时，东路毅军甫经退出潼关，西路连日告急，乃将东路军队调回赴西救援，军声复振。

万炳南由凤翔屡来书告急，希仁请翔初督师援凤翔，未及出发，而监军镇又大败，乾州飞书求援，乃另派王镇海、王荣镇、杨茹林及曹印侯由临渭新招敢死队援凤翔。

翔初督东路新回各军，与马青山援乾州。

余与伯龙在军政部筹备饷弹及【各】种兵器，终日派弁押运前敌，以供接济。

适太原副都督温静庵（寿泉）由河东来省，藉取联络，交军政部现银五千两，要求换给小口径子弹十箱，由余介绍与自新相见。翔初、靖清与伊均系日本士官同学，现赴西路未晤，由自新作主，子弹照数发给而去。

温静庵来，读其日记，始悉各省情况，特一一记之。

九月初九，民、清两军在汉口大战，市面烧为焦土。冯国璋带兵前往。

初十，汉口仍大火。袁世凯奉清旨入京组织内阁。

十一日，黄兴在武昌受总司令任。

十二日，民军光复上海，举陈其美为都督。

十三日，民军光复杭州，举汤寿潜为都督。

十四日，武昌民军炮攻大智门，清军死伤甚众。

十五日，袁世凯遣刘承恩致书于黎元洪，求和。

十六日，黎元洪夫人由武昌渡江，赴红十字会及医院慰问受伤军士。

十七日，广东独立，举胡汉民为都督。

十八日，福建光复，举孙道仁为都督。闽浙总督松寿及福州将军文英均自尽。

十九日，清军攻汉阳，伤毁教堂，各国领事致书责问。

廿日，袁世凯到京，应内阁总理之命。

廿一日，清江宣布独立，举蒋雁行为都督。

二十二日，清军续到汉口廿四车，在硚口筑炮台二座。

二十三、四日，武昌凤凰山、黄鹤楼、龟蛇山同时发炮，大战清军，死伤约五千。

二十五日，清军退扎歆生街一带。

二十六日，清军第六镇统制、革命伟人吴禄贞，现授为山西巡抚，行抵石家庄被刺。

二十七日，武昌民军退守汉阳，两军大战，死伤甚重。

二十八日，民、清两军在硚口大战。

二十九日，民军海容、江贞、江泰并鱼雷艇由九江攻击清军。

三十日，民、清两军在武汉纯用炮战。

十月初一日，汉口土挡粮台被凤凰山炮台击毁。

二日，清军五百余人偷渡汉水，驻蔡甸。

三日，清军围攻龟山。

四日，南京民军占领乌龙山炮台。

五日，汉阳民军渐次退守武昌。

六日，端方在四川资州伏诛，成都独立。

七日，清军占入汉阳。江浙联军进攻南京。

八日，武昌民军沿江设置炮位。

九日，清军与武昌民军互相炮击。

十日，河南义侠王天纵在洛阳各属起义。

十一日，南京民军占领紫金山天保城，炮轰北极阁。

十二日，民军克复南京。

十三日，除直隶、山东、河南三省外，其余各省均露布。以宣统三年十月十三日改为公历纪元一千九百十三年十一月二十七日（按：应为1911年12月3日）。

十三日，汉口民、清两军徇各领事之请，停战三日。

十四日，江西援鄂义军三千人抵汉。

十五日，广西援鄂义军五千人抵汉。

十六日，鄂军政府派谭人凤为北面招讨使。

十七日，民、清两军续议停战。

十八日，清军第三镇由石家庄开至井陉县。

十九日，清军背约，在乏驴岭与民军开战。

二十日，清军背约，在雪花山与民军开战。

二十一日，清军背约，冤杀娘子关议和代表二人。

二十二日，段芝贵奉袁世凯令，至井陉宣布停战。

二十三日，清军背约，占夺娘子关。

二十四日，清巡抚张锡銮入太原。

二十五日，山西民军移住平阳府。

二十六日，南京民军举黄兴为大元帅，兼摄总统，举徐绍桢为南京都督。徐固辞曰：苏州程都督既已公认，江宁、苏州原系一省，万勿再设都督之理。各将官及议会绅学政商各代表齐曰：现在独立之时，各府理宜自卫，上海现有陈都督其美，清江现有蒋都督雁行，镇江现有林都督述庆，坚请徐就职。徐不得已，乃勉应从。

二十七日，清廷派唐绍仪由鄂至上海议和。

廿八日，民军举伍廷芳为议和全权代表。

廿九日，南方各省援鄂大军，均会集于武昌。

三十日，河南民党有起义消息，省城格外戒严。

十一月初一日，上海民、清两代表伍、唐开二次会议。

初二日，清使唐绍仪电告满廷，谓东南人民趋向共和。

初三日，袁世凯电复唐绍仪召集国会，决定政体。

初四日，河南省城防营统领柴得贵搜捕党人。

初五日，伍、唐两代表续议展期七日停战。

初六日，孙文到上海。

初七日，留日学生八十人回沪投效。

以上所述，均得温寿泉之日记者。

翔初带队援乾，希仁随行，闻三、淳告急，翔初偕马青山前往，到时雪深尺余，山路崎岖，人马难行。又兼甘军所至，百姓逃避一空，粮糈虽有，而熟食甚艰，兵士饥冻不堪。甘军闻援兵到，亦渐退，马青山、马瑞堂暂住三水，翔初带队回醴泉。

是时，因西路告急，将东路军渐次撤回。忽于半夜间接到东路紧急信至，内称此次毅军合第六镇西向者近三万人，我军先失利于观音堂，退守硖石，布置尚未定，而敌人马队绕道包抄，我军退张茅不及，随大败等语。适郭希仁由西路回，见此报告，复函云，同事现以屡接湖北来电，上海和议，已可望成，令各省皆停战。当即抄录电文，函告伯英，派员与东路军交涉，守约停战。不数日，潼关失守。

伯英又来函云："接诸兄来函，可恨可怜。陕东屏藩，必坏于我，而源于诸公也。南省电文定不可恃。十月二十一日，停战时也，而毅军取我潼关。十一月十二，停战续期，我辈不得而知。十三日攻灵，十五日取灵，血战三昼夜，敌军不堪其苦而退，非遵约也。钫由灵至陕州，乃作防御计划，因接伯生来函，见严孝全面言，晋境无多事，不日过河相助。于是有进取之心。先锋王天纵至观音堂，探至渑池，敌人用十七营之力来攻，我军守硖石，洋人住此，停战两日，并电文到，于是即告清军，清军支吾答之。续则请派专使面商。伊实运兵黄河岸上，被我侦知，连夜退兵。王天纵等恃勇不服，退廿里。钫连夜至陕州，催七标二营接济。严孝全过河，是时清军三面围我，兵士弃枪而死于沟、死于水、死于枪弹者，约数百人。最可惜者，军使刘粹轩及随从五六人往硖石议和，遭敌毒害，一人未归。当钫在陕州催队之时，即我前队被困之际。无几时大军西退矣，七标二营整队而走矣，孝全过河上潞村矣。柴营没于英濠，王营败于张茅，是时钫所将兵不满三营，快枪不过数百支，退灵宝守函谷，敌虽狡，我两营足以御之。然而其如不守何？七标二营守关门，敌来逃走，于是退阌乡，敌军即取灵取阌，我军势必退回潼关。所幸者，陈树发、李仲山带兵来援，而兵器不利，见敌追击甚速，乃退守东原。是夜着李营东开，成败在此一举。赴晋调兵，派三参谋三往，而兵不见来。斯时敌军已兵临城下，危在旦夕，君等尚持秦桧之议，误我误陕民。吾死有期矣，死当为厉鬼以吓办事糊涂者，君等好自为之可也。当进兵时，无子弹、无饷干，退时到矣，物不我济，谁之咎耶？当此天寒地冻，省来各兵，军装齐备，且服皮外套，靴鞋俱美。钫之兵平时无衣，战时无弹，休时无食，守硖石四昼夜，得饮热水一口者，千人之五十，且大雪，焉能以死力守之？前后进退情况，约略述之。钫病重城危，奈何奈何！请吴华堂都督速来接事为祷。否则毁坏不堪，诸君并要防清兵得潼关窥省城也。"

省城得书大震。时西路大军均未调回，惟吴华堂有先锋队，兵力不满一营。党自新哭曰："事急矣，可奈何！"余曰："势已至此，哭有何益。彝弟尚有大炮队千人，正在加紧训练中，只好暂时开出一挡。"

继思金和暄尚带有陈雨亭卫队一连，在军府守卫，亦拟即刻派出，合吴华堂之先锋队，赶编为炮队之掩护队，即命出发。

于午夜间议妥，黎明时即传彝弟及华堂之先锋队管带吴善卿前来面授机宜，即日开拔，统归兵马副都督吴华堂统一指挥。彝弟同和暄即于是日下午出发，并急促吴华堂启程。

晚间伯英走南山之信至矣，又闻陈雨亭已奔高陵，东路现无一兵抵御，同人相顾惊愕，计无所出。

有人言敌人来势甚腾，省城不可守矣，速赴南山，连鄂军以图恢复。适翔初由西路回，闻进言者有理，几为所动。传闻各重要人物家眷已陆续迁走。余见此情形，心肠俱裂，终夜未得交睫。

余见翔初已无主见，乃约自新、希仁、锡侯、幼尼、谋君到密室，请翔初密议：以省城如此之大，不可骤弃，南山之行，力持不可。或派专使赴鄂赴晋求援，均无不可。翔初大为感动，往南山之议乃决计停止。一面下红谕，调蒲、富、临、渭各属民团，齐心努力赴华阴一带择要分扎，多张旗帜，多备鼓号，以为疑兵，又托希仁函致王敬如先生，与渭华绅士督率民夫，在苍梧、赤为等处开长沟数条，以为防守地。

越日，西路援兵渐回，翔初乃命陈殿卿带李长兰营先开，希仁与张聚亭带总务府卫队百余人随后。一面督催民团，一面助吴华堂布置一切。

是时英教士邵伯清与希仁相交莫逆，希仁约之前往，如见势不好，拟即托邵教士前往讲和。

东路彝弟及吴华堂连来数函云，探得敌兵并未西进，我军现驻华阴庙。

藩库原在之款近八十万，除九、十两月用过，刻已罄尽。至十一月全恃财政司催交各商号所欠公款，及司长张靖清在泾原所劝捐款接济。吴华堂出省时，带银五百，彝弟带银三百，在华阴数日所发口食已经用完，来函频催，搜罗各处，直无一钱可解。幸郭希仁到华，托杨松轩就近张罗，得银一千五百万①两。然飞书省城请接济者一日数至。茹卓亭一面修书于希仁，托其在东路筹饷；一面商诸同人，派妥员若干即刻到各当铺调查金银首饰现有若干，饬其即刻呈交，命银匠赶紧毁销，以供应用。

议决后，随将省城各当铺银货收来，共计焚化锞银二万四千余两，诚不得已而为之事也。

东路敌军自腊月二日到关，十数日并未东进。吴华堂在华静守多日，不见动静，省城同人闻之，大家诧异。余曰："大约南京议和，将次成立，敌军不敢轻进。或者实守停战之约，亦未可知。但此次我军东行，总宜防守为主，况我军陆续开到者现已逾万，战守皆宜，勿庸过虑。所可虑者办公费用、官兵薪饷耳。"

是时敌军占据潼关，十数日并未西进。伯英招募河东之众聚集数千，三面犄角，料东军亦不敢深入。且西路军事尚在吃紧，只宜静守，以东南大局之定，不堪再败也。同人与余同意。越日连函报告布置大要，并言敌人仍如前静守，而诸将中多有愤欲一战者。

余与翔初面议，请其亲率卫队东出视师，相机而动，到时可与赵倜通函，阳为宣战，阴为密结。此次余本拟随行，翔初以军府无人，不允余行，乃止。

越日接东路来函，云陈雨亭自王宿屯与东军通信，并交送礼物。由此遂有停战讲和之议，然诸将中多有以城下之盟为耻者。

翔初乃于二十一日（在华阴庙）集众会议，陈伯生最愤激，必欲一战。翔初晓之曰：譬如下棋，阁下犹河边卒，不大关紧

---

① "万"字疑衍。

要，弃即弃之矣。

吴华堂亦以开战为言，翔初曰：阁下能具军令状乎？不胜将如何？众皆无言。遂决计讲和。二六、八两日派彭仲翔、朱叙五、金和暄、张生午、白星桥等为代表，与东军代表会于泉店，商定条约，而和议以成。然各将士奋勇气概，余在省城遥闻，亦可嘉也。

岁次壬子，年三十九岁。正月初一日，即纪元一九一二年，现改为民国元年，二月十八号（自此以下所记者均以阳历记）。

阴历正月初一日即阳历二月十八日，伯英、伯生、仲翔、彝弟赴潼关与周符麟（清军混成旅长）、赵周人（毅军统领）会面联欢。连日又得南北军界联合，传云清帝退位，孙总统就职后，现又推让袁世凯为临时大总统。知东方暂时无事，而西路告急，迅如烈火。翔初回省，到军府稍坐片时，嘱余辈速调东兵赴西，一鼓作气，得获升允，心愿始足等语。随即带马卫队百余名出城，拟往咸阳以待东兵之来。日暮，翔初由西路廿里以外回省，云卫队人马困乏已极，路传醴泉已失，咸阳告急，非大兵云集不能救援也。

斯时由潼关回省之兵，仅吴善卿之兵二百余名，即命出城，请吴华堂亦随前往，乃慨然允行。仍督先锋队与薛炎敢死军。另由军府用火急排单，急调彝弟大炮队星夜开赴三原，相机进攻。华堂初到咸阳，甘军已向我攻击。随仓卒督队御敌，将士猛勇，酣战数时，甘军渐退。华堂带队紧追，忽中敌弹落马。军士舁归，检查弹伤，适中右腿，骨已打断。各营队皆震摇，纷纷退入咸阳城内。敌人直扑城下，因夜晚不知城内虚实，暂为围困而已。

夜半，援兵相续开到者十营。黎明时吴善卿见大队已到，气为之壮。于是改守为攻，以复华堂中弹之仇。是役也，携带炸弹甚多，四路埋状。董雨麓先于城上用空炮一击，敌军惶恐欲退。

吴善卿督兵出城，奋勇追击，敌军大败，斩获数百，炸毙数百。直追至头道原上，于林中忽来五六兵士，紧随吴善卿之左右。斯时善卿杀得眼红，以紧随者为敢死军之士兵，毫不生疑，又追出五六里，且战且追，勇猛异常。正在酣战之际，而紧随之五六兵，将善卿乱刺于马下，尸无完肤矣。当场就获二人，始知乃甘军之兵也。

省城闻华堂受伤，善卿阵亡，神色又为之变。又据醴泉、咸阳商民报告，述及升允督兵到醴，县令曾士刚穿带清廷朝服，率百姓开城跪接入署。邱彦彪闻醴泉以西兵到，驻扎城内，掳掠财物酒肉过年，城上毫无戒备。及升允入城，而邱彦彪带队已退咸阳矣。及援军到咸阳时，而邱彦彪绕道走河滩矣。翔初闻言震怒，先派余带马弁二十名，到曾宅抄没家产，并禁其二子于狱。一面飞书函告赵周人，请其派队前来助剿。赵周人乃拨步兵三营、马兵一营、炮兵一营开至省城，以备赴西救援。

当查抄曾士刚之家产时，其眷口本另住一宅，仅将其二子提来，未便动其私物。其重要物件于城内反正时，原寄存于面坊马沙两宅，是日用车拉来皮箱五十只，古董珍玩字画数十件。因内有徐枚生（西安府知府）之皮箱数只，又有其幕宾衣箱数只，随于当时到府认明，饬其取保具领，一一照发。曾令之物乃一一点交于令〔会〕计处，暂存于别库之内。

当毅军之到省城也，醴泉已经克复。是役也，陈伯生所率严飞龙之一标，勇猛善战，攻至城下，飞龙架云梯首先登城，被敌戕杀。彝弟大炮队战绩卓著。

毅军开来之营队，暂留住省城西关。赵周人带马队一营驻中州会馆，是时伯英亦来，终日请赵周人处官长在湖广会馆宴会，并犒赏士兵，借取联络。赵周人与军政部总务府办事人员一一换帖，联欢数日，乃议及发兵西行。

是时，乾州被围，凤翔被困，朝不保夕。升允不认共和，誓必决一死战。凡清廷电文、总统布告，不闻不视，意谓非攻破西安省城不可。毅军开抵武功，官兵各用银锞向商民买烟土，商民见银色喜。倏忽之间，满街烟土云集，争相换卖。忽闻号声一响，将烟土抢劫一空，商民逃避不迭。枪声四起，伤亡无数，士兵各家遍搜，掳掠财物，纷纷东向回至咸阳。由我军陈伯生力御不准回省。官兵暂住于娘娘庙内。西关尚有留守步、炮各一营，闻风忽变，于夜半对准西城用炮轰击，至黎明商民被抢已罄。是日四城门均未开，由翔初与周人当面办理交涉。周人亲自出城镇压，收复队伍，并演说大义。由翔初密派惠春波一标官兵，埋伏于南北城外及草滩等处，见有毅军三五成群向东逃逸者，杀无赦。四昼夜之久，擒斩毅军约三百余名，得曼利夏枪刀百余支，后由百姓捡拾呈交者亦有百余支。是时知毅军决不可恃，以请来之援兵扰我如此之甚，周人实觉无颜。西路如此吃紧，乾州守军已饥饿三日矣。四面被围，欲派一探出城而不可得。适陈伯生率严纪鹏之众援乾，马青山会同陈雨亭亦带炸弹队前往，而乾州之围乃解。

翔初见西路如此情况，非亲督兵西进不可。乃将省城所有军队一齐带出，令民团商团努力守城，严加防范。规划毕，即日出师。

翔初至店张驿，闻乾州之围已解，甘军陆续后退。并闻马安良与张云山已经议和，翔初意在招升允回陕，以绝后患。乃邀请刘允臣同至兴平（刘允臣系升允旧幕友，升允素所亲信者），并托其致函于升允，邀其明日午刻来兴平会面。翔初又亲作手书，备道款曲。旋得升允复书，驻醴之军已全退出，如欲相见，在醴则可，在兴则不必；并诘责既经允和，不应挑战，我军既退，尔军何又穷追等语。随又作书准于醴泉相见。

阳历二月二十二日余与希仁接到允臣及翔初来函，言与升允于二十四日一准会面。众谓升允心怀叵测，事出仓促，恐有意外之变。相顾失色，诸多默然不语。惟自新大哭曰：为山九仞功亏一篑之际，竟冒然前往，翔初无回省之日矣。言罢，仍痛哭不止，几至用枪自击。余与伯龙、希仁、筱溪、子逸、铭卿、聚亭、雪亭、迭生、卓亭等含泪劝曰：急思善策，徒哭无益也。当由大众推雪亭、迭生偕自新乘马前往劝阻，未为不可。自新乃同雪亭、迭生即刻上马，兼程前进。

自新等于黎明到兴平，见翔初坐床上，看升允来信，力辞会面，并自述于鸡鸣时即率陆洪涛回甘，许以后会有期等语。稍息后，翔初即偕自新等赴乾州视云山，廿五日抵乾。云山导观北城防御情形，并周历甘军进攻形势。乾州城地势低下，甘军从北原进攻，居高临下，共作长围五道，为括弧形包围乾州。又掘地道四五，云梯高三丈上者数十，北城门月城垛堞均被炮弹轰倒，直成缺口，城下不能立人。近城门两面垛堞数十丈，无处无弹痕，其密处几不能辨砖形。城上掘重台或短坑以隐人，城门左右并重台短坑亦不能作。又于城身穿穴道，敌乘云梯上城，则于其口持炸弹轰之。兵士之在城上者，鸠形鹄面，全无人色。盖乾州自去腊被围，昼夜进攻，守兵不得休息，其苦况不可言矣。

甘军攻乾州者系马安良督队，所将尽劲旅，而又有升允促其后。云山以不满万众，又无利器，而坐镇其间，卒以保全，使省城不致动摇，诚秦军之西面长城也。

翔初到乾，适陈雨亭带兵前来，急命赴凤翔解围。如甘军不退，先行议和，否则决以死战。陈雨亭受命后，迅即到凤，甘军已退卅里外。此路系张行志、崔正午两军门统率。如议和稍迟，凤城又将不保矣。翔初回省，见大局已定，电报已通，乃知去年十一月初八日以后之事，择其紧要者一一记之。

去年十一月初八日，黄兴赴南京组织临时政府，张勋由南京逃至清江，退据山东兖州府。

初九日，伍、唐两代表开第三次议和事。

初十日，南京议会由十七省代表选举孙文为临时大总统。

十一日，伍、唐两代表开第四次议和事。十二日，伍、唐两代表开第五次议和事。

十三日，孙文由沪至南京就职，各界欢迎者数万人。同日驻滦州第廿镇独立。

十四日，袁世凯要求隆裕太后发内帑黄金八万，充兵费。

十五日，清军退出汉阳，驻滦第二十镇要求共和。

十六日，上海共和宪政会成立，沿途演讲共和之义，市民大悦。

十七日，南京政府电各省都督于阳历十五号补祝新年。

十八日，社会党成立于南京。

十九日，袁世凯电伍廷芳，不认南京临时政府。

廿日，南京参议院选举黎元洪为副大总统。

廿一日，禁烟会代表丁义华上书清廷，速定共和。

廿二日，浙江选举蒋尊簋为都督。

廿四日，河南省谘议局电袁世凯主张共和。

廿五日，英美教士窦乐善等联名电劝清廷逊位。

廿六日，民军光复登州。

廿七日，袁世凯出清宫时，突遇炸弹，只毙从人。孙总统专电到京慰问。

廿八日，清廷开御前会议，秘商退位事。

廿九日，上海民军纷纷开往燕台，女子国民军相随于后。

卅日，清廷赐袁世凯为一等侯爵。

十月初一日，段祺瑞偕高级军官五十人电清廷，请速逊位。

初二日，南京政府宣布黄兴为参谋总长，唐绍仪为内阁总理，王宠惠为内务总长，陆征祥为外交总长，段祺瑞为陆军总长，蔡元培为教育总长，伍廷芳为司法总长，张謇为实业总长，宋教仁为农林总长，程德全为交通总长，王正廷为工商总长。江苏都督程德全改任交通总长，另举庄蕴宽为都督。

初三日，上海民军北伐队抵登州。

初四日，川军杀毙清总督赵尔丰及田征葵，人心大悦。

自此以后，十余日之久，各路停战议和，清廷争执优待皇室经费，至廿三日乃议决，以四百万两改为四百万元。

廿五日，清廷下退位诏，布告全国。

廿六日，孙大总统临参议院提出辞职表。

廿七日，参议院会议选举南北统一临时大总统。

廿八日，参议院公举袁世凯为南北统一临时大总统，电致北京，袁世凯承认就职。

廿九日，孙文宣布辞职。

壬子正月初一日即民国元年一月十八日，南北统一临时大总统袁世凯正式宣布就职。袁大总统就职誓词：

民国建设造端，百凡待治。世凯深愿竭其能力，发扬共和之精神，涤除专制之瑕秽，谨守宪法，依国民之愿望，期达国家于安全强固之域，俾五大族同臻乐利。凡前志愿，率履勿渝。俟召集国会，选定第一期大总统，世凯即行辞职，谨掬诚悃，誓告同胞。

阳历三月，在满城大教场（现新城）开追悼大会三日。

五味什字多公祠，改建为忠义祠。

改军政部为军政司，余改任为筹备科科长。

翔初大统领改授为陕西都督。

奉北政府令，各督之名称一律取消。

任命张云山为第一镇统制，张钫为第二镇统制。

任命万炳南、马青山、刘世杰、郭金镛为第一、二、三、四协统（屋〔属〕第一、二镇）。

任命陈殿卿、陈伯生，张仲仁为第五、六、七协统（独立协）。

万炳南以副大统领改任为协统，当会议时即不承认，由同人等再三劝慰，口虽不争论，而心实不平。其参谋陈侗等在凤翔闻之，尤觉不悦，来函唆使炳南与都督相抗。炳南受其愚弄，叛迹已露，当由翔督不动声色，亲去劝解，竟拒而不见。又派陈殿卿、刘世杰两协统相邀，伸以大义，万仍不听。又亲至机器局索取子弹、行装，尚未出城，翔督带马卫队十余人，驰赴机器局，正遇万炳南于局门外。翔督在马上用手枪将万炳南毙于水池之旁，并正法其随从参谋二人，余均免咎。

是时任郭胜清为第一协协统，急派陈雨亭先赴凤翔遣散万炳南之羽党。

四月终，大局平定，市面照常，开始议定薪级及办公费等。余双亲及鼎弟眷属均由三原回省，同住二府街寓所。彝弟聘定陈畹芳之妹为室，订七月行婚礼。

彝弟首先要求将所带督府炮卫队遣散，经翔督批准后，由军政司制发褒奖状每兵一张，并给双饷，以示优异。因此项兵士均系三原一带良善农民，平时守纪律，战时又勇敢，故此次遣散时与一般队伍办法不同也。

彝弟改任为督府参谋处第一科科长。

鼎弟拟赴北洋，经同人挽留，勉就军政司一等科员，继升总务科科长。

接陆军部通告：保定军官学校、清河预备学校继续招生，该省应将上项合格学生，即日派员率领来部报到，以凭分发云。由军政司召集前陆军中小学学生即日来司登记，并由翔督派彝弟为送学委员带领赴京。

岁次癸丑，中华民国二年，余年四十岁。元月接中央命令，军政司、参谋处一律裁撤，归并都督府。余奉令改编为都督府军务课课长。司长党自新改任为都督府参谋长。余弟鼎铭改任为军官学校教育长。彝弟改任为陆军测量学校校长兼代陆军测量局局长。

三月奉到补官令，陕西共补一百二十一员。

余斯时兼充军官学校兵学教员，未到差，清〔请〕王冠臣代理。

夏间安徽柏文蔚、江西李烈钧两都督均被更换。南京留守黄兴运动二次革命。西北一带尚安静，翔督与山西都督阎锡山均特授以勋二位。

奉中央命令，陆军不党不会。所有同盟会新旧各式证书，一律呈交毁销，所有会员一律脱党。

陕西陆军学会及武德社以次成立，余兄弟三人均被推为评议员。

宋教仁被刺，因凶手未获，凡国民党员大肆鼓动，南北一带几起一大风潮。

邹子良、马开臣者均同盟会员，辛亥起义后，以参谋之职随张云山坚守乾州，运筹帷幄，不辞劳瘁，共和告成，均离职他往。二次革命起，奔走运动尤为激烈。事为北政府所悉，翔督奉到中央密令，立即下令缉捕，均枪杀于西安。事后陕党人多不满翔督之措置。

由旗奉直鲁各界同乡推举余为同乡会馆正会长。

黄兴发动二次革命，袁世凯命冯国璋带队克复南京，命李纯克复江西。川广不靖，夔州兵变。奉中央命令，由西安排〔派〕队援川，当由翔督指派第二师张伯英师长及第一师第二旅马青山旅长带队出发驻夔。

唐克生者，系教练营务处会办兼军官学校副官长，于年终病故，由翔督给予恤金五百两。

十一月，军官学校考试毕业。

十二月，第一师宋参谋长伯鲁，接梁任公电约赴京，遗缺奉翔督命令派余前往，固辞不允，随于十二月十五日就职，所遗军务课课长派沈伯龙接充（宋伯鲁在前清任御史，系戊戌政变之一人，事后获罪交地方官看管）。

张云山檄文

赖群力 整理

说明：此檄用油光纸三号字铅印，长55公分，高32公分，右边空白处有毛笔写"三戒三畏，三股合绳，三人同心"十二字。檄文上共盖有三个红印。一盖于第1~2行与右边上方，4公分见方，边宽半公分，印文模糊不清，似为"洪会公议"四字；二盖于第13~16行上方，印长8公分，宽5.5公分，边宽0.8公分，印文为"替天行道治国安邦"八字；三盖于末尾及倒数第1~5行上方，12公分见方，边宽1公分，印文为"复汉军调遣步马炮工辎各标营队总都督关防"十九字。三印均用篆字。末尾九月廿八日之"廿八"用红笔填写。

此檄原为陕西省政协保存，1956年赠给近代史研究所。檄文首列张云山的全衔。檄文前半说哥老会反清的宗旨，后半是告诫哥老会员要遵守秩序。对于研究辛亥革命时的具体情况，提供了确实的资料。

"黄帝纪元四千六百零九年九月廿八日"即公历1911年11月18日。

辛亥年九月初一日（1911年10月22日）陕西革命党人响应武昌起义，即在西安起义。起义胜利，推张凤翙为复汉军大统领，钱鼎副之。领导起义者是革命党，参加起义者主要是新军，而新军和支持起义的市民却多是哥老会。

据《辛壬春秋》记载："陆军学堂号兵张云山者，红汉首也。红汉者，哥老会变名。张凤翙之起兵，张云山亦率其徒党数千人助攻劫。"据朱叙五、党自新《陕西辛亥革命回忆》：辛亥九月初一日西安光复后，"哥老会大头目人，这时都有了自己成立的队伍，他们不时带队出巡，如张云山在盐店街、粉巷口等处，当场杀死了一些坏人。经过了一番镇慑，情况逐渐好转，商店也都陆续开门了。"

初六日万炳南做了副大统领。张云山的号召力在万炳南之上，他"在高等审判厅（张云山的住所）揭起'洪汉'旗帜，命令各码头大事招兵买马……俨然与张凤翙所领导的秦陇复汉军总司令部形成对峙局面。"初八日在总司令部开会，张凤翙宣布"以张云山为兵马都督，吴世昌为副都督；马玉贵为粮饷都督，马福祥为副都督；刘世杰为军令都督，郭胜清为副都督。""六都督发表以后，哥老会方面便形成了四个势力，万炳南、张云山、马玉贵、刘世杰各树一帜，不相为谋。""如张云山是兵马都督……实际上，他只能调遣与他有关的军队，其他军队就不能调遣。"

赖群力

秦陇复汉军调遣步马炮工辎各标营队
总都督张云山谕民白话檄

兄弟是洪字号多年，又入了革命党的。并不是我反教，因为同是灭旗兴汉，本来不必分，所以重立了一个三合会。这三合会，是三家合在一起，同办一事。灭了仇敌，夺回汉家江山，与先人争一口气。如今我陕西的旗人算是杀尽了，不知外省都是怎么样，还不敢说太平无事的话。可恨我们弟兄不明大义，竟然混闹起来，这岂是我会兴汉灭旗的意思吗？中国汉人原是一个先人，所以同是弟兄相待。弟兄受旗鞑子害，眼看见不救，叫不得人。把旗鞑子害除了，弟兄们自己残害自己，那真是禽兽不如，还叫得人吗？在这些傻东西心里说，如今没世事了，谁利害谁占便宜，抢些东西过几天好日子。我问你既然没世事，就抢下东西，你还得安然过吗？头到有了世事，你们做过去的事，恐怕不稳当。俗语说没有三年不漏的草房，那时节王法不得过去。纵然没人觉察，你知道天理能容不能容？你莫说会里的人有人护救。要知道你犯了会里的法条，坏了会里的名声，会里就不认你为弟兄。怎么呢？我们这会，本为救汉人的，在旗鞑子，把我们叫贼；在我先人，就看我是贤子孙；在我国民，就看我是最得力的好弟兄。正大光明，为明复仇，岂是做贼作乱来的。若旗鞑子不害汉人，我也不忍这样杀他；他残害汉人，虽然名为皇上，其实合贼一样，我就不能不杀。你想我杀旗人为怎的，你们害自己人，简直就是贼了，我还把你能当兄弟看待吗？我很想把世事治成太平景象。你若是好弟兄，应该替大哥帮忙安民，教生意人、庄稼人都照常好好儿做，安安然然，大家同享太平，也显得我们仁义。人常说鱼安水安，一个不安，大家都不得安。把现在的情形看看就知道了：抢人的耽心受怕，不保甚么时候烂了，把银子也不敢往出使；教人抢了的，想这些贼，比满洲鞑子还可恶，将来要想报仇；就是没教人抢的，有生意也不敢做，有粮食也不敢粜，闹得路断人稀。莫说百姓人拿帖子换不下钱，拿钱买不下东西，就是大哥也要困死到城里，这都是你们干的好事。照这样我怕咱们革人家的命，将来人又要革咱们的命。你们没见识，不知道利害，把百姓看的不要紧。世上顶不敢得罪的是百姓。失了百姓的心，皇上家都保不住江山，况且你们那些革命，还值甚么？我话说完了。你们做好人，便是我的兄弟；你们做歹人，便是

贼。王法天理，都不得过去。你休怪我无情，定把你们合旗人是
一样处法。今与你早早儿告诉明白，莫到日后发悔。此谕。黄帝
纪元四千六百零九年九月廿八日。

辛亥革命山西资料片断

卞孝萱 辑

说明：这里所介绍的是闵尔昌在袁世凯幕中所经管的一些公私函电，按文件时间顺序排印。这部分资料是很零散的，它不能说明辛亥革命山西省的整个情况，但在几个具体问题上，使我们增添了新的了解。

一、吴禄贞在山西进行革命活动的步骤：他初以剿灭革命军为借口，要求清政府"设法筹拨山炮一营、步队一标"，以扩张实力。不久，又以招抚革命军为借口，派朱鼎勋、何绪基和革命军联系，并禁止清军进攻。（用吴鸿昌的话说，就是"奈上有吴统制节制……致余指挥调度，多行阻碍"）其后，奏请"大赦各省革党，速停战争"，"饬冯国璋军队退出汉口"，以及惩办荫昌、丁士源、易乃谦等，更"扣留运往湖北之弹药"，公开地向清政府挑战。

二、吴禄贞被暗杀，袁世凯趁机在山西扩展地盘，首先派段祺瑞到山西去处理善后，接着派张锡銮任山西巡抚，随后又保荐曹锟率领军队，由奉天开往山西，攻击革命军。段祺瑞、张锡銮、曹锟都是袁世凯的门生。袁世凯的势力由此伸入山西。

三、山西革命军曾派议和专使贾德懋向卢永祥、段祺瑞谈和；东路军总司令姚以价还派刘玉亭向徐邦杰接洽。这表示了山西革命军对反革命的妥协，这种妥协给革命招来了危害。

四、在革命大风暴中，山西的人民群众起来革命了。据姜桂题向袁世凯报告，"有地方百姓、匪人作乱，两下合在一起，假装革命党"，"树上旗子，立上年号，反上应州"。不过当时的革命党人丝毫没有重视他们，以致山西人民不能普遍起义，革命党也陷于孤立无援。

函电中有污蔑革命党人和人民的词句，读者是可以识别的。

卞孝萱

吴禄贞致清内阁电

（九月十三日）

山西变乱情形，日内接到确实探报。晋抚因陕西兵变，于初七日派步队两营，发给子弹，赴蒲州出防。尚未出发，乃勾通各营，于是日黎明谋变。协统谭振德不从，登时枪毙，遂直扑抚署。巡抚陆钟琦出署弹压，被叛兵枪杀，其子翰林院侍讲光熙出卫，亦被枪毙。城守尉、巡警道先后殉难。省城秩序因之大乱，土豪痞棍，乘时窃发。此省城兵变、抚臣等殉节之大概情形也。初九日，革军占领火车站，意图外窜，进扑京师，行抵井陉。适我军十二混成协赶到正定。因知井陉为燕晋咽喉，极为险要，若被革军占据，殊难措手，协统吴洪昌率领马、步各队，星夜奋进，正定管带何立朝竭力相助，遂于初十日据有井陉。十一日，禄贞亲赴井陉，督率进剿，占领蔡庄，革军退守滑驴岭。十二日，与革党接战，地势极险，悬岸绝壁，难以骑行，我军坚忍不拔，相持一日夜之久，革军不支，退守娘子关。连日虏获革军官兵数十人，卸其军械，开诚劝导，即行释放；所伤革军，为之医治，以广皇仁。再，改良政治上谕，已由禄贞印刷多份，饬令俘虏带回布散；又派参谋官朱鼎勋，手执白旗，驰入敌阵，谒见叛官，广为开导，以示朝廷不得已用兵之意。顷接谍报，革军顽强，尚不知悔，又将全省防营五千人及警兵联为一气，并与陕西叛兵联合，以为声援。前线兵力，日见增加，若不迅速进攻，深恐沮丧士气。惟娘子关地势极险，革军以步队一标、炮二十余尊固守，颇难克复。查由井陉至太原，原有驿路，其间固关虽属天险，闻守兵尚不甚多。现派宫统带率其全部猛扑固关，并饬吴统领攻击娘子关，牵制敌军，使彼不能兼顾，或可收批吭捣虚之效。惟地势崎岖，非有山炮不可，且既分两路进攻，兵力太弱，恐蹈危险。务恳设法筹拨山炮一营、步队一标，火速前来，无任祷盼。再，巡抚被戕，地方无主，人心惊恐，似宜请简贤员来晋，以安民心，而挽危局。

吴禄贞、李纯、吴鸿昌致清内阁、
军谘府、陆军部、资政院电
（九月十四日）

为时势危迫，恳明降谕旨，停止战争，以固人心，而维大局事。窃以革督瑞澂骄横无状，逼变鄂军，朝廷不得已而用兵。军谘府、陆海军部不能仰体皇仁，竟竭全国海、陆二军之力，以攻击武汉三镇。压制之力愈大，而反抗之祸愈烈。半月以来，内地十八省纷纷告警，已成土崩瓦解之势。朝廷翻然变计，始以改良政体为不容缓，而为时亦已晚矣。窃计政府今日所汲汲者，在克复武昌，以为武汉握天下之中权，交通便利，财源丰富，且有兵工厂制造武器，足为革党之根据地，武昌克复，则各省乱党，自当消弭于无形。然此在鄂军变乱之初则然耳，至今日倡叛独立者，既及十省，非有十镇精兵、万万军费不可。而政府今日所编之第二军，不赴战地，军费已经告罄，仅恃内帑以为接济，财力、兵力之不足恃，已显然暴白于天下矣！而况武昌革军，据有长江之险，利用坚垒巨炮，其胜负尚在不可知之数乎？故近日局外各国，已暗倡南北分治之议。然时局如此，即合全国之力，尚不足以抵御外侮。若更豆剖瓜分，益成危弱。即不然，延长战争，至力尽财穷，各国乘隙而来，将坐收渔人之利。禄贞窃以为今日计，莫若明降谕旨，大赦各省革党，速停战争，庶可以息兵革之祸，而救危亡之局。夫革军之所以敢冒不韪，赴汤蹈火而不辞者，固欲求国民之幸福，而非甘心与国家为难也。现禄贞已经招抚晋省混成一协、巡防队二十余营，可供调遣。如蒙采一得之愚，请饬冯国璋军队退出汉口，愿只身赴鄂，晓以大义，命其输诚，以扶危局。倘彼不从，当率所部二万人，以兵火相见。朝廷若不速定政见，深恐将士奋激，一旦阻绝南北交通，而妨害第一军之后路，则非禄贞所能强制也。是非利害，伏惟朝廷计之。抑更有不能已于言者：现有鄂中父老多人，哭诉前来：鄂垣倡乱，本少数革党所为。自官军占领汉口，始以巨炮轰击，继则街市被焚，烟焰数日未息，兵骄将悍，纵肆杀戮，奸淫掳掠，无所不为，商民逃窜一空，即被伤之兵，亦无不盈囊珍积。此等举动，行之外国战地，借以灭其种，耗其财，犹为公法所不许。况在本国财赋荟萃之区，人民生命、财产，忍令妄遭荼毒，此岂朝廷用兵之本意乎？现又闻由京运二十四生的大炮四尊，预备攻城，残酷实无人道，武汉人民哭声震地等语。部下将士，闻之坠泪。禄贞桑梓所关，尤为心痛。此次鄂省战事，为外人所注视，似此惨无人理，恐至腾笑万国。此皆陆军大臣荫昌督师无状，司长丁士源、易乃谦逢迎助虐，结怨人民，激变各省军队，以至大局不能收拾，应如何严行治罪之处，出自圣裁。禄贞为保全国家、维持平和起见，不惮斧钺之诛，慷慨直陈，自知罪戾。恳请代奏。

陈夔龙致清内阁、军谘府、陆军部电

（九月十七日）

本日八钟，据正定镇徐总兵电称：顷张哨长来报：晋抚吴禄贞招降叛兵到石家庄，忽然翻异，开枪乱击，请速派援军救急。又据正定府刘守电称：六、一两镇，在石家庄交战各等情。尊处想亦得报。查卢永祥所统第三镇队伍，昨如到京，应否饬派赴援？事机万急，请速酌行。

陈夔龙致清内阁、军谘府电

（九月十七日）

本日晚七钟，接正定镇徐邦杰电称：顷据六镇马队队官来报：现吴禄贞连合山西革党，图抄汉口官军后路，扰害全国，反情显露，昨晚为部下所杀。现石家庄极其平静，惟统队无人，且尚有数名革党，前途甚为可虑。请即转报等语。查现报情形，与早间探报，不甚相符。顷复电询正定镇，确探速禀。

吴鸿昌致清内阁、军谘府、
陆军部、资政院电

（九月十七日）

新简晋抚吴禄贞及来宾张世膺，于昨晚一点四十分钟顷，被第一镇第三标旗兵多人哄入办公处戕毙，并将抚首割去。统领先是突闻多数枪声，不知变从何来。一面镇静本协兵士，一面率同协署卫兵前往，始悉前情。比即战获数人及血痕枪刀为据。现该标兵士，正向本协有攻击情状。

吴鸿昌致清内阁、军谘府、
陆军部、资政院电

（九月十九日）

新简晋抚吴禄贞被刺后，招抚革军运到石家庄步、马、炮、工部队甚多，其后方军队，亦急输送来石，向本协要求联合破坏京汉铁路、黄河桥、滹沱河桥，逼迫本协连合速行北上。日昨闲言四布，摇动军心，统领不遂其欲，兵力又薄，深恐陷于危险，以及兵士震动，将来更难收拾，迫不得已，率领本协急到栾城县，拟绕到正定，补充兵力，再行迎击。统领侦知革军将存储石家庄之弹药、粮秣、被服等项，运送娘子关，兵力亦渐退。统领乘夜率本协急进，现已复占石家庄。

段祺瑞致清内阁、军谘府、陆军部电

（九月十九日）

昨午到定州，两电军府，想荷垂察。夜间派独立马队乘车至正定渡河，遍索匪情。据报：匪入娘子关。周协统于昨暮赴栾城，招集十二协，今午二点，仍进据石家庄。第一镇马队管带，昨到定州，由瑞给以川资百元，令其招集步队，暂驻新乐，并允接济匮乏，以便齐集后备载送回京。讵今午率带第五协至新乐时，该队已不知去向。除派人查探外，请仍饬该镇派人由保定铁路两旁相迎。吴署抚尸身，已为晋匪舁去，余人尸已扫埋云云。南路十标未到，余驻石家庄。

袁世凯致奕劻、那桐、徐世昌电
（九月二十二日）

迭奉钧谕，令带得力兵队北上，想必另有筹备。惟前敌兵队太单，经加激励，仅可战守，万难抽调，已电商段军统。晋匪兵弱械钝，不足深虑。可留兵足以扼其窜路，余兵遣赴京，先固根本，俟将北方反侧兵队收束妥协，再图攻晋。奉天三镇曹锟尚可靠，迭来电，已整备候调。祈由阁电至奉督，饬令开赴北戴河一带暂扎候调；一面内阁径饬曹锟遵照。五镇兵万不可归东抚节制，候面商。世凯肃。廿二。

大同镇总兵王得胜致清内阁电
（九月二十五日）

太原情形，前电已达。兹据确实探报，省中委实空虚，党众携贰，现在派兵四出煽惑，招兵募饷。宜请饬令新抚带队经行大同，与张、绥互为声援，规复较易。著手再迟，则全省糜烂，不堪设想。且雁门关现为我有，从此进兵，长驱直入，省城唾手可得。省城既得，娘子关不战自降。请据情代奏，迅速办理。

曹锟致清内阁、军谘府电
（九月二十六日）

敬电敬悉。已遵饬协、标、营准备一切，并与南满火车交涉输送各事。一俟妥协，即行开拔。

清邮传部致袁世凯函（一）

（九月二十七日）

现据正太路局电称：二十二、二十三两日，运送兵车四套。二十四日停运。现我军仍在五里铺一带驻扎，各厂、所及公事处，已照常办公、工作等情。特此奉闻。

清邮传部致袁世凯函（二）

（九月二十七日）

现据正太路局（西密）电称：下午，娘子关革军派有贾姓来石，与卢协统协议。今日乘京汉午车晋京，闻系造谒段总统，但未知所商何事。今昨两日，仍停运兵车，合并电闻等语。此电顷已询明段制军处，确有贾姓到京，问明山西情形，已回天津矣。

徐邦杰致清内阁电

（九月二十九日）

据阜平县禀：有晋兵约二百人，驻长城岭外，以四人到龙泉关都司衙门探搜。已派中营马队前往扼守。龚声扬一营兵丁，连日有骚扰等事，该官长不能约束，已会同正定府、县，电请筱帅饬回原防，以靖地面而安人心。王聘帅亦表同情。

曹锟致清陆军部电

（十月六日）

驻长春各部队，于初四日起，陆续出发。初八日约可开拔完毕。驻昌图之步九标全部及马队第三营，刻与南满火车交涉输运，尚未定期。

曹锟致袁世凯书

窃门生上月二十五日奉钧电，饬调卑镇赴津北廊坊暂扎，听候调遣，并示官长如有不得力者，即行酌量换补……门生自奉电谕后，遵即转饬各标、营准备一切，以便开拔；并于各官长中，详加考查，以杜祸萌。惟马标黎统带本唐神情失措，举止仓皇，于上月二十九日具单，托病请假。门生因其形迹可疑，当即批准。不料是晚该统带及副军需官毕祖诚、书记官周光宗、执事官尚汉英并及其第一营管带包春芝等，同时潜逃，并拐窃公款五千六百余两。连日追缉无踪，业经电请东督通饬严缉，务获惩办，以儆效尤，而伸军法。并查得步九标第一营管带张学颜、第三营管带孙岳及辎重营管带万其谊等，向与黎本唐往来亲密，形踪诡僻。当此时局危迫，深恐包藏祸心，贻误大局，已先后一并撤差，以绝根株；遴选妥员接充，俾资捍卫……驻长队伍，已定于初四日起，接续开拔。每日分列三期，计十三期，约初八日，即可竣事矣。

张锡銮致袁克定书
（十月七日）

别后，于初六日晚抵石家庄。即往晤芝泉，随复接见军队各官，传述吾师德意，温语拊循，三军深为感动。芝泉即于是夜专车南下。朔方寒讯较早，连日风雪已遍山谷，急筹进取之方，惟后路转输，不易为耳！兄身边虽有马队百名，尚须添治服装，及日后步队到来，筹备之件尚多，时须专差往来京、津……拟祈我弟代禀师座，酌发京汉、京奉头、二等火车长行免票各数张，掷交夫弁赍回，以备应用，而资便捷。

范书田致袁世凯书
（十月七日）

　　昨晤王镇怀庆云：在京谒见宪台，曾蒙垂询沐恩，并拟派赴晋省剿匪。敬聆之下，感激莫名。惟闻直隶诸上峰不肯令去，又将中止，殊深焦灼。伏思沐恩滥厕于斯，毫无寸进。当此多事之秋，正宜及时图报，以答高厚，安能再行伏处于此，致负吾恩宪平日期望之心。务恳宪台速赏明调。如以北洋淮军亲军五营，再加马、炮队三二营，委交沐恩统率前往，则沐恩敢告奋勇，直捣晋省。临颖曷胜屏营待命之至。

徐邦杰致袁世凯书
（十月十三日）

　　晋兵东奔西窜，胁从者土匪居多，至则骚扰地方，无所不为。上月初九、初十两日，警报突来，防堵不易，幸有前营一营，分驻井陉一带，又派学兵七十名，星夜驰赴前敌，叛兵知有防备，不敢东进。十七、十八、十九等日，一镇溃兵由石家庄拥至正定城关，商民异常惶恐，均欲逃避。沐恩一面派员分赴四城，恳切开导，至再至三；一面饬派官弁，将一镇溃兵，妥为安抚，并代照料一切，始得无事。又所部马、步四营，驻防日久，忽有军事，诸多未备。且山路崎岖，相距或百余里，或数百里不等，一闻征调，有一昼夜行数百里者，有两足红肿者，各兵身无一钱，苦难殚述，沿途用费，均须酌量津贴。所幸各兵能安本分，其有恶习者，立即开除。惟正定为北军之后路，又系西征之前敌，与他镇情形不同，兵力单薄，防范难周，殊可虑耳！

王大贞致袁世凯书

（十月十四日）

九月初七日，晋省以潼关告急，中丞陆公拨营往援，兼驻蒲州。是晚，分发子弹，限令初八拔队。讵料次日时甫黎明，忽闻枪声四起，即派家丁往探，旋据仓皇奔告抚署兵变。职道当以职署与抚、藩两署，均系毗连，赶即趋赴。未至抚辕，已有无数兵丁，阻不前进。折回绕道，街巷均有兵守，复不得过。途闻中丞陆公父子均被难，方伯王公被拘谘议局。只得退归，保守本署。当拟电禀钧座，乃电线已断，城门又闭，人心惶惶，呼号奔走，枪炮之声，竟日不绝。迨至日暮，复见火光烛天，满城抢掠，凡殷实铺户，同时灰烬者，不下数百家，晋省精华，一旦消尽，曷胜痛惜。此初八日夜变起仓卒，及市面焚掠之大概情形也。

京张路局致邮传部电

（十月十七日）

顷据驻大同段俞工程司人凤电称：十五日下午，官军到大同，即行克复。余匪尽散，人心大安。

李寿庚呈袁世凯探报

（十月二十日）

标下探访队队官李寿庚为呈报事：窃标下派出二等访弁强树

棠赴石家庄侦探事机，兹据回队报告以访得：本月十五日，有山西革军大都督贾德懋由娘子关来电，欲赴石家庄面谒段总统祺瑞。该贾德懋曾在日本留学，前充山西陆军学堂总教员，系段总统之学生。段总统因与贾师生攸关，遂派接待员专车往接。至晤会时，贾呈要求章程十五条，段总统当即驳诘，并云：如欲求和，必须依我章程五条：第一条，须将大都督名称取消；第二条，将革军分散，归陆军各镇管辖；第三条，将新任山西巡抚接至省城到任……甫言至此，贾即反对。段总统又云：汝既不从，将汝送回。遂派第三镇之军，约有三营，将贾德懋送至井陉县去讫。窥查其情，段总统明为护送，暗谋进兵等情报告前来。理合据情呈报。

徐邦杰致袁世凯书
（十月二十一日）

沐恩前以现署固关参将兼马队前营管带何副将立朝，上月晋兵犯境，该副将竟能设计分兵退敌，大概情形，曾上禀陈明。再，月之十八日，突有西兵刘玉亭，系正定府城内人，来卑署投信。展阅后，乃知山西叛军姚以价所为，以此煽惑人心。当将该兵派人送交正定县，暂行监禁。沐恩遂即密饬各营官长，加意防范，以免再有奸细暗地摇〔谣〕传。尤幸卑部练军各营兵丁，人心坚固，无论如何摇惑，并无存有逆谋者，此其确情。谨将原信照录，附呈察阅。

姚以价致徐邦杰信

久仰鸿誉，时切蚁慕。值兹拨云见天之日，恨识荆而莫由。恭维总镇大人德躬纳祜，虎符凝祥，胸罗甲兵。王将军之武库，手布经纶，武乡侯之羽扇。文武兼备，堪济时艰。方今四海鼎沸，万姓涂炭，凡识时俊杰，莫不拔竿而起，欲救同胞于水火。是以鄂、湘倡义，川、陕接踵，未及三旬，而各省之义旗皆树。晋义虽云后起，而大军已驻井陉，与满兵对峙，不日扬武北上，追逐满虏。恳请麾下稍展韬略，助攻清军，牵掣三镇左右，共纳斯民于衽席，天下幸甚，大局幸甚。且闻贵军未发薪饷，已三月矣！夫天心厌满，危在旦夕，即旗人粮草满庭，久已无力接济，况汉兵乎？我晋富甲海内，军需充盈。倘蒙体恤苍赤，俯允协助，贵军粮饷，愿照敝军发放，即满政府所未发于贵军者，并且加倍纳给。托庇鼎力，汉帜复树，微特晋人感荷，即各省义士，亦皆仰戴二天。肃此芜函，谨呈钧鉴，并请勋安，伏乞德音速赐！晋军第一镇第一协统领官姚以价顿首。

曹锟禀袁世凯

本月二十日，王教练官汝俭来石，奉札饬，并收到赏发后来之步、马、炮、工、辎各营兵丁洋银六千圆，仰见我宫保体恤兵艰、鼓励士气之至意……兹有匪首姚以价，于本月十八，遣人致函于正定徐镇，该镇钞送前来，语多悖逆，令人发指……兹特钞录匪函，附禀呈览。

曹锟致袁世凯电
（十月二十二日）

本日午前十钟，我军占据娘子关，该匪向西退却。第五协在娘子关、栾庄、虹合山等处；六协对固关方面，据核桃园、大梁家一带，均择紧要地点，严密布置，正拟前进，午后二时奉示，遵即停进。查娘子关虽过直境五里，然系险要，非得不守，余均直境。

郭殿邦、陈希义致清内阁、
军谘府、陆军部电

（十月二十二日）

　　大同匪党，紧闭城门，防备甚严。邦、义正议急速攻打，前日晚十二钟，侦探报告：由怀仁来匪军步队八百余名、马队百余名、快炮四尊，声言救援大同。邦、义议定：早四钟，先派高统带带马队一营，往新庄迎击敌军；义随后带本营及米、马两营继进。早七钟，至绣女村，离大同四十余里，迎见敌兵，两军接战。至晚八钟，共击伤敌兵五十余名，击毙二十余名，生擒九名，已正法，获枪九杆。敌军胆寒，且战且败，退入怀仁县，城门闭住。探知敌军乃晋省混成协二十四标，兵主张厚田，炮官刘姓，乃炮中高手。我军阵亡一名，系米营之兵，伤七名，仍回大同。惟高统带马队留住新庄，至大同四十里。共击放枪子四万六千多粒。邦督李、胡两营及炮队与大同接战，早六钟战至下二钟，共击大炮六十余炮、枪子四千余粒。敌军仍闭城门，囤堤、坡地池异常坚固，城顶五丈余宽厚。邦、义四面攻打，只留西门为匪出路。昨日之战，我军虽获大胜，闻敌军援兵尚多，我军格外多加谨防。再，祈速派军医官，多带药材。现下受伤者，由陆军借军医长一员调治。

清邮传部致袁世凯函

（十月二十六日）

　　现据正太路局电称：山西乱兵二十三早弃娘子关，乘车赴太原，至寿阳、榆次，即纷纷逃散，现太原省已出示安民等语，合即奉闻。

姜桂题致袁世凯书

抄大同探禀：宪兵至廿一日到山西省大同府，住在四牌楼南首长盛店，探查地面黎民情形变动，为此十四五日，众家谣言，反乱甚近，黎民惊慌害恐，为此城门关了一天；又为此京张铁路止工不作，闲人吃食无有，在大同作乱。又有地方百姓、匪人作乱，两下合在一处，假装革命党，抢夺东西，为此应州官派人到大同解军装，拉军装，到半路土匪将枪抢走二百多根，土匪随即树上旗子，立上年号，反上应州。到在应州城内抢拿东西，无走。应州州官即速去公事到大同府，府台随即派马队一营、步队一营，只望前往查办土匪。于十七日，兵勇到，在应州与土匪交仗。土匪竟敢拒敌。兵勇将土匪打败，合拿住八九十名，随即杀了两个头目，用枪打死八个，惊动黎民，余下土匪，带到大同府，按法严治。现下百姓无有变动。又查探营中兵勇情形：大同府有七营队伍，又有自治民团护兵八百名，皆无有变动。

吴鸿昌致□□□书

鸿昌前于署理十二协统领任内，于九月初八军谘大臣训令：现在山西变乱，著派该混成协迅即开拔，星夜赶至太原附近，相机防剿，是日又奉陆军部电饬同前。因本镇协前已补充第十一混成协开往湖北，所余诸队，只能编成步队二十三标二三两营、马队一营、陆炮两队、工程半队，名为混成协，其实兵力尚不足一混成标。是晚李彪臣来保，送交军谘大臣训令，带同府派充本协一等参谋官朱鼎勋来保。余初以为朱系同学，必资臂助，无限欣慰。是夜，赶备出征一切事件，以便次早开拔。又奉到府派充本协二等参谋官何绪基来协，余更欣慰臂助得人。不意本协出发后，朱鼎勋暗中扰乱军纪，并与何绪基潜通山西革匪，破坏本协征剿计画。先是，余于九月初九午后六钟，由保定开车，是晚十一点半钟到石家庄。初十日早，换车西进，前头步队运至五里铺下车。山西革匪已占领乏驴岭及娘子关、固关等处。余即决定由井陉节节前进剿击，直达太原。当日已故第六镇吴统制禄贞乘专车到石家庄，命余登时回石，面谕：已派镇副官周维桢、参谋官朱鼎勋前往山西，招抚革匪。余即禀明：所受军谘府训令，系相机防剿。而吴统制谓：已呈请内阁、军谘府、陆军部代奏，准其招抚，民生自不受涂炭之灾，岂不甚善等语。余一面分别电禀此情，一面督饬本协军队到五里铺、井陉一带驻扎，以图进剿。其前哨配置蔡庄一带，与乏驴岭之革匪相对峙。惟留炮队一队、马队三队，驻守石家庄铁道附近，以保交通。于是朱鼎勋投入山西革匪，何绪基与革匪通声气，谣言四出，煽惑军心，彼等驰往娘子关，约革匪投诚东来石家庄，与我军相见。吴统制于十四下令本协停止攻击，谓将亲往太原，抚慰革匪。十四日又饬本协，先将驻扎井陉及五里铺各队退回石家庄。十五、十六两日，火车运到革匪步队一标、巡防两营，均驻石家庄以西，服装不一，器械不齐，种种情形，不堪入目。吴统制登时犒赏革匪猪肉、馒首，并允另给新式服装。又奏请停止战争，并扣留运往湖北之弹药。至十六日夜一点钟，吴统制在本站附近之办公室被刺身死，镇副官周维桢、来宾陆军部制司科员张世膺同时被杀。枪声四起，余驰往察视，当即禀报军谘府、陆军部。十七日，余一面严禁革匪续来，一面镇静本协兵士。至午后三点，革匪运来步、马、炮各队甚多，其参谋长仇亮、参谋姚洪昉、景晟、史宗法、马龙章、倪得勋等来石，与本协何参谋绪基，共向余要求破坏京汉铁路、黄河桥及滹沱河桥，并迫余与之连合，速行北上。当此时，何绪基与仇亮等七人身带手枪，立逼余一人，又门内外携刀持枪排列两旁之革匪，尚有一百余人。余明知其谋为不轨，心虽焦灼，而外貌不能出以激烈。际此危险之地，余始终不遂其欲，只得设法开脱。否则余一人被害，原不足惜，恐本协兵力甚薄，若陷于危险，将来更不可收拾。不得已率本协乘夜急赴栾城，拟再绕道到正定，补充兵力，即行迎击。十八日，余侦知革匪将石家庄存储之弹药、粮秣、服装等项，运送太原，革匪亦渐退去。余复率本协乘夜急进，于十九日复占石家庄，准备进剿。此自本协出发后经过之大概情形也。余自九月初九日夜间率队到石后，即前往井陉一带剿击革匪，奈上有吴统制节制，中有参谋官朱鼎勋、何绪基，下有前署理统带曹进，暗中掣肘，煽惑军心，致余指挥调度，多行阻碍。幸本协官兵始终镇静，相安无事。现在朱鼎勋、何绪基均已投入山西革党；曹进于十七日午后潜逃，追寻无踪。此余所受节制及掣肘之苦衷也。余于十九日早，率领本协，复占石家庄。原欲西剿，至正午，十二协周统领乘车到石，余即将本协关防、文件，移交周统领任事，余仍回二十三标统带任差，局面大为一变。知余者，谓余徒受节制、掣肘，破坏剿击计画，以至于此。不知者，谓余为同谋共党之人。余此刻仍守本分，按部就班，其是非但凭公论而已。惟其中有隐谋升统带之差者甚多，于是对于余一身，妄言毁谤。幸周统领素知余为人忠厚，不生猜疑。然余为将来计，谗言既多，久于此差，大非所宜。当此出征之际，请假更属不可，且贻以怕死口实。再四思维，无可为计，惟有专函奉达，洞悉其中为难情形。即恳在堂宪前暨哈军谘使、卢厅长处，将余始末情形与所受影响之处，婉言代达一切，是所感祷。

阎锡山早年回忆录（节录）

阎锡山

编者按：阎锡山（1883～1960），1905年参加同盟会，辛亥革命时山西新军起义后，任山西都督。后历经北洋军阀和国民党统治时期，一直控制着山西省。回忆录主要记辛亥革命前后他本人的主要活动，其有关太原起义记载，对研究山西辛亥革命史有一定参考价值。本文原刊于1968年台湾传记文学出版社出版《阎锡山早年回忆录》一书，现选录其中辛亥革命部分。

一　我幼年的时代背景与献身革命的经过

我生于中华民国纪元前二十九年（清光绪九年，公历1883年），那时中国与世界交通已达百年，因一切不图进步，故事事相形见绌。在我的幼年时期，中国正处于政治窳腐，军事失利，经济落后，外交无能的极度黑暗时代中。清政府黯于时势，当维新而不维新，有志之士咸认政府即亡国之前导，救国之障碍，无不义愤填膺，期以改造政府挽救国家为己任。但因主张不同，遂有保皇党（又称立宪党、维新党）与革命党（初称兴中会，继改组为同盟会）之分立门户。前者以康有为先生为首，主张君主立宪。后者以孙中山先生为首，主张民主共和。

康有为、梁启超戊戌变法立宪，受慈禧太后之阻挠而一蹶不振。慈禧之所以一意阻挠立宪，乃受中国四千年传统的家天下思想所驱使，为了维护子孙帝业，即置国家安危于不顾。殆至我革命党之力量屡仆屡起，澎湃全国，清廷方图于癸丑（辛亥后二年）立宪，已不及措。后人每有谓"戊戌立宪，万世帝王，癸丑立宪，国破家亡"，这实在是对领导失时者之真实写照。

中国四千年来君位传子专制的家天下思想，不只铸成了政治的保守，抑且阻碍了物质的发达，中国的贫穷，实以此为根因。这是我自己的一个看法，我并且十分相信我这个看法。有人说中国文化不注重发达物质，反对奇技淫巧，即妨碍了发达物质，我认为这是一个极不公平的批评。因为中国文化提倡"正德利用厚生"，"正德"是以德显能，"利用"是以物养人，"厚生"是美善人生，最注重发达物质。"孝悌力田"，即是重农。"日省月试，既禀称事，所以劝百工"，即是重工。至排斥奇技淫巧，不是指发达物质说，是指在不适于人生处耗费精神说。中国自古以来教民生活，不贵异物贱用物，不作无益害有益，这话反面是打击奇技淫巧，正面即是提倡发达物质。惟实现正德利用厚生，必须是天下为公的政治，不幸中国君位传贤只历两代，为时一百六十余年，即变为传子，一私一切皆私。在此君位传子的专制政体下，很难父贤子贤孙孙皆贤，为保持不贤子孙的君位就要忌妒民间的贤能。此所以中国历代民间发明虽多，不只得不到政府鼓励推广，反遭到政府的打击。此等行为尤其在二千一百多年前秦始皇统一了中国以后为最。继秦二千年来的政权，做法虽变，但均师其意。盖中国当时无敌国外患，所虑为其子孙君位之害者，就是中国人民，因而一味施行愚民弱民的政策，不只是物质学问不能发达，即精神学问亦成了民间的产物，而不是政治的产物。

中国儒家的学问，"货恶其弃于地也，不必藏于己，力恶其不出于身也，不必为己"，是发达物质的最高动力，亦是道德能力精神物质合一的圆满道理。中国由古以来，说人民的幸福，一为寿，二为富，三为康宁，四为攸好德，五为考终命，亦必须加大生产力，正为发达物质的动力，其余寿、康宁、攸好德、考终命，亦均须发达物质来完成。所以说中国物质科学不发达，不是受中国文化的影响，而是被君位传子专制政体的政治力量所枷锁。明末李自成造反，就是因政府忌妒他富而好施迫成的。

为笼络才智而开科取士，亦为维护君位的一个重要政策。这一政策发展到八股文时代，可谓极尽控制人思路、耗竭人脑力的能事了。我就读私塾时，尚习作八股文，深感其在人脑中是悬崖绝壁，有时苦思终日，写不出一个字来，不同于研究科学之有道路，有阶梯。所以我常说：假如把作八股文的精神用于研究物质科学，其成效不知有多少倍。

我十九岁时（清光绪二十七年，公历 1901 年）为时势所驱，认为欲有补时艰，有济国危，只有投笔从戎，乃考入太原国立武备学堂。越三年，清政府选送日本学习陆军。山西那一次共去了二十个人，其中我和姚以价、张维清三人是北京清廷给以公费，其余十七人是省给以公费。当出国之前，山西巡抚（俗称抚台）张曾敭等所谓五大宪（抚台、藩台、臬台、学台、道台）对留日学生谆谆告诫：到日本后千万不可接近革命党人，以免误入歧途。提到孙中山先生，尤其极尽诋毁之能事。但我一登上日本的船只，就不禁有无限的感慨！人家船上的员工做甚务甚，谦虚和蔼，人少事理，与我们中国人的做甚不务甚，骄横傲慢，人多事废，显然是一个进步与落后的对照。比至日本之初，虽对日本何以国小而强，中国何以国大而弱，不断在脑中萦回，然因临行时清官吏之言犹在耳，仍存心拒与革命党人往来。但逐渐由所听到的话与所看到的书中，感到清政府误国太甚，特别是有一天偶尔翻阅保皇党出刊之《中国魂》，益谂知清廷之腐败无能，清官吏所吩咐千万不可接近革命党人的话，至是在我脑中全部消失，遂决心加入推翻满清政府的革命。

斯时正值孙中山先生在海外倡导革命，我闻其说，奋然兴起，即由结识而参加其所领导之革命运动。翌年（清光绪三十一年，公历 1905 年）中国革命同盟会（简称同盟会）在东京成立，我们参加革命运动之同志，均为同盟会会员。我开始参加革命运动，距我到日之初仅仅三月，而我个人对革命事业之背向，则自觉判若两人。我由此深深感到为政不可落后了时代，如落后了时代，则所培植之人才，皆为崩溃自己之力量。清政府选送日本士官学校第六批之留学生二百六十余人，超过前五批的总和，不能说不注重留学生了，但参加推翻清政府的革命运动的，也多是我们这第六批留学生，这完全是清政府领导失时所致。

我们在日本时，清廷曾要求日本驱逐中山先生，并禁止革命书刊，日本政府未予接受。当时留学返国的革命同志，被清廷残杀者屡有所闻，我们即从日本致函北洋大臣袁世凯与南洋大臣端方，要求他们停止残杀，如不接受，即不惜以一万革命同志的生命换他们两人的生命。我们返国之后，一则因清廷建立新军，须以留学生为主干，一则因我们对袁世凯、端方的神经战，使他们有了戒心，于是这一批留学生很快的都在清军中取得职位。

曾记得加入同盟会的誓言中有"驱除鞑虏，恢复中华，建立民国，平均地权"四句话，我对平均地权这一句的意义不甚了解，有一天向中山先生请教。他告诉我说："平均地权的'权'字，不是量，也不是质，这也就是说，不是说地亩多少，也不是说地质好坏，是说他的一种时效价值。"我听了说："我还不明白。"他说："我给你举一个例子，如纽约原来是个沙滩，可以说不值一个钱，现在因繁盛起来，一方尺地即值银子七百两。"当时我未问一方尺的尺是英尺，还是公尺，但我曾问："美国也是花银子，说两数么？"他说："不是，美国的货币，名叫套如，一套如约等于我们中国一两银子。我说一方尺值七百套如，你一定不晓得是什么价值，所以我和你说是值七百两银子。"我说："那么，你所说的平均地权，就是平均这一文不值涨到七百两的地价么？"他笑了笑说："你说对了。"他继续说："原来一文不值，今天值到七百两银子，不是人力为的，也不是造化予的，这纯乎是因国家经营所提高，不应当让地主享有，应该由国家享有。"我说："我明白了。"他又说："如纽约的这一种事实，世界上太多了。就我们中国说，上海、天津、汉口、广州都是这样，而且还在继续发展，因此我认为应该实行平均地权。"我接着问："商埠码头可以如此，普通都市也可以如此吗？"他说："凡有此种事实者，均应如此。"我又问："耕作地是否可以如此？"他说："耕作地因国家经营提高价值的事很少。"我复问："因人力改良而增涨的地价可否归国家享有？"他说："不可，人力改良的应归出人力者享有。"这一席话历时三十分钟，在此短短三十分钟的谈话中，中山先生问我：你明白了吗？总在十次以上，那一种谆谆诲人的亲切态度，至今思之，尤觉敬服不置。

我加入同盟会之后，中山先生指示我们学军事的同志不可参加外部活动，以保身分之机密，但应在内部建立一纯军事同志之组织，负起革命实施之责。此组织定名为铁血丈夫团，盖取孟子"富贵不能淫，贫贱不能移，威武不能屈"之义。参加此组织的二十八人中，山西即有温寿泉、张瑜、乔煦与我四人，其他如浙江黄郛，江西李烈钧，陕西张凤翙，云南罗佩金，湖北孔庚等，都是辛亥前后之革命中坚人物。

我在日本留学，于东京振武学校肄业二年半，弘前步兵第三十一联队实习一年，东京士官学校肄业一年半。振武学校是从第六批中国留学生起，专门为中国学生设的。士官学校的中国学生亦不与日本学生同住，且上课亦不在一起，因为日本有若干秘密，是不愿让中国学生知道的。在此五年中，我的时间多用于连

〔联〕系革命同志，开展革命工作。暇时常与李烈钧、唐继尧、李根源、朱绶光等分析时事，研究政情，并曾编著《革命军操典》与《革命军战法》。《革命军操典》注重编制之改善，《革命军战法》则注重夜战，均为适应回国革命而作。实际用于功课的时间不及其半，故每逢考试，辄以意为之，尤其算术一课，多不按公式计算，虽得数能对，老师亦仅给以及格分数。

我留日期间，正值明治维新，不论政府上与社会上都是一片振兴气象。最使人历久不忘的两件事，一件是你无论向任何人问路，他们无不和和气气的告诉你，甚至领你到达你所询问的路口。一件是你无论在任何地方丢失东西，一定有人想尽方法给你送还。

还有日本人崇敬军人的精神，也使人十分感佩。我在士官学校时，有一次舍营，演习之后，汗透重衣，人民拿出他们的衣服，让我们穿上，然后替我们将衣服洗净熨干，并招待我们饮水吃饭，吃了晚饭之后，向我们说："你们早点睡罢，明早集合的时间我们替你们打听，叫你们起来，为你们预备早餐，不用你们操心。"

又有一次行军路经一个乡村，见有些老年女人向军队拱手，若敬神然。我以后向日本人请问为什么如是恭敬军人？他们说早年日本政府有云："敌人的军队来了，你敬神神不能替你打敌人，能替你打敌人的是军人，你与其敬神，莫如敬军人。"因此老年的女人尚有这种印象。

日本维新，以发扬武士道、提高军人精神，为其主要目标。我到日本的头两年，正值日俄战争时期，我曾问过日本友人说：俄国是一个大国，军队装备又好（那时管退炮日本尚不能制造，战场上掳获俄国制造者，始行仿造），你们日本有没有战胜的把握？他说：有。我说：你这话有何根据？他说：俄国人警告顽皮小孩子的时候，常常说：你再不听话，就送你到军官学校。他们存着这样的轻军心理，我们对他一定有胜利的把握。但凡事过犹不及，这一段时期，在尚武上俄国是不及，日本是过，俄国在日俄战争时固然招致了失败，日本在二次大战时，由于军人骄横，自由行动，亦难免于失败。

日俄战争时，为日本军人精神最盛时期，日俄战后即渐渐减退。因为战争一结束，社会党（社会上称之为过激党）的传单逢军人即散，传单上充满了讽刺的话，比如说，你们军人死了许多，为日本换来了什么？无非是军人的荣誉与资本家开发满洲的利益罢了。在此种煽动下，很快的就有小部分军队突营的情形。

日本当时的社会党和掌握下层社会的黑龙会，对中国革命运动，都很表同情与赞助。同盟会的盟友与他们过从颇密，对他们的活动亦多支持。有一次日本社会党人大杉岩，因被日政府下狱，他夫人及其同党人向我求助。我想到中国留学生患病住院，领事馆每日可给医疗费日币五元，我遂佯装患病，经过一位德国医学博士（亦社会党人）诊断，允准住院。我一直在医院住了六个月，把向领事馆领到的医疗费，除了医院费用，所余九百日元，悉交大杉岩夫人。日本政府那时对社会党人甚为敌视，这位朋友是社会党的活跃人物，因而不幸于日本大地震时被日本政府假罪处死了。

民国纪元前六年（清光绪三十二年，公历1906年）奉中山先生之命，偕盟友赵戴文各携炸弹一枚，返国布置华北革命。至上海港口时，因知海关检查甚严，乃将赵君所携之炸弹亦集于己身，并向赵君说："如检出来，我一人当之，你可不承认是与我同行之友。检查时，我站在前列，你站后列。"赵君说："我站前列，你站后列如何？"我说："站后列有畏惧检查之嫌，易被注视，仍我站前列为宜。"果然检查人员检查后列较前列细密，我遂得渡此难关。其后我向赵君说："愈危难处愈不可畏缩，畏缩则引人生疑。"行抵汉口，在一家旅馆中，很凑巧的看到墙壁上有墨笔写的两行字："事到难为宜放胆"，"人非知己莫谈心"，我想那一定是革命党人所题，若非革命党人，脑筋中就不会动此感想。回晋后在家中住了五天，即到五台山周围各县与雁门关内外旅行，向各处学生、教师、商人、僧侣运动革命，历时三月，复赴日本。

其后在弘前步兵三十一联队实习的阶段，看见上海报载，广东钦州被革命军占领，兴奋之余，即向联队提出因病请求退学之条呈，因为那时我的《革命军战法》已经编成，急欲亲往钦州参加革命行动，对我的《革命军战法》实际作一试验。结果日本联队长未批准我的退学请求，当批驳之条呈发下，又见报载钦州已被清军克复。于今思之，方觉我当时的举措未免冲动。

民国前三年（清宣统元年，公历 1909 年）毕业返国，绕道朝鲜旅行，经京城（今汉城）时，适逢朝鲜大臣下朝，人人皆沿墙边小路而走，且每行数步，即掉头向我窃视，其状如鼠之畏猫然。因我穿的是西装，与日本人无大分别。一望朝鲜大臣之可怜模样，即知其在路上常受日人凌辱，以故未敢坦行，亦未敢直视。住旅馆后，朝鲜报社记者来访，最后含泪无言而别。至平壤，见有一座建筑崭新的楼房，经询问获知为妓女学校。我当时深感亡国之民，生命财产廉耻均无以自保，因而于辛亥革命成功之后，向山西人民普遍讲述亡国之可怕，大声疾呼的提出"救国要在国未亡之前努力"的口号。为进一步使省人以目睹事实自警警人，曾发动山西各界人士组织韩国参观团，由冯曦领导，前往韩国参观。他们于回国后曾将参观报告印散山西全省人民，以是山西人民对亡国惨痛都有比较清楚的认识。

二　掌握山西武力与太原起义前后

同盟会因为种种关系，把革命任务分开了江南、江北两部分。中山先生与同志们研究发动起义的地点，大家都主张在江南。因为一方面江南离北京远，发动起来，北方的清军不容易集中反击，一方面江南有海口，易于输入军需品及得到外力的援助，且江南的革命潮亦较江北为高。因此，江南、江北所负的任务就不同了。当时决定山西所负的任务是革命军到河南时，山西出兵石家庄，接援革命军北上。这是辛亥革命以前的决策。

当辛亥革命的前夕，山西军队分新军与旧军两部。新军为一个混成协（旅），下辖步兵两标（团），骑兵、炮兵各一营，工兵、辎重兵各一队（连）。姚鸿发任协统（旅长）后，将骑兵营和工兵队拨旧一标代管，炮兵营和辎重兵队拨归二标代管，全协共四千余人，悉驻太原。旧军为巡防队十三个营，亦共为四千余人，除分驻绥远、大同、代州（代县）、平阳（临汾）者外，驻太原者计三个营。旧军保守太甚，不易向革命方面转变，新军则大半为我与我的盟友或同学所统率。我回晋之初，被派为山西陆军学校教官，三阅月升任监督，旋为实际掌握新军，以种种努力，获调山西陆军第二标教练官（中校团副），一年后升任标统（团长）。这时一、二两标虽改名为八十五标与八十六标，但人仍多以一、二标称之。其间清廷于北京举办留学生朝考，我遵命前往应试，得中举人。

那时山西军中的山西籍人不过十分之二，且多是所谓"老营混子"。我于就任标统后，为使新军易于掌握，且易成为有朝气有团力之革命武力，于是提倡征兵，山西巡抚丁宝铨与新军协统姚鸿发咸表赞同。而此事之得以迅速成为事实，则尤应特别归功于山西谘议局局长梁善济的支持。征兵制度实行之年，新军步兵两标中十分之六以上的兵员即皆成为山西籍的劳动农工。其明年，新兵与旧兵就成为八与二之比了。

姚协统鸿发虽非革命党人，但与我交情甚笃。他升任山西督练公所总办（主全省兵事者）后，曾向我说他已与北京方面洽妥，我出五千两银子，他所遗协统之缺由我升任。因为他父亲时为陆军部侍郎（次长），他向陆军部主管人关说此事，甚有把握。丁巡抚宝铨、梁局长善济亦皆劝我出此。我则以革命的事全在下层，离的下层远了，即不好组织革命力量，掌握革命行动，遂婉谢之。

为进一步使两标新军革命化，我与盟友赵戴文、温寿泉、南桂馨、张瑜、乔煦、常越日夜密谋，决定一面发起成立山西军人俱乐部，表面上研究学术，实际上团结革命同志，暗中鼓动革命。一面组织模范队，表面上作训练的表率，实际上作起义的骨干。

我第一次回国时由日本带回之炸弹，一直由我们的同志保存到辛亥革命的前夕。本来打算以一颗由王建基、徐翰文携绥远，一颗留太原，俟秋季祭孔时，同时分炸绥远将军与山西巡抚。嗣经再三斟酌，此种举动之后果，非我们所能把握，不若运用军队成功，再举义旗，在革命前途上更为有利，且能符合同盟会全般革命计划，遂即决定中止。

我没有等到革命军到河南，就紧跟着湖北武昌之后，在太原起义。这并不是既定的计划，而是受了事实的逼迫，使我不得不提早行动。在山西巡抚陆钟琪于武昌起义后，特召其子亮臣来晋，作缓和革命之计。亮臣与我是日本士官学校同学，但属泛泛交，主张亦不接近，不过他知道我曾参加同盟会，且是铁血丈夫团中人。他到晋翌晨，即访我谈话。一见面就说："我此次来，即为与兄研究晋省对武昌事件当如何应付。兄有意见，弟对家父尚可转移。"我当时答复他说："武昌事件的真相，我尚不知，黎元洪究竟系为革命而起义，抑系别有原因，我也不明白。是不是我们现在谈应付武昌事件的话，还有点太早。"他又说："我们还可以再观察几天，不过我可以和你说，最后需要家父离开时，我也能设法。"我笑了一笑说："这话说的那里去了，你来，我们更说不到那样的话了。"他临行时，又和我说："过两天，我们是不是可以和兰荪（姚鸿发字）一起谈谈？"我说："可以，你通知他，还是我通知他？"他说："我通知罢。"

在这时候，有两件事逼迫得我实在不能等候。一件是山西有五千支德国造的新枪，要借给河南三千支，随带子弹，且已运走一部分。一件是要把一、二两标分别开往临汾与代州，而由巡防部队接替太原的防务。亮臣与我见面的当日晚间，我就到姚总办处问说："亮臣曾否来访？"他说："来过了，他并且说和你谈的很好，是不是再过几天我们共同谈谈？"我说："总办决定罢！"我辞出后，向督练公所的办公人员打听，知道运枪与开兵的事，已决定赶速实行。此时我益猜疑陆亮臣此来，完全是想敷衍住我，把运枪和开兵两事做成。而此等计划，不只是陆巡抚一人打此如意算盘，官绅军界中亦均有参与谋者。

我从督练公所回来，赵戴文同志就在家中等我，一见面就问我说："陆公子来干什么？"我说："他也是计划响应武昌。"他说："可靠么？"我说："我们今天不研究他可靠不可靠，我正要找你研究由他来得到的感想，作我们决策的依据。"他接着问："你看他究竟来作什么？"我说："顶好也是敷衍住我们，完成运枪开兵的事，然后静观革命情势的发展，如果革命有过半成功的成分时，拥戴上他父亲，联合上大家，作一个突变，与响应武昌起义是不会有丝毫实际效用的。"他说："事既如此急迫，是不是要和大家商量个办法？"我说："革命是个危险事，与大家谋，不易成功，反易泄露。"

这段话谈完之后，我就与赵戴文同志估计了一下我们在新军中可能使用的力量，认为我的二标的三个管带（营长）张瑜、乔煦都是我们的坚强同志，只有瑞墉是个旗人，其余下级军官，都很可靠，行动的时候，只要把瑞墉一个人囚禁起来，即无其他顾虑。骑炮营是些老军人，不赞成，也不会反对，且炮兵中有不

少下级军官和头目（班长），是我们的同志，可能控制该营。工
辎队虽不同情，亦不会有急剧的抵抗，且人数又少，关系不大。
需要特别注意的，只有一标，因为一标的黄国梁标统与我私交虽
好，但不是同志，他的三个管带白和庵、姚以价、熊国斌亦然，
故只能从下边运用，因为队官（连长）与头目之间，我们的同
志还不少。研究到这里，赵戴文同志说："姚以价不是你的同学
么？他虽然是保皇党，但保皇党已无前途，你是不是打算在他身
上用力？"我说："是的。但按他的性情，不加逼迫，他不愿冒
险，他所以不参加同盟会，而参加保皇党，就是因为不愿冒险，
不过逼迫他的路子还有。"

越数日，首先接到开拔命令的是一标一营，开拔日期为阴历
九月初八日（阳历十月二十九日）。我得到这个消息后，认为起
义的时间不能再缓，即决定于九月初八日起义，时为武昌起义之
后十九日。起义的前一天，我派张树帜同志去一标运动，并吩咐
他先运动同志中的下级官和头目，再影响非同志的下级官和头
目，将下级官和头目运动好后，以下级官和头目带起军队来，逼
迫营长，只要他们不障碍，就不可毁伤他们。一面并嘱该标见习
高冠南纠合同志暗中协助，先从一营入手，因一营奉令于九月初
八日出发，出发之营，于出发前一日，方发给四万粒子弹，二、
三营尚未奉到出发命令，故未领到子弹。连系的暗号，约定运用
好后，即在电话上告我："债讨起。"如运用不好，则告我："债
不能讨。"张树帜同志临行时，我又告诉他说："你纵使运用不
好，也不可离开一标的队伍，如二标发动时，你在一标能拉多少
算多少，至少也要纠合我们的同志带队响应。"

张树帜同志走后，我即召集二标中下级军官同志十一人开
会，我首先问他们说："我们是遵命开拔，还是起义？"大家同
声说："我们应该起义。"我又问他们说："一标不同情怎么样？
骑、炮营有没有办法？"他们说："炮兵可以设法，骑兵没甚关

系，一标至少也能拉出一半人来！"我说："好罢！那么我们等等看，先把二标的动作研究研究！"讨论至午夜，一标有电话来，知道运用成功，当时就决定让他们回去照计划于翌日早晨开城门动作，一标打抚署前门，二标打抚署后门。开会的同志刚出了我的门，瑞墉之弟瑞禄就拦住大家，拉住排长李执中的手问："你们开会作什么来？"机警一点的同志说："研究开拔的事。"但李执中认为事已败露，遂跳了井。他们返回来报告我，我很着急，但仍命大家随时与我保持联系，照原计划行动。实则当时官场中对革命的警觉性不够，他们虽知道我们开会，并未防我们起义。

张树帜同志到一标运动，费的周折很大。起初不只革命与不革命的人意见纷歧，即革命同志中，也有主张等队伍开出南北再行举义回打太原或围困太原的。惟因军心倾向于不开拔者多，故最后得以运用一致。首先一营中几个头目联合到三分之二的头目，将军械库开了，子弹抢了，锅碗全粉碎了，表示其破釜沉舟的决心。然后二营亦起而响应，向一营分得子弹一部，并决定翌日晨由二营管带姚以价指挥入城。

一、二标均连系妥当之后，时已午夜后二时，我因李执中跳井的事恐有泄漏，便拿起电话耳机听有无说法。刚拿起耳机来，就听到抚署告督练公所与提学司说："武昌大智门克复，鄂乱不日可平，应告知军学两界。"接着听见督练公所电话叫一、二两标。当时我深恐这个消息传下去，可能遏止了翌早的举动，遂一面着人告知二标本部勿传此电话，一面听一标是否传此电话，许久迄未听得，后来才知道那时候一标本部通各营的电话早被我们的同志割断了。

九月初八日（阳历10月29日）天刚亮，我就到二标二营，因将该营管带瑞墉囚禁之后，须我特为照料。我并告知一、二两标对陆巡抚及其公子暂囚勿伤。兵动后，我督率二标先攻抚署后门之巡防队，因非攻破巡防队，不能攻抚署后门。一标向抚署前门进攻时，协统（旅长）谭振德在抚署门前厉声的说："你们造反啦！赶紧回去，不究！"我革命军中有一位杨潜甫同志（杨乃山东曲阜人，亦为同盟会盟友，系盟友赵守钰任二标三营督队官（营附）时，经另一盟友贾铭甫之介绍召其来晋者，起义前一日晚，一标破釜沉舟的行动，也是他领导起来做的），反激他说："协统也知道革命的大义么？如知，指挥我们向前，否则，请退！"谭尚力阻不退，杨潜甫同志乃举枪将其击毙，奋勇当前，带队冲人抚署，抚署卫兵未作抵抗即纷纷溃散。陆巡抚此时衣冠整齐，立于三堂楼前，陆公子亮臣随其旁。陆公子说："你们不要动枪，我们可以商量。"陆巡抚说："不要，你们照我打罢！"当时因陆巡抚之随侍有开枪者，遂引起革命军之枪火，陆巡抚与其公子亮臣均死于乱枪之中。陆巡抚、谭协统、陆公子，与我们的立场虽异，而他们忠勇孝的精神与人格则值得我们敬佩。因为立场是各别的，人格是共同的，故我对他们的尸体均礼葬之。

是日，山西谘议局及军政民代表集会，举我为山西都督，温寿泉同志为副都督。我在就任都督的大会上，曾向军民说："太原虽然光复，不可认为成功。因革命如割疮，我们已往等于医学校的学生，今天才是临床的大夫，亦可以说今天才是革命的开始。原与孙先生约定革命军到河南时，山西再动，今不得已而早动，对全局好处固多，而我们的困难亦甚大，愿与诸同志军民本高度的革命精神与清军作战，先求固守。"在与文武僚属的集会上，曾向大家说："只为人谋，不为己谋，成功是成功，失败亦是成功，圣贤是也。为人谋，亦为己谋，成功是成功，失败是失败，豪杰是也。只为己谋，不为人谋，失败是失败，成功亦是失败，糊涂人也。吾辈当勉作前者，忌作后者。"在与我的同志的集会上，曾向他们说："尽人事听天命，为社会上普通的道理，我们革命同志应当具有'谋其事之所当为，尽其力之所能为，天命与人事何分'的意志。"这三个场合上说的这三段话，我现在忆及，犹历历如在眼前。

经过整天忙乱之后，傍晚才到寓所接受亲友对我的道贺，因为这一天适为我二十九岁的生辰。在我自己实在没有兴致顾及这些私事，因为从这一天起，革命的担子更沉重的压在我的双肩，一切一切都需要亲身处理与担当。

就在这一天晚上，我住在二标二营，一标三营管带熊国斌忽然带着他的全营兵来，一见我就说："我是来保护都督来了。"我素日深知他是巡抚派，此来必然是乘我不备为陆巡抚报仇。我毫未迟疑的答复他说："好罢！你先命你的队伍架枪集合，集合好后向我报告，我给他们讲话。"当他再进来向我报告时，我就一枪将他击毙，并向他的部下宣布说："熊国斌是要反革命，现已被我处决，你们赞成革命的枪架原地候命，不赞成革命的自动回营。"结果有两连留下，其余溃散，结束了这一惊险的场面。我从献身革命迄今，有八个自分必死而未死的场合，这可说是八次中的第一次。

虽然在我举义之次日，清廷即下诏罪己，准许革命党人依法组党，但有识者皆知此不过缓和革命欺骗世人的手法，并非真心悔祸，为中国的前途计，必须彻底摧毁满清的统治。我虽然向军民宣布先求固守，然我的内心中总认为山西在崇山峻岭之中，对清廷影响尚小，顶好是出兵直隶（今河北）正定，一方面可堵住山西的门户，一方面可断绝平汉路的交通。惟感力量不够，又不敢轻作尝试，于是仅先移师一部进驻娘子关，视清廷对我行动，再作攻守之计。果清廷命第六镇（师）军由旅长吴鸿昌统率，向山西来攻，并辅以旗军，而防其贰。

我正与诸将领及幕僚人员集议如何迎击清军进攻，忽有清军第六镇统制（师长）吴禄贞将军之参谋周维桢君持吴函来见。吴将军给我的信开首说："公不崇朝而据有太原，可谓雄矣。然大局所关，尤在娘子关外。"继又说："革命之主要障碍为袁世凯，欲完成革命，必须阻袁入京。若袁入京，无论忠清与自谋，均不利于革命。望公以麾下晋军东开石家庄，共组燕晋联军，合力阻袁北上。"吴禄贞将军为士官同学，惟较我早四期，故前未之识，但我深知其归国后，积极致力于革命工作，故当时即拟以同意复之。但我的幕僚人员则以为应防其诈，我说："岂有骗人的吴禄贞么？"他们都说："今清廷势力尚属完整，不能不加防范。"于是决定先与吴军合歼旗军，以清燕晋联军之障碍。当托周维桢君建议吴将军先令旗军攻固关，晋军击其前，吴军击其后，旗军歼，燕晋联军之举自可实现。

从周维桢君的谈话中，知道在太原起义之同日，驻滦州清军第二十镇统制张绍曾、协统蓝天蔚驰电清廷促请立宪，并削去皇族特权，组织责任内阁。清廷深惧滦军兵临城下，一面令资政院起草宪法，对张等传令嘉奖，一面派吴禄贞将军赴滦宣抚。张、蓝、吴同为士官同学，且志同道合，吴将军乃在滦军中鼓吹革命，全军为之感动。比得悉清廷令第六镇军攻晋，乃疾返军次。始欲只身入京，吁请清廷正视大局，延缓攻晋，继虑恐因滦事被执，乃诡以招抚晋军入告。清廷虽疑其不诚，然卒以山西巡抚授之，冀以爵诱。殊不知革命志士只知一义，非利禄所可动摇，清廷此一任命正给了吴将军一个联晋覆清的护符。

周归后，我复使当时担任参谋职位的士官同学仇亮促吴进兵，并在电话中与吴开玩笑："将军为巡抚所动了罢！"吴回复我说："这是那里话，我们应该当面谈谈，共馨所怀。"于是我们就约晤于太原、石家庄间之娘子关。吴将军于九月十四日（太原光复后六日）偕旅长吴鸿昌、参谋何燧依约而来。吴与我谈话中，述及袁世凯所练六镇新军，除第一镇为旗人、第六镇为吴部外，其余统制，皆为袁之私人。清廷虽忌袁，此时又必须用袁，故九月十一日宣布摄政王载沣退位，内阁总理大臣庆亲王奕劻罢黜，十二日即授袁为内阁总理大臣。袁一入京，则六镇新军为袁用，即为清廷用，吾辈欲成大事，必须阻袁入京。我对他的看法，立即表示赞同。当时因吴将军只带少数参谋人员进入山西革命军防线之内，充分表示他的诚意，于是我的幕僚人员亦均释其疑虑，不再坚持先歼旗军的条件。我遂即决定派一个混成旅至石家庄，与吴将军所部合组燕晋联军，吴任都督，我任副都督。临别时吴问晋军何时开动，我说："第一列车随公而后即开。"

吴将军返石家庄后，以车站票房为行辕，夜与其参谋周维桢、张世膺治军书，忽有人入，以贺问晋巡抚为言，枪击中吴要害，周、张两参谋亦同遇难。时为九月十六日午夜，实乃十七日之早一时。晋军先头部队第一营，由刘国盛率领，于斯时甫至，惊悉吴将军被刺，且见石家庄秩序大乱，乃原车返晋，并拆毁铁路十余里，以断追路。当时在吴部之同盟会盟友随晋军来归者，有孔庚、王伯轩、倪普祥、李敏之诸君，据他们说：吴将军之死，乃清廷以二万两银子买通其部下吴旅长鸿昌所图，与一般所传刺吴将军者为周旅长符麟微有出入。

此一意外祸变，使我们阻袁入京之谋成为泡影，饮恨之深，实非言语可以形容。而吴将军之英俊豪爽，肝胆照人，料事之确，谋事之忠，在娘子关之短短一会，在我的心目中永远留下不可磨灭的印象。为表彰其壮烈精神，特于民国二年（公历1913年）发起铸铜像，建石碑，撰文表于成仁地点，以纪念之。

清廷以第六镇军经此变故，不克平定晋事，乃于十月下旬复遣其精锐第三镇军由娘子关攻入。这一支兵的带兵官，如统制（师长）曹锟、协统（旅长）卢永祥、管带（营长）吴佩孚、队官（连长）王承斌、司务长（特务长）张福来，皆为后来北洋军阀之重要人物。

清军击破娘子关后，我前敌总司令姚以价率众退返太原。此时有主张烧毁太原城者，有主张与清军议和者，我为保存革命力量，决定分向南北退守，以图再举。当商定由副都督温寿泉率南路军退晋南，我率北路军入绥远。当时我与大家说："九月初七日决定起义之深夜，我即得悉武汉大智门有被清军克复之讯，那时恐影响起义之信心，始终未与诸将士言。我敢断定今后革命军必随全国人心而蜂起，最后之胜利必属于我们。革命工作是以小敌大，以寡敌众，必须经百败而后成。今日之分退，即将来合攻之基，我们的同志必须百折不回，奋斗到底。"

乘马出北门后，我与偕行之总参议赵戴文、总司令孔庚、兵站司令张树帜三同志说："今日在马上身轻欲飞，终感到世所谓'如释重负'之语是怎样的情景。"盖我自起义至退出太原，历时四十五日，未脱衣，未就床，故至此特有是感。

北行抵河曲，得清同治年间所制上镌"神功大将军"大炮四尊，能容火药十斤，射程三华里，声闻三十华里，众以天意助我，士气大振。我乃与诸将士于阴历十一月初四日在河曲之黄河滩郑重盟誓，然后向绥远进发。二十三日行抵包头城下。包头清军欲以供给军饷不入包头城为条件，我答以限两小时腾出，否则即攻。其实我军实力不若包头清军远甚，而包头清军果于两小时内撤出，此即革命精神有无之所关。

入包头整补之后，继攻归绥。时清廷已调第一镇之一个旅增防归绥，官兵纯为旗人，战斗力亦强。故我归绥之战，未能获胜，且因桃子壕之役前敌总指挥王伯轩阵亡，士气颇馁。夜聚诸将商之，均言进攻恐全军覆没。我说："胜败之机不在敌人，而在我们，转败为胜，此正其时。"诸将归后，赵总参议戴文说："观诸将战志，进攻恐难有利，将如何？"我这时才告他说："太原谘议局及军政界人士秘密派人赍文，欢迎我回省，我打算即刻回攻太原。因归绥是我们的副目标，最后目标是收复太原。我亦知攻绥不利，但不愿先告诸将，以防夜遭不测。"次早，我仍下令进攻归绥，前进五里后，停止待命。比及东行五里，我复下令转向南进，大家才知道是回攻太原。行抵晋北之神池，有一天主教外籍神父来欢迎我说："共和了！共和了！"诸将士甚为兴奋。我对诸将士说："共和虽已宣布，回太原尚须奋斗！不宣布共和我不悲观，宣布了共和我们反不敢乐观。更应整饬军纪，争取民心。"

沿途餐风露宿，阴历除夕赶抵忻州。翌日接获段祺瑞电，嘱我在忻州小住，勿攻太原，俟张巡抚锡銮退出太原，再行回并。我即复电说：议和是全国的事，回太原是我的责任，清军必须迅速腾开太原，否则即日进攻。段祺瑞遂复电谓：已令张锡銮离晋回京，仍望维持和平。我当复电允诺。太原各界代表闻讯纷来欢迎，我乃率部和平重返太原，执行山西都督任务。

我于太原光复之初，即曾派南桂馨同志间关南下，向中山先生与同盟会诸负责同志报告太原起义的经过与提前动作的衷曲，并充任山西的代表。其后，光复各省代表选中山先生为中华民国临时大总统，中山先生在南京就职，以迄临时参议院成立，南北议和，清帝溥仪退位，这一段时期，正是清军由娘子关攻入，我退出太原转战绥远的阶段。当时因通讯连络不便，以故这些发展一直到返回晋省才得明了。

中山先生为急求国内的统一，以溥仪退位之次日，即向临时参议院辞去临时大总统职，并举袁世凯自代。他自己则甘以在野之身，赞襄政治，促进建设。民国元年（公历1912年）秋，先生为树立议会政治的规模，以同盟会为基础，而合统一共和党、国民共进会、共和实进会、国民公党，改组为国民党，八月二十五日在北京成立，先生被推为理事长，黄兴、宋教仁、王宠惠、王人文、王芝祥、吴景濂、张凤翙、贡桑诺尔布被推为理事，胡汉民、张继、谭延闿、于右任等与我被推为参议。改组工作与国民党成立大会，均系在先生亲自主持下进行。

斯时，张謇所领导的统一党与黎元洪所领导的民社党，又拉了几个小的政团，亦合组为共和党，推梁启超为领袖。中山先生曾呼吁两党以英美先进国为模范，以公理是非为依归，不以党见相倾轧，完成美善的政党政治。

是年九月中山先生特由北京莅晋，十九日在太原各界欢迎大会上，曾嘉勉我们说："去岁武昌起义，不半载竟告成功，此实山西之力，阎君伯川之功。不但山西人当感戴阎君，即十八行省亦当感谢。何也？广东为革命之原初省分，然屡次失败，满清政府防卫甚严，不能稍有施展，其他可想而知。使非山西起义，断绝南北交通，天下事未可知也。"又对山西商学界欢宴上演讲说："前在日本时，尝与现任都督阎君谋画，令阎君于南部各省起义时，以晋省遥应。此所以去年晋省闻风响应，一面鼓励各省进行，一面牵掣满兵南下，而使革命之势力迅疾造成也。"又在我的欢宴会上演说："武昌起义，山西首为响应，共和成立，须首推阎都督之力为最。今非享福之时，尚须苦心建设十年，方可言享福。文搌一己权利，为四万万同胞谋幸福，愿与各位共勉之。"这对我实在是过奖之辞，而山西革命同志与全体军民，受此鼓励，则感到万分兴奋，并对我们伟大领袖孙总理永远崇拜不已。总理临行时，特嘱："北方环境与南方不同，你要想尽方法，保守山西这一块革命基地。"

李岐山传略

周师文 辑

编者按： 李鸣凤，字岐山，山西安邑人。辛亥革命前参加同盟会，从事革命宣传活动。辛亥年太原响应武昌起义后，转战晋南，破绛州，援襄陵，攻平阳，屡次奋战。民国成立，任少将旅长职。因与山西都督阎锡山不和，及反对袁世凯称帝，两次被捕入狱。民国七年，第二次被捕入狱，达一年有余，在狱中著《铁窗吟草》诗词。民国九年九月二十九日，被阎锡山贿赂陕督陈树藩指使姚振乾杀害。今寻得传记两篇，以供研究参考。

李君岐山行状
景定成

　　故人李君岐山去岁九月二十九日被害于陕西，予闻之痛绝。欲述君之生平以告世，把笔辄止。今其弟等卜日将出殡于鸣条新茔，电征君行状，予不得无言，因略述于次。

　　君名鸣凤，岐山其字也。少有大志，虽业儒，不好章句学。傍览孙吴兵法，则大喜。居恒与人谈古今争战胜败，了如指掌，皆指为腹有甲兵。与予交最久，年长于予，呼之为李大哥云。

辛丑同游太原，朝夕共处，讥予多虱，予因作《虱说》一篇。君览之，笑曰："君以王猛自况，我苻坚矣。"次年予留学日本，习闻种族革命之说。乙巳夏归里，与君谈及，极赞同，谋设机关联合同志，借戒烟为名，创办回澜公司。偕至万泉、猗氏等县集会讲演，得多人投资。月余公司成立，君独立撑持之。予又东游，入同盟会，数寄革命书报于君，君即以回澜公司为秘密发行所。

丁未予复返里，邀君加入同盟，君邀郭君润轩、裴君子清同时加入。时知县龙璜者托予办教育会，予以君及郭为特别会员。反对派出匿名帖，中有"私心用郭、李"一句。君笑曰："郭、李齐名，亦殊不恶。"予拟多邀同志，君曰："安邑止此数人足矣，多反败事。"嗣郭君因某校长曾告密，怒击之几死。知县发签将捕郭。同志苏连三为警长，密告君。君邀予同促郭走至城东一隅话别，而捕役已围郭宅矣。郭乃自北城逸去。予作俳语谓君曰："是何异宋江放晁盖。"后知事微知此事，曾借故拘君月余云。翌年陕西同志招予，借充高校教习名，运动西北革命。君曰："我为君先容。"乃偕予弟静成入陕主马开臣家，联合同志定盟。予至陕得自由活动，君之力也。君随走太原，入铁路学校。庚戌冬，予又东游，旋归北京，遇同志白逾桓，创办《国风日报》，辛亥春出版，郭、裴、苏诸同志俱来襄助，君亦时有投稿。

是年九月太原民军起义，郭君先一月归，会君南下豫备。及予间道入晋，君已布置一切，复归太原，拟自领一军迎敌。而娘子关为清军攻破，民军弃太原。君谓予曰："河东未下，可率队南行，以退为进。能出河洛以定中原，是吾志也！"予赞之。君商之诸首领，均乐从。君乃偕众前行，予与郭君率学生军随辎重车殿后。行至灵石，拂晓军发，城上开枪。学生军从城下仰攻，颇命中，得从容退却。入霍山，宿张家湾，夜半闻军马声，众惊起，以为敌至。予曰："非也。定是李大哥来。因退军时，予见某君先奔，必告君故也。"开门，果君率数十骑至，握予手笑曰："无恙乎？"余曰："惟某君中弹，恐不救。"君即命人舁至霍州就医。复顾余曰："君死，我必破灵石矣。"相与议收集队伍事。君曰："以杨钱甫①为行军都督可也。"议定。至洪洞，与攻隰口之民军合，声势一震。拟由河津接联秦军，夜走襄陵，斩关入。次日，攻大平，虽未下，而君奋身冲锋，一军服其勇。至河津，群议使余入秦，乃偕数骑由龙门西渡。余去后，杨病不能兴，乃让都督名义于君。君因登坛慷慨誓众，全体悦服，因诸首领皆君在太原一年所接纳之同志故也。

继闻秦军下河东，君乃潜率全军攻取绛州，杀清军著名首领陈某人，云是与杀秋瑾女士一案有关系者，众大快。时龙璜为州吏，见君俯首谢罪。君一笑纵之。余返河东，至绛，与君议攻平阳。余曰："平阳城坚不易攻，不如取霍州，守韩信岭，使敌自溃。"君曰："亦知之，但惧军力不敷分布，子弹又缺乏，拟乘势一攻，以扬声威而已。"乃亲率队焚平阳东关，身浴炮火者累次。虽未下，敌亦不敢出。月余，清军外援来，君始解围，退驻史村。

值清帝逊位，共和告成，与清军议和，君率军归河东，众推君为旅长。后因与晋督不睦，有所谓河东独立事件，陷君于燕狱。陆朗斋②奇君才，知君冤，力为保全，得释出。君颇感陆义，随之入陕。余家居闻讯，迎君于陕州，同入秦。余退隐三原清凉寺，君欲肆志于蒙边，赋一律言志，有"谁从异域立功名"句。一日大雾，君忽来山寺视余，痛谈时局。余即席赠一律云："排闼声高石洞开，一郊烟雾故人来。相逢斗觉添诗兴，到此莫

---

① 杨钱甫，名彭龄，山东曲阜县人。
② 陆建章，字朗斋，安徽蒙城人。1914年6月为陕西都督。

辞醉酒盂。往事荒凉余梦寐，新知满眼费疑猜，与君誓守平生约，地覆天翻志肯回。"君曰："润轩被害，安邑止吾两人，敢不努力。"

闻袁世凯将称帝，邀余走白水，至曹俊夫家与诸同志密谋起义，王祥生、高峰五均在座。决议后，君曰："余姑归劝陆独立，以免战祸。不听，则我辈好自为之。"复至三原与邓宝山、胡德夫、续宝峰、董振五、刘允臣诸同志约期共举。旋偕予返西安，见陆说独立。陆意颇动，未决。君曰："白水三原之约在彼，不可不预备进行。"乃售二十二史于某友，得数百金，遣人四出。嘱予为檄文，文成，君览之曰："是当为讨袁檄中第一篇文字。"部署未定，予被捕，送至北京，陷军狱中。一日，狱官讯曰："李岐山何人？"曰："余旧友也。"曰："陕电云，彼攻破富平。汝曾与同谋乎？"余问何据，则无也，遂置之。余心窃喜君能举大事，颇以狱官不再讯为烦闷。一夕梦君与敌战大胜，拟春闺词一首，后阕云："燕约莺期应都误了（指白水三原之盟），相思人隔天涯杳（指君），瞒愁刚遣梦寻欢，醒来又被愁知道。"志感也。

袁死，余始出狱。闻君将率偏师渡河，因急返里，则君已攻破猗氏。谋袭河东，行中伏，军散。君乃收集余众入中条，据险自守，敌军屡攻不能克。旅京同乡述君讨逆功于政府，乃派员赴河东，偕余入蒲州招君，议善后。君单骑来见余曰："君乃未死。余此次东来尚堪自振。只猗氏一役，亡我陕中同志岳君为憾事耳。岳君慷爽任陕〔侠〕，人称岳二少，西峰之弟也。东渡皆出其赐，君可为之传。"余应诺，因不甚悉岳君生平，至今未就。每忆君语，辄自愧也。

君入京，复少将职，充陆军部咨议。广交纳新友。念旧谊，复与陆朗斋往来。复辟之役，君在天津劝陆讨逆，使余为檄文。冯焕章君在座，亟赞同。因而廊房军不至与马厂军对抗，且倒戈以北，辫军大溃。国难定，余南行，惟陆与段终不合，亦南游，邀君。君未及行，因河东民军起义，君之四弟遭害，嫌疑及君，在京被捕。余函京友云："岐山如不救，可废朋友二字。"卒得诸友力，出狱，入秦。余则入粤。从此南北睽违，更无尺素。遇难后，友人略以死状告余。呜呼，痛矣！

君有兄弟六人，辛亥革命从军者半，四弟尤勇敢，治军严，人称李家弟兄兵。君沈静若儒生，而善野战。余尝语之曰："君颇似北平，惟谈论胜耳。"偶为诗，多奇句，赠余绝句中有云"佛心不是照才明"，为一时传诵。子三，女二，君之老父犹在堂，此亦君不瞑目一事也。呜呼，痛矣！

未亡友梅九景定成挥泪述，时民国十年九月二十五日也。

李鸣凤小传
周师文

予友岐山生平大事，景君梅九业于其行状内述之矣！不学如予，何敢言传。惟其嗣君伯立，以予与其父交最深，处最久，屡恳传其轶事。辞不获，乃于民国十八年十月十日作予亡友《李鸣凤小传》。

李君鸣凤，字岐山，晋之安邑人。赋性聪颖，喜读书，惟不事帖括。虽领青衿，视功名漠如也。尝慕马伏波之为人，志在开发实业。以其村居鸣条岗南，有荒田百余顷，拟开垦而无力，爰集资本购羊数百头，以牧以垦。已见微效，为邑绅某所忌作罢。君尝言："鸦片之害不除，吾国永无富强之望。"乃设回澜公司，精制戒瘾药，以医吾民族之痼疾。又暗设革命机关于其内，以便同盟会员之密集，而商议进行之策略。又担任宣传工作，如《国民报》及《民报》、《铁案》、《晋乘》等报得输入河东一代〔带〕，而河东有志之士得识革命意义，皆君之力也。某绅又百方谋害，未得逞；复勾结某某陷君于其县狱。适景君梅九由东旋里，代为昭雪，并聘为教育会员。予此时始识君，惟狃于成见，乃以某绅为是，而君为非，当晤面时仅点额而已。迨己酉，君北上考入铁路学校，与予朝夕共处，始知前后被诬情形，而叹服弗已！遂订交焉。

是时，君设大亨栈于并垣，阴纳豪杰，乃识杨君彭龄及军界诸要人。庚戌秋，予与君供职同蒲铁路公司，君以总办郑某贪婪无厌，约同志发摘其奸，请求谘议局弹劾，并鼓动工人借以起义。不意为当道所抑，愤而辞职，乃赴陕联络旧友，招纳绿林，以观时变。

迨秦响应湖【北】，星夜归，并以谋秦晋之连合。及抵省，而姚君以价已于先期举义，遂充杨君彭龄参议，策划一切。娘子关失利，阎锡山北走，君与杨君南下，谋取河东，声援秦军。行抵河津，闻秦军已下运城，杨君乃赴陕医疴。军中无主，共推君为五路招讨都督。遂带兵北出，不旬日即占领太平，攻下绛州。复乘胜进围平阳。城几下矣，而满清第三镇兵忽南来，遂派吴翔之协统分兵扼守霍山。

未几，满清逊位，共和告成，君即率队驻运，另行编遣，以节饷糈，乃俯就混成旅旅长职。先是君抵运，有与之争副都督者，君曰："吾为革命耳，非争权夺利也！"遂自动取消五路招讨都督以让之。军政各界咸抱不平，经君婉劝始了。张锡銮被清命为晋抚，清帝虽退位，犹恋恋不忍去。阎锡山驻节忻州不能旋，君电袁力争，张始去，而晋政统一。

是年冬，河东之案起，君以嫌疑被逮。北京陆炳威（建章）知其诬，且以君力任其责，曰："尔何戆耶，他人规避之不瑕〔暇〕，尔何故独任？"因号之以太诚。旋陆君赴陕剿匪，命君从军西征，遇事辄询，倚之如左右手。

迨袁帝制自为，君即电予至陕，曰："君知予电召之意否？"

予曰："为时事变更耶！"曰："君真予之知己者。"以君初从陆西征，予往洛阳欢迎，君出示狱中所作诗数首，内有句云"须知时事有变更"，故予以此言答之。君一面联络同志，一面劝陆独立，以为西北倡，且曰："君如不从，恐有噬脐之悔。"不听。遂兴义师于富平。事虽未成，而西北人心从此大震。乃陈某借反正驱陆，君知其非真革命者，即东渡谋树义旗于三晋，率数百健儿转战蒲绛间，所向无敌，人皆服其勇。

适袁伏天诛，乃奉召入京，复少将职业〔务〕，并充陆军部谘议。是后往来南北两京，详察军阀虚实，而定革命方针。以中原军队多系袁世凯一手练成，势颇固结，难于动摇，乃与陆炳威设种种之奇计以离间之。未几，北洋系果分为直、皖两派，而其势遂不振。又欲树势力于西北，以巩固革命之基础。不意为阎锡山侦知，遣暗探捕之于京。已抵车站矣，而陆军部以其在职应归部办理，君因此入狱者又年余。曾著《铁窗吟草》以明志。

出狱后，冯焕章将军在湘屡电君往，已成行矣，而陕督陈树藩被靖国军围攻甚急，电君至陕调解。助陈之中央军张锡民旅长亦以君在西北潜势甚大，邀君同往。君一念之差，改道而西。至日，靖国军首领于右任氏及胡笠僧、岳维峻、邓宝珊诸君均表欢迎，嘱相机行事，以达革命目的。叶荃部下卢占魁与君有旧，赴南在即，曾留一部军队归君指挥。君驻扎遇济屯，颇有左右陕局之势。然陈树藩忌君，杀君之念即伏于是。未几，借与靖国军谋妥协，托其友张实生召之赴陕。迨君至，陈佯许厚赠饷械，且促其急往息和。而君竟堕其计，被狙击于秦省之东郊。时民国九年阴历八月十八日也。

噩耗达京湘，冯焕章、张锡民诸君即电陈诘责，而陈之离陕亦即基于此矣。厥后冯氏督陕，遇有拂意事，辄言"岐山在必能为我事之"，其为冯推重有如此者。

……

民五冬，君奉命抵京，曾谒陆炳威将军，拒不见，君以为怪。其发难富平也，又往，又不见。三往而后见。一见即哭，谓曰："吾负君矣，悔不纳君言，以致有负家国。嗣后当唯君之命是听。"张勋复辟之役，克复北京，冯焕章军实为前驱。先是，冯已解陆军第十六混成旅旅长之职，杨桂堂管代其军。至是，君劝陆请段（祺瑞）起用冯，而其军始克奏此肤功。其尽忠报国也，可谓无微不至矣！

君自辛亥后虽日日奔走国事，而仍不忘实业。民元之际，曾令其弟九皋带屯田队继垦其村南荒田。今其地树木丛茂，田舍相望，乡人谈及，无不颂君之功。民三从陆之陕，追狼匪肃清，君即提倡以机器纺织。民六在天津于军事倥偬之际，曾开农义公机器砖瓦公司，一则抵制外货（时法人在其租界开设机器砖瓦窑，吸收国货不少），一则位置同志。且以吾国农业不振，原由新法不明，遣其长子卓赴法留学，足征兴实业而厚民生乃君之素志也。

君为人外柔内劲，富有毅力。夙昔作事，如认为可行，虽千挫百折不稍悔，众谤群疑不反顾，故能有所树立。

……

辛亥塞北革命纪略

方仲纯

编者按：辛亥革命时西北一带史实，各史册记载不多。这篇是当事人的回忆录，可与其他资料互相印证，供研究参考。

余幼失父母，孤露余生，随人流转。于光绪三十四年冬，附海舶至京师，依舅氏寄食经年，贫闲益甚。求学无资，谋事无成，天地茫茫，一身匏系，少年失路，此为极矣。

舅氏姓周，名维藩，字价人。清戊戌朝元翰林院编修，散馆后，清廷命赴日本考查军政。时清政日颓，内忧外患，环伺交迫，有识之士，举惶惶有瓜分之惧，知不变法不足以图存。适中山先生以民主革命号召于海外，风会所趋，翕然景从。凡国中爱国青年，莫不抵掌扼腕，咸怀投笔之心，俱有枕戈之志。而留日本之士官生，加入党会尤夥，舅氏因得纳交于旅日革命人士。以余所知，如吴禄贞（吴为第六镇，驻石家庄）、徐绍桢（徐为第九镇，驻南京）两统制，及陆亮臣、赵伯先（赵声烈士）交期最密。回国后，任吴淞统领，有谮其为革命党人于江督端方者，遂落职，调京界以闲散，居恒郁郁不自聊。越岁亮臣父钟琦简晋抚，亮臣密荐舅氏于乃翁，遂得奏调晋省，受归绥后路巡防统领

（后路巡防军又号外八旗，计兵八营，马三，步五）。宣统二年春正月，余随舅氏赴绥远防次，佐军书。归化旧城也，新城名绥远，在旧城东北，相距不三里，将军率旗兵驻之。归化旧名丰州，驻都统一、道台一、厅官一，为商业汇区，南北交通，缩毂内外。防军统本部大营，居新旧二城之间，东面绥远，南面归化，平原广漠，一无障塞。新城坚实，高堙百雉，俯视大营，了如指掌。环城驻土默突骑兵一营，营长胡思光为将军心腹，实与大营有相逼之势。而防军四散，西极五原河套，东至兴和，接察哈尔边境，北尽内蒙，南届托城，分布散居千有余里。统部现兵，不过两连，以老湘军编遣之余，将偷卒惰，驻防岁久，一无所事。平日除烟赌外，咸谋生聚，自营家室，遑复有整军经武保卫人民者，亦不过弹压地方，护送商旅，稍尽故事耳。统领莅任后，默相大势，蹙然忧之，审思周虑，为澄本清源计，先从人事着手。一、简拔英俊，培养青年；二、淘汰腐旧，裁撤阘冗；三、巡边按部，结以恩信；四、更番受训，集中兵力；五、补充枪械，抽练新兵。次第举行，逐增成效。青年将校中，如刘少瑜、张琳、张万禄、吴金山等数十人，皆可任以心腹，资之指臂，分组领导，稍稍喻之以救国救身革命思想。防军枪枝陈旧，皆铅丸老毛瑟，不堪使用，以较新建之土默突骑兵，相悬甚巨，非补充军实，无以应大事之需。统领乃亲赴省垣，为巩固边疆，整顿防军计，商之陆抚（陆钟琦）。陆抚允拨快枪两千支（汉阳造小口径），分次发给。嗣是全军大悦，以为将及改编新军，士气顿上，规画经年，渐有端绪。首批快枪五百支已到，正拟集中步一营、马一营补充训练，忽接家报，统领太夫人逝世。以六月假回籍葬亲。省派何某来暂摄军务，半载之中一切停顿。此宣统二年庚戌年终事也。

宣统三年辛亥五月末，舅氏假满复。首批整训方才开始，而革命风潮已有山雨欲来之势。全国汹汹，谈虎色变，官厅衙署昕夕戒备，几疑八公草木，处处皆兵。统领见时事日亟，兵单械少，配备未齐，计非集合四营兵力不足以图大举。而形格势禁，往返需时，缓不应急。遂变计，分部集中，派刘少瑜、曾友胜赴丰镇、兴和一带集合东路，张琳、张万禄、吴金山赴包头、五原一带集合西路，北路则恃驻可可以力更（后山地名，闻后改县治），吴鸿昌之马三营，为连络东西之总据点。盖营长中，以吴鸿昌与统领情感最洽，输诚效忠，事事恭顺。孰知其心怀叵测，隐作内奸，中途倒戈，破坏全局。

转瞬之间，武昌义起，风闻太原亦将举事。一日将军、都统在道署请统领会议，自清晨至下午，统领方奔马回营，锁眉不语，面色大恶，顿时气氛紧张。晚餐后，即招集全体紧急会议，统领曰："今日在道署，情况甚险，吾几为若辈所算。刻新城城门已闭，城上已竖炮多门，均以大营为目标，旗兵悉登城，战火一触即发。我等身居危地，不能受制于人。我将亲赴后山，总集兵力，宣布起义，为三面进攻之计。"时东路报至，一切顺利，听命进止。西路以地广兵散，调遣纡缓，尚无一致确报。即夕区画，命步一营帮带官罗在千，率本营三连，随统领轻装潜发，留一连护运库存械弹。命余与书记官刘莘农、哨官刘武泰、哨长唐佐臣守视，星夜赶运，期在后山大滩地方会合。统领去后，军械亦陆续装运随发，仓皇之间，午夜已过，尚余三车未行。忽闻营外枪声，余急与唐佐臣出视，隐隐见东南骑兵一排，正向我方前进。乃急奔回，将营门紧闭，刘武泰点明旗灯，高敲更鼓，押运士兵皆持枪登埤，镇静以待。来兵见大营安定，一无骚动，莫揣虚实，悄然返还。实则营内残存官兵只数十人耳。刘莘农语余曰："危机已迫，更大兵来，我辈粉齑矣。趁此速行，犹未为晚。"刘、唐二人，先押三车行，余与莘农复检点一过，唯见衣装散乱满地，不能复顾之。余青骡一，甚健，余与莘农共乘之。瞬行十余里，渡小河，余下骑，嘱莘农曰："君年老速渡，押军车，毋顾我，误大事，此水不深，我搴裳可涉也。"莘农曰：
"君步行迟迤，务择小径向北山，天将曙，防追兵。"余笑曰：
"渠辈胆如鼠，敢尔耶。"莘农曰："毋大意，必取小道行。"言
罢扬鞭去。余觅浅水处，扪石乱流而济，循蹄轮迹，仍遵大道
行。连宵未睡，复苦饥寒，倦极小坐，垂首沉沉，不觉日上三竿
矣。忽耳际风鸣，十余骑从西南来，下马环余立，诘问曰："尔
何人？何处去？"余曰："我大营书记长方某也。吾军开拔，随
军行倦而少息，何与尔事。"骑兵相顾错愕，不知何对，乃拥余
去。余曰："何之？"曰："领尔见将军耳。"

　　抵绥远后，余被押于将军署一空房中，枯坐半日，迄无动
静。忽有推门而觇者，细视之，乃乡友桑高才也。桑，合肥人，
前在大营候差，后入旗任总教练，时呼为靠把者。桑君低语曰：
"君胡至此？顷闻人言，捕得革命党人一名，我故疑是大营同仁，
不虞为君，请少待，我即面将军，当有以报，勿忧也。"余曰：
"至此何所惧，得附革命名而死，死得其所矣。"桑曰："否。"
遂去。有顷长随来，曰将军请，余私忖曰，何前倨而后恭如此，
必有异，当相机而应付之。若辈身家之念甚重，官愈高畏死愈
切，余力一死，为革命先驱，何歉焉，遂坦然从之去。孰知将军
堃岫早待于帘下，方与为礼，堃遽捧手邀进，平坐奉茶曰："委
曲台端，幸毋见忤。"余曰："无之，不识将军何事见教？"堃
曰："昨夕之事，言人人殊，有云大营兵变，统领无下落，有云
统领去后山宣布革命，今喜君来，当得实在情况，务希见告。"
余曰："若云兵变，此真谰言，一未放火抢劫，二未鸣枪伤人，
三无一兵入市，鸡犬不惊，整队开拔，如此兵变古今所无。"堃
曰："是，是，然则又何全部出走。"余曰："将军明见，人无有
身居虎口，不谋自全者。近者新城城门昼闭，炮兵登城，炮口西
向，以大营为目标，日夜戒备，如临大敌，不知敌在何方。本军
逼在炮火威胁之下，不图自救，将束手待毙耶？而将士愤愤，俱

欲致死于左右，统领不愿糜烂地方，引兵北去，将与将军为正义之周旋。大营之出走，乃将军部下激之至此。"垫怃然曰："君言大是，其失在我。刻据探报统领去后山，将宣布革命，有诸？"余曰："此何待言，自武昌起义后，举国响应，天视民视，昭然若揭。是为天下之至公，以救国救民为主旨，非必与一姓之私、一人之仇为敌也。顺之者昌，逆之者亡。顾革命之方式不同，有和平之革命，有流血之革命，故有杀人盈野以完成者，亦有樽俎折冲以完成者。近事可征，远古不乏，将军位居专阃，总集文武，高下在心，孰得孰失，无俟鄙言。"垫长叹曰："为今之计，将奈何？幸借前箸，为我筹之。"余曰："今兹事势洞若观火，若视革命为叛国乱兵，剿之可耳；若视革命为救国志士，又当别论。惟流血与和谈两言决之。"垫曰："吾思之已熟，非和平不足以救国。"余曰："是极，将军选派大员，赍一纸书，与统领开诚布公，共商国是，化险为夷，转祸为福，一反掌间耳。挽危机于一发，勒奔驷于悬崖，此其时也。"垫曰："兹事体大，必与都统、道台共商之。"晡时都统铭恩、道台咸麟偕至。咸麟者，前皖抚被刺于徐锡麟恩铭子也，年甚少，默坐无一言。都统与将军娓娓小语，余静听之，始终未决一策。及商及派大员赴后山与统领和谈事，都统变色不安，又切切语不知所谓，转身拉余至室隅，附耳曰："兄弟亦汉人，革命我赞成。"余笑颔之，复入座。于是大张筵宴，将军，都统殷殷劝酢，咸麟不饮不食，如偶人。饭罢，将军明谓余曰："顷与都统协议一致，如君所计，仍须借重与专员偕行，专员非他，参将何某，亦贵乡人，至后山恃君维护。"余辞曰："微末不足以效命，恐无补。"将军强之，乃应。午夜出公文数角，道台交余名片一，嘱为统领致候。何某为招抚，余副之。另一函密封致统领，交何面递，余迄不知函中何语。

　　少间何某至，乃一六十余龙钟老叟也，瘦骨嶙嶙，烟容可掬。余与何各随武装警士二名，骑兵十人先驱，即夜行九十里至吴公坝，早餐，四警士语余曰："我们亦革命，引彼等至后山了之。"其气勃勃不可遏，余目禁之曰："渠辈不足较，一吓即走。"一警士闻言立循坝上山去，不炊许，由坝上大喊曰："革命军在坝西已枪杀多人。"骑兵闻之，推食上马，其行如风，顷刻东逝。何老方据炕吸阿片，遂下长跪余前曰："乡台救我一命。"警士持枪鄙笑之曰："送他走罢。"何大震，牵余衣不起。余曰："无恐，君不去后山耶？"何垂泪曰："幸公等哀怜，放我回去。"余就店家觅片纸，书一便条与将军，以骑兵自返，何某年老畏寒，不能过山，亦回，此后倘得和谈之机，当尽速以报。何持之称谢去。警士大笑曰："师爷太忠厚，便宜他们了。"余曰："孤雏腐鼠，杀之何益。"乃与警士等满斟大嚼，食罢与四警士拍马横枪向后山去。

行不十里，见岭上有哨兵三四人，余下马缓行，扬鞭示之，稍近，乃步一营士兵也。余问："营部何在？"曰："在后山关庙中，罗副爷现在庙。"至庙前，罗立门首迎余入。余曰："统领何在？"罗曰："统领领队去大滩，嘱吾扼守山口，便侦南来消息，刻前山动静若何？"余俱告之。罗曰："大事可虑，可恨吴春轩，三召不至，闭营不纳，统领知有变，遂赴大滩收集东部。我在此甚险，现兵只一排，新枪十余支，荒山无所得食，有不测如之何？"余曰："时已晚且疲惫，五更拔队走可耳。惟今夜须严防。"余饥甚，出胡饼与罗分食之，巡视庙中，除清水一缸外，颗粒无有，忍饿与罗更番拥老羊裘互倚之。夜半忽闻枪声，众惊起，持械登屋，余与二士兵向山脚行，见东北星星有火光，指火发枪，闻履声踏踏疾走向东去，余三人循声前进，近视之乃山神庙前香火也。遗祭神羊一，又腊楮数事。士兵笑曰："天赐也，谢神贶我。"即扛至庙内，燎大釜熟食之，尽饱。所闻枪声，盖赛神纸炮耳。时已天明，乃整队东北行，深夜抵大滩，询统领已于昨日赴东路矣。大滩守兵仅两连，闻余与罗至曾喜甚。余与罗住大胜魁分号，该号为口北巨商，闻人言，其组织甚奇，无股东有股权，人一份、神一份、犬一份也。某年乌里雅苏台分号，因岁暮周转不灵，岌岌待溃，掌柜以告急书系犬颈，走报总号，旬日达，事得解。该号畜大番犬数百只，皆驯善勇猛，力敌虎狼，行标走货，用以为卫。人一份者，以人力为股也。神一份者，酬神赛报兼公积也。犬一份者，丰其喂养，保其滋生也。人言如是，姑妄听之。

翌日，风闻吴鸿昌受将军委，接统八旗防军。时西路报绝，统领东去，人心皇惑，惧有浮动。余语罗曰："为今之计，首在安定军心，或行或止，再作第二步计划。"罗即招集全体讲话，正讲话间，有旅客从西路来，云："包头已起义，张琳为司令，不日起兵东下取绥远。"此信传来，军心大振。余思自吴鸿昌叛变后，西路隔绝，消息久断，或以不知统领下落，暂推张琳摄军事，亦可能。惟包头谢、王二管带皆宿将，且驻河套久，今不于二人中择一而推之，乃举望浅年青之张琳为领袖，此中可疑可怕之点甚多，设有意外，莫可救援，顾谓罗曰："此间不可久住，明日我将东去，探统领消息。"罗不答。此言一出，士兵愿随行者十居八九。夜间罗忽小语余曰："革命成败不可知，我想向号中借银五千两，尔我平分之，上包头做买卖算了。"罗有少妇在绥远，故恋恋思归。余作色曰："君胡出此，决不可。我年幼，何可自误其前程，君已老，更不可自污其晚节。且草地辽远，风雪载途，君挟重赍何之，吾恐偕行之人，皆成敌国。"罗默然面赤，垂首不语。余知此人已不可靠，急出与哨官长等议之，皆忻然赞成，愿随余东去。清晨率队启行，罗尚蒙首卧，同人鄙之，不顾而去，时已十月中旬矣。行三日夜，至隆盛庄，晤防军，始得统领在二道河（即兴和厅）确讯。适刘少瑜奉令去大滩调队过此，相见大喜，曰："统领已在兴和宣布起义，各处民兵悉响应，待大滩人马至，南进取大同。今君领队来，真不谋而合。惟兴和地小人多，难以容众，且去大同必经此，今且休兵以待，如何？"余曰："是。若然，君留此慰军，我先去兴和报告取进止。"少瑜首肯。计定，即上马行，二日至兴和，见统领禀报经过。统领曰："西路情形不知何似？"余曰："自吴鸿昌变后，久无报至，闻之旅客，张琳等已在包头起义，不及谢、王二管带事，此举不妥，甚可虑。大滩与吴防地逼近，渠有前山之援，已连一气，吾军少，惧为所袭；又罗在千已摇动，势不可留，故与各官兵定议东来。"统领曰："余亦虑此，故遣少瑜西去迎尔等。刻传闻京畿第一镇将至绥远，兴和孤悬塞外，与省军不得取联系，吾意南取大同，会合雁门军，再图绥远。大同为老毅军，取之亦易，且城内我已布置有人，兼程前进，掩其不备，内外夹击，一鼓可下。惟雁门、太原两处，音讯阻绝，必须派人前去，约会师期，互相策应。余与雁门孔招讨（孔庚，字文掀，湖北人，日本士官生，清拔贡，先从吴禄贞充参谋，吴被刺石家庄，孔率士兵千人去山西，阎锡山派驻雁门，畀以塞北招抚使名义）、太原阎都督素昧平生，而彼此情愫未洽。若陆亮臣不死者，事当迎刃而解，何为至于此？余凤与亮臣约，倘革命事起，伊即赴太原挟乃翁主持反正，不料亮臣以夜至，未及举事，而太原部队已于黎明闯进抚署，亮臣亦遭池鱼之殃，父子同烬。"

即夜召开全体会议，一致赞成南进，取大同计。统领曰："此去雁门联络军事，任务至重，若省军出广武北进三十里，毅军必全力赴怀仁迎战，敌轻我远在口外，决不虞抄其后路，我选轻骑昼夜兼程，三日可达，省军击其南，我军攻其北，城内鼓噪而应之，敌进退失据，此成擒之势也。"众大喜，以为妙算，然南行任重，孰可遣者。正踌躇间，余应声曰："我去，更得一人为向导，必达使命。"言未毕，有应声而起者，曰："我愿为前导。"视之乃司务长饶学忠也。学忠家太原，关内外道途素习，且勇健有胆力。余趋前握其手曰："君能助我甚善，请择好头口（口外呼马曰头口）二，毋延迟，今夜即行可乎?"饶慨允。会罢，统领交致阎督、孔使书各一，余拆毡靴密纳之，遂行。时正子夜，雪花如掌，朔风怒号，行三十里，觉身僵口噤，四肢如木，至一小村，饶抱余下马，依茆簷倚墙立，扣门不应。久之有老人持灯启双扇，当门问何事，饶告之故，亟挽余入，老人推余门外曰"止，止"，遽阖扇去。当门启时，室内热气触面，忽右耳溃烂，水涔涔下流及襟袖间。有顷老人出，见状复返，手白布托黄纸灰一撮，包溃耳而裹之，曰："可进来。"老人曰："设不推尔门外者，面与身将全败也。冻极不可以遽入暖室，入则冻溃成糜。"余深谢之，微老人，吾几殆矣。入室后坐土炕偃息片时，老人出酒浆干豆曰："饮此可御寒。昨闻统领在兴和起义，纪律严明，地方安静，真吾侪之福。"饶唯唯答之。饮毕，留银数星为谢。老人坚不受，委之而去。

　　行数日至得胜口外，换便衣。得胜口者，长城入口处也。口内属大同，有守兵。余与饶疾驰闯关而下，城上守兵喊站住，去何处? 余大声曰："绥远道署公差去大同，有要公。"守兵急下，问有公文否? 曰："有。"情急智生，若有神助，不期出将军招抚公文高举示之，顺将咸麟名片带出，随手给之，道台致意贵上官。守兵闻言，肃然敬礼，余不顾奔马而南，晚至大同西关外车店休息。饶曰："此地危险，查店来怎办?"余言："有将军公文为护符，何惧。"时余已剪发，偶脱帽，为店伙所见，伙神色突异，掉首去，旋闻柜房小语曰："昨日孤魂滩杀无辜革命党一名，是城内某老财之子，年才十七。"以下唧唧似皆论余。饶拉余至后园曰："毅军最恶剪辫人，粗暴野蛮，非他人比，不速去，迟恐无及。"余问马何在? 曰："在河边。"二人越墙上马驰去，不暇顾衣囊矣。时已昏黑，防追兵，不敢走雁门大道，转向东南曲径行。正仓皇间，忽见灯光隐现于密林中，趋就之，乃村边客店也。时饥极，入店索食，有肉煮白菜大米饭，饶曰："衣囊尽失，尔我无一钱，宿费尚无着，敢肉食耶？"余曰："枵腹何能行，饱餐后睡大觉，明日再说。"食罢，倚枕高卧。次日晨起，呼店家婉告之，以旅费遗失，此去三日回，当倍偿食宿资。店主执不可，窘极不知为计，乃脱毡袜与之曰："此银二两所购，足可抵押，请保存，回时偿尔费，若有损毁，尔须负责。"正争论间，一贩骡客至，居间排解，持袜还曰："君等去，一饭之费我任之。"余深感此人高义，萍水相逢，穷途援救，亟款之坐而谢之。知客代州人，在口北买得骡驹十余头，传闻雁门有战事，折入间道，将东逾狐腋口入关也。余喜甚，请附伴，客许之。

骡纲明发，欣然首途，循涧徐行，平衍如砥，余异之，询客曰："如此坦途，出口即至关内耶？"客哂曰："谈何容易，此恒岳北麓，方至山腰，那便出口，再行二十里，才登狐腋之岭。东望五台，高峰插云，西瞻雁门，峻极天际，羊肠鸟道，下岭方知。"日午至岭上，小息丛祠前，客出干粮分食之，又取得庙中杯水饮。食讫，客曰："马束鞍，人手杖，涉岭南下，须坐地以股行，人居前，马在后，毋眩睨，毋摇身，手足并用，严备之。"客取岩石间一小径先下，余等随其后，唯见风飚林端，云横树杪，身在高山，下临无地，余唏呼曰："此天险也，扣空而下，可奈何？"客曰："毋惧，跗尔左手于岩石，撑尔右杖于路歧，双足抵地，徐递之。"众懔懔遵客嘱，窄径盘旋，仅足容趾，骡马从行，亦如人意，无敢啼嘶，尤可怪也。如是推步而下，可八九里，渐出危境，略有平坡。又二三里，直抵深谷，已见新月在天，晚烟匝地。席坐小休，喘息稍定，客曰："出谷尚十里，然皆平沙大道，乘月缓辔，不时至矣。谷外有空窑，可资度夜。"相与嬉笑而前，无何残月西沉，已出山外，道旁果有瓦窑一区，相偕入，借草焚枯以取暖。

天明与客分途，珍重而别。西行四十里至代州，晡省军营长章君诚格。章君合肥人，以乡谊接待殷殷，细询塞外近状，余拆靴内二函并示之。章君曰："所事已悉，老兄连日劳顿，且少休，孔使在关上，或在广武，往返登陟，且百里又不可骑，余当替君送函去，就近商谈一切，明晨可返。君即速去太原面都督，勿失事机。如此行程不误，联络亦周，尊意以为何如？"余曰："营长过爱，感极。"即交孔使书与之。越日章君赍孔使复函回，谓统领计划周密，如约出兵，惟关口重要，且力单，又无炮队，今且尽关上兵先发，已另遣急足去统领处复命矣。方君不必来，速去太原，见都督，先拨炮队两连来，若更得步兵两营，足可敷用。又附致都督函一。早餐后章君为具车并补充衣装，立即行。

五日至太原，已深夜，当去省议会见阎督于楼上，交统领及孔使两书。阎阅竟深思。余复为覙缕详述先后经过情事。阎督曰："此间初闻周统领去后山宣布起义，但只风传，亦无确讯，省派胡某去，死于中途，自是消息隔绝，不知尚有如此曲折。我军刻在东路，与清军第三镇相持于娘子关。三镇号称劲旅，故省军精锐大半东去，省城留兵无多，可先拨炮兵一连、步兵一营随君北上。"余曰："若然请速发。"阎即召营长某来，告之曰："此方君，周统领派来者，速开拔去雁门，与孔使取怀仁，另炮兵一连当先发。"营长唯唯而退。余亦出就客舍，候兵三日，随同北上。比至雁门，孔使已击溃敌军，进驻怀仁，吾军亦于前五日攻下大同。自余离兴和后，统领即下令，命刘少瑜、曾友胜二人为前敌正副指挥官，管带汪某留后。时民兵归来已多，皆化装入大同，与城内同志相结合，少瑜选精骑数百人，长驱直下，长城守兵望风披靡。统领率大队继进，夜薄大同西、北二门，相持至天明，城内伏兵起，斫开西门，迎我军入。毅军知大势已去，向东门外撤退，又为我军邀击，转而南趋，欲走保怀仁，不意怀仁军亦溃，敌收合余烬，作困兽之斗。我军与省军南北夹击，敌屡次突围不得，忽一炮中其要害，浓烟飞起，敌军大骇，纷纷瓦解，一场恶战于此结束。

余至雁门，孔使适自前方回，余晋谒于关上。孔曰："君来大佳，不虚此行，吾听章营长言，君虽文士，颇有胆识，我明日即拟去大同晤统领，会商南北军合一编制，及补充军实事，此间案牍需人，请为我暂摄书记可乎？"余曰："招讨见任，何敢辞，惟统领处尚未复命，奈何？"孔曰："此无妨，吾见统领面言之。"余退，即具禀上统领，派饶学忠先回，自是余留关上。

一日忽接孔使紧急令，司令部即日移驻广武，星夜开拔。天明至广武，晤参谋某自北来，语余曰："昨晨都督只身至大同，衣僧衣，骑毛驴，随从只一人。目前娘子关大败不守，太原已失，北洋第三镇协统卢永祥进占省垣，省军悉溃。都督间行至大同，载拜让都督印与周统领，统领坚辞，又恳交孔招讨，招讨亦却之。都督曰：我不干了，吾将去五台，削发入山，惟诸君谅我，感且不朽。统领曰：都督晋人，且首义我三人为革命同功一体，胡可计名位？大势所趋，革命必成，省垣虽失，无损全局。且我军自怀仁一战，士气振奋，关内外尚有万人，据险而守，足以相敌。若都督一去，示人以怯，则军心涣散，三晋之人复何所恃？孔使深然之。于是仍拥阎为都督，孔为前敌总司令，兼第一师长，李勉之为参谋长，王家驹为统带，周为总参谋，兼第二师长，刘少瑜为统带。"

余亟欲去大同一觇究竟，正忖度间，前方来人愈多，所言与参谋佥同。余曰："今且奈何？"参谋曰："昨夕会议，闻口北有战争，清廷续派第一镇西上，前驱已至丰镇，我与张团长奉令赴关南，收集散兵会雁门，毅军虽败，主力犹在左近一带，若守大同，恐腹背受敌；又闻包头起义亦失败，北进之计自不可能。我军子弹不足，当择地暂避其锋，徐图进展。君且住，计日内将弃大同，旋师雁门。"嗣果见北军陆续南下，最后阎、孔、周三人亦至，南北我军悉集平原、代州、广武三处，清军亦未敢相逼，因得整备补充，兼旬就绪。复将所得毅军饷银发放。发饷后，余得银四大锭，约二百两。山行携此，只为赘，分二锭与护兵刘万青，计余百金，仍欲畀他人，皆摇首不应，只得纳之囊中，沉沉下垂，郎当可厌。

时雁门南北皆敌军，又山区粮秣不继，战守皆难，遂定计西行与陕军联络，北取包头、五原等处（陕军起义将领张凤翙、张云山、张钫等人）作根据，蓄锐养精再谋绥远。克日开拔，向偏关岢岚方面进发，山径崎岖，去车而骑，去骑而步，入山益深，人烟益少，只在三垒地方小得休息，然亦无所得食，忍饥疾趋保德。保德，州治也，在黄河之湄，与陕西府谷遥遥相对，隔河不三里，两城皆依山而建，关隘险峻，俯瞰大河，如欲临空翔去者，实为要塞形胜之区。知州某为清进士，年近七旬，一腐旧之冬烘也。闻革军至，紧闭城不纳，州人大噪，启门牵之而出，立城边以待。据云以县令居间多年，才得补缺，穷老无归，视其衣履敝旧，知所言不虚。又言不知都督至，以为土寇潜发，故急闭城，以保百姓；城内警察二十余人，何敢抗大军，仍愿竭力筹粮草供应。众以其言近理，贷而免之。孔使戏谓统领曰："此令是君前辈，一脉斯文，故当宥。"群为粲然。自雁门至保德约三百里，此山行数日中，一日行至山坳，见骡驮十七头，背负双篓，官印严封，问骡人曰："内何物？"曰："此黄河鲤，贡北京大皇帝者。"众曰："大皇帝何在？毋辛苦远行，与我辈犒军，当得厚酬。"邀之返，至荒村，以白水烹食之。驻保德约一旬，北渡河，向包头经鄂尔多斯，草原碛卤，一望无际，水苦涩不堪饮，饮冰以代。无民居，有教堂一，教士招穷民入教垦佃，政教悉操之，官厅一无所问，如化外瓯脱地，俨然一部落之酋长制。地近省区，放弃如此，可异也。帝国主义殖民阴谋，无所不用其极，以宗教为面具，实行其侵略之野心。嗟乎！卧榻之旁，容人酣睡，深入腹地，仍彼纵横，奴役我人民，窃据我土地，乃蓍然不察，如此政府，不亡何待。

正行间，吴金山自包头狼狈来，身受枪伤，子弹入左胁夹骨里，见统领伏地大哭，曰："幸逃残生，张琳等皆死矣。王、谢二管带与厅官使诈愚我等，为其所算。初我与张琳、张万禄等至包头、五原一带传密谕，皆踊悦〔跃〕听命，王官瀛、谢树棠两管带尤输诚，公推张琳主持革命，伊等与厅官愿赞助，我等固辞，推王、谢二人，坚不就。张琳恐中变，即日宣布起义，走报统领，去人中途闻吴鸿昌叛变，不知统领所在，折回。王、谢与厅官邀晚会，比至会所，内外设伏齐发，弹如飞蝗，我躲入炕坑下得免。移时声寂，出视同人悉死，纵横满地，惨不忍睹，急夺门飞奔而逃，为追兵所击，遂受枪伤。连夜渡河，潜匿乡友家，伏不敢出。今闻大军来，天日重光，复仇有日矣。"至是西路之变，真相大白。

时距包头不百里，晚宿王氏圩，院宇宏敞，积粟如阜。王名逢春，蓟之玉田人。初以货郎入后套。其人有天才，识水土性，能卧地听伏流，依水线所向，开渠无不治，垦民赖之，信仰日著。于是招集流散，连岁垦荒，前后套地无不有其庄区。此中人云：如此圩者七十余，故得雄长一方，并时无两。顾亦施小惠，周人之急，济人之难，东方流民至后套者咸归之。套地肥沃，菽麦咸宜，三耕九蓄，尤有余粮。清光绪时，绥远将军贻谷，设局垦荒，获罪于内蒙王公，下刑部狱，自是无敢言兴水利、尽地力者。垦民私向王公纳少水钱，得自由播种。辽阔数百里，属五原厅治。厅署借居包头，不事事。王氏自为约束，以辖垦户。游食者至，人面一升，有愿工作者，论力取酬，犯奸盗论死，系石沉渠中。地广人稀，生活简易，数十年来，安之若素。此又一化外之大地主也。与教堂之设施，大同小异。

此际包头叛徒，闻大军至，皆逬散，我军于人民欢迎中和平进驻。时南京共和政府已成立，中山先生当选为总统，宣布五族共和政体。一日之间，旌旗变色，全市庆祝，欢声雷动。前次革命失败各同志悉集，余因得识杨君云阶，嗣阎督委杨君为五原民政长，抚辑劳徕，四民安堵。顿军月余，搜讨激扬，乃东征绥远，沿河直下。时清廷起用前八旗统领谭涌发（谭以前罪发张家口军台效力）代吴鸿昌，率防军残部及旗营兵在萨拉齐，闻我军至，潜移军于北山之刀石村。该村据大青山阳，旧有石堡，居高临下，依密林为寨，深藏掩护，极占地形。我军以为敌已尽退，不料行至中途，猝为邀击，敌俯瞰平川，三面扫射。我军仓卒遭遇，一无屏蔽，又大雪覆地，目标显著，自晨至午，枵腹苦战，敌炮火密集，纷若流星。余随统领率队奋勇前进，不期深入火线以内，欲退不能，只得拼死仰攻，一时死伤甚重。王统领家驹，乘白马随二号兵扬指挥刀从余身旁过，余大声曰："统带注意，勿扬刃为敌所见。"王曰："正面子弹已竭，急待补充，并调炮兵移阵地。"言罢疾驰去。有顷，见王所乘马散辔垂缰来，余喑曰："王统倾殆矣。"移时报统带阵亡，四士兵负之下。激战至黄昏，敌火力益猛，我军伤亡益重。孔使亲率炮队，绕登北山西麓，拊敌右侧，排炮齐发，碎其望楼，霎时烟焰弥漫，敌阵顿寂。我军亦退。是役也，我军大意，为敌所乘，死者近千人。然鏖战竟日，迄未稍却，敌亦胆落，仓皇宵遁。统领王家驹（字伯轩，湖北人，日本士官生），沉毅勇敢，善抚循士卒，众望归之。报至南京，大总统孙公电令褒惜，赠左将军，并死事地方建碑勒名，以奖忠烈。后余为此事屡询孔使，孔使曰："时事已非，君且勿问，革命未成，伯轩死不瞑耳。"

自王统带死，士气大挫，阎督以孤军未可深入，旁皇欲退。孔使奋然曰："革命以民心向背为成败，不恃坚城，不恃利器，吾侪为人民幸福而革命，胡可以伯轩一人之死而自沮，必前进。"统领曰："都督持重，计亦是，前进无后援，倘有蹉跌，一败涂地，惟后退示自馁，惧众心离散，五原亦不可居。吾料敌军自刀石一战，知我军坚忍未可轻敌，必固守绥远不敢他出。不若东进，南取托城，扼河凭险，待时而动。惟都督与文掀裁之。"阎督曰："统领计是。"众亦赞同。孔使乃勉从之。次日整队自萨拉齐东南行，径指托城。托城守军无多，闻风先遁。我军兵不血刃即占取之。自是双方按兵相持，只前哨游骑小有接触而已。无何南北和议成，停战令下，悉罢兵。我军南下入宁武关，从汾河上游至忻州驻扎。时清廷以张锡銮为晋抚，许世英为藩司。上海和会，北政府争山西地盘甚力，以阎督出走，省垣久失，不得与西南起义各省并列。孔使闻之，亲赴武汉求助黄陂。黄陂握重兵坐镇上游，颇为各省所倚恃。孔使援春秋之义，国君出不离境，不得以失位论。黄陂是之，据此折冲，晋省后得画归革命势力范围，阎督地位因以保存。

民国元年春初，我军自绥远托克托城南下，移驻晋北忻州。经岁远征，长途跋涉，至此小得休息。于时至忻州者，兵不满万，子弹不充，枪枝凌杂，塞北民兵各留原处，以艰于军食，未敢悉数南迁。忻州至太原约二百里，犹为敌人盘据，虽和议告成，而情势杌陧，互有猜阻。以疲敝之师，压强敌之境，雁门以北，又入敌手，设有反复，何可乐观。孔使时已南下，惟阎、周二人相与搘柱，朝夕儆戒，以备非常。顿军月余，和会交涉，渐有端绪，太原敌军亦逐步撤退至尽，省政府交由前太原府知府周效勃暂摄。周效勃者，湖南人，亦戊戌翰林，与周统领为同年友至契。先事撤兵，此君居中往返说合最力。故我军遂得于短短时间，平安进入省垣，廛市不惊，敌我交接，一无冲突骚扰，皆此君之助也。

北京政府成立后，袁氏大权在握，乃放手肆其纵横排阖之术，以离党人。其立场坚定，不为所夺者，固不乏人；而贪恋禄位，苟图自保者，亦比比多有。如阎锡山者，则夤缘贿买，以暮夜之行，承风迎合，希附袁氏，则又其下者也。

粤人梁某（士诒）者，为袁氏幕后人，甚用事。阎锡山钻营结纳之，首次输金四十万。嗣是密谋隐喻，阎奉之惟谨，袁氏大喜，以为可儿。至是吾党人之在晋者，日趋危境而不知。迨周氏去，孔氏逐，微末小生如述者，几遭不测之险，幸免一死，可慨也。

阎锡山者，山西五台地主子，亦日本军校士官生，同学鄙之，视为庸猥不足道。回国后，初任晋军连长，继升营长，辛亥春，方升团长。革命之役，阎实反对，与旗籍营长宁某深相结，谋保陆抚抗义师，后以陆死宁逃，转与义军委迤。太原起义者为姚以价、黄国梁二人，后姚领兵去娘子关作战，黄领军在平遥堵防军，省垣主持无人，议会诸公权举之为临时都督。后姚氏为阎所挤，流转南北，迄未入晋；黄亦被迫他去。阎自投降袁世凯后，地位日臻巩固，省长周效勃随亦去职，阎复自兼之。自是军政大权，集于一身，乃徐图排斥革命人士，周、孔二人尤为阎心目中最忌之人物，孔有黄陂之助，不敢轻易下手；周无奥援，故先从周氏下手。山西原有两总兵，北为大同镇，南为太原镇。太原镇署在平阳，所部防军，由老湘军改编，步马炮兵种俱全，兵力甚强。总兵谢有功，云南人，亦宿将，三月前尚与晋南军苦战平阳东城，民军攻城，迭次均为所败。和议告成，民军分散，所余只杨芳普一支，不满千人，晋南各地复入谢镇掌握，傲然自居，不与阎氏款洽。民军亦不敢再启衅端，只得隐忍容之。阎氏忧之，乃运其诡谋，为借箭杀人之计，成卞庄刺虎之功，乘时定计，出周、孔于外。

一日，阎请周统领议事，曰省局初安，四境未定，晋南谢镇，不遵约束，独占一方，军事不能统一，行政无法推行，长此因循，夜长梦多，实为心腹之虑。口北一带，自我军南下后，各地民兵散居边鄙，棼如乱丝，漫无纪律，积久弊生，诸多可念；惟君与文掀为我熟筹而分任之。晋南形势，更为岌岌，且财赋之区，饷源所恃，尤须先事料理。吾思谢镇与统领为旧同寅，且将校多南人，南镇之任，务请统领勉为其难，借重鼎力，当可迎刃决之；设有抗拒，已备后援，诉之武力，吾为有辞。统领曰："都督见任，吾非畏难而固辞，惟军务初定，撤换方面大员，中央得毋不许。"阎曰："此情上达，极峰早已同意，请勿为虑。"统领见其言正而意诚，毅然许之，更不虞有他，无何而太原总兵之命下矣。同人闻之，弹冠相庆，惟刘少瑜、曾友胜、刘莘农与述者，以为来日大难，吉凶莫卜。正议论间，统领召刘、曾二人入内，少顷亦召莘农入，余随之而进，统领谓莘农曰："南镇之事，君意若何？"莘农曰："顷与少瑜言，此行如入海求珠，稍有不慎，风波随之。"统领曰："君言可谓扼要，然吾意谢镇年老解事，深识顺逆，此中央命，必不敢违，所可虑者，部属将士耳。战争虽息，敌忾难平，诚信未输，遽夺其帅，揆之人情，能无反侧？南镇官兵多湘湖子弟，少瑜、友胜出自楚军，吾将遣二人先行谒谢镇，谕部伍，动之以乡谊，申之以诚信，明之以大义，昭之以利害，抽釜底之余薪，消未萌之隐患。使谢镇得以安然卸任，不为部属所牵掣，我等轻车简从以莅事，示之以不疑，诚足感人，料不如诸君所计也。"越日，刘、曾二人衔命南去。简命大员，例须觐见。余乃随统领晋京，谒袁氏。抵京后，见一般新贵，熙熙攘攘为利来往，为国利民福计者有几人哉。嗣晤南来一二革命人士，高视阔步，哆口雄谈，以创造共和元勋自居，亦若革命已经成功者；次则朝秦楼而暮楚馆，为服饰交游之是务。有乡人王某者来访曰："吾在沪宁与君昆季、同学、同志，同奔走革命，如孙少侯、柏烈武、杨某、刘某组织军政府，及芜湖军政分府，吾皆在事。"余视其西装革履，俨然新兴之小政客，强余随其出游，坚却之。次日复来，挟西装一套相赠曰："君初至此，不习都会风尚，衣履寒俭，不足以登大人先生之门。乡人如某某者，皆当道，何吝一刺而不谒。吾为君先，容必得当。"

余曰："无因而谒人何居,且边鄙后生,素与此数公不相识,更无谓也。"王出赠服,强余试之,余一著即谢而还之。性不耐此,心领谨璧,渠怏怏挟之去。去后三日又来,邀晚餐,却之不得,至则见袍服炫严者四五辈,目动神肆,时复耳语。惟闻某部之组织若何,某人之位置何等,总长、次长、科长、秘书如数家珍,如持梵咒。或赞某某有捷足先登之妙用,或羡某某有后台老板之靠山,适从何来,遽集于此。此地狱变相图也,岂亦革命人士耶?最后一人昂然入,曰公事大忙,累君等久待。众起立,伺望颜色,肃敬维谨。余思此不凡材也,必为若辈之司令。王某鞠躬奉茶上进,其人大言曰,英五贺尔,尔登荐剡,不日升上校矣。主人色喜,客益恭,大言者益自得,以为微我,若曹不及知。于是选妓征歌,流觞轰饮,一席之费数十金,掷之不吝,耗中人毕岁之需,供浪子一餐之用,究不知销金窟,从何而取之,上校官从何而得之。饭罢思瞻其异,随之遨游北里,大道青楼,靡不涉足。王某每至一处,辄置现大洋二元于盘中,又他去,如是者历十余所而散。计一夕饮食嬉游之资已逾百金,而囊中累累,余金尚多。余知此人非奸即盗,决非好相识,自是远之。后探知其人,实参加革命,为芜湖军分府炸弹队员,来京住乡人吕某家。吕某者,亦北方之谈革命者,曾在滦州张绍曾军任要职,王由吕绍介投入乡人陆某麾下为鹰犬。陆某者为袁氏执法总长,号称屠伯,即袁氏之特务总指挥也。前日晚餐席上,有豫人周某、刘某者,与王同时投入陆某黑幕中为爪牙。刘实女性,尔日伪装,余竟未之觉,可惧也。警惕之余,静思其怪,王某何为突如来,何由谂余之住址(时京西河沿宴宾楼客栈)。盖统领在西站下车时,宪兵来盘诘,中有一人极似刘姓,始知若辈早已密伺行踪矣。一日统领自公府回,大不怿,曰:吾以袁氏接受总统重任,当推诚接物,示人以信,不料其官僚之作风,依然未变,游辞诡语,情同狙侩,以市贾之道御人,何足以任民国元首?不去庆父，鲁难未已。袁氏语我，尔非翰林耶，何不就文职？若尔，当以省长见畀。其言轻肆，似谓余不称其职者，前百川亦有此言，何翁合之巧也。

余随统领住京半月，随即返晋。刘、曾二人亦由平阳回，述谢镇年老思归，接统领函，赞叹不去口，以为知音。惟顾念部曲，惧受凌践，今得统领来保全之，吾无忧矣。平阳城内，驻炮兵一营，步兵三营，余悉分防外县。又帮统一员，兼带步一营，驻镇署之东。帮统李某为河南滑县人，与三营长不相能，以三营长皆南人也。刘、曾二人因镇署书记官梅雨舟之助，得与三营长联系，传喻来诣，皆欣喜听命，疑虑冰释。雨舟亦衔谢镇命，代表全军来欢迎，统领导之见阎氏，告行期，阎氏颇加抚慰，随带幕僚卫士数十人南去。经平遥、介休、赵城、洪洞至平阳，谢镇率部属郊迎进署，握手欢然，如亲故旧。谢镇曰："行年七十，吾何恋于此，实惧来者不谅此衷。设有差池，地方涂炭，民军交受其害，吾等之罪，抚躬无可自遣。统领知我，胜于我之自知，使得释重负，归首邱，优游余岁，贶我多矣。"言毕下拜，交印而退。次日设宴，招全体军官会饮，为谢镇祖道，于快愉气氛中，交替完毕。谢镇去后，首事检阅部伍，点验枪支，画分防、民两军防地，悉罢战时设施。炮营原驻四门，至是撤消防御，调镇署左右驻扎，又调步兵二连住宿卫。三营长更番入值，内外人员，除自请退职外，其余一无更动。匝月之间，军心大定。省派各县行政官吏，亦陆续顺序平安接替。军民分治，各不相涉，晋南政权自此一归阎氏掌中。

周统领此行之功，初不料以此益招阎氏之忌也。吴团长者，亦合肥籍，贪狠妄人也。阎忽派其率兵三营，进驻洪洞，以南镇兵单地广，前来协助为辞。统领深知吴之为人，乃移洪洞军于天井镇。天井距平阳、洪洞皆百里，防地衔接。吴某蓄意寻衅，时因小故与防军冲突。一日称马逸为防军所留，径至镇署，咆哮无理，左右欲兵之，始抱头鼠窜去。初不意阎遣吴来，密嘱曰："尔若将周镇挤去者，南镇印授尔。"吴某莽夫，遽信之。后吴亦失职，酒后怏怏语人曰："吾为阎所卖。"因具言之。

旧湘军将士，多入哥老会。李帮统者，资深，在帮会中推前辈，自以舍谢镇外莫与比，隐以继任人自居。周统领来，已怀愤，然迫于三营长，不敢发，至是扬言曰："省军南逼，必有第二步措施，周镇云云岂可信乎？"谣风四起，人言藉藉，其党白、于、孙三连长，转相煽惑，一时军心惶惶，势危情急。步二营杨营长来言曰："比来外间不靖，讹言蜂起，白连长实为首倡，近日会议不至，早操不出，派差不从，似此纵任，何以肃军纪而镇人心？此人积恶累累，尽人所悉，军门试询同人，无不知也。"统领曰："此事吾已前闻，惟反侧初安，显迹未著，且白为李死党，若遽图之，恐生意外之变，且须之。"次日三营长偕至曰："白某不去，乱萌不已，近报知吴团长，亦与若等有勾结，虽外形隐讳，来往频繁，内情渐露，倘不速决，容彼辈先发制我，里外夹攻，虽有智者，难为计矣。"统领闻言，始憬然动色，即下手谕，命杨营长率四勇弁拘之来。白正高卧，乘其不备，一鼓擒之，锁至镇署，犹傲悍不屈，真憨不畏死徒也。即夜化装，押之出城，声言递解回籍，如何处置，杨营长自足了之。当密派刘少瑜为临时戒严司令，统领率曾友胜等，周巡四城。统领先回，留曾住城外某庙内，侦查动静，余与卫士二十人守前门，夜卧钟鼓台上。天光熹微，余隐约见东面池塘丰草间有黑影徐徐移动，向镇署左侧子弹库前进，余急取架上大斫刀，一跃而下，大呼有贼。门内卫士闻之，亦涌出，跟踪追逐，见有五六人反奔向东南去，践瓦砾扎扎有声，入丛莽中逸去，再寻之已无迹矣。

天明，东门城守来报，李统领清晨偕十余人匆匆出城去，日午遣人侦之，犹未回，孙、于二连长亦失踪。细寻草间，于蓬蒿中得火药纸捻数事，方悟昨夕之谋，李实潜至，欲偷向子弹库纵火也。后捕其余党，严鞫之，始知尔日李见镇军领队出城，不知其回，以为镇署空虚无备，欲纵火为乱，不料事败，惧而潜逃。遂委刘少瑜为帮统。大憨既除，群小慑服，谣言顿息。自是吴团长亦不再罗唣是非，相安月余，以为无事。不意积瘁焦劳，无何而统领病矣。平阳无良医，日就委顿，报省由刘少瑜权代，阎派委偕医来，手书慰问，情词恳切，曰："君此行劳苦功高，为国宣勤，感深肺腑，幸自珍卫，早企康复。北门锁钥，尚须借寇。二师番号犹存，吾当补充完备，仍以授君。调君大同，驾轻就熟，以固边围。惟军械无着，再四筹思，苦无善策；若能裁南镇之兵，补二师之用，遣散老弱不稳之徒，留用精健效忠之士，化腐旧为新生，一举两得，希茇筹之。"统领时在病中，经此风波，已有倦勤之意，复书曰："都督明见千里，析事入情，无不中矩。纡谟硕画，极佩高明，所示甚表同情。俟屡躯稍痊，当面议之。"省委去，同人微闻其旨，纷纷入谏，咸以李白虽去，余党仍多，若复改图，适资借口，前车几覆，哗变堪虞；设有糜烂，吾侪思出平阳一步不得也。且卧榻之旁，虎狼耽视，东西南北无路可投，愿军门审思之，勿为甘言所诱。统领曰："吾意不如此，阎督何至陷人于危，自贻伊戚。且此军分子复杂，风气嚣张，终为地方之害，前事若无周密准备，何敢遽言裁撤？未来之虑尚多，故许之而未决，吾料阎督决不致冒昧从事，此不过初步协商耳。"

月余后，统领病愈，忽接防地报称，杨芳普军南移，已至某处。正猜测间，省府传到陆军部传令嘉奖公文一件，奉交转呈太原镇总兵周某某，以军兴以来，兵额激增，饷糈不赡，民生凋敝，现在南北统一，全国和平，久宜化兵为农，使安生业，自请裁撤太原镇总兵缺额，并遣散所部。该总兵深明大义，首倡裁军，足资表率，应即照准，着传令嘉奖云云。又附阎督函一件：近知玉体康复，至以为慰。裁军之议，具有同心，事在必行，势须速决。然事难独任，故先请准中央，深蒙嘉许。善后措施：

一、遣杨军南来，预为指臂；二、全军发饷三月；三、官长支薪六成，调省入所集训；四、士兵资遣回籍，发给路单，护送出境。事毕请即返省，再议其次。统领阅竟，沉吟不语，同人愤悒不平，以为如此见欺，独不能宣布独立，为第二次革命耶？统领徐谕曰："此非昔年后山起义时比也。国是初定，何可再启兵端，徒苦人民，吾决不为此也。愿勿复言，勉思共济，完成此艰巨任务。同人不负国，光明前途，应以正义得之。"次日招集士官大会，重申前说，分部晓谕，官兵皆听命无异言。于是一面发饷，一面收械，兼旬之间，全部结束。

平阳裁军结束后，军官愿入省受训者，不足半数，命刘少瑜率之，随统领至省。阎氏迎统领入居都督府，部属散居旅舍，只亲随官佐，间日一至统领处问起居，余人以出入不便，至有匝月不得一面者，虽外示优礼，内实隔绝。阎又以统领疲劳，须长期休养，大同方面，已先遣孔使去，二师编制，势不可能，方裁军，复扩军，中枢不许也。其辞婉而顺，亦无以难之，当聘统领为高等顾问，随来军官知前途无望，陆续散去。所余十数人，报名入将校研究所肄业，余亦在其中。刘少瑜、曾友胜等悉去大同，投孔使。至是统领身边只差弁二三人而已。无何，孔使调晋北，驻包头，以五台人张汉杰继大同总兵任。阎氏昔日之所谓如之何、如之何者，皆自欺欺人语也。

是年，中山先生入京，袁世凯以全国铁路督办虚衔相要，先生将顺其美，匡救其恶，亦欲借此，有所设施，故有全国筑路二十万里之建议。即岁秋，中山先生来晋视察，阎督率高级官员悉集车站恭迓。余时初经易君介绍，入自由党，随同志十余人，推李君为首，只候于站外。有顷见先生着便服，自站内出，顾视肃穆，神采奕然。稍近，李君喊敬礼，先生见余等少年，色甚喜，止步与李握手，目余等，微颔之，小住而后去。阎氏馆先生于南城小瀛洲，戒备甚密，先期派员至京，约名艺人王佑宸赴太原演剧欢迎。吾等回寓后，聚饮大嚼，眉飞色舞，咸以今日得见先生，为有生无上之荣幸。

中山先生留太原数日辞去。临行前夕，孔使与统领侍坐。先生曰："吾行南北，见起义将领无如阎之庸暗鄙塞者，连日细察之，非特庸鄙也，共人实诡随，居心不可问，曷足以语革命？"统领回，又为余等述之曰："先生神明也，醴酒不设，见微知著，吾将去之，不能久滞于此矣。文掀气盛，犹幸幸谓未然，苦留余为后图，其度量相越，去先生远矣。"不数月统领亦辞归，曰："不为良相，当为良医，吾其为医乎？"自是息影都门，潜心医学，阐发奥旨，独具心传。年七十于民国廿九年春病殁于京。

自周统领去后，凡昔日之从事革命人士，自连长以上，大都投闲置散，纷纷离去。阎氏乃大事改编，遍植私近，以其蒙师五台人赵次陇为军谋祭酒，阎氏倚之为五台系之领袖，晋南外籍之参与革命者，尤为其所嫉视，先后不得安其位，而硕果仅存，只晋北孔使庚与督署参谋长李勉之二人耳。勉之云南人，亦日本士官生，辛亥之役，始终其事，顾长厚无机心，虽不为阎氏所忌，最后卒去之。一日，刘少瑜自晋北来，语余曰："事不可为矣，吾悔不随统领去，又入此烦恼场，终日赌闲气也。阎氏此来，事事与孔使左，张汉杰辈复播弄于其间，横生枝节。孔使又尚气，宵人阴间，日伺于左右，有谋纵火者，有谋叛变者，幸早预防，乱萌未发，日在荆棘之中，时怀冰渊之戒，此何可久留也？绥远已入袁氏囊中，包头岂可任人酣睡？近闻袁氏，日侦吾党，深机隐括，爪牙密布，君留此，宜注意，不则早去之。"少瑜回防，不期年，包头果划归绥远特区，晋北镇缺，连带撤消，孔使遂失职，与阎大龃龉，颇为其党所攻击，被迫愤愤去。于是阎氏之铁桶江山，打成一片矣。

余自闻少瑜言，时虽怀戒，久亦漠然忘之。有日易君来，悄语曰："尔来风声谡谡，恐不利于吾侪，同志多南下，吾意与君北去，投孔使如何？”余曰：“容思之。”越数日易君不至，而曾君来，欲语辄止，曰：“晚间再见。”遂去。有同舍生二人，素与余落落，忽见亲厚，时作无聊之攀谈。一生遽问余曰：“尔何字仲纯？”余曰：“亦规矩准绳意耳。”生叹曰：“若是，尔曾名矩乎？”余曰：“是有之，少时学名也。”言后大悔，盖方矩者，余入党注册之名也。是夕二生出入频频，面色大异，余心知有变，乘二人出，结束袜履，预为潜走之计。有顷二人入，余佯睡以觇之。一生唤余不之应，一生撼余身，余转侧复睡。二人对坐小语，语已又出。余候二人去远，乃悄起，蹑足随其后，见渠等入中院堂长室，室内灯明如白昼。余立东窗下，窃窥之，见二生旁立，堂长某手一册示二生，又红梅纸条一，即易君代余登记入党注册之名条也。知事发，乃急回舍，再睡，静思应付之策。时已十点，应熄灯卧，二生久不归，张灯待之。至子夜始匆匆来，入门即唤余，余拥被酣眠，故呓语作啮齿声。一生笑曰：“如此憨物，死临头，当不知。”一生曰：“尔得五百元作何用？”曰：“去小巷逛班子耳。”相与嘻笑而散。一就余炕边卧，一归西舍。余偷视房门已上栓，惟电灯未息，二生时复咳嗽相问答，自思此何由出，注目灯光，触机顿悟，曰计在是矣。突披衣起，大声曰：此何时，电灯尚不息？拔栓出，就院中小解之，急入灭灯，摇门栓，作阖双扇声，而虚掩其一，复就卧。当余起时，二生皆醒，互以嗽示儆，听余回房，门闭灯熄，始各安心酣睡去。少时余静听伊等已熟眠，乃徐徐下炕，手提双履，软步侧身出，至院中，转东院门，至体育场，手持滑杆，越墙而出。东行登城，寻城垣缺角处，素谂其下有浮沙积土，顺斜坡仰溜而下，坠沙中，半响始起，左腿受轻伤，席地搓之，见启明东升，如小月，于星光下，觅小径，向东北山中行。黎明，离太原才十余里，疲惫不胜，坐山腰高粱地，支颐倦卧。日午有四骑兵从山下来，相距不数武，竟未见余。私忖白昼不可行，是逻骑者安知不为余来。待至晚，循来骑去路，向北去。竟日未食，饥火中燃。余本不识路，荒山踽躅，惶惧仃伶，正行走间，拾得苹果二枚食之，欲穿雁门道，西上去包头。天明出山口，至河边，遇阳泉工人张姓，睹余状大惊，似怜余失路者，细询踪迹。余见此人诚笃，悉告之。工人曰："我从北路回，沿途大不靖，尔何可只身蹈险地？尔既逃难，何可服军服，余有短袄裤，当相赠。"即脱军衣付工人，工人为我沉之河中。余感极下拜，乞拯救。渠曰："无妨，不若去阳泉，明日搭煤车至石门，即免祸矣。"既思阳泉多军警，又伴余行二日，至白羊墅，候煤车至，送我登车，依依别去。嗟乎！穷子天涯，如轻尘弱草，谁复有悯其漂泊者。此真义士，使余永篆寸心，终身不能忘也。

辗转至京，投外弟学舍，闲居经年，一无所事。外弟曰："顷闻徐固卿统制来京，寓在宣外，曷谒之。"即往见，徐公殷殷备询近状。余曰："拟恳吾丈，携归沪上，觅同人，再作计。"徐曰："黄浦江边，闲人如鲫，似尔青年落魄者，不知凡几，至有一饭难，丧失平生守，堕入三恶道者，尚何为计耶。吾此来，组织殖边银行，曷随我。"此余转入银行界之开始。自兹脱离革命生涯，不图挽强跃骏之夫，一变而为持筹握算之子，可哂也。

太原辛亥革命回忆录

石荣暲

编者按：作者是中央文史馆馆员，辛亥革命时，曾任山西高等审判厅民庭庭长，对当时史实知之较详。这些资料可为研究山西辛亥革命史之参考。

太原辛亥革命继武昌起义之后，余曾亲历目睹。惟事过境迁，大半遗忘，仅就吾所知者，略记一二。

辛亥八月十九日（1911 年 10 月 10 日）武昌起义消息传至太原，各界人士均现惊惶状态。山西巡抚陆钟琦到任尚未一月，余是时任山西高等审判厅民庭庭长，循例往谒。陆中丞阅余履历，知为湖北人，因询及湖北近日情形，余答以不明。不数日，风声益紧，陆中丞之子陆光熙以甲辰翰林留学日本陆军士官学校，为当时最新人物，自京来晋，拟与革命党人联系。故到晋后，力劝伊父宣告独立，屡遭拒斥。属员中有劝防备者，亦复置之漠然。旋调新军阎锡山等出防省南，以巡防营统带、候补知府陈政诗所部数营，填防省垣。九月初七日（10 月 28 日）发给新军饷械，饬令开拔。

九月初八日尚未黎明，新南门外所驻新军，约二连人，由营长姚以价、连长张瑛率领，闯入南门，即往攻抚署。入头门后开枪数排，即进至二堂。陆钟琦闻声起床，披衣而出，被班长杨鹏云开枪射击死之。[①] 陆光熙赶出救护乃父，不容分说，亦登时中枪殒命；同时死者，有仆役马八、牛万春、李升三人。革军复进至后堂，将陆钟琦之夫人唐氏刺死，其幼子亦受刺刀伤。抚院内各室门窗器具大多摧毁。是日街市闭门，秩序大乱。至晚藩署火起，烈焰甚炽，全部悉成灰烬。土匪乘机而起，藩库被劫，商店亦有多处起火。

初九日，革军拥协统、标统以次军官，在谘议局召集会议，响应武昌起义，定名为山西军政分府。首推陆军四十三协司令部统领官姚鸿法为晋军都督。鸿法以其父姚锡光现任陆军部侍郎，力辞不就。另推八十六标统带官阎锡山为都督，督练公所参谋处帮办兼陆军小学堂监督温寿泉为副都督。谘议局副议长杜上化为总参议，即设军政分府于谘议局。府中之组织，分设军务、参谋、民政、军令四部，又筹饷等二局，即日成立。出示安民，发表起义宣言，张贴各街衢，用黄帝纪元年号，军政府门前悬挂八卦太极图国旗。

军政府成立后，派军官带领士兵，分赴各街市弹压，枪毙抢劫匪徒数十人，始告平静。又派人将布政使王庆平、提学使骆成骧、劝业道王大贞接至谘议局看管。但王大贞数日后即释出。提法使李盛铎、太原府知府周渤仍住署中，未予过问。

太原省会治安，军政府派南桂馨督同原有警察维持，初以陆军小学堂学生荷枪站岗，数日即撤去。

太原有满洲兵驻防，归太原城守尉统辖。满洲营在城内东南角，围以土墙。起义后之次日，民军列队往攻，炮声隆隆，自旦至暮，旗兵人少而弱，且有家室，无抵抗力，旋即悬白旗投降，故未伤人，但毁房屋数处。闻与民军接洽者为增禧等，增亦日本

---

① 《庚子辛亥忠烈像赞》谓：钟琦闻变，公出堂皇责问之，遂被害。

留学生也。

巡抚陆钟琦殉难后，抚院无人敢往。九月十一日（11 月 1 日），施今墨与陆有葭莩谊，约同学数人往视，余亦参加。步至抚院，始知无人看守，仪门外有一被枪死之军官，不知其名。至二堂后，见陆钟琦及其子陆光熙之尸体，躺在东侧廊下，服便衣，均未结扣。院中有三仆人之尸，亦同时被杀者。再进至后堂东院屋中，见陆夫人之尸体躺在床板上，被刺刀扎死，血满衣襟。前后各房屋门窗器具，均已捣毁，凌乱情形，不堪言状。东院文案处之案卷，及后院御书楼之书籍，遍地皆是，阒无一人。余等巡视一周后始出。施今墨购得棺木数具，并约亲友数人，于次日为之装殓，仍停柩于抚院中堂。至布政使许世英到晋后，始举行吊唁，殡于东门外浙江义园。

起义之第三日，军政府出新闻纸一小张（报名忘记），发表宣言命令及各处消息，张贴各街衢，但甚简略。

军政府成立后，即派民军至娘子关、固关等处驻扎，以防清军之进攻。正太铁路之交通，即行断绝。

军政府在优级师范学堂（即前孝感屠梅君先生主讲之令德堂）设立礼贤馆，广求人材，派员主持，发有通启。此文是安陆寇息亭代撰。但多观望不前。

未几，第六镇统制吴禄贞督兵南下，至石家庄驻扎，即未前进。吴曾留学日本，为武昌日知会会员，提倡革命最有力之一人，清廷惶惧，授为山西巡抚。吴以电话约阎锡山面谈。阎颇游移。复派周维桢前往太原，与阎锡山面商共同推翻清室办法，阎疑吴不是真心。又经数次通电，始指定在娘子关正太铁路车站会晤。至九月十四日（11 月 4 日），双方均乘火车至，随吴至者，为张华飞、何燨、孔庚，随阎至者为温寿泉、赵戴文，会议时均出席。吴首先声明：清室授为山西巡抚，是一种笼络手段，决不就任；吾等同站革命立场，亟愿与晋军携手。阎尚游移。吴笑曰："我是老革命党，你知道么？我进行革命，事实具在，即山西军队情形，我一切都知道。"阎听了哑口无言，竟为吴所说服。遂议定名曰燕晋联军，吴任联军大都督兼总司令，阎任联军副都督兼副总司令，温寿泉任联军参谋长，并约晋军同驻石家庄，共图进展。吴复声明已与张绍曾及山东靳云鹏军约，定期会师，直捣北京，扫除清室，使革命早日完成。又云闻袁世凯野心勃勃，近来大肆活动，如彼到京，则为革命前途的最大障碍，俟其过石家庄时，即杀之以除此害。欢谈竟日而返。

吴禄贞主张革命，共行动言论坦白直率，过于露骨。有军火自北而南，欲纾武汉战祸，过石家庄时截留之，忌者益甚。随吴至娘子关者，有六镇骑兵旅长马惠田，为清室之奸细，马惠田将开会情形，密报于良弼。良弼、段祺瑞等阴悬二万金之重赏，购吴之头，即秘令周符麟往刺之。周符麟本第六镇第十二协统领，早被吴禄贞所革，吴所提拔之马惠田，本在周符瞵部下，吴极信任之。这种消息，有人密报于吴禄贞，吴仍毫不介意，不加警备。至九月十六日夜半，吴与秘书长周维桢、参谋长张世膺议事，马惠田求见，亲上手折，行跪礼时，即出手枪向吴一击。吴尚绕案避之，并谕以大义，马惠田追击不已，吴即开后门而出，甫开门而马惠田之伏兵，即将吴之大好头颅砍去矣。周维桢、张世膺护吴不成，亦同时被害。刘道仁、孔庚、副官曹进等皆抚尸痛哭。吴禄贞被害后，军队失了统率，即本镇也立即分化。旗兵恐六镇暗算，人怀畏惧，抛弃枪械子弹饷银，纷纷逃散，晋军乘机收集，运回太原，并将吴、周、张三公尸体为之装殓，浮厝于车站之旁。民国元年三月山西省当局派员至石家庄，迎接吴、周、张三公之枢至太原，停于烈士祠内。三公之家属亦至，为之易棺改殓，开追悼大会。山西当局派员即于石家庄车站之侧，为三公修治墓地，建造专祠，请山西名士郭象升撰表墓之文。至民国二年十一月七日举行安葬礼，余亦前往会葬，南北要人，到者甚多。墓之北建有凭吊楼，悬挂挽联挽诗甚多，余均忘之矣。

再，闻南海朱淇在北京办理《北京日报》，武昌起义后，曾赴滦州与张绍曾、吴禄贞接洽，报界消息较灵，忽闻肃王、良弼等有密派刺客往杀张、吴之举，即派亲信黄某持函密告，张得函而幸免，吴未及知而被刺，亦命也夫！

孔庚、王家驹等均革命人物，隶于吴禄贞麾下。吴被难后，即从间道至太原，阎锡山任孔庚为都督府参谋长，王家驹为参谋。

吴禄贞故后，清政府授张锡銮为山西巡抚，许世英为山西布政使，调六镇他往。以第三镇统制卢永祥督兵攻山西，沿正太铁路西进，行至娘子关，向晋军阵地开炮攻击。山西固关一带防线延长数百里，仅有兵士三营驻守。姚以价为娘子关前敌总司令，阎锡山亦在关前督战，守兵无力抵抗，全部溃退。阎锡山逃回太原，召开紧急军事会议二次，阎锡山提议放弃太原，赵戴文随声附和，以为革命不必定守省城，往南往北均可进行革命。温寿泉谓太原为革命根据地，敌人尚在数百里外，不必仓皇出走以动军心，要在保持革军名誉。姚以价于兵败后逃回太原，会议以军法严惩，姚恐，避入耶稣教堂，侥幸而免。是时阎锡山无胆无识，张皇失措，仍坚持出走之计。最后议定，以温寿泉坐镇太原，督同杨鹏云之三营兵防守。张煌复收集娘子关之败退残兵，编制成营。并派贾德懋等三人赴石家庄议和，无结果。

阎锡山与赵戴文仅带卫兵向省北逃走，并将省城所存之现金携去，出省后向宁武一路前进。孔庚得其消息，立即往追，至五寨县始与阎遇，谓其出走之非计。但事已至此，应通电全国，声明北伐情况，以保全革命军之名誉，并代拟电文发出。

温寿泉因三镇兵进攻将至省垣，始摒挡出省，并令杨鹏云带兵随往，行抵运城，设立军政分府，仍进行革命不已。后来伍廷芳、唐绍仪在上海开南北议和会时，温寿泉屡电和会，为晋军之革命地位力争，始以山西加入革命起义省分。

温寿泉向省南出发后，省垣空虚，提法使李盛铎经诸绅之面请，出而维持秩序，立出保境安民告示。是晚约余至署，以《并州日报》总经理委余担任，力辞不得，遂星夜约友人及同学数人，在前《并州官报》馆内组织编印。当时参加工作者，有张朗村（荣榃）、王锡九（颐）、曾望生（遁）、范剑侪（鸿宾）、俞幼樵（宝琛）、石诚斋（广垣）、翁厚庵（长祜）、翁济生（长褆）、沈寿伯（颐）、李抡三诸君。次日《并州日报》即发行于市（山西之有日报自此始）。但因交通断绝，新闻材料，大感困难。是时有前抚院幕府数人，均随陆钟琦来晋者，乱后行李荡然，楼留小店中，艰苦万状，余约担任编辑。内有越南志士阮鼎南、上海《神州日报》主笔胡郁文，余不记忆。

曹锟所部之第三镇，卢永祥、吴佩孚曾属之。卢永祥率所部由正太铁路开抵太原，分驻城内外兵营，时派军队在街市游行示威，且纪律殊恶，有抢掠勒索情事，商民畏之而不敢言。嗣复派兵向省外开拔，北至忻州，南至临汾，所需粮秣，均由地方供给，兵士之奸淫抢劫，较在省尤甚，大招人民之痛恨。余曾请李盛铎设法制止，李以权力不及，浩叹而已。余在报纸中作《军人道德》、《军人纪律》等文以讽之，彼亦不顾。河东各县，大多被掠。时赵城、张瑞玑自陕西辞官归，载书二百余箱，亦被劫去。三镇兵公然征发车辆至太原正太铁路，满载辎重，七日之间，络绎于道。瑞玑愤甚，因铸卢永祥铁像，置于赵城县之城门下，作两手持银锭、胸腹怀之之状。卢永祥屡次遣人婉商，以当时虽任协统，不在军中为词，未得瑞玑之诺。至民国十三年，复以孙、段合作为词往请，犹未允，曰："非念既往，乃警将来。"一夕卢党袖铁锤碎之。故张瑞玑痛恨军纪之不良，凡无纪律者，即不认为革命军。

三镇兵至太原后，正太铁路始行通车。无何，山西巡抚张锡銮到省就任，住前巡警道署内，深居简出，无所作为，不久即去，由李盛铎摄巡抚事。新任布政使许世英来晋就职，成立布政使司机构，分科治事，颇有作为，毫无官僚习气，通饬各州县地方官，不准擅离职守，间有更调，不尚虚文。随时步来报馆，与余接谈，访问时局及地方情况。

清帝宣布退位后，李盛铎、许世英等均先后离晋，省中各绅公推劝业道周渤为山西民政长，电请临时大总统袁世凯予以任命。因周渤是翰林出身，曾留学日本，思想较新故也。

阎锡山前之出省而北，实因兵败出亡。其名义则以朔平、绥远等处，尚有清之将军、都统、城守尉所属之满兵也，实则阎之部下，只有少数卫兵，由宁武一路进至包头镇，均非满兵所驻地。孔庚等以〔人〕均随行。王家驹（湖北随县人）率兵无多，向怀仁、大同一带前进，以功升总参谋兼四标统带，实则各县无兵抵抗，并无战事。后由府谷渡河，略取河西蒙古地，敌人惊溃，益进占萨城托斯和等处。不料孤军深入，弹尽援绝，为敌弹贯脑而死。民国元年三月，孔庚呈南京临时政府陆军部为之请恤。

民国成立后，驻太原等处之第三镇士兵，调离山西。阎锡山招集旧部，遄返太原。不料行至忻州，距省仅一百三十里，接袁世凯电，不准前进，听候指示，如擅动即以军法从事。

阎驻忻州，不敢越雷池一步，所需粮饷，均由忻州知州朱善元就地筹款供应。阎是时张皇失措，孔庚等建议，应派人到京疏通，遂派孔庚等进京，至四月某日始得全部回省，当日起义之精神扫地尽矣。温寿泉在阎锡山回省后，亦将所部军政权交出，飘然下野。

是时山西已成军民分治状况，但民政长终不及都督权势之大，仍须俯兵听命。故周渤亦辞职而去。中央任命赵醴泉为省长，赵不受命，复任命谷如墉继之。

辛亥绥包革命史实纪述

杨云阶

编者按：辛亥革命时绥远包头一带的史实，各书多无记载，据所知只尚秉和《辛壬春秋》中"山西"一节略有叙述。这一篇记述，系当事人的回忆，所记当较《辛壬春秋》可靠。两者记载不同之处，均加以注释。

述者姓杨名瑞鹏，字云阶（现以字行）。祖籍河北正定县，寄籍山西平定县，出身于清季官僚成分的家庭，而为辛亥革命的一分子。当我十九岁时（1909 年 1 月），读书游京师，愤清政之不纲，外强之侵侮，革命思想充溢于怀抱。以同盟会为革命组织，于二十岁时（1910 年 9 月），经友云亨介绍，毅然加入。次年即逢辛亥革命，武昌起义后，各省响应，云集而景从，惟西北绥包地区，寂焉无所举动。我于是退出学校（九月下旬退出北京法文学院），联合同志云亨（字嘉会，北京蒙藏学院学生，萨拉齐厅人）、王定圻（字平章，太原优级师范学校学生，包头人）辈，驰赴绥远包头，运动军队，响应起义（10 月初旬事）。

时绥包军备，共为八旗，旗设管带，等于现制之营长，统由口外八旗统领统辖，名曰"巡防八旗"。这时八旗统领为周维藩①，字介人，安徽合肥人，以翰林游学日本，归国后任巡防统领。述者因他是个游学而归的新人物，当不至反对革命。及述者到了归绥（今改称呼和浩特）后，即以书面劝他反正，书中说："我公身统八旗重兵，缚堃岫（绥远将军，满人）如拾芥，取新城如探囊，据归化以号塞上，漠南万里，悉归掌握，此千载之机，时不可失。望公振臂一挥，扫除腥秽，光我山河。"那时革命气氛，风起云涌，已不可遏抑，周接信沉吟不决，但是他的部下，已跃跃欲动。周不及时领导，部下遂自行起义，然因群龙无首，大部离绥出走，由绥北武川沿后山以达后口子地方（距包头百里之遥），迟回不知向往。②

这时（10月中旬）我们正在包头与同志郭鸿霖（字润生，包头人）、王鸿文（字固斋，忻州人）、王平章辈，计议起义方略，应由运动当地驻军入手，他们推我面说王紫绥、谢若霖两管带。王、谢慨然允许参加革命。③同人等甚喜，事有可为，一面计议招致后口子的归绥义军，进驻城内，以充实力。经商得王、谢两管带同意后，遂欢迎义军入城。④一面设立地方自治筹备处，以主持革命事务。同人因我面说王、谢两旗顺利成功，遂又推述者前赴绥西后套一带，再说大余太与隆兴昌两地驻军，一并参加起义，以免西顾之忧。我虽不知两地军情若何，但既经公推，只得冒险进行。及我到了大余太与管带郝树屏面谈之下，他颇识时务，很爽快地允许参加，愿听包头自治筹备处的调动与指

---

① 《辛壬春秋》作周铭恩"日本留学，与党人通"。

② 《辛壬春秋》作十一月五日夜，巡防军欲起事，为堃岫派旗兵监视不敢动。六日夜，"铭恩遂率巡防军数营，窜往阴山，啸聚于乌兰察布盟一带与山匪合，各盟旗迭击之。铭恩本书生，不能堪，遂逃归山西，余众复窜至包头"。

③ 《辛壬春秋》作"包头榷税委员候补知县沈涞生与党人郭守义速结巡防队举兵独立，设晋边民军筹备处，以应太原"。

④ 《辛壬春秋》作归绥起事巡防军至包头，沈"涞生诱诛其魁，遣其众"。

挥。我在大余太的任务既经圆满完成，正欲前往隆兴昌，忽然病倒（十月中旬事），兼旬不起。及病稍愈，忽闻包头失败之耗，大为惊诧。

失败的因原，是怎样的呢？原来包头当清末的时候，虽然商务繁盛，成了个商埠重镇，但地方上重要官员，只有两文两武，两武即上面所说的王、谢两管带，两文则为五原、东胜两厅官署，均借驻包头（包头原为萨拉齐属地）。东胜厅官谢锡庆，对包头地方事宜，向不干预，而五原厅同知樊恩庆（筱亭）者，则滥权越职，每事过问。当王、谢两管带向革命表同情后，樊亦虚与委蛇，表示赞助。郭（润生）与王（固斋）未加深察，引为同调，举凡欢迎绥军入城，以及设立自治筹备处等事，樊均参预其间，成了和平革命之局。那知他是个阴贼险狠的小人，把包头革命一切举动，均密报绥远将军堃岫，并建一网打尽之计。经堃岫极端嘉许，令其照计行事。一面令饰王、谢两管带表明态度。樊遂与王、谢密切联络，使其反覆。王、谢至此，疑惧莫知所从，最后决定变计，请求"立功自赎"。西北革命的大惨案，于是演出。

当辛亥年初冬之际（1911 年 10 月下旬事），樊贼联络王、谢，假名地方绅商，公宴革命军，召请绥军首领官佐及郭、王等同人，大宴于商务总会。及众宾毕集，酒筵备陈的时候，军警数百，猝发合围，与会者除郭、王两人与吴金山（曾为绥军哨官等职，湖北人）中弹负伤，突围逃出外，余均饮弹毕命于席间。是日死难志士，共四十余人，可谓极悲惨之大屠杀。首领既死，部众遂呼哨夺门西逃。过了些时又将郭（润生）、王（固斋）先后逮捕，分别审讯，次第杀戮。[①] 是役也，除王平章因奉自治筹备

---

① 《辛壬春秋》作萨拉齐知县呼延庚与武原厅同知樊恩庆密谋，诱沈涑生、郭守义会饮，而伏甲于室。呼延庚与沈涑生有旧，授意使去，即席斩郭守义，包头遂复。

处之命，携带文书，赴省联络（那时绥远尚未分省，仍以太原为省），未遭惨杀。我则因运动军队，前往后套，亦获幸免外，余均一网打尽，惨毒已极。

绥包方面的革命事业，至此一败涂地了。仅免一死的我，旁皇焦灼，一筹莫展，只有亡命一途，余无别策。于是星夜遁逃（1911年10月下旬事），拟入太原，乞请支援，再图后举。遂于寒风凛烈、夜色冥迷的摸索中，匹马单丁，偷渡黄河，实践了盲人瞎马、夜半深渊的险境。（时黄河冰桥甫结，尚未通行，我因情形急迫，不得不冒险夜渡）及至渡过黄河，到了青龙背，望同学曹某之门而投止，适同学外出不遇，就在他火房坑上，睡了片刻。待天拂晓，正欲就途，忽同志王平章天外飞来（赴太原折回），化装马贩子，狼狈之状，不复相识，闻其语音，始知为君，彼此相见，握手失声。过了一会，谈及太原已为清军所破，才知道也同样的失败了，阎锡山也出走不知去向了，如此我的入省计划，也成为画饼了。

曲指华北革命的省分，除了陕西别无可以投足之地，于是我们遂定相偕走陕之计。待君夜间归家慰亲以后（平章家在包头城外刘保窑子村），我们遂联辔就道。当我在急难亡命的时候，伶仃悽惶的情况下，忽遇良朋佳伴与共患难，深喜"吾道之不孤"。行行复行行，晓行而夜住，一日将到古城地方，忽闻前途有革命军到来。咦！怪哉？此何军耶？探之知为山西军到此，山西都督阎锡山亦狼狈于其间。当我们惊心吊胆，仓皇奔命的程途上，忽逢救援，自足快慰愁怀。及我们晚间与阎晤面后，我向他建议，暂缓赴包，就此径攻绥远，乘其无备，仓猝取之，易如折枝。阎不能用，仍相偕复返包头。樊贼恩庆，闻民军骤至，大惊曰："走脱个狼，引来个虎，这便怎好？抵抗莫有力量，求援也来不及，来及也不济事。"群鼠聚议之下，彼此埋怨，深悔不该计杀革命党人。为今之计，三十六着走为上策。于是武官啸队，

文官携眷，张惶夺路，鼠窜而逃。及我们到了包头（1911 年 11
月初旬事），已为空城一座。

我们进城以后，休兵息士，布政安民，合包头、五原、东胜
三地而为一，名曰包东州。同时选任我父为包东州民政官（我父
名守性，字亦林，为清季官僚。当光绪二十六年，署理山西天镇
县知县。八国联军侵入京师，满清皇帝出走，入天镇县境，以地
小民贫，供亿俭啬不周，因此忤大吏，遂被议革职。后入绥远为
西盟垦务委员，办理垦荒事务。嗣又降格兼大佘太巡检。对我革
命的行为，认为灭门大祸，经我反复劝慰，说明帝制民主与国家
前途的利害关系，乃转怒为喜，乐予赞助。因此民军到包之后，
乃有包东州民政官的选任）。一切地方改革要政，以及练警、筹
饷、治安、保民等事，旬月之间，悉已就绪。地方上的政治改
革，既经完成，军事的进止计划，这时方才决定。

什么计划呢？还是进攻绥远。于是收拾全军（12 月初旬），
向归绥进发。这时候归绥军备，因包头失落多日，一切整军经
武、战阵防御之计，均已准备妥当，已非虚声所能吓倒。残破之
余的民军，焉能幸侥攻克。吴鸿昌者，也是巡防管带之一，统领
周维藩，因所部多数起义他走，自己颇感势单，独据一方，已不
可能，遂携带统领部属及卫队等，亦离归绥附合晋省民军而去。
堃岫因吴鸿昌粗莽无识，可为利用，乃认为义子，使承周维藩之
乏，任以统领，而责以抗拒民军。① 及民军到了刀闪，两军遭
遇，一番恶战。民军统带王家驹（字伯轩，湖北人）指挥前线，
奋勇进攻，冒弹冲锋，以致中弹阵亡。民军既经失去指挥，军锋
已挫，不得不退，辗转南走（12 月中旬），而到托克托城。

孔庚者，字雯掀，湖北蕲水人，时任山西北伐民军总司令，
力主重振军旅，再攻绥远。然民军因太原丧败之余，人数不满两

---

① 《辛壬春秋》作代周铭恩为巡防军统领者为谭涌发。

千，刀闪一战，兵虽未损而将已折。至是孔主再进，阎主再退，赵戴文者，字次陇，山西五台人，为阎主谋，附和阎议，再退之计遂决。孔以军锋未得逞，乃泄之以笔锋，讨绥一檄，文甚雄爽，不减陈琳讨曹之作。但是"杀贼书生纸上兵"，羽檄方驰，军旅随撤（12月下旬）。沿黄河而行，经河曲、神池、宁武等县，迤逦曲折，以达忻州，时已民国开元了（1912年1月1日）。

清帝逊位，共和告成，袁世凯贪缘时会而成总统，阎之都督头衔，亦因善于逢迎，取容于袁，得以蝉联不替。但是他的革命立场，从此丧失，革命人格，从此破产。这就是西北绥包地区辛亥革命的经过事实。

嗣后王平章被选而为国会众议员，盘桓京师，与时彦交游。见袁世凯专横媚外，蓄谋帝制，乃叹曰："这回命白革了，国计民生，毫无变更，只是给袁世凯造了个皇帝的机会罢了。"述者问他将奈何？他说："国会同人，如童杭时诸君，俱有颠覆袁贼的企图，我已和他们有了联络，咱们还得再来二次革命。"述者甚佩服他的意志，因而与谋相机进行。及众议院为袁解散后，君乃就任归绥中学校长，因与南北各方同志时通声气，交却信件，为归绥道尹公署检获，得知君有反袁图谋。道尹张志潭，乃诱君入署，诡称现有重要文件，他人所拟，皆不恰意，闻君雅善斯文，请借重大笔，代为制作。君见事出唐突，意必密函泄露？但已入樊笼，欲脱无计，只好将他所嘱，援笔一挥付之。张校对笔迹，知所检各函，并非伪造构陷，遂留君在署，不令复出。校中同人，见校长一去不返，疑有他故，相偕数人，前往探候，晤面之后，知为密函泄露。君伺监者偶疏，密告同人说："我书桌砚台之下，压有杨云阶来信一封（我时在太原任陆军审判处主任法官），速将此信检出焚毁，莫稍迟误。"同人归校，急将我信检出焚烧，我的生命，赖此一烧，得以保存。及检查人员到校，一无所获而去，但是平章已不能幸免了，过不多时，竟为所杀，年只二十七岁。迄今岿然独存，供人凭吊者，只烈士纪念碑"韩陵一片石"而已，岂不悲哉？张贼志潭，经此一杀，"立功"非小，大为袁贼所激赏，不多几时，由归绥道尹超擢而为内务部次长。

1951 年 9 月 13 日述于沪上

云南辛亥革命长编

编者按：《续云南通志长编》稿本，藏云南图书馆。今选录其中《大事》中《光复》一部分，改名为《云南辛亥革命长编》。文中《迤南》章前有《军政府》一章，即孙璞《云南光复军政府成立记》，为避免重复删去。

起　　源

光绪间外患纷乘，甲申、甲午、庚子诸役，国疆日削，赔款以亿万计。创巨痛深之余，清议渐起，驯至蓬勃不可抑，士大夫亦侃侃谈国事。清廷震恐，始派遣学生出洋，而欧西思潮因之输入。大江南北号称革命党人者所在蜂起，而杨振鸿由海外驰归，倡革命于云南。

先是同治十三年越南与法国立西贡条约，认越南为自主国。光绪九年复立哈尔曼条约，认越南为保护国，内政外交受法监督。已而兵进西贡，俘其君幽之南非洲，越南遂亡，而滇之南防危。光绪十一年英师袭缅甸，驻英公使曾纪泽与英外部议立君存祀，守十年一贡之例，英人不许，缅甸遂亡，而滇之西防危。滇自缅越失后，英伺其西，法瞰其南，巧取豪夺，互相生心。未几而有滇缅划界蹙地千里之约，末几而有攫取滇越铁路建筑权之约，末几而有擎七府矿产之约，末几而有云南、两广不许割让他

国之约。部臣不敢拒，边吏不敢争，而西南之祸烈矣。滇人士逼
于外患，渡海求学者先后达千人，或习师范，或习法政，或习陆
军，多以救国自任。而陆军生尤激烈，杨振鸿又陆军生中之尤激
烈者。

振鸿，昆明人，光绪癸卯入日本振武学校。既毕业，滇督丁
振铎电调归国。道出越南，亲见所谓亡国惨状，则大感喟。时法
人已筑滇越铁路，滇人谋筑滇蜀铁路为抵制，扼于财力，事未
举。振鸿为书上父老，举缅越事以为滇人镜，人传诵之。滇大吏
疲茶，知不足与谋，乃结三迤志士，创设死绝会、公学会及体操
专修科，壹以革命为志。适滇缅间铁路英人欲恃强修筑，振鸿愤
极，遂结全省士子抗之，势张甚，英领率为所慑，乃寝。大吏滋
不悦，出为腾永第一营管带。振鸿简军实，勤训练，以待时，而
益开扩党。会腾越镇李宝书、关道关以镛因索盏达土司贿，为振
鸿所持，未遂，心衔之，造飞语中伤。滇督锡良蒙古人也，尤仇
视革命党，即密电镇道捕振鸿。振鸿走永昌，知府谢宇俊捕之，
复走新街。历南洋群岛，再渡日本，入振武学校。

是时有《云南》杂志者，滇人居东之所作也。其书痛陈清
廷不纲及列强谋滇政策，由海外流入中国，读者快之。而在滇人
士亦有《云南日报》、《星期报》、《云南公报》之设，又为《苦
越南传奇》，授伶人奏之，座中至有泣下者。同时革命党人张儒
澜由东毕业，归任农业学堂史地教员，自出讲义，宣传民族民权
主义。又党人徐濂由越南游学归，秘密宣传革命，于是革命思潮
遂浸润于三迤。

戊申夏，革命军起河口，振鸿谋归滇助革军，乃至云南杂志
社结吕志伊、赵伸、黄毓英等，开大会于东京神田锦辉馆，到者
数千人，所称云南独立大会者是也。振鸿被举为干事，偕同党数
人南归。至香港，革命军败，关吏逻察严，不得入，徘徊久之，
谋以黄毓英、杜钟琦、王尧民进干崖，说土司刀安仁；喻华伟、

李遐章、何畏进腾越，说防营管带；而自居仰光，与居正办《光华日报》以通消息。中更蹉跌，事卒无成。振鸿离仰光，经腊戍、昔董，出盏达，至干崖，赴蛮允。说管带杨发，为所绐，重趼至蒲缥，主何子仁家。适与何畏遇，因共筹起事之策。振鸿策袭永昌府为根据地，编练乡民成军，以出大理腾越、顺宁、云州三地，包举迤南，进图省垣；再北出黔湘，西略川陕，戡定中原。策定，振鸿任先锋；何畏作内应于城中；宋某、唐某集乡民数百人，约夜间三句钟会于讲武厅之后校场。会腾越、镇康两处防营调驻永昌城，乡民气先夺。又召集失期，及杨、何至，则已先溃散，相与仰天长叹。俄有报缇骑至者，乃踉跄返蒲缥。未几，振鸿病作，渐笃，遂于戊申年十二月十一日没于蒲缥。

光　复

清廷腐败，秕政百出。滥借外债，供私人挥霍之用。宣统三年夏，外人瓜分中国之议起，而清廷方攘夺各省民修之铁路，于是全国物议沸腾，群起反抗。六七月间蜀中争路潮起，军民激变，影响波及云南。初滇护督沈秉堃调留日士官生回籍，李鸿群、谢汝翼、张开儒、李根源等分委步炮军职及办理讲武堂，于是兵卒学生皆言革命。及武昌发难，湖南继之。本省军界由协统蔡锷与将校中之同志密议多次，九月初七，蔡锷、李鸿祥、沈汪度、殷承瓛、韩凤楼、雷飚、张开儒、谢汝翼、黄毓英、刘存厚、黄永社等十余人议于唐继尧处，决心于九月初九日举义，为他省之声援。复定恢复云南全省作战及分途出师川黔计划。

九日下午，锷令李参议官根源率步队七十三标由北校场向省城北门及东门一带进攻，管带李鸿祥、教官刘祖武佐之。罗统带佩金率步七十四标由巫家坝向南门及东门一带进攻，以唐继尧佐之。命炮队统带韩国饶率队一营，分三部联络步队，进城后列西南东三门城楼附近。命教官张开儒等率讲武堂全部学生发自城内，为开城之准备。命机关枪营分属于步炮各队。均于夜半开始行动，同时攻城，于拂晓前将全城四周城垣及城内之圆通山占领确实，俟天明时同时进攻。以步队七十三标攻击军械局及五华山，以炮队据置城垣，协同步队施行射击，置预备队一营于江南会馆，为各队之策应。

午后十时，锷在巫家坝集步炮两标重要将校详细规定攻击计划后，十时三十分更集两标全体将校述明举义宗旨，词严义正，每出一语，各将校齐呼万岁，欢声雷动，誓出死力。宣布既毕，将校中有欲将军官之满人容山、惠森二人处以死刑者，锷与佩金力为禁阻，命暂行拘留，俟后释放（翌日即纵之使去）。正值判决之际，有人从黑暗中射二人，幸未中。复集合两标士卒，将举义宗旨简单宣布，士卒莫不欢欣鼓舞，乐于用命。遂于当场给发子弹，检查武装，于午后十二时陆续出发。时城内火发，枪声四起，即命分道急进，以路重天暗，进行迟滞，炮队尤甚。

初，步队七十三标正值准备之时，事机泄漏，该统带李鸿祥率标署卫兵出而弹压，顽固将校亦群起干涉，两方遂激起冲突。官兵中死伤二十余人，清标统丁锦遁去。根源遂率第二、三营向城垣急进，时初九日午后九时也。九时三十分李部攻入北门，派队占领银元局、兵工厂等处，以其主力逼攻军械局。其时清统制钟麟同以五华山空虚，率巡防队两营、辎重营、宪兵营、机关枪队及镇署卫兵占领之，顽强抵抗。军械局内守卫兵（六十人），亦据险盛行射击，机关枪之发射尤烈。我军死伤将校以下三十人。肉搏数次，均未奏效，仅占领五华山北端一部。根源以敌兵据险以守，兵力甚优，且弹药将竭，乃举火为号，冀巫家坝军队之来援（时已十一时半），而仍竭力攻击军械局。排长文鸿撰以长梯登，中弹而殪，我军益奋。初十日午前一时半，机关枪队（仅两队，余为钟调去）至天台会合于本军，分隶于步炮两标。

一时四十分抵南校场，时驻扎南城外巡防队二百人来降，锷优予嘉奖，命分扎南城外，弹压匪徒，保护居民。二时抵大东门城外，遇马标队伍，锷与该标统带田书年相晤，令其梭巡城外四周，预防匪类，检查宵小。马标之城实系麟同调以防革命军者，锷误以马标预知其事，而田亦误以革命军奉钟之调来相救援者，遂得相安于无事。午前三时步队七十四标第一营已占领城西垣，第二营已占领城南垣，第三营已占领江南会馆（预备队），炮队则于东南西三城门附近占领阵地，准备攻击。

午前三时半，步队七十四标第一营管带唐继尧率所部向制台衙门突击，二次未得进；而第三营管带雷胜以一队增援七十三标，猛扑军械局数次，亦未得手。

午前六时，根源军至危殆。天微明，据城各炮队向五华山敌人阵地及督署开始射击。七时，李军及罗军第三营之一部攻五华山及军械局，罗军第一、二两营攻督署。时据圆通山军火局之巡防队向预备队所在地射击；而七十三标反对派之官弁收拾残兵，在东城外向城垣一带射击，遂分预备队中一队御之。敌据山地颇得形势，相持亘二时之久始行击散。

午前九时，谢汝翼洞军械局围墙，更以药炸之，谢先入，我军从地道随入，军械局、五华山之全部几为我所得，敌军全数降。遂令围武侯祠。韩凤楼以机关枪来助。麟同尚抵死不退，因以负伤，经医兵舁出南门，为兵士所见，处以死刑。王振畿于被擒后自愿投诚，嗣复为众兵所杀。军械局既为我军所得，各队弹药得以补充，士气百倍，遂占领五华山全部。督署同时陷落。军司令部乃出示安民，一面饬各队整顿队伍，分头驻扎，并定警戒区域及警戒法。是夜军队于五华山及城垣四周彻夜露营。综计是役彼我死伤者将校以下百五十人。我军死亡二十余人，伤者四十余人。翌日，清藩司世增、清督李经羲、提法司杨福璋、提学司叶尔凯、巡警道郭灿、粮道曾广铨、劝业道袁玉锡、盐道毛玉麐皆就获，全城光复。十三日，军政府成而宣告独立。

迤 南

辛亥九月十一日，驻临安（建水）新军得省九日光复电，队官何海清、盛荣超遂倡议响应，教练官赵复祥领之，然犹以必得朱朝瑛赞同，事乃有济。朱朝瑛者，雄于赀又素负乡望，建水大姓也。先是，朝瑛接龙济光电，代募兵三营到粤东，已募四百余名，分驻四城楼、观音仓等处。适俥致中归自粤西，朝瑛约与共事，谓所募之兵接龙电催速往，行止将若何。致中曰："兵无妨招，粤东可勿往也。滇革命军将起，请姑待之。"九月初旬，朝瑛接匿名书函二，亦风劝勿之粤东，隐隐示革命意。俥致中同观之，问复函否，曰未也。致中曰："当急复之以表同情。"曰："不识为何许人。"致中曰："可揭一广告使闻之。"即代拟广告，略谓朝瑛所募之兵非与新军反对。甫张出，复祥即使李镜明、吴传声到朝瑛家，秘密商议革命事。新军民军始相联络矣。

九月十一日既得省垣光复电，赵、朱密议即于是夜九钟时举事。军中推赵复祥为临时统领，朱朝瑛为副统领。午前九时，朝瑛与俥致中、范嵩龄、王诒湘分往四城楼密谕民军，言今夜新军入城，当开城欢迎，勿放枪，违者惩以军法。午后十时，一、二两营同时发难。何海清、盛荣超夺其军，各在操场宣告起义宗旨，众呼万岁。先后率队向南城直入，先攻府署。知府吴昌祀逾垣走，标统罗鸿逵闻变夜缒而去。是时北较场第三营竟夜寂无声，乃以号兵自北城上号召，三营连声应之。黎明绕由南门入城。防营管带张鼎interested驻兵镇署，已先通消息，表同情。两军于民秋毫无犯，临安全城光复。

十二日晨，赵复祥、朱朝瑛就自治公所集军民各界筹议，复祥推朝瑛为统领，愿下之而自为副统领。俾致中为参谋。即将光复情形电省军政府，取销七十五标名称，组织南军军政府。是日决议朱朝瑛任镇守临安，赵复祥任统军，攻取蒙自。爰添募新军，派吴传声率一中队出发。

蒙自关道龚心湛者，在满清官吏中有能名。初，闻省垣光复，冀图反抗。及临安军起，中学堂监督李曰垓说以与临安军联络，保治安。心湛遣曰垓诣临安光复军，代表赞同意；而阴遣督带孔繁琴自个旧率防军三营先攻临安，十三日至攀枝花。时复祥先派进取蒙自之军将出发，朝瑛所招民军三营为预备队，顾尚未知敌兵之突来也。有建水役马者李鸿宾行至普雄，见敌兵汹汹至，即出赀雇人飞函报警。朝瑛急遣邓云广、张禄、尚毅德带领民军逆战，复祥派新军一队同赴前敌。当光复之初，朝瑛、复祥以心湛拥兵为梗，电请省军府救援。回电云：能战则战，否则固守临城，现已遣罗统领即日南征等语。南军闻之，争先奋往。行抵桠口山麓而敌兵卒至，相持良久，子弹已空，新军将弁见民军战甚力，乃分子弹予之。邓云广督军猛进，张禄以我军迎攻不利，即绕道玉屏山，拊敌之背夹攻之。鏖战逾二时许，孔繁琴中枪仆，敌兵舁送十里外，始大奔。营管带盛荣超星夜蹑追至普雄，遇溃兵三十余名据守观音阁，我军攻之，遂缴械投降。闻孔繁琴宿孔姓旅舍，乃禽而枪毙之。是役也，杀防兵五十余名，虏三十余名，获枪弹甚多。余众溃散，我军阵亡一人。龚心湛闻孔繁琴败死，十五日乘早车遁去。蒙绅集团防兵五营守城，是晚守军装局兵劫快枪数十枝走阿迷弥勒。次日吴传声、张鼎甲先到蒙自，联络各界悬旗反正。赵统领随率军至自临安，众欢迎。寻奉省军府电令，委赵复祥兼署蒙自关道，朱朝瑛署临元镇，郡人王垂书署临安府知府。

初，省垣光复后，军府以南防毗连越南，且防营势力颇厚，反侧未安，乃编成步队一联为基干之混成支队，以罗佩金为统领，庚恩旸为参谋，率之南征。开化镇夏文炳慑于兵威，于十九日先举旗反正。自是南防各营皆率所部降。惟反正伊始，各处土匪蠢蠢欲动。个旧一邑尤为滇财富要区，平时匪类麇集，比闻临军举事，即啸聚思逞，商民惶惧。朱朝瑛鉴昔周云祥之乱，乃募民军三营，以张和、钟文学、苏镇南为管带，分防镇慑。和有威望，群匪敛迹，个旧赖以安。别派李家祺、刘凤祥带兵两哨巡防石屏、嶍峨、河西、宁州、新兴、江川一带，初至石屏龙朋里击毙匪首龙向起，余党各鸟兽散。复于新兴后裕乡杀毙著名匪棍王云章。又派李哨弁追迹浪广积匪史春能、史奴生叔侄，该匪率党百余人进省投效，朝瑛先电军府声其罪状，比该匪至省，遂歼厥渠魁十数人，余党取保放归。澂江各属得以安靖。佩金至临蒙劳军毕还省，未几有蒙自兵变之事。

先是复祥当临安光复后，以新军缺额綦多，乃仓卒招募以补足之，盗犯痞棍土匪悉羼入。比驻蒙自，拟取开广达粤入湘以援鄂，而兵额不足，复招新兵一营，然多系防营溃兵，变乱之机伏于此矣。重以第三营新军独无发难功，行赏之日，一、二营目兵各给银五元，三营减之，仅各给三元。军中无识者动加丑诋，遂至积羞成愤，以图一逞。且军纪不严，赌风甚炽。时河口副督办许德芬以军府成立，需款甚殷，将署中所存湖北协款解省济用，复祥截留二十余万作蒙自军饷。营中赌而输者窥道署多金，已萌抢劫之意。而参谋官李镇邦谋充司令，马队军士龚裕和志在饱掳掠，邑人李某从事道署，更阴与匪通。至十月十三日遂至爆发，全部叛变。先攻军械局抢快枪二百余杆，继攻道署，库储饷项劫夺一空。焚掠市场，商埠亦被蹂躏。将校以下逃匿殆尽，复祥闻变，急走河口，南防震动。越南法兵调集沿边，势将借口侵入，事机危甚。军府与法领交涉，谓蒙乱指日可平，铁路一带当派兵沿途驻扎保护，决无他虞；法商所受损失事后议偿。法领夙感军府诚信，无异言。一面电谕蒙自叛军，速复旧状，勿得擅动。电饬临安开广各军严加防堵，即先由省派遣军队保护铁路，沿途驻扎。令朱朝瑛赴蒙抚慰叛军，严守个旧。复命佩金单骑赴蒙，剀切宣慰。越十六日，佩金及朝瑛莅蒙，分调驻个国民军第四营张和、第五营钟文学、驻临国民军第二营张禄屯扎要隘，申儆开导，该军始帖然。佩金密电省，请将驻蒙新军全部编为北伐军，陆续调省，俟分别惩处淘汰。濒行，在关道署将为首之李镇邦、龚裕和等数人枪毙示众，其余叛首郭耀龙、张志江等二十余人先后在省正法。军民为之肃然。蒙自关道，军府委何国钧署理。蒙自乱遂平。

　　自蒙自而南距二百数十里为开化府，知府石家铭与开化镇同城。初闻省垣反正，已电军府共表同意。石就地募士兵一营，以邑人余树松管带。既而树松叛变，石吞洋油燃火自烧死。余匪遂抢劫，掠城中富商。经夏文炳督军弹压，变兵溃散。余树松惧罪潜逃，嗣被获解省，审讯不虚，寘之法。迤南之乱悉平。

迤　　西

　　自昔有云南者必先扼榆城，然后足以左右南服。辛亥八月武昌举义，九月九日滇垣反正。十一日电至，守者匿不敢发。明日协统曲同丰知之，乃集官绅府署中会议，出军政府电传观，众默然。郡绅赵绍周先发言赞成，遂复省电，邀众出集军门右，说反正宗旨。众欢然，即分兵守四城。惟标统涂孝烈、管带蒋辅丞蓄异志，不赴。复反与绅士议善后，金以大理为迤西总汇，又驻陆军，力足号召各属，宜先设总机关，联合迤西各属，遂定议设迤西自治总机关部。适剑川赵藩因事赴省过榆，榆绅邀之出，十四日票举为总理。递举由云龙、李福兴为协理，范宗莹为参事长，分设团务、民政、财政、军事四科，以考棚为临时办公所，即日宣告成立，电告省垣，并约事定即裁，并通行各属，明布反正宗旨，安慰军民。分电顺宁、丽江、楚雄、永昌诸府，永北、蒙化各直隶厅，均令转所属速赞同，并举地方代表到部。标统涂孝烈谋抵抗不遂，黄夜遁去。十五日，清真教回民见旗书汉字，疑之。次日机关部集回民会议，说回汉一致五族平等之旨，并邀其代表入部共事，始各贴然。

初，涂孝烈之逃也，走丽江，投鹤丽镇张继良。继良固李督亲信，闻变在丽招兵谋抵制，孝烈附之，声言朝夕南下。时腾越复有电至，言初六日举义后无确报，道路纷传同志会者私党也，密谋戴孝烈为魁，于是军心浮动，人民摇惑。乃议定募乡兵二营，克日成军。电省截留乔后盐款约二万两作饷需，派侦探赴丽、楚、顺、蒙各属，令实以现状报城乡，添设临时警察。并通告本届钱粮及府县税课均解地方。十七日楚雄、丽江官绅各界复电，一体赞同反正。各属代表陆续到榆，乱萌渐消。惟各地尚多借自治之名侵越攘夺为患者，乃由部详订自治规章分发各属遵守。适奉军府电，调赵藩署西道兼巡按使，辞总理机关部，公推由云龙代之。练迤西三十属乡兵七千人，请提黑白琅三井附加盐款月一万八千两为补助费，余由各属自筹。适驻永陆军由教练官郭龄昌率之回榆，永昌反正时，龄昌本狐疑，与第一营管带蒋辅丞有隙，而军至观音塘，为蒋部以曲统领命枪毙之于城南。蒋久有逆心，曲侦知之，至是召蒋诘问，蒋以手枪迎曲，曲命左右缚斩之，即往宣其罪营中。忽闻枪声，警而逃，由官道星夜赴省，时二十二日午后也。曲既走，营中俶扰，枪声四起，乱党乘隙骚动，匪类杂其中不辨，持械入城，游弋市衢，人民大恐。机关部追曲不获，乃遣人往营中晓谕。二营兵多土著，愿共保桑梓，军中党分各为戒备。时城中义务团亦骤增，合以新旧乡兵及赵巡按卫队，共千数百人。统带孙绍骞借出标营新式枪弹及服装，由部配发兵丁，分屯城内外守卫，以防暴动。藩与绍骞等召开军官商联合会，机关部承诺代办陆军临时筹饷所，陆军承认自维秩序，与地方乡兵分任防守，共保治安。于是人心稍定。继而政府已电擢绍骞为标统，军营有所统率，乱萌始熄。未几有腾永发兵取榆之耗。

先是滇垣光复前三日，腾越张文光兵起。文光尝与杨振鸿、黄毓英、杜钟琦、马幼伯游，入同盟会最早。戊申河口革军事败，振鸿、毓英奔缅谋再举，联党人腾缅间，遂识文光，相与泣涕，言滇缅画界叠次丧地事，出革命宣言尽散布之。汉夷人民自是多怨望满政府者，振鸿乃乘机谋举义，即败愤死。毓英遁入省，投陆军。党人多匿文光家。已而界务危迫，滇人士四方奔走，言争界事甚急切。陈荣昌奏参兴禄、石鸿韶画界失地，赵鹤龄奏争重勘滇缅界，杨觐东屡上界务书，言滇事岋危，动摇大局。清廷均不应。李根源赴片马侦英兵，绘山川道路地形要隘图归省，大吏弃之弗用。人情愤怒，热血之士咸思独立。王九龄、杨大铸自日本旋滇，与李文治等发起保界会，会员以死争者相望。辛亥秋，武昌发难，省中军学各界谋响应，机已大动，计旦夕间事。而文光适自腾越一路以同志会联络会党及陆防军，争先发难。

先是榆标陆军因片马交涉分三营，前左队驻永，后左队驻腾。腾军排长陈天星又名云龙者，在军中有势力，称同志会代表。文光用之以号召，党人发难前三日，陆防军官兵借野操会文光等郊外，既盟定，初六日举义。是夜天星毙管带张锏而夺其兵，防军亦同时杀其管带，两军混合，拥入城，围攻镇署及军械局。总兵张嘉钰服金毙。转攻厅署，官吏遁去。兵四塞，遂据腾城。众推文光为首领，称都督。天星称都指挥，以杨大森、张鉴安等为军事参谋。悬重赏募兵勇，收官权归地方自治，设财政、公款、公捐三局，审判一厅。与税司英员好威洛订约，缅政府不得干涉，遣兵送之归。新增兵四五营，复编士林队，为招民兵先导。既据腾，乃分兵前进，意欲得榆为根据地，以进规全滇焉。

然文光为人，知之者绝鲜，讯至大理，咸怪诧之。天星又骄蹇自恣，六七日间搜款数十万，增兵二三十营。一旦桀黠游民闻风蜂集，多以戕官掠民为志。旋发兵攻龙陵，破其城，东下攻永昌。永军拒之，禁怒江船不得济。兵留禾树木者二日。而永已奉省光复电，保山县令毛汝霖集绅民宣告悬旗反正矣。而管带罗长庚与教练郭龄昌冲突于电局，汝霖惧，仰药死。龄昌以省电为不足据，令拔去已树之旗，而自率队渡沧江，断其桥，砍电线，至黄连铺，屯兵江桥东观变。

十六日腾军抵永，永兵自戕长庚，迎陈天星入。于是永城二次反正。遂西向腾，一切设施惟天星命是听。天星既得志于永，遂议分兵窥榆。其先锋刘竹云陷永平时，大理西南北三面警报频来。浪穹有巨匪郑银标等纠众自山后麦地进掠，杜文礼自永昌率众窜云龙、丽江，入掠漕涧，占喇井本里响水河一带，而蒙化、顺宁告急之书一日数至。佥言各路匪股皆陈天星派出者，乱人主迎天星，游民匪类纠纠作异军苍头状。鹤丽镇散勇络绎入关者日不下百数，朝遣之暮复集，人民惶惑，莫知所适。机关部议派妥员前往说明宗旨相同，毋庸用兵，欲天星驻兵平坡，单骑入关相见。而刘竹云迫大理投降之令至，干崖土司刀安仁亦称都督，行文至大理迫令降。由是军官绅民咸愤激，谋抵御。时大理反正已二旬余矣，乃由机关部议增乡兵及义务民团，分守要隘，而以陆防军出巡各路，以遏匪乱。即移文刀安仁，告以大理各属均已赞成滇军政府事，并派代表周霞等往。霞字华国，老而有侠气，年六十二，游学日本归，劝学桑梓数年，尤热心国事，地方人士多信仰之。旋入榆标陆军为军医官，气益豪。腾军逼境，求代表不得人。霞奋臂起，愿以身先。赵州杨峦者亦老而勇，邀之同行。黑夜出玉龙关至合江，直赴陈天星营。天星不见，且要挟多端，词气狂肆。霞等往见竹云，告以情理，阻其前进。竹云亦不听。十月四日引兵犯茅草哨，炮击榆军。适奉政府电谕，大理军迎头

痛击，绍骞乃分兵破之于合江四十里桥，更破之于平坡，追至漾
濞，而蒙化团长姚淑虞亦破蒋树本兵。丽郡李德泳破杜文礼于喇
井、乔井，大使何诰进复云龙。于是竹云遁走，天星无所恃，不
复东下。榆军拔队返，人心稍定。而顺宁告急书又至。

　　先是顺宁府琦璘奉省电，即传谕所属一律反正，而自愿捐俸
助饷，与地方共维治安。军府曾电奖之。突有土匪谭占标等倡
乱，县令逃，贼得琦，刃之，遂据官署，破牢纵囚，广收匪党，
土匪李正举、石甸司亦为匪得。于是顺云一带居民纷逃，各局所
学校悉糜烂。地方绅士乃密遣赵珩等赴榆求援，而袁恩锡则取捷
径自乞援于永昌。是时腾永军由顺下云蒙，以取大理，即派李学
诗为统带，恩锡为前军督队军官兼参谋，驰顺宁捕杀谭占标等，
余匪悉降。腾永军裹胁益众，顺人稍稍苦之，复阴遣人乞援于
榆。腾永军乃分兵他去，留恩锡驻顺。时政府已命第二师长李根
源统师西上，将至榆，李学诗由云回顺，力靖匪乱。藩请以宾川
州牧张汉皋署宁府，电告以安民心。张文光始撤陈天星部下漾濞
兵回永，诱杜文礼回腾，令马占标劫杀之。而以讲武生刘有金入
云龙、保井，与榆联络。有金军纪严明，机关部电请李师长委为
驻井管带，云龙亦靖。刀安仁闻省军西来，自分不能为都督，已
先逃逸。自是大、丽、顺、蒙一带声息相通，人心渐定。

　　初，迤西各属反正，永北独迟疑。总机关部迭行文催饬厅丞
田亮勋从速赞成。田已悬旗庆祝，时劣绅黎元和、谭华等潜来
榆，言永城并未反正，机关部复发以政府文电各件。元和回永乃
纠党设立自治机关分部，逼官交印捐饷乞免，强收钱粮税课，胁
夺军械文牍，劫狱纵囚，抄抢江外地、花坪、紫杆各村及顺州土
司地，羊沙喇、黑早郎、大石桥一带，四乡惊扰，岌岌不安。总
机关部与藩查知其事，电政府将元和诱榆惩办，乱乃定。至是云
龙等乃密电省政府，请申前约，裁撤总机关部，以清官治自治权
限。奉准后，先遣散所招乡兵及城乡各义务民团，而移其余饷军

装文件于根源及藩。计自设立至裁撤，为期仅四旬，用款不及万金。然初则维持地方治安，使各属消息相通，宵小无从构乱；继因腾军出扰，各路请兵请械，莫不设法应付，且联络陆防军指授机宜，俾兵事早日敉平，复破坏之秩序，安惶惧之人心，识者多机关部之力焉。根源乃电请军府擢由云龙为永昌知府，协理李福兴为参议官，奖参事范宗莹等以同协都尉以下职有差。改机关部为陆军饷械局，而大理绅商界感陆军保城池功，公议建纪念亭南城外。军人之枭桀者亦以名誉相勖，自是军民相安无事，迤西各属文武一切政令，悉出自第二师司令部。

根源之出也，以第二师师长兼国民军总司令，节制文武吏。自楚雄以下之直隶厅、三十五州县，举以畀之，悉听裁决，不为遥制。权专威重，事皆易集。抵榆后以提督署为总司令部，改西路各防军为国民军。署丁彦为鹤丽镇，李学诗为顺云协，皆兼带国民军。编孙绍骞军入第七联，以绍骞为联长，委参谋官秦恩述署大理府兼摄太和县事。十月初一日，腾永代表至榆，根源特提安抚各事，裁兵收械，停派捐收，置官吏，军人不得与政事各条，诸代表悉从命。大理军绅虽欲甘心天星、竹云，至是已无人出而争执，事遂平。

二十八日，根源率师由榆出发，抽其旧部省兵并带榆军王太潜一大队西上腾越。赵藩带国民军两营驰其后赴西道任。由云龙亦随赴永昌守任。当是时，腾人心志大定。然以兵多饷不济，取官款、盐款、铁路公司存款、粮税各款数十万，用罄不足；至按户籍派捐集十余万，亦不足；又行钞币，名军用票。所略地用军兴法，官司悉废坏，人民漫无归束，兵多抢攘，而土司刀安仁亦乘隙索张文光饷与械，煽西南诸土司为乱，强发纸币数万。及安仁逃，其余众犹纷纭不可收拾。军中独张文光识大体，诸将心犹叵测，又与榆军有隙，憎其来。根源与赵藩谋，乃以榆军与腾军攻战者留城中，其未相见者从行，又分布诸路以杀其势。所过郡邑抚其所驻军，皆受约束，各置守吏，收其权。至腾，改腾越厅为腾冲府。见腾冲兵最多，次为永昌，计先裁腾兵，乃调永昌兵入腾，以次裁之。遂与张文光议罢捐派，设官布政令，一切皆具。保文光为协都督，授总兵官，镇腾冲。大裁其军，一日遣数千人，无哗者。将调永昌军，而难作。

初，文光保其部下彭蒉，人笃实可任使，根源使守永昌。黄鉴锋者，故无赖，同主兵，不能遽去之。未几，钱泰丰以彭蒉误发枪击死，其部下围杀蒉，几酿乱，得部署，旋定。黄鉴锋又与城中匪通，夜焚数百家，大出劫夺。王太潜军及府署卫兵亦与通，故难作。永城溃烂，腾中为摇惑，夜数惊，牵及在顺之腾永军，亦群情汹汹，乱机四伏。驻大理者亦因而动摇，城中惊恐。根源佯慰其众，诱黄鉴锋杀之腾，而遣王太潜军出永昌退伍，益裁汰诸路兵，合西防军，定民军编制，画卫戍地。腾永军二十三营裁并为七营，编入西防国民第十一营至第十七营。令分防各要隘，自是号令日肃，盗贼稀少。惟榆军闻腾永军变后，常不靖。根源电军府请分榆军取道永北、会理、建昌援川，适省中援川军已出发，而建昌官绅速电阻兵，榆军遂止不行。根源乃密饬孙绍骞行退伍法，满役者皆以次退，不及期者遣归。然后行征兵制，选官长，严教练，以为国防备。方退伍时，为难数倍于裁兵。幸榆军多邻近民籍，绅士又屡以名誉拘制之，得晏然无事。顺宁亦经知府张汉皋调停，筹给饷资，使稍慰欲壑，得免于乱。根源复自腾永诸路严缉变兵，拿办之，杀其头目多人。其未属变兵而留赘与在籍者，则从严限制之。自是兵患始息，人得安枕。根源乃锐意政事，凡应兴应革者，与赵藩昕夕筹谋，政无不举。其在师中所为，如置漾濞县、弥渡县，定保山、永平、顺宁、蒙化、云龙地之相错者。革弊俗，正风化，废旧祀之不合祭法者，而建明代开创殉国遗逸祠，修乡贤之祀，表忠烈之墓。复迤西模范中学校，设永昌师范学校，试行强迫教育，资遣腾永学生出洋留学。

饬各郡县兴棉业、林业、畜牧、矿产，合腾、永两府设实业公司，附以垦殖。开商会，立银行，整币制，欲行之以规久远。已，复经营西南土司，与之土地。建二策于政府，一主急进，一主渐进，军府从其后策。自南甸以下诸土司地，各设行政委员一人，又择其冲繁者增设巡捕员四人佐之，其区域权限悉如根源议。惟六库、老窝、登埂、鲁掌、卯照地皆与片马相接，而上下片马实属登埂，乃先设治，名泸水县；邻近有练地，亦土巡捕，以永昌府经移治焉。怒求地者，怒江求江之东西岸，恩梅开江以内是也，地险恶，绳桥以渡，道路未通。其人犷野，椎埋为俗，稍成部落，未有市府。汉人不能至，故设官尤难。根源初自片马归，即图其地形，经营之未得行。至是乃遣军中习夷情者，率土卒杂员版工匠之属，分道入探之。兵入怒地，数濒险，卒得出，且降其众。修道路可往来焉。乃增其兵为殖边队四队，以出怒江，设殖边局管之，以备兵食，便策应。移人民，开垦凿，通工易市，为异日设官之备，且以绝外人东侵之渐。

初，英兵入片马时，腾永奸民伍嘉瑗等为向导，至是根源捕治之。英领大忿，以根源在迤西威权无限，力谋去之，电请军府撤退根源还省。又电驻京英使，向外交部力摘根源短，以迤西巡按使赵藩与有龃龉，并请更易。军府据理力争，坚持不允，英领无如何。复以张文光过界捕人，违约，电请惩处。军府以过界捕人非文光意，允罚捕兵，事遂解。既而根源闻西藏饷道绝，悉番人将蠢动，然事犹未亟，巴、里塘诸所犹有小军戍其地，因驰檄告川军，无溃散，为任援应，供转饷。使其事行，则驻藏兵不溃，番人不叛，而藏乱亦不炽。会蜀政府与援川军交恶，边使不通，川军遂溃。襄城叛，巴、里塘皆相继陷，始于阿墩、中甸、维西、永北诸路严戒备，土番不得窜扰。更收川军散亡者数百人，为入藏向导。后政府议自中维出师，以援藏。赵藩辞职。根源乃与藩并辔旋大理，请以张文光为大理提督，李德泳署腾越镇，调孙绍骞为国民军统领，使驻维西，杀王太潜以谢永昌。以缪嘉寿为第七联联长，驻大理。根源以病求解职，都督连电慰之，求益坚，乃令殷承瓛督师西征。根源与赵藩、杨琼等徜徉山水，间访遗书，搜剩迹，标榜文事为乐。是时迤西各地已靖，虽腾永散兵余波时有起伏，不足为患矣。

援　蜀

军政府之成立也，都督蔡锷以光复大业非一隅一方之事，北庭未复，其责未尽，故谋合江左右同志联军北伐，而分一支道蜀入秦陇，以箝其臂。西蜀天府，进可以控御中原，退可以据守自固。当是时，清川督赵尔丰犹据成都，重庆张、夏两都督及川省绅商请兵赴援，而旅滇宦商刘存厚等情词更切。清臣端方又奉旨率军入川，且阴嗾北清臣之属滇籍图滇。锷以四川据长江上游，若使丑虏得志，挟其兵力财力，北连秦晋，东下武汉，西抚藏卫，则足以制民国死命，故欲北伐，必先保西蜀，则靖蜀乱，实为北伐之首事。是时滇西、南两防大致已定，新军倍于前，乃搜集军实，成一师，以军务部总长韩建铎长之。九月二十一日，分命参谋部第一部长谢汝翼为第一梯团长，顾品珍为参谋，黄毓成为骑兵联长，张开儒为步兵联长，取道昭通，诣蜀之叙府。命步兵第一旅旅长李鸿祥为第二梯团长，杨发源为参谋，率师由毕节出泸州，而会师于成都。谢师次昭通，端方闻之，阴嗾泸、叙独立，以缓我军。汝翼不为所惑，十月二十二日，军薄叙府。鸿祥亦由黔北上。尔丰闻之大惧，始移军政大权于川人。十月十九日，成都反正，尔丰遂遁入藏。至是而新命四川总督端方亦为其下杀于资中，馘其元，送之武昌民军。成都民军推蒲殿俊为都督，锷即命汝翼与鸿祥暂驻叙泸，协商川中军府，镇慑地方，安抚人民，无庸前进，免起猜疑。

当是时，川事糜烂，仇杀相寻，军府林立，不能统一。而北清钦差傅华峰、统领凤山、驻藏大臣联豫领兵万余，由雅邛进扑成都，蜀军屡败；西藏叛军进据巴塘；英人亦增兵入藏。锷又惧清军乘间袭秦陇，尔丰鸠余党厄我军之吭，而拊鄂军之背，则不惟蜀乱难平，蜀民受其辜，且必摇动大局，故令汝翼扫荡孽丛，修治民政，以巩军势，勿任其蛮触争雄，致碍国家。顷之，成都兵以放饷激变，殿俊跳走，政府助匪残民，自号借公口为团体，而哥老会首领自为渠帅，政府为会党私社，而私掠宾萌，横杀文弱，巡防同志新军复先后三次兜抢，公私交困。重庆亦惨杀倡义诸人，外属各县同志会麇集，将成流寇，势极危殆。成渝又分立不相下，全蜀骚绎，民不自安。会叙属伪同志会数千人，欲掠汝翼军，围叙城数匝。汝翼谕给资遣散，不听，且汹汹煽守军为乱。汝翼知其为乱党，非驱逐不足以靖地方，遂于十一月七日炮击翠屏、真武两山，更分兵冒险渡江攻吊黄楼匪军政府，斩其渠帅关连升、罗选青及标统六人、管带十三人。匪军溃散，追击三十余里，戮伪都督胡棠，叙城大定，人民欢忭。

是时自流井匪徒周鸣勋，聚众五万余，亦称都督，蹂躏地方。士绅迭请兵于汝翼，翼商之于黄毓成，毓成以盐井为全蜀财源之地，而下通江流，尤便转输，关系北伐戡乱皆至重。遂于十一月二日命毓成与顾品珍擒斩其帅渠，据其地。毓成因与锷论蜀中形势曰："我军援川目的，原以平川难，促其独立，借固滇藩而维大局。我军行动，自应视川难之曾否敉平，蜀人之确否独立为进止。乃查蜀之军政府则纷纷角立，都督则所在皆是，如成如渝如泸如宁其最著者。至外县之盗名窃号者尤指不胜屈。既无完全之建设，又乏强大之武力，彼此竞争，各不相下，日形冲突，莫期统一。甚至一军府中亦复人各一心，互相倾轧。各处匪类，大则带甲数万，盘踞外县；小则纠众千百，打家劫舍，大都假名同志会，而实则盗贼之行。各军府微特不足以制之，反借为声援，其内患如此。伪钦差傅华峰、伪统领凤山、驻藏大臣联豫等，带兵万余，由雅邛进扑成都，蜀军屡战皆北，满贼长庚纠合甘人三万余，谋复陕西，陕军又败，近更有进攻汉中之说，其外患又如此。川祸未已，北伐之计恐非滇能独任，况蜀不惟不能济我，反忌我而排挤之乎？刻下我军已定叙府、自流井、富顺等处，查蜀中财源，大半出于自贡两井，约计年出款几近千万金。但因匪乱破坏，运输不通，我军虽将盘踞匪党驱除，稍复旧规，然不乘势扫荡川东南，则运道仍阻，不惟长江一带有淡食之虞，且以此最大财源漫无经理，将何以平蜀固滇而维大局乎？目前鄂豫停战，南北局成，亡国之祸，迫于眉睫。蜀以天府之国，不惟外人视线所集，其势居长江上游，又取天下者所必争。满势未减，必由陕入川，力争上游，则川亡而滇亦亡，中国前途何堪设想？故欲固滇藩，维大局，非速平川乱不可。然川政府无力维持，非我军监督改造催促进行不可。欲达此目的，又非据自贡两井财源，打通江路不为功。是以毓成现拟办法，惟有死守已定之地，多筹游击之师，俟兵力稍厚，节节进取，大要打通江路，连贯湘鄂，既握饷源大纲，亦便兵器运输。小之足以富强滇蜀，大之足以接济各省，将来北征计划自易为力。此愚者千虑，以为不如此不足以为全蜀者也。"云云。时犍为、五通各处会匪势仍猖獗，汝翼复命开儒率一混合支队逐之。出雅州，并袭傅华峰军，捕斩匪首袁香圃，傅华峰降。富顺、南溪、屏山诸县亦靖。遂分毓成军驻自流井，开儒军驻五通桥以镇摄之。至是而川南会匪悉平，四境宁谧，居民乐业。

鸿祥之出毕节也，先清永宁匪祸，其前驱黄毓英、张子贞等，转战于永宁、合江、泸州之间。一年一月，收复合江，卒禽其悍贼。川乱之得早就平息者，滇军芟夷之功不可没焉。锷又恐贻川人口实，特电鸿祥云："川事迭经电中央请定办法，闻王采臣、胡文澜已抵蜀，就中以一为之，当易为力。若猝难办到，惟

有仍赞助渝军，共平匪乱，我军以联络蜀军、勿分兵力二者为最
要。联蜀则疑易释，兵聚则敌难乘。"云。是时崔苻虽夷，而成
渝两军政府仍分立，各不相下。渝军府较悉我军入川之意，故每
得地，锷皆命交渝都督接理。鸿祥、汝翼复力调解，渐有归于统
一之势。川事初理，军政府乃与之计划会师北伐，在蜀我军，亦
厉兵秣马，以待长驰，而滇蜀交恶之象成。

初，我军荡涤川南匪患，列营叙泸之间，全境晏然无事。匪
巢既破，其徒无所依，乃为流言，谓滇军有并川之意。群情未
察，遂起疑猜。而军中偶杂散勇，容有与民情未调之处；合江之
役，误杀重庆军府所派之川南总司令黄方，而巡按使郭璨复为开
儒所辱，（按：张以郭璨、陈先沅两巡使袒护恩安、永善两县令，
私自撤换，郭、陈避匿，又派兵围搜，并拘郭弟於昭通自治局。
郭本川人也）谰言四起，川人群忿。渝督张培爵使人虚与鸿祥商
北伐事，又以陕甘危急之说，假滇黔代表，举为三省北伐团兵总
司令，电锷，实欲滇军之速去川也。鸿祥与汝翼商，别请建铎、
存厚向成都政府说以四事：（一）取消成都哥老会政府；（二）
令同志军缴枪解散，另招新兵编练军队；（三）不得排斥外省
人；（四）统一军政府。复与蜀军政府电曰："顷接养电，会师
援秦等语。宏筹硕画，实深钦佩。但此事关系重大，非有我军府
命令，不敢自由行动。以现在情形言，川省军政府未能统一，政
治淆乱，伏莽遍地，全蜀糜烂。藏兵在西，乘间伺隙，滇川重兵
皆出于西北，恐匪徒猖獗于内，藏兵乘之于外，川省不可收拾，
鄂省即首承其祸，大局何堪设想。故今欲救西北，非先使四川之
独立确实完全不可。倘能以最短时期速祛以上所陈二害，固当请
命于本军政府，执鞭策以相从耳。"电发后，蜀军府不复。而鸿
祥、毓成皆电告成都分兵诣资州、荣县，大书于帜曰"七千万代
表尹"，尹者，成都都督尹昌衡也。锷电李、谢，谓"我军急宜
准备北伐，若蜀军开衅，可敛兵不动，与之和平交涉。勿轻启内

哄，至碍大局"。并派存厚之成都商和平办法，不意存厚随员卫队全被拘留。二月七日，交涉未定，突于自流井北界牌防御处寻衅轰掠，并由资州、威远、荣县、富顺四路进兵，攻我军甚急。我军亦增援备战。锷与成都军政府电曰："滇军援蜀，本属仗义兴师。嗣闻蜀颇怀疑虑，迭经电陈宗旨，又饬滇军协商贵军，速靖内患，联军北伐。顷接泸州电，称成都发兵数万，在自流井以北攻击我军云云。现陕皖告急，敌势方张，正宜戮力同心，歼除达房，滇蜀谊系唇齿，宁可反操同室之戈？万望释此嫌疑，共维大局。滇军早已饬令顺江东下，出襄阳，截敌攻鄂攻秦晋之后路"云云。鸿祥复请王人文、胡景伊双方调解，而渝军府亦屡电解释。至二十日，川两军府合派胡景伊、王馨桂、邵从恩亲来自流井与师长韩建铎商和平，遂以北伐条约，结束交恶之事。约曰：（一）川、滇各军组织北伐队，分道前进，俟会师中原，认为必要时，临时由各上级官公推一人为总司令，统辖全军。（二）滇军北伐，一个梯团所需薪饷由川军政府担任，每月二十五万元为率，余先筹四个月分于重庆交纳外，后均按月接济。（三）北伐团所设兵站机关，由川军政府组织，其所需弹药、被服、器具、材料、马匹等项，统由兵站机关筹备，输送补充。（四）滇军出发日：（甲）自贡支队以旧历正月初五日以前出发完讫；（乙）五通桥支队以旧历正月初十日以前出发完讫；（丙）成都简州各部队（随刘参谋去者）以旧历正月初十日出发入泸州集合；（丁）叙泸军队出发之前一日，通告川军。（五）滇军援川以后，北伐条约未结以前，在各地筹获之款，由滇军报告滇、川两军政府，由两政府直接商酌办理。（六）滇军援川时在叙府自流贡两井，因一时权宜之计，暂行派员代理之行政事务，此后由川军政府斟酌办理。（七）本条约经双方调印以后即作为有效，从前所定滇渝调约及各项草约，一律作废。（八）此条约共缮四份，滇、川两军政府各存一份，缔约人各存一份。

和约既成，锷欲遣我军东下至南京为警卫中央之用。时清帝退位，南北统一。而成渝军府亦合并，重庆镇抚总长胡景伊与锷有旧，多调停其间。时藏卫乱事方兴，锷又欲使在川滇军助川平其乱，川督尹昌衡不愿。国是粗定，无事北伐，恤邻之谊已遂。于是夏四月我军遂自叙泸撤退。锷更编新军，以鸿祥为第一师师长，汝翼为都督府参谋厅厅长。

援　黔

援黔军即滇之北伐军，北伐军编定于辛亥十月。当是时，汉阳失守，民军不利，南北议和迁延未决。识者虑北清复振，谓非联合各民军大举北伐，不足以谋统一而巩大局。于是长江以南各省咸组织北伐军。滇僻处天末，界连缅越，而光复后曾出师援川，用促川省独立。复以清廷尚在，后患滋深，都督蔡锷召集将领议，以援川之师循江东下，自宜昌登陆，进规襄阳，出潼关、武关之后，截击清军，俾不得逞志陕鄂。然后结沿江之师，直捣燕庭。编定北伐军四千，命唐继尧为司令。取道泸州与援川滇军合，径赴中原。适黔省反正后，执政如张百麟、黄泽霖、赵德全滥引匪类，盘踞要津，政权匪势混而为一。黄自充龙头，党羽鸱张，为害日烈，然皆拥重兵，黔人固无如何也。黔中耆老爱举代表戴戡，会同旅滇黔人代表周沆，乞便道移师入黔，代清匪乱。锷以北伐为重，又以事涉嫌疑，不允所请。黔代表再三吁恳，谓滇黔唇齿，黔乱滇难独安，即湘蜀亦受其影响。锷乃命唐继尧率师入黔，事定当移师北伐。

民国元年一月二十七日，滇都督蔡锷暨北伐司令官唐继尧誓师承华圃。二十八日支队长庾恩旸率师首途，二十九日继尧率北伐军本队出发。先后送者数千人，旗帜大书"不平胡虏，请勿生还"八字。临时省议会、女子爱国协会均以纪念白巾赠军人。二月五日军次平彝，奉锷电，谓"蜀氛未靖，陕势颇危，我军应改道入蜀，会合援川军，先平蜀乱，即援陕北伐，于大局关系甚巨。且探悉黔省党竞剧烈，我军一到，冲突立生，即代戡平，而收束匪易。审时度势，应暂置黔事，并力赴川"云云。时黔代表戴戡、周沆，亦奉电，谓"此间黔人刘荣勋、钟元黄上书谓滇军助一二人之党争，将残七百万人之生命。浮言固不足恤，然黔军政府既生疑忌，将来到黔，难免冲突。我军既多树敌，黔省又重罹殃，已饬唐司令改道入蜀"云云。戡、沆复电，指钟、刘乃张、黄朋友，新自沪来，或不熟悉内容，故为危词耸听。且滇军入黔，已通讯预备欢迎；设中途作罢，则贵阳与谋诸人必遭残害，株连良善，势所必至，元气正气，丧失殆尽。是滇军不发，黔祸或缓须臾，滇军改道，黔害立见糜烂。至虑剿黔敌，所敌者仅少数匪魁，吾黔驯良之父老子弟，有感激无猜忌，可以断言。现唐司令迭接前队入黔报告，深悉黔民痛苦，热心赴援，忽受改道命令，乃决策北伐，置黔事不问，但又念成约所在，无从反汗，且黔不定无以平川固滇，故取道安顺，听候进止。又谓戡、沆对于黔局，只有是非无恩怨，此心可矢天日云云。于是锷复致电继尧，谓军情瞬变，不能执一。现接泸州电，蜀军数万在自流井北界牌与滇军开衅。而皖则三河失守，寿亳均危；陕则灵关、潼关失守，西安亦危。自应先其所急，力顾大局。惟闻二月十五夜，贵阳黄泽霖扣饷肥私，为部众所杀；张百麟走安顺。黔人乞北伐军往助，可酌拨队伍代定黔事，余军仍须入蜀，以应援蜀之急，并速北伐之师。当是时，北伐前军已深入黔，继尧亦决意由安顺出重庆，以会合援川军。二十三日，军次安顺。官绅郊迎道旁，观者延长四五里。滇军整肃入城，居民惊喜。驻军二日，拿获匪徒数名正法，人心快甚。继尧以闻清帝退位，民国成立，全军欢慰。大局既定，本军计画，自应向〔相〕机而行。拟先平蜀乱，再由遵义出重庆。北急则联军以北伐，北定则并全力以援川，北、川俱定则经营西藏，以尽云南军队任务。电滇军府请示，得报云，滇川事已和平解决，且和局既成，战事自息，计画当稍变更，已电令与蜀协商经营藏卫。至黔事糜烂，迭经绅耆乞援，实难坐视，希即督率所部戡定黔乱为要，勿庸改道入川也。二十五日继尧遂率师而东。

二月二十七日滇军抵黔。至头桥，距城可三四里许，即有一部分军队及耆老会来迎。耆老会者，乃黔省士绅，大都硕望耆年，因观黔省糜烂而思有以补救者也。滇军以黔垣为会匪盘踞，不欲入城，本部驻螺丝山，各队分扎照壁山、东山、观风台、九华宫等处。连日黔代表同耆老会诣司令部会商，不承认赵都督德全，要求唐司令为黔省临时都督，代剿防绿各营会匪，情词恳切。乃先由耆老会函告赵督，晓以利害，劝令辞职，并保全其生命财产。赵不听，谓黔民倚仗滇军，敢于怀二。转纠蓝鑫、叶占标等准备袭击，定期三月五日烧抢黔省。黔绅耆及黔军将刘显世、胡锦棠两军金谋先发制人。三月二日，我军各部队奉密令备战。次日拂晓，观风台炮队开炮击南厂，步兵一大队四面包围，第二大队攻头桥，第三大队攻黔灵山，干部大队、骑兵队、机关枪队随司令部在螺丝山高阜预备应援。刘显世领新军围攻都督府，胡锦棠领团防军监守各城及街市，我军分一部分攻执法部。午前十时南厂兵匪多伤亡，余匪四五百名皆降。执法部兵匪伏不出，乃调观风台炮队自城头开炮击之，始降。正午城内肃清。黔灵山、头桥两处兵匪颇顽强抵抗，复调炮攻之，亦降。赵、叶、蓝皆逃。军队投诚者无数，特会黔绅诛首恶数十人，余罔治。午后七时，一律肃清。黔民大悦，悬旗志庆。商民争以肴酒犒军，酬之钱不受，有感激泣下者。是役也，我军战死一人，伤六人。参谋长韩凤楼率步兵第三大队驻城镇慑，余归原宿营地。是晚，黔代表同耆老会复诣司令部，会商善后事宜。

初四日，改组军政府，公恳唐司令继尧为黔军都督。黔军政府既改建，唐都督继尧通电南京暨各省。同日黔省绅商军学界郭重光、刘显世、华之鸿、任可澄等电滇军府，共表谢忱。锷复电谓："唐司令器识恢宏，声望素著。滇中反正，厥功最伟。此次北伐，志在荡平胡虏，早定中原。适黔局不靖，屡经绅耆电请救援，复于沿途吁恳。滇黔唇齿，不忍坐视，乃允为戡乱，解此倒悬。至任黔都督一职，本非唐君初志，惟黔局甫定，喘息未安，不能不勉徇群情，暂资镇慑。一俟全境安堵，仍望将唐君还我。所冀诸公赞助，早复治安，不独黔省之幸。黔饷维艰，不敷散放。滇军驻黔饷糈，此间当源源量力筹济。滇省医疮剜肉，万难情形，亦诸君所同鉴。现于无可如何之中筹措五万金汇解"云。滇之视黔，不分畛域矣。

黔，山国也，夙贫苦。复经赵、黄等傜扰，公私赤立，财力尤窘。微邻省协济，几难自给。昔在满清咸、同间，湘军尝援黔矣，而王壬秋氏撰《湘军志》，其《援贵州篇》至谓湘独受其祸，盖言縻饷劳师也。今滇之援黔，何独不然？自北伐军出发以至平黔，已縻饷甚巨，又源源接济之，黔事赖以维持。然黔省财政既绌，吏治尤窳败，各界之匪几遍黔中，隐患方兴未已。继尧以为非有绝大武力痛加狄薙，万难彻底澄清，拯同胞于水火。顾现在兵力颇形单薄，不敷分布，因请滇军府饬令援川军第二梯团顺道入黔，代清积匪，使贵州重见天日，谓此固人道主义所应尔，亦不负援黔之初心。此次分兵乞令分三路，一由綦江达遵义，一由赤水经黔西抵安顺，一由毕节径赴盘州回滇。遵义、大定一带得此雄师，不难戡定。锷韪之，谓我军甫定黔乱，不能不增加援军以为后盾。因饬旅长李鸿祥支队入黔，剿遵义一路匪乱。鸿祥军驻泸州，联长黄毓成、张子贞军驻重庆。奉滇军府令还师援黔，鸿祥率王炳钧趋大定，并檄张、黄两军克日起行。张联长率黄毓英、马为麟进军遵义、铜仁等处。四月八日，继尧复请调滇省东路游击军刘法坤赴黔助剿。盖是时黔垣及上游各处秩序已就恢复，惟下游一带匪势大张，而讹言亦因之以起。

初，黔乱平后，张百鳞逃至粤，其党有张泽均者逃至湘。沿途鼓动，遍播流言。于是旅居外省黔人不悉黔省真相者多附和之。武昌黎副总统亦有电至滇，谓宜严肃军纪，免召不腆。继尧爰将会匪乱黔真相十二端通电宣告。同时黔人周沆、戴戡、刘春霖、郭重光、刘显世暨绅商学界亦谓：黔省自反正后，张、黄、赵、蓝、叶诸匪涂炭全省，爰请命滇军府代平祸乱。黔局粗定，即拟遄行。黔人以匪党根蒂已深，非滇军留黔难资镇慑；又以和议已成，无须北伐，公恳唐司令认〔任〕黔都督。前后二十日，治乱迥殊，商旅四通，妇孺欢忭，黔人感激有同再造。乃昨见川督通电，有滇军借名援陕，冀图经过成都，乘机夺取如占领贵阳情事云云。阅之骇异。夫滇黔同是中国领土，即同是中国人民。既非列国战争，何得辄言占领。黔省当张、黄肆虐时，糜烂已极，使滇军府稍存畛域，黔事必不可收拾，岂惟牵动西南，实将贻误大局。凡此苦衷，应为直省所共谅。而川督通告，似不免妄用猜疑。黔人虽至愚暗，宁肯自取覆亡？况中央已定统一之局，各省必无分立之理。救灾恤邻，自是通谊。倘必深闭固拒，酖毒自甘，则是盗入其室而拒乡邻之救援，非惟不情，抑亦不智。且滇军驻黔所有粮糈概由滇支给，滇何利而为，当可不辨自明。又据侦探报告谓，川省公口仍盛行，故黔中溃兵散匪大半逃往川边，则滇军占领贵阳之说必出于匪徒捏造，川督不察，遂至误听。窃惟中国必当统一，一发或动全身，诚不宜如列国纷争，妄生猜忌。事关大局，缄默难安，用特通电缕陈。时元年四月七日也。前都督杨荩诚自武昌来电，谓已得孙大总统拨饷助械，加给委任状，促令归黔。全省震动，众谓杨若回黔，黔必无幸，通电阻之。荩诚乃复以黔人名义捏词宣布滇军罪状。黔人通电驳之，谓其诋斥滇军，全乖事实。

五月十日，中央袁大总统正式委任唐继尧为黔都督。次日由省议会及耆老商学各界举行庆祝。初，继尧定乱后重违父老之请，因留督黔。嗣省议会成立，复有请给状委任之举。继尧方与各界志士力谋进行，不图川督煽惑，谓出侵略，匪党含沙，尤肆污蔑。滇军劳师縻饷而竟蒙此恶声，用是电中央政府转饬全黔人民勿再挽留，俾得振旅还滇。时滇军府亦特电国务院，谓黔事渐平，滇军援黔义务已尽，且劳师久戍，饷糈万难支持，拟将滇军撤还，请大总统派员主持黔事。然是时黔人全体已特将黔乱始末及滇军状况一再电请中央，任唐继尧为黔都督，并令杨勿庸回黔，免致争个人私利，蹂躏数百万生灵。大总统因正式委任焉。乃杨恚诚抗不奉命，所部席正铭等复捏词宣布滇军罪状，在滇军仍决意还滇，以避嫌疑。而在黔人则群情愤激，由议会议决，一面泣恳唐都督，勿以小嫌萌退志；一面公推耆绅刘春霖为全黔代表，驻师铜镇，安置杨部黔军。

自陈开钊等扰乱下游一带，黔民苦之。继尧以刘联长法坤为东路巡按使，黄联长毓成为东路游击总司令。法坤克复铜仁，杨部席正铭复纳陈开钊为先锋，率匪万人来攻扑。激战多次，黄、刘两军悉力击毙陈匪，席正铭败走，江口、松桃以次收复。黔军周旅长桑儒单骑入铜仁，与黄联长接洽，遂率师还滇，下游底定。兼借援川军回滇之便，取道黔中，代廓清各处积匪，黔省悉平。所可悼者，黄大队长毓英师还次于思南，遭伏匪逸出狙击以死。铜仁之役，副官尹盛德、参谋张开甲、中尉朱光藻并战死。署松桃厅李有崧城陷遇害，死尤惨。故或谓滇军之援黔也，既縻我巨饷，复歼我壮士，时贤犹或訾之。然滇军府初以北伐为重，迨南北和议成，乃援黔以靖定西南大局，当世讥评，非所计矣。

云南光复军政府成立记

孙　璞　辑

编者按：本篇与《迤西各属光复记》均选自李文汉《云南辛亥护国部分史料丛抄》。《史料丛抄》为稿本，内收云南辛亥革命和护国战争两部分，今选其辛亥革命部分。为了解资料情况，特将李文汉《云南辛亥护国部分史料丛抄小引》附录如下。

云南辛亥护国部分史料丛抄小引

蔡公锷既病殁日本福冈医院，举国识与不识同声哀悼，当时亦有人为写其传记，但不能满足读者之望。文汉不自揣度，拟另编一比较翔实之年谱，然材料不充，无从着笔。1928 年由杭州归来，遂注意收集。计先后所得材料十余种，内中以在蔡公家中所抄得蔡公在京供职时密电稿，及公在军中致其夫人潘氏家书，暨广西干部学堂风潮始末文件为重要。云南光复及护国史料尚为易得，独公在桂治军数载，成绩卓著，而记载缺如。民国元、二年间公治滇政绩，文献亦无征，求之记载既不可得，求之档案（云南省府档案 1920 年唐继尧出走时焚毁一次。以后因管理不善，被人窃出作废纸售卖。因此当时参谋处档案文件多残缺不全）及民初日报亦不可得。余乃遍访前辈乡达及公亲故，口问而笔记之，但所得仍属鳞爪耳，最后乃得吾师李印泉出示《云南光复纪要》（查此书系云南光复后，1913 年设局编纂。以滇中道尹周钟岳总其事，八阅月告成。据分纂郭燮熙题云南光复纪要云："云南光复纪要计分十篇：曰光复起源篇、光复上篇、光复下篇、军事纪要篇、建设篇、迤西篇、迤南篇、援川篇、援黔篇、西征篇。八阅月而全书蒇事。由周总纂汇呈军都督府，闻将付手民矣，蔡公奉调入京，此书移交唐蓂赓都督，时阅数载迄未付刊。后闻全稿竟遭佚失矣。"以后由图书馆于仲植等随时收购，已大部收回，但极少有人注意。李印泉师闻有是书，急取阅之。闻余将纂蔡公年谱，因介绍与余云）。余得之喜甚，乃参合各书及零篇断幅，纂成《蔡邵阳年谱》。纂成后，又得刘公云峰《护国纪要》一卷，并余昔年应《义声报》之约所写《护国第一军第一支队第一营战斗经过》，亦抄附卷末，题曰《云南光复护国史料丛抄》，以供治光复护国史之参考，因略叙缘起于此。

李文汉　1956.11.11 于昆明

云南光复军政府成立记

一、云南光复

自武昌起义，天下响应，于是云南九月初九日亦有光复军之起，克复省垣，檄定全省，以军界之力居多焉。先是第三十七协协统蔡锷，同标营军官商议，举兵反正。初七日晚，会商于唐继尧家，是日列议者，为蔡锷、谢汝翼、李鸿祥、雷飚、沈汪度、张子贞、刘存厚、黄子和、黄永杜等。黄子和以官场防备日严，起事宜急，众乃决定于初十日午后三句钟起事，率队入城。遂刊布传单，派定七十四标统带罗佩金同讲武堂监督唐继尧、管带刘存厚、雷飚带领七十四标部队；炮队统带韩建铎同管带庾恩锡（后改恩旸）、刘云峰、谢汝翼，带领炮兵督练公所副参议李根源同管带李鸿祥、教官刘祖武带领七十三标步队；机关枪营管带李凤楼，带领本营，都归协统蔡锷调度。各军官分定任务，李根源占领军械局、五华山、圆通山、机器局、龙元局、电报局、大清银行、财政局等处，并保护英法领事署各教堂。罗佩金占领总督衙门及各衙门等处。韩建铎在四城发炮。庾恩锡占领大小西门。谢汝翼占领南门大东门。刘云峰占领小东门以上。沈汪度、张开儒、张子贞、顾品珍率领陆军小学堂、讲武堂、体育学校各学生，开大小西门及北门、小东门，并领测绘学堂学生占领粮饷局等处，此未起事前之分派也。讵七十三标于初九日午后九点钟时因发子弹，被反对者所觉，遂开枪击毙二人，李根源、李鸿祥即鸣集合号，第一、第二两营皆出集合。清标统丁锦闻知，即督率卫兵开枪乱击，毙我兵二人、伤五人，并伤军官刘增祜。我军大怒，遂竭力攻打标本部，丁锦不能支，由后门遁去，各兵即火标本部。李根源领七十三标全军攻城，又因相约起事之时未到，讲武堂学生未来开城，急令军士三十余人逾城由内开门，一拥而进，分派人员占领多处，并焚提学司署以为号。李根源即率兵士力攻军械局（是时七十四标第一营已来一队占领藩署），时初九晚十一句钟也。李至军械局先晓以大义，令守者开门降，勿伤害同胞，说至三十余分钟之久。讵军械局中人诈许出降，而暗排机关枪，以我军不及防开门即放，伤五六人。李根源大怒，遂下令竭力攻打，挖地道而进；又与虹溪试馆及附近之人民商，令借试馆焚烧，以壮声势。时占领五华山之军队，以为督署重要，遂舍之而去。清统制钟麟同，乘五华山空虚，遂得占据，机关枪在后面夹攻，势甚危急。有董鸿、马大伦守住两级师范学堂，斜击钟麟同，使其机关枪不得施展，李军得力攻军械局。此时蔡锷、罗佩金、韩建铎、李凤楼俱到，遂开南门行动。唐继尧率领兵队围攻督署，署中机关枪击射猛烈，势不可当。马标黄毓成亦来助，炮标在城上用炮射攻，并直击武侯祠钟军，我军势力愈壮，清军被围，孤立无救。雷飚乘势占领江南会馆一带，李根源兵攻军械局尚未破，排长文鸿逵用长梯登，中弹身死。我军益奋。天明，罗佩金以李根源兵少力薄，合雷飚率二队助之，适遇巡防第一营偷上圆通山，雷飚领兵与之力战。初十日十句钟，巡防兵败降，雷飚即来夹攻军械局。谢汝翼在虹溪试馆前，用炮攻破军械局围墙多处，局中仍死守不开，有蒋光亮献策用爆药炸之。谢汝翼率士卒先入，各兵从地道中进，守局巡防兵始不能支，尽数降，敌军死数十余人，我军死伤数人。军械局既破，遂合兵围武侯祠。钟统制犹顽抗，施放机关枪，伤毙我军士多人，并欲以逆言诱我军士。讵我军深明大义，奋力攻击，李凤楼带领机关枪来助，钟逆败走，至四吉堆为我军击毙，余兵均降，督署亦同时占领。翌日获清藩司世增，余如清总督李经羲、提法司杨福璋、提学司叶尔恺、巡警道郭灿、粮道曾广铨、劝业道袁玉锡、盐道毛玉麐，及阖城文武官吏，均来投诚，全城光复。计是役我军死者××人，伤××人，清兵死××人。于十三日军政府成立，云南对于满廷宣告独立云。

二、军政府成立记

九月九日云南光复军起义，至十一日全城克复。外府州县，传檄而定，云南全省从此光复。各军官兵士，遂公推蔡君锷为云南军都督，以五华山两级师范学堂改为大中华国云南军都督府，组织章程约法草案，与民更始。其厘订军都督府大纲，约一院三部，院名曰参议院，直隶军都督，为参议军事政治之机关（后改为参议处）。三部：一曰参谋部，凡关于计画出战、作战、调遣、谍查、测地各事宜均属之；一曰军务部，凡关于筹办粮饷、军医、军械、兵工、制革、被服各事宜均属之（以上均设有局厂）；一曰军政部，凡关于民政、财政、外交、学政、实业、巡警、审判、民团各事宜均属之（以上均设有司局）；又设秘书处、卫戍司令部、法制局（以上各部司局厂均有专章）。下令宣告各属，其文曰："中华民国云南军都督府为布告事：此次各省义军，风发云涌，恢复旧土，保卫民生，其宗旨在铲除专制政体，建造善良国家，使汉、回、满、蒙、藏、夷、苗各族结合一体，维持共和，以期巩固民权，恢张国力。本都督夙表同情，爰倡义举。乃者定由各省选派全权代表，会集武昌，将来商定建设办法，自必抱定前项宗旨，一致进行。现在滇事初定，政务亟待整理，不得不由本都督府因势利导，力保完善之区。特恐全省同胞未能周悉，爰特声明宗旨，明白宣布，其各咸喻斯意，毋生误会，本都督有厚望焉。今将纲要列举如左：一、定国名曰中华国。二、定国体为民主共和国体。三、定本军都督府印曰大中华国云南军都督之印。四、军都督府内设参议院、参谋部、军务部、军政部，部各分设部、司、局、厂，各部院同署办公，地方文武各官依事务分配，直接各部秉承办理。五、定国旗为赤帜心用白色中字（后奉中央政府命令改为五色）。六、建设主义以联合中国各民族构造统一之国家，改良政治，发达民权，汉、回、蒙、满、藏、夷、苗各族视同一体。七、建设次第，由军政时代进于约法时代，递进而为民主宪政时代。以上七条，系本军都督现定大纲，将来全国统一政府成立，须照政府统一之命令办理。"

迤西各属光复记[*]

由云龙

民国光复，不数月而告全功。然当发难之初，伏莽四起，苟非群策群力，亦何能奠安闾阎，维持秩序耶？云南自重九省城光复，鸡犬不惊，民居安堵，咸以为在省诸公镇摄维持之力。若迤西则腾越反正在先，丽江、顺宁各属平定在后，其间筹画开导，镇定维持，有不可灭没者。

先是，九月初六腾越张文光起义。电至大理，咸怪诧之。迨永昌警电连来，益惊扰，谋为抵御，盖以此君素无声望，又探其部属流品太杂，故疑其为不正当之举动也。迨初九日省垣反正电至，乃由旅长曲同丰集合官、绅、商、学各界于大理府署，议从速。曲君及周宗麟君、赵绍周君首云服从，咸同声赞成。有谓宜再斟酌次日复电者，由云龙谓既赞成，奚事游移，反生枝节，宜及时拟定电稿。在座齐签定拍发，议遂定，并电省。

是时谣传蜂起，军民摇惑不安，土匪及野心家均乘间思起，大局岌岌。复集合各界于府署，议以大理为迤西各地之枢纽，官失信用，一切政令无所归宿，宜设一总机关以为号召各属之总汇，定名为迤西自治总机关部，草立章程。于十四日在考棚内开

---

* 本篇经原作者校勘并附后记。

总机关部成立大会，投票公举赵藩为总理，由云龙、李福兴为协理（赵藩因有他项任务，未就职。由云龙兼代，旋即公举为总理。赵藩事详后记），张肇兴、李文源、范宗莹、周宗麟、王巨卿为参事。周雯、张锡铭、张汝厚、洪桂馨、赵荣章为庶务、文牍各职员。遂电省垣，并通行各属，宣布反正始末，安慰军民；并特电顺宁、丽江、楚雄三府，永北、蒙化各直隶厅，令转饬所属一体反正，悬旗庆贺。以张参事肇兴在楚雄素有信用，特加电报服之。标统涂孝烈夤夜私逃，卒以秩序大定，无所牵扰。

十五日开庆祝会于校场，到者数千人，升旗，三呼民国万岁，唱歌绕场三匝，始各整队归。各街市亦一律悬旗结彩庆贺。

三月十六日回民多以悬挂汉字旗，恐有畛域之分，悉相诘问，周、李诸君乃演说回汉一致，五族平等之旨。并令举回民代表二人来部办事，始各帖然。

榆标营兵心怀叵测，时有危言。丽江张继良亦有异志，腾永警电纷传。乃定议调练乡兵二营，克日成军。电省截留乔后盐款以作饷糈；一面派侦探赴丽、楚、顺、蒙各属，通告宗旨，并探现情回报。城乡添设临时警察，以卫公安，通行本届钱粮及府县商牲税课，均仍解由地方官照收；又遍示各属禁止造谣生事，人心稍安。

十七日楚雄、丽江官绅各界复电，一体赞同反正，并已分转各属照办。榆军有私立团体曰同志会，密谋推戴涂孝烈戕杀官绅，至是已渐消灭，惟各属尚有以自治为名侵越攘夺为患者。因由部详订自治规章及自由之界说，分发各属遵守，各属地丁、钱粮、税厘、盐课亦不免乘机观望，甚而有侵蚀者。立电各属公举正绅监征，部中严为考核。适奉省电委赵藩署西道兼巡按使，遂公推由云龙为总理，李福兴为协理，各职员仍旧。议练迤西三十属乡兵七千人，以资保卫闾阎，巩固边围，请提黑白琅三井附加盐款月一万八千两以作饷需，拟定呈稿。适永昌驻防陆军由郭教练官率带回榆，行至观音塘，被第一营管带假传曲统领令戕之。曲君立传蒋管带至协部，蒋供认不讳，并开手枪，遂命左右缚斩之。曲乃至标营演说，枪声四起，营中大乱，曲统领遂乘骑逃去。机关部遣人追之不获，乃邀集督队官王太潜、二营管带孙绍骞，晓以大义，力为镇压，始稍宁贴。然与曲为难者尚有多人，至晚间下关驻营借口曲统领已去，饷需无着，向商号勒借银三千两，有否则不任保护之语。居民大恐，即夕迁徙一空。

是日又有腾永发兵数千，分道进取之信。由君拟遣妥员前往说明宗旨相同，彼此罢兵，以免蹂躏小民。讵在下关索银一事，为由君厉斥，遂愤恨，谗于第二营管带孙君，孙于夜间突发令派兵围杀由君，经王巨卿、杨恒昌两君力解乃已。腾越张文光派陈云龙称都指挥，率大兵分三道下榆；刀安仁亦自称都督，行文至大理，迫令李提督封锁军装库，听候该兵到榆，居民极惊扰。乃先备文移复，告以大理各郡均已恢复，勿庸带兵前来，并派代表周华国、马明远前往犒劳；并晓以大理、丽江、顺宁、楚雄各郡县光复在先，该兵允宜退守边境。乃陈云龙及其先锋刘竹云均不听，仍分三路出窜，经电奉军府命令，遂分饬迎头痛击。其扑喇井一路被李统领德润兵败之；扑蒙化一路被兵团合力败之，杀伤尤夥；扑下关一路，亦被榆军击退。其扑顺宁者，经顺宁迭次告急，经赵巡按使密檄，将乱党谭占标擒杀，并遴委张汉皋往摄郡篆，妥办善后，地方始定。

时浪穹亦有巨匪郑云标等，纠合党徒，欲自麦地进掠，经派赵泮香带队至花甸哨防堵，并派榆军一队往汇团堵剿，乃窜去。各属人心渐定，省中已特任李君印泉率师西上。同人咸以机关部之设，乃一时维持地方之计，官治、自治仍应切实画分，乃可以规久远。将余饷、军装、文件等项封备，于十月廿七日李师长印泉到榆，机关部总理由君、协理李君及各职员，始将经手一切分别交代于赵巡按及李师长处，机关部即日裁撤。综计部中所办要事，约有五端：

一、光复之初，迤西各属官绅，极其观望，若文电不通之地，惊扰疑惧尤甚。自机关部成立，颁发文言、白话通告各属明白开导，遂相率来归，赞成反正。各地方官骤失信用，政令不行，机关为综理之事，有所禀承，有所归宿，而地方以安。

二、各地方劣绅及好事之徒，乘扰攘之际，与地方官吏为难，一方面复造作种种匪语，以鱼肉小民，或抗厘税，或妄捐输，民心惶恐。自机关部成立，严定官治、自治之分，申明反正后一切继续办理，毋得率有变更，反复警诫，而秩序稳静，无所伤损。

三、榆标各营习气极重，入哥老会者尤屡次联络党羽，思乘间抢劫饱飚，一夕数惊。机关部成立，立调练乡兵二营，以隐相钳制，意不得逞，城市以安。

四、张文光反正虽属义举，而用人品流太杂，屡欲窥取大理为根据地，迭次解说不听，竟以重兵分扰各郡。经机关部分段严防，如顺宁、云州、蒙化、喇鸡、云龙、下关各地，均被指授机宜，痛加剿击，始敛兵而退。至于楚雄、永北、丽江及所属各郡县，皆由机关部号召联络而一体服从焉。

五、榆军反对，曲统领不得已逃去，各属闻风大恐，机关部力为抚慰镇摄。其最枭杰如孙绍骞、钟鸿飞、王太潜等，均帖然就范，卒为部所利用，以收戡定之功。其他如派员分赴各属演说宗旨，劝谕禁烟，照旧上学，纳粮上税，各守法纪，则又淡中着笔，不无裨益云。

后　记

云南重九光复省会及迤东南情形，有别种记述，如粤人孙璞（字仲瑛）《重九战记》等书，可供参考。今特补充几点。

一、清朝主要官吏：一为总督李经羲，逃避于龙井街陆姓私宅，与其姨太眷属及子李国筼，经绅民访得，资送出境。一为镇统钟麟同，率二百余残兵占据五华山，抗拒不服，自杀殉清。一为布政使世增（旗人，以交涉使升任），被杀。一为提学使叶尔恺，官僚气十足，因其父任四川知县，尔恺在川日久，濡官毒最深，其妻又系张之洞族属，学使太太出入要鸣炮（从前无此制，而张妻力争得之）。尔恺在滇学使任，屡兴学界大狱，光复前力劝经羲募黔兵平滇乱，又屡以义军秘密报经羲，以讲武堂为重点，尤嫉视。光复胜利，叶逃匿民间，被讲武生何俨然、蒋光亮等搜获，欲杀之，得学务公所科员李净涵等以私人感情力救得免，仅击落三齿，割去一辫，给护照送出河口。叶在滇学务无表现，而专以压制学生注重琐事为务（如派佣妇坐女师校二门内，见有女生缠足者，即执而力解其缠缚，致女生不能行走，即其一例。至于私人在浙沪名誉不劣，能终隐补过也），后卒于上海。

二、赵藩是从清朝四川道员，丁忧起复，由剑川县原籍，行到大理。值省城重九光复，李印泉有私信给他，将委他任迤西道，而自治总理一职，先以点缀颜面。实则赵官派太重，人民很反对，因此虽以虚名推举，并未就职。李印泉撰其师赵藩七十寿序，谓"驻榆陆军协统曲同丰集绅民立自治总机关，遮先生任总理"（《曲石文录》卷一《剑川赵樾村先生七秩寿序》）云云，实则初议改革时曲同丰与营长孙绍骞持两端（因镇统不服，反抗），又误杀排长蒋宗毅，曲方集合讲话，忽队伍中枪声四起，曲遂从后营门脱逃，仆等乃收拾善后，安辑地方。盖重九起义后，仆在大理，以清朝京秩——内阁中书与云南提督李福兴、绅士李子清、范宗莹、张肇兴、周瑞章等及模范学校学生倡导起义，响应蔡都督通电，推翻清政府，号召独立，设迤西自治总机关，公推余任总理，合楚雄、大理、丽江、顺宁四府，维西、中甸、永北、蒙化、景东五直隶厅，共四十余州县，皆暂归统治。

迨李根源奉军都督命率第二师巡视迤西，始将所辖军（自辖一营及巡防营）民钱粮诉讼册籍及剩饷悉数点交，转送军府。而是时赵藩奉委任迤西道，坐绿呢大轿，鸣炮出（住在尹姓当铺内），大摆官派，人民于街头掷石打击，詈骂不休，方自救之不暇，何有任总理之事。

此外辛亥起义以前，尚有数事堪记者。

一、发起以公费派遣东西洋留学。清季自庚子以还，苏浙南北洋各省竞派留学生，不获公费，则以私费供给，而且多学实业。云南僻在西南，若罔闻知。是时仆以盐捐团费委员驻白盐井（今之盐丰县），与一传教牧师相好，借得报纸一份，时时阅看。顿觉云南留学不可缓，乃以举人委员的资格，通禀请筹公费派遣留学。原籍姚州，先呈到州，知州梁政麟人极开通，大加奖赏，直到督抚（巡抚尚存在），立饬善后局筹款考选留学日本陆军二十八人，实业法政三十余人，师范八十余人。后来训练军队，开办小型实业，教育师资皆取给于此。

二、创办《云南日报》。仆兼教育总会会长时，与同事钱君用中拨会中公款，创办《云南日报》，是为云南有日报之始。世人多误会忽略，甚至以《义声报》为开始之报，非也。钱倡导新政最力，后又聘文学著名之赵式铭、甘德光等为撰述员。历数年而《义声报》、《民意报》等乃相继而起。

三、清云南总督锡良创练陆军时，仆以中书京秩与督抚司道平行来往，是时官吏颇改变态度，有关地方时政颇延纳访求意见。锡良议及时事，慷慨流涕，尝向仆深深一揖说："请足下多多帮助办新政。"护督沈秉堃继之。幕府中人如刘希闵、李光炯辈皆稔熟。于是仆立开单请调士官毕业生廿二人回滇，如李根源、唐继尧、顾品珍、叶荃、赵又新等皆列在前，照单调用。于是云南陆军成立，而讲武堂之军事教官，尤以士官生为骨干。

蔡锷致李根源电稿

蔡　锷

编者按：以下电稿选自李根源编《永昌府文征》文录卷20，各电月份不明，先后顺序仍照原来排列，仅就能考知者附注释于各电下。

一①

急。行营李师长鉴：哿电悉。我军起义，志在脱专制淫威，求人民幸福，并非黩武穷兵。腾永军光复各属，吾辈方深庆幸，乃陈云龙率兵东向，经此间屡电劝阻，该匪反肆野心，诚恐蹂躏生民，始檄榆军迎击，事非得已，心实恻然。兹得尊大人出而调停，意在罢兵息民，将使迤西生灵得安衽席，非独我辈所深望，即榆军亦必有同情。已电嘱榆军派员到漾濞迎接，并饬沿途竭力保护，一俟尊翁到榆协商，即可和平了结，使生民早一日得休兵革，即吾辈早一日得卸仔肩。惟既撤合江、漾濞之师，并须云龙、喇井之师亦一律撤回，方足以免人民之惊疑而稍安无事，否则既止东向又肆西行，祸结兵连，何所底止？此间得永来电，已

_____

① 《天南电光集》录为1912年2月8日。

将此意复之，并望兄电达鄙忱，果能一律退师，除陈云龙一人包藏祸心，首开衅端，仍应惩办外，其余均免株连，庶事早得结束。兄素为腾永信仰，得兄一行，自易解决。为大局计，为桑梓计，不容辞也。委刘有金〔书充〕管带一电均悉，即照办，并闻。锷叩。箇。印。

二

行营李师长鉴：连接彭冀、林春华、李学诗等电，方谓迤西生民可免涂炭，乃倏得榆电，据云州民飞禀，州已反正，忽有永昌白芝瑛率匪屠戮云州，惨无人理。已电檄榆军星夜赴援，迎头痛击，并电告腾军，果以保同胞为宗旨，何又纵白芝瑛蹂躏云州，合力围剿，歼此蟊贼，以拯生民。腾军既云撤兵回永，忽又纵兵掠云，其意何居，请兄以此诘之。锷叩。梗。印。

三

行营李师长鉴：两马电悉。彭冀豫附，迎机利导，荩筹极佩。云、顺各属请公委妥员为地方官，并委各该地正绅帮同办理。酌允就地筹款，募兵自卫，一面先行示谕，以安人心。当否？诸祈临时核办，省难悬揣。哿电已复，并电榆矣。锷。祃。印。

四

李师长鉴：俭电妥洽之至，便可拍发。西事得公料理，自易解决，一切处分，公可便宜行之，此间不为遥制。惟求将腾永所立之营切实淘汰，缩小范围，所有人数必以所有军械为准，至多不可出七营之数，每营以三百员为限。此实目前最切要之着，不可稍有迁就。其余善后事宜，亦希与樾老（赵藩）预为计画，随时电闻。锷。东。印。

五①

李师长鉴：真电悉。清内阁派唐使到沪议和，民军以战事延长，终伤元气，如果溥仪退位，赞成共和，自可和平了结。提议各条，以清帝退位后之待遇、清室之年金等为重，民军皆承认优待，乃清廷忽主张民主君主问题取决国民会议，又有清帝退位临时政府亦同时取消之说，此则民军所万难从者，故其余条件均未议及。现在和议决裂，战事已开。我军在固镇颇获胜利，惟虏势尚张，皖之颍、寿、三河，陕之灵、阌、潼关皆入敌手，迭接宁电通告，滇北伐队已饬令改道入蜀，并拟趋〔调〕蒙、临、开、广国民军八营继发，合援蜀军，顺流东下，出荆襄以截敌攻鄂攻秦之后背。川军亦拟出汉中，援西安，均有成议。近接遂〔鄂〕电，段祺瑞通款，拟率兵北上，促进共和。果尔，则大局可望早定，但未识段究可靠否。虏族〔廷〕反对共和，以铁良、良弼等为最，良弼现被炸伤足。袁世凯前亦被炸，未受伤。内部闻颇轧砾。要之，虏廷断无幸存之理，惟苟延一日【则】多一日战祸，外族因而生心。近时俄以独立煽蒙，英【亦】添兵入藏，皆关系大局，为可虑耳。此闻。余续电。锷。元〔文〕。印。

六

赵樾老、李师长鉴：据永昌府留省同乡会代表刘德泽等禀

---

① 《天南电光集》录为 1912 年 2 月 12 日。

称，祝宗莹素业教育，行谊不苟。此次因陈云龙迫胁到榆，今被监在狱，实属为人所累，恳准监察赏准开释等情。查祝宗莹既系迫胁，情尚可原，应准取保开释，希即照办。锷。艳。印。

七

李师长鉴：唐提督现经黔都督电令华坪周管带连彪、苴却熊管【带】其勋及该两营内黔籍兵丁一并偕往。闻两营各有黔兵百人，拟饬挑出，率带回黔。苴却防地拟调合宝珍所带之南防第十一营填扎，并令合营汰去老弱，遗额即以熊营余兵归并成为一营，其华坪周营余存之数拟并入永北，尹营仍饬汰弱留强，编足一营，分防永北、华坪两处。惟查华坪之第八营已委陈松寿接带，该营现既并入尹营，拟将尹管明玉调省，该营即以陈管【带】调充。似此归并调拨，是否妥协，希裁夺迅复为盼。锷。真。印。

八

大理李师长鉴：月密。删电悉。陈香亭为哥老会巨匪，既戕郭教练，复敢鼓煽党类谋为不轨，现又拐饷潜逃，实属不法已极，亟应正法，卑〔俾〕昭儆戒。郝景桂捐躯就义，深堪悯念，候饬登庸局议恤，以雪冤诬，而矜毅烈。都督府。筱。印。

九①

大理李师长鉴：月密。鱼、麻两电均悉。苊筹本极赞成，惟

---

① 《天南电光集》录为 1912 年 1 月 25 日。

体察近情，尚须商酌。顷接我军叙府电，成都独立，端诛赵遁，蒲殿俊为都督，又因放饷被戕，仇杀相寻，势益糜烂。我军此时宜先收泸叙，急趋成都，为之扫荡廓清，整理内政，恢复治安。若取道宁远，似嫌过迟。且接会理公呈，已经反正，而邛雅一带多为同志会所分据，若专事假道，则粮无可筹，欲节节进攻，则多费兵力。虽沿途多楩老旧属，然近日地方官势力已失，呼应亦恐不灵。又腾永军甫就范，善后尤待经营，印公即行出川，西事恐难巩固。愚虑所及，辄以奉商，卓裁如何，仍希赐复。锷。虞。印。

一〇

大理李师长、赵樾老、丁硕翁鉴：江电悉。鹤丽镇移驻永北，借资坐镇而保治安，荩筹甚善，即可定计，由硕翁前往布置。惟取道永北援川一层，尚须计议。闻宁远一路，道路艰险，军资缺乏，不利大军行进，宜先派员前往侦察，再定区处。锷。歌。印。

一一①

李师长鉴：月密。彭、钱死事，已饬议恤。惟彭系督带，而钱系何职，无案可稽。李歧山系钱卫队管带，奋身殉彭，尤人所难，应予优恤。惟三人均非临战捐躯，又非因公毙命，似以名义〔誉〕恤赏为宜。如追加职衔及其子孙长成入学堂免收学费之类，如何办理，希核议电复。锷。漾。

---

① 《天南电光集》录为 1912 年 2 月 23 日。

一二

赵樾老、李师长鉴：麻、青各电均悉。财政事项分别管理，裁撤审判一厅公捐两局，并出示停止公捐办法甚善。开支各款俟文折报到，再行饬部核销。商会、巡警、学务、自治各内政切要之图，惟巡警可设百名。此外由商会组织商团以辅兵警之不足，较为妥善。两国事贤劳，心力交瘁，实深悬念，切望珍摄。所委商董等各员候行部备案。锷。文。印。

一三

李师长鉴：巧电悉。查旧有腾永各巡防队第四、五两营驻腾城，第六营驻蛮允，第七营驻永康，第八营驻龙陵，第十一营驻古永猴桥，第十三营驻永昌，保卫队第一营驻陇川，秋季薪饷已由前防团兵备处照章筹解交大理府收存。现据周前守册报，反〔仅〕第十三营来榆具领，余均未发，尚存榆局等语。惟反正后闻第四、五、七、八、十三等五营均被胁溃散，其余各营是否仍扎原防，迭经电查，迄未得复。前接尊处宥电，有腾永确系二十三营之语，应请我公到腾确查旧营未溃逃者，应接届接续发饷，新营按成军日起支，饷照旧章。款暂由大理饷局拨发，实有不敷，再由省筹济。惟滇饷奇绌，公所深知，以一隅之地，骤添十余营之多，饷力断难为继。希体查情形，将新营大加裁汰，妥遣归农，以复旧有八营之数为断。并请查明确定，即将营数饷章及管带姓名、驻扎地面详晰电知，以便饬令编制，俾归一律。锷。阳历哿。印。

一四

李师长鉴：鱼电悉。腾永各营经台端分别裁并，并将各营卫戍地及驻扎处所布置妥当，深佩伟筹。此外西防国民各军拟仍以李提台兼带之营编为第一，熊其勋营为第二，归大理提台统辖；李德泳所兼之营为第四，马遇春营为第五，姜德兴营为第六，归丽维统领统辖；尹明玉营为第七，周连彪营为第八，归鹤丽镇统辖；杨钟骥营为第九，赵勋泰营为第十，归西道统辖，庶与尊处所定之第十一至十七营前后编次衔接。惟旧时之第三营为第三，系前顺云协马长安兼带，驻扎缅宁，反正后该营右哨溃散，只余两哨，不足一营，应以此营编。但旧时之第三营系归大理提台统辖，兹李协之营既编第三，应否仍归大理统辖，抑归腾永统辖之处，统候察夺办理，饬遵电复。再，第十一至十七营归何处统辖，并盼复。锷。齐。印。

一五

李师长鉴：月密。东电悉。所示改土归流办法，快刀斩麻，自是百年大计，弟当无不赞同。惟梓畅（李曰垓）颇持重，专改腾龙十司为不妥，请兄熟筹之。锷叩。支。印。

一六

行营送李师长鉴：卅来电所分配迤西防戍各地区域均妥，应即照办。惟中维两厅划归维西协防戍一节，查维西协仅带一营，沿边地面辽阔，似难兼顾中甸，且中甸营哨系丽统领坐营，亦恐呼应不灵。丽统防地仅鹤丽剑三属，区域较狭，台端拟于划分后仍令该统兼营〔管〕中维，自系有见及此，应切实责成该统勿因防地划定，遇事稍分畛域，免滋贻误为要。锷。务。印。

一七

大理李师长鉴：青电悉。据军政部呈称，查此电请设弹压委员各地，与前电请设巡捕委员各地同在一方，既设巡捕又设弹压，未免重复。且设弹压乃改土之始基，宜暂避此名，以释土司之疑。据军政部呈称，前后两电请设各员均在边地，拟专设一项，名曰边务委员，除前设之交涉员仍旧设立，一律更名为边务委员外，尚应添设三员，一驻盏西，一驻猛卯，一驻蛮牛坝，尤为适宜等情。查该部所拟尚属允当。希即查照办理，请即拣员充任报查。锷。删。印。

一八

李师长鉴：筱、哿电并悉。弹压与巡捕权责既不相侔，自应分别办理，所请照蒸电分划区域；设陇以弹压兼交涉副委员一员，以杨春培委充；猛卯遮放弹压一员，以周谟委充；芒市、猛板弹压一员，以杨鸿仁委充各节，应即照准，并候分饬备案。至巡捕委员，虽为腾永龙镇四属边地特设，是否仍设其驻所，是否照军政部议，或照执事原定地点，希即电复。锷。马。印。

一九

赵樾老、李师长鉴：号、祃、哿电悉。赵营到永，即令协同由守（永昌府知府由云龙）办理清乡，以清余孽。李营给饷遣散甚善。锷。敬。印。

二〇

永昌李师长鉴：霰电悉。永绅谓谢宇俊曾许捐银五千两一案，饬据民政司复称无案可稽据，旋经警局申斥息事，并将勒捐字据追缴，是此案已经取销。惟永昌此次兵变，居民被害甚多，情殊可悯，该谢宇俊任永日久，诚如电文于义无辞，拟饬令该员捐资助赈等情，当即批由该司饬捐银五千元，俟缴到汇永应用。锷。有。印。

二一

李师长鉴：月密。筱电所言英人私立界石、驻扎多兵等事，已将从前界务及现在情形详达袁总统，请其亟商英使，正式开议，勿得暗中袭取，并派员赴京钞界务及外交重要档案地图，预备将来严与交涉。现在国基未定，自难轻开衅端；然一味含默，后患更无已时。惟有一面由中央与之交涉，一面于彼兵队未到之地，亟先派人抚绥经营，早为地步，应可稍戢野心。锷。宥。

张文光致李根源电稿

张文光

编者按：本篇资料辑录自李根源编《永昌府文征》文录卷 20，各电月份不明。

一

李印泉先生鉴：廿日接获鱼电悉。现陈云龙已调回永昌，各军队均撤退，惟望兄速临永腾，合商一切，不胜欢迎之至。同志弟张文光叩。马。印。

二

李师长鉴：篠二电均悉。钱泰丰实由腾派，宗旨无疑。至陈、刘一层，实系镇康刀上达谋夺永康，残害生灵，已调伊到彼剿抚。陈云龙已回永转腾，现在是非未明，若遽正法，恐寒志士之心。拟俟驾临榆后，将二面隔阂情由确察清楚，从公决罪。至蒙化之兵，接省电后已飞函调回。顺宁带兵者系同志李学诗、宋宝奎，均属革命同人，忠实可靠，誓死无他。一切谣言讹传祈勿轻听，面晤时自可尽释猜疑也。张文光叩。

三

李师长、赵樾老鉴：元电谨悉。杜文礼桀骜不驯，向匿迹镇康一带，并非此间部伍。九月初六腾越反正后，杜匪即日回永昌纠集党群五百余人，窜往漕涧各处，希图劫掠。文光得信后即经派拨军队，驰往清捕。旋接李辉祖具报，杜匪之党已在喇井经丽江军队击溃，旋又为辉祖所挫，现在不知去向，并附到六库土司之函，词旨亦同。文光一面派探侦查，一面密饬钱指挥、马提调设法诱致。该匪果投入钱营接管卫队。因其党羽太多，发之过蹙，恐致惊及地方，刻已札调宋保奎回永相机图之。正在布置间，适接尊电，与文光之意不谋而合。除密饬钱、宋妥速办理外，三五日后必当有以报命也。文光叩。翰。印。

四

李师长鉴：杜文礼凶悍狡险，因其党羽甚众，在永惩办恐致惊及地方，是以将其计诱来腾，廿日到橄榄寨，经哨官马占标突前刺之，杜匪连开两枪，马弁登时倒地殒命，杜匪旋为我军格毙，其死党受伤者二人，逃窜无踪。查马占标格匪身亡，猛勇可嘉，请转禀军府，从优恤赏，用慰忠魂。文光叩。哿。印。

五

赵樾老、李师长均鉴：删电悉。两公命驾来腾，曷胜欣慰。军队带三千余人，多多甚善。惟念六起节似觉太缓，光仰慕公等有如饥渴，恳改期从速，勉副仰望。改期何日，并祈赐复。文光叩。铣。印。

六

李师长钧鉴：陈云龙心殷北代〔伐〕，度日如年。又有仰瓦各代表俱怀此志，坚邀速行，已于本日起程，留之不能，实深怅恨。彼犹有函呈，一时难达，特先奉闻。张文光叩。艳。印。

七

永昌黄君鉴锋、宋君学诗、李君光斗、张君定甲鉴：此次在腾解散各营士兵，俱已谕其回籍务业，不准沿途逗留。诸君部下切勿收用，致干未便，特此电达，希即遵照。文光。青。印。

宦滇日记（选录）

崇　谦*记　宝　铎注

编者按：崇谦在辛亥革命时为楚雄知府，今自其日记中选录有关辛亥革命部分，由其后人宝铎加以注释，反映了辛亥革命时地方绅士的活动。

---

* 略历：先公字仲益，又字益三，号退葊。行二。雅尔湖瓜尔佳氏，正红旗满洲人。同治五年（1866年）生。由生员选授礼部主客司铸印满档房笔帖式，光绪丁酉科举人，充玉牒馆总校官。历任云南南安州、善后局收支文案、通海县、东川府、厘金局提调、洋务铁路局提调、代理厘金局总办、盐井渡厘金督办、楚雄府、保升云南补用道。反正后，李师长委自治局名誉总理。壬子回京，未再出山，乙亥（1935年）病故天津。邓之诚先生《滇语》卷四有传。工诗、文、联语、书、画、清篆、刻印。所著有：《宦滇杂志》（壬寅—乙亥日记）四十六册（此编在第十四—十五册内），文稿二册，尺牍一册，《南安宪纲》、《东郡识略》、《楚游纪略》各一册，《山爱庐琐记》、诗稿、《唾余吟草集句》各一册，联稿三册，印谱（名《石头记》）一册，禀稿札示九册，判牍十册，均未印。

宝铎侍宦云南，当辛亥革命时，年十三岁。虽已晓事，而公牍多未遍阅，宾客亦不尽见，故所知者少。且事隔四十七年，文献多阙不足征，今仅就能知者略注，较无注为差强云。

宣统三年九月初九日　晴热

早接电局钞来透电，① 腾越兵变，闻之心惊。天下纷纷多事，岌岌可危，曷堪设想。传王光裕、姜仕周②催关厢垣栅工程。传宋哨官③饬派兵检倒塌城砖，拟粗为修筑。起删改保甲章程。饭后往议事会，监督议钱粮及哨界保甲等事。晚饭后，请聂春伯④同杨少山⑤商楚县粮。

初十日　晴热

早拟保甲告示。饭后厘员谢兰生来。去后，往议事会商楚县钱粮事毕。步行登城，看堵筑城墙工程。归疲极，少憩，比佃户讯沈保之。晚饭后往电局，询腾越事，值省线不通，腾情形甚迫，不胜惶惧。

十一日⑥　晴热

早，定远县⑦刘晓川，镇南州伍香珊，⑧ 监征委员曹大铺（甘肃人），聂正熙均便衣来，就留早饭。甫饭毕，电局王委员⑨

---

① 时以消息难得，又无报纸，故命电局委员，凡往来电报有关时事者，皆抄副本送署。
② 王字耀庭，姜字渭珍，皆楚经费局绅士，王兼楚雄中学堂庶务。
③ 巡防队第二营，带中哨全哨驻防苴却（音左），其地距楚四百余里，属大姚。左哨一、二、三、四、五棚，驻防府城，扎西门（德胜门）城上。哨官宋元德，字克峻，鹤庆人，曾拜先公门下。
④ 聂名正熙，监征委员。
⑤ 杨名沛霖，丽江人，刑名钱谷幕友，非端人。
⑥ 初十日为先公生日，因先祖于初十日病故，改于十一日，刘、伍、蔡诸君，盖皆祝暇〔假〕来者。
⑦ 楚雄府七属，为：楚雄县、镇南州、南安州、广通县、定远县、姚州、大姚县。
⑧ 刘名光铤，定远知县。伍名毓崧，镇南知州。
⑨ 王名绍昌。

来告"省城陆军已变，制台①不知下落，所有公报省局不收"等语，闻之涕零。决定以保百姓公安为主意，急饬刘、伍两君遄反。即往议事会，聚集众绅，宣布腾越之变（省事未敢即时宣布，恐乱人心），赶速调团，各界刻难齐集，商于城内外选调百名。商定，往电局约大理周善伯，②询彼处消息，候久未到。回署，南安蔡寄生来。③往城外财神庙点团。归，上城抚辑营兵，先将分布城厢。晚饭后，到议事会（改团防保甲局）筹商一切。发号褂。夜十二点钟，出查城内各团。

十二日　晴暖

早接省城新立军政都督府蔡电告各府厅州县，谓"军政府已立，于重阳日宣布独立，占领省城，各府厅州县照常办事，省城已定"云云。当邀李、王二绅④来阅，即往电局探询省事，并致大理电，询如何拟复军政府。归到团保局，传齐城厢各街长，嘱赶将保甲成立，宣布条规。归。饭后，得少眠养息。厘金委员谢兰生来，点收由县提过快枪笔码，⑤往团保局点各界团兵。张子玉由永北查案归，来谒。去后，闻姚州甘德芳⑥由省回，邀来询问。又找宋哨官极力安抚该哨。电局钞送致各道镇电称："李制军已在议局率司道办事。"苴却熊、宋⑦两君告："边防吃紧，调兵并请示入川。"即写复函，又饬李载阳⑧团来署守军装。一日绅士往来不时。

----

① 云贵总督李经羲，字仲轩，合肥人。
② 周名安元，广西人。
③ 蔡名慎益，南安知州。
④ 楚绅李、王两姓颇多，此当为李云鹄、王耀庭（李见后）。
⑤ 云南呼枪弹为"笔码"，或云"笔"当作"逼"。
⑥ 甘氏为姚州世家，德芳字子直，行八，优贡。
⑦ 熊为管带，宋为巡检，名光枢，字伯垣，贵州人。
⑧ 李名朝春，楚绅。工治馔，凡办席者，多倩助理。

十三日　晴暖

早移签押房作参议处，同绅商拟复军政府电。饭后往团保局，点已到各团及检各枪支。宋克峻乃兄宋明三来谒，久谈去。谢兰生来，缴存解款。晚各绅来，谈至二炮①去。

十四日　晴，午后雨数点，风凉

早上城答拜宋明三。饭后，南安州团绅李莱成等来，请示宗旨。接军都督府电三张，谘议局电一纸，拟稿答复，斟酌至再。晚邀宋明三便饭。饭后电局王委员来支款。定远绅士来询复军政府电法。往团保局宣布各电，并复电稿毕，会印拍发。本日由省起身来楚者与进省趱回者人马甚多，传言甚众。

十五日　晴凉

一日监视发枪。

十六日　晴暖，晚风，雷雨一阵

早饭后，杨少山有家信来，② 称："消息不佳，恐难见容。"拟以身殉，李云鹄等同来见，泣涕勉余以大义，恳保地方为主意，余亦感泣允许。③ 彻夜未眠。

---

① 清时，外省衙署，每晚饭时，鸣炮一次，谓之"头炮"。至九时，再鸣炮一次，谓之"二炮"，借以报时。

② 杨少山之父，反正后，常由省来家信，有畏人知者，往往用彝语译音写之。

③ 先公拟殉清，召集绅士谈话，议会议长以及知名绅士均列席，不仅李云鹄数人。李名文蔚，眇一目。昔因公事往往与先公争执，先公颇畏之。反正后，共患难，遂相水乳。当日，有耆绅安履端声言：如时局久不解决，即请先公为临时民主亦可（安见后）。自此日后，先公每有公务出署，或步行，或乘马，则绅士前后左右拥护以行，恐有人不利于先公也。

十七日　晴，午雨一阵凉

早邀李云鹄来，商拟贺电稿。午拟电稿三。[1] 南安州绅杨条莘来。

十八日　晴凉

早张罗悬旗[2]事。十二点钟，会同同城官绅到自治局，阖城绅耆均列坐议事厅，官绅登台演说毕，兵队送旗悬挂大东西两城门及各署公局。回署，阅省城新出《大汉滇报》，排满之说更烈，不胜焦灼。倘为世所不容，拟命玉琴[3]将六儿[4]携逃命，夫妇偕殉。而六儿又不忍离，全家尽哭，是将全家同殉而已，伤哉！

十九日　晴凉

早邀李云鹄来商余事。午写催镇、广、姚、大、赶电军政府信。拟捐廉加赏团兵号火医药等资。

二十日　晴凉

早饭后，李云鹄来说："定远绅到自治局，欲电省告地方官，

[1]　电稿内有李子通一电，借探省城消息。李名炳泰，楚雄举人，当选议员。电文云："省谘议局议员李子通鉴：接省电，民间不无惶恐，兼闻广通连界地方，匪徒乘间叠出抢劫，人心愈觉不安。涂县患病（见后），茫无头绪，幸赖崇府深明大义，会绅竭力经营，始则调团筹饷，清理军械，备置旗号，督修官厢倒塌垣栅，堵筑倒缺城垣各工；继又办理城厢保甲，推广各乡，组织团保局分科办事。官绅夙夜不遑，直至昨日，甫布置周备。现在人心安定，即悬旗庆贺，全体欢欣，商学各界，均各照常。曾将情形电报军都督府矣，用舒锦注。楚雄县议事会劝学所公叩。"

[2]　旗为"汉"字旗，时称"大中华国四千六百零九年"。至壬子，改用阳历，始称元年，悬"五色旗"。

[3]　时眷属为先母（姓王佳氏）及先公侍姬，名玉琴。

[4]　先公先伯两房中，弟兄名之上一字均用宝字，小名均用曾字，上冠以排行。宝铎行六，故曰"六曾"。

将起冲突。"即拟谕官绅札并告示。当传定绅乔凤高来开导回县。得省电称："陆军不日西上，来楚驻扎。"同云鹄商其驻所并犒军礼物。时挨近署之民居，多有迁徙，颇形惊恐，即拟告示安民。

廿一日　半晴，风凉

午闻少山又有家信到，索阅，风声甚恶，心焦万状。拟电至三更始息。

廿二日　晴，风凉

早，李云鹄、赵汉槎①同杨少山拟上绅民保电，②感情最切，其电即日拍发。午将现存款库市平四百、楚平四百、龙元一千三百元、法元三百元，及灵乐峰③寄顿龙元六百元、银一百两，全交会计绅安履端、丁彩堂、倪谦吉④收存，用拨团饷各项之用。

---

① 赵名长源，楚绅。余曾从受业，品不如学。
② 电文云："军都督府暨参议院钧鉴：前奉电饬：崇守涂令，仍旧供职等因。仰见兼容并包，钦佩无既。崇府亦仰体德意，会同绅等，昼夜宣勤，不辞劳瘁，以维公安。刻下人心大定，居民安堵，深赖崇府之力。窃念崇府到滇以来，历任南安、通海、东川各州县府，总以爱民为宗旨，故所至有声，口碑载道。莅楚三年，实心实政，七属绅民，无不感戴。此次闻省宣布独立，即表同情，毫无疑异，似此贤吏，虽在汉员中亦不可多得，谘议局员，均可询证，非绅等之私见也。在崇府布署后，即欲避位让贤，退归农牧，因绅民等再三泣留，故尔中止。现在省军西上招安，纪律文明，沿途称颂。维我楚民，知识浅陋，均以崇系满人，代为耽忧，致生惊惧。绅等宣布我军政府大德优容，既蒙录用，自与同胞一体相待，解释群疑。然恐宵小狸侮，轻举暴动，累及治安，敢请我军都督府参议院，俯念地方重要，明白电示，以靖人心而慰民望。并请电告来楚兵官，到境晓谕安抚。绅等为维持公安保护贤吏起见，不敢壅于上闻，伏乞速电示遵。楚雄县议事会、劝学所暨绅商学界公叩。"
③ 前白盐井提举灵琨，字乐峰，行四，满人。反正后，入滇籍不归，改名赵柳泉。
④ 安名汝祥，丁名修华，倪师讳克恭，均楚绅（安为倪师之舅）。

下晚，闻禄丰①扎之陆军，颇有疑吾楚有抵制之意，谣传甚杂。商遣周乐山②、王耀廷二绅前往，致函迎迓。

廿三日　半晴雨，一阵凉

早大姚侦差来郡，当将唤入，询两姚地方情形，遂写致两姚信及钞电，交该差带回。发镇、广禁烟告示。晚，何明光、涂阆臣③来称：驻禄丰陆军石管带，与伊世交，有信致伊，略云："该军不日到楚，欲诛灭贵上司，与涂无干。"云云。涂促余逃，未允。是夜心颇焦灼，旋接军政部电，即答绅保电，饬印刷遍贴，④稍安。

廿四日　晴风凉

早闻曲统领⑤已由榆起程，同李云鹄商接待事。昨军政部电，当由局用文明版⑥印刷，发大路及各属自治局分贴。是日接省电："饬各居民，如有存项，须存纸币，不得存留现银。"云云。将来财政困难，即此可见一斑。

---

① 自省城西南来，至楚雄，计行六站：一安宁州，二老雅关，三陆丰县，四舍资，五广通县。

② 周名崇仁，楚绅。

③ 涂名建章，楚雄知县，与何同为四川人（何名联荣，疑为涂戚，由涂介绍，历为蚕桑教员、府署收支、楚雄税局各职，曾拜先公门下。其人与涂，皆阴险可畏）。涂自反正，即以足疾请假，百事不理。新任至，始办交代，账目不清，为绅士包围，几难成行。本日之信，为恫喝先公无疑。参阅廿六日日记。

④ 电文云："县议事会、劝学所鉴：此次义举，是政治革命，并非种族革命，不得妄生满汉意见。崇守涂令，均有政声，理应力为保护，以为爱民者劝。除径电饬大理曲统领（见后），传谕所属军官，道经楚雄地面，妥为保护外，凡该属土著客籍，所应仰体德意，不得别生意见，致累贤良。电到，仰会所将电文印刷多张，遍为宣告。军政部漾电。"

⑤ 曲名同丰，字伟卿，山东人。

⑥ 毛笔写印之誊写版，云南当日谓之"文明版"。

廿五日　晴暖

早接镇南州信："曲统领昨日宿镇，今日准到楚。"会绅商预备接待各事。午往西城外接官厅，率官绅迎迓，至两点钟到，驻中学堂。旋同李云鹄、赵汉槎往谒见，谈甚洽。先是曲未到时，汉槎、云鹄、彩臣①等即预持军政部电，迎于三家塘，及两次相见，颇安慰余，幸疑团解破。傍晚曲统领来拜，甚谈衷曲，意颇亲切，并向余借三百元作路费。②盖渠之此次进省，因杀蒋管带，其部有欲变势，曲惊而出走。昨大理机关部来电，嘱代之留。曲不允，拟仍进省。故出榆时，仅带二十余亲信。

廿六日　晴暖

早同众绅至中学堂，送曲统领起身。倩俞文华③至电局钞曲抄〔拍〕省之电。傍晚王耀廷、周乐山由禄丰回，陆军已回省，并无石管带之说。廿三晚涂阄臣送来之信，颇有可疑。

廿七日　晴风暖

早写复镇南、两姚，苴却各信。午后杨少山仆张祥由省城回楚，阅带来《大汉滇报》及杨少山家信，谓"省军廿五六由省起【身】，嘱少山赶即迁出署外"云云。风声仍属不佳，阖家焦灼无已。

三十日　晴暖

……傍晚，有护西道宋菊鸥之家丁，由腾逃至告帮，称："腾永现有一股，自称腾越军政府，兵曰国民军，有独立之势，

---

① 按楚绅有丁彩堂、王寀臣二君，此云"彩臣"，当为丁彩堂之误（王见后）。
② 曲借之款，至癸丑正月，先公在京，与曲相遇，立将此款清偿。
③ 俞名光富，楚绅。

闻有掠下关之信。"当邀众绅商电大理机关部一询。

十月初一日（11 月 21 日） 晴暖

接镇南、苴却两信，即复。机关部未有复电，拟再电询。宋哨官迩日酒后乱言，实招祸之媒，甚属可忧。且自反正以后，颇不听余言语，动辄抗横，已非一次，其心地糊涂，不可理喻。奈何！

初二日 亦晴亦雨

昨夜一点钟，接大理机关部电称"腾永军举动，颇有可疑，似非同志"云云。愁思至两点钟始寝。早约李云鹄来，筹商电省请兵。宋哨官送来羊一只，在大堂大肆狂言而去，差帖请假十日，不胜气恼，时至今日，又不得不勉为忍气。王光裕、赵汉槎前往解劝，将其同来，只得用言安慰。晚饭后，下关绅商舒良辅（字少夔，鹤庆人）来，谈及："榆事甚危，渠将号事暂收，进省暂避。"夜接机关部电告急，专团往省路迎投，并即电省。

初三日 早大雾，旋晴暖

将宋哨官之羊作成，今早约众绅在二堂摆列同餐，以了其事。闻机关部张提调今日到，绅来约往接，未遇。恰接马、杜二安抚使归，马、杜二君到自治局，请余往会，人甚和平。晚马、杜遣叶姓（陆军）来请打电，并恳封马（？）。

初四日 晴暖

午接阅新委楚雄府缺黄廙叔①致自治局绅电。众绅仍有禀留

---

① 黄名彝，广东香山人，为先公旧友。

余意，当邀李云鹄来，告以不可之语，转告他绅。商找房事。晚查电线委员五人，来楚侦查地方，手提洋枪，均少年学生，势若不善，颇怪楚民多未剪发，当即拟稿速写晓谕。

初五日　早阴，旋晴暖

收拾寄顿衣箱六只及发房各卷，并焚字纸。沈华庭[①]来慰余。晚邀厘金委员谢兰生来，询其沙桥闹局事。再邀城绅，嘱其切勿禀留。镇南李竹筼孝廉来。

初六日　半晴，微雨，不时凉

早李竹筼来，送阅电稿。午仍收拾寄顿各物。晚顺宁监征委员刘秉阳逃至，面述琦叔敏太守被戕事，[②]当令电省。兔死狐悲，深为惋惜。适接机关部电称："顺宁匪恐东下，须防。"当邀周崇仁、李竹筼同来商，谕哨地乡地严为防范。

初七日　晴暖，晚现五色云

早邀王耀廷来，托其收拾西院墙垣门户。邀李云鹄商找房及寄物事。晚南安杨姓学生由省回来谒。寄各绅家衣箱七只。

初九日　晴暖

早镇沅厅石兰生到郡来谒，同午饭去。午，紫溪山各佃数十人，向王光裕滋闹。王来署，该佃众即随之蜂拥进署。当传施锡才[③]解散。

---

① 沈名宗舜，楚耆绅。曾修府志，未脱稿而卒。
② 琦太守名璘，满人，顺宁知府。反正后，谭鸿勋人署戕之，谭后为李师长正法（李见后）。当时知府，满人仅三。其一为广南府桂福，字筱岩，瓜尔佳氏，还居北京，解放后卒。
③ 施字品三，楚绅。

初十日　晴风暖

早监视打扫西院。午涂阆臣来。晚饭后，王光裕来署，众佃又随之拥进。当将为首之黄玉中、李彩庭、王本善传入，辩论非余任内之事。而黄玉中等异常狡强，恐酿事端，许将各约纸簿据交与自治局收存，听议事会公议。

十一日（1911 年 12 月 1 日）　晴风凉

早饭后，有杨少山同乡学生王温卿来，送新定远县彭坤年及方管带致余之信，略称："方管带营将到，慰余莫疑。"王温卿并称"黄廪叔明早同来"之语。当即搬移物件于西院。晚魏、孙两排长来谒（方营前站），写致方、黄二信，派团兵连夜前往广通迎投。

十二日　晴风凉

早县署来报："黄新府本日到。"当即迁徙西院完备。午后陆军方管带到，迎迓于东门外接官厅。见面颇为安慰，遂即到店往拜，未面。旋来拜余，言极和平，人甚明白，又慰余者再。晚邀李云鹄来，商恳方管带留队驻扎，一面撤团事。

十三日　晴风暖

……午拟同众绅往谒方管带，说留队驻守事，因其率队到小校场打靶未归，不果去。晚约方管带便饭，席中，罗梅卿①由顺宁逃归到郡，谈顺宁各事。闻方管带于打靶时，将聚集各队长兵演说："切不可暴动生事"，谓余在楚声名颇好云云。众皆赞成，故此队来楚，颇称文明。

---

① 罗名念慈，贵州人。宣统二年，曾以查案来楚。

十四日　晴风暖

早商请方营队官宴，写知单邀请，均辞。团兵甫及一月，众皆要求领饷，颇有鼓荡，故于今日结算饷帐，就监发讫。陆聘三①携其堂侄陆光荣来见（陆为炮队长），当称欲驻署内，来势不佳，众绅告其驻中学堂始允。方营队长杨星焯等三人来谒。是晚，即闻陆光荣有排满议论，意欲动作，当被众绅解说劝释，始就寝息。

十五日　晴风暖

昨夜半接罗梅卿由广通密函称："在广闻陆军到郡，有掠署之说，嘱即趋避。"云云。即起告知李载阳，致全家坐守未眠，并预备署后逃避之路。俟天明，即邀李云鹄、赵汉槎来署，告知昨夜事，遂往告方，随同来署慰我，并称"机关枪队亦到，即往中学堂演说"等语。去后，前白井委员霍筱屏②来。方管【带】又来告知："已到中学堂，向该两队各兵已经演说，风潮已息。"方又暗中布置保护，甚属尽心。眠息时许，留驻楚雄队长杜、王二人来谒。去后，杨督队来送保护告示，嘱照缮多张，送店用印张贴。晚方又来辞行，此次颇赖方力，情极可感，即与联盟。③半夜，方来函称："适接李师长④电，饬该营全队开拔。"留楚之中队又作罢论，焦闷万状。

十六日　晴风凉

早六点钟，送方管带于西郊官厅，归复眠。早饭后，陆聘

---

① 陆名之珍，楚绅。
② 霍名维滨，当盟叔杨伯纯（尚懿，四川遂宁人）为白盐井提举时，曾为收发委员。反正后，杨不知下落。
③ 方名炳，大理人。
④ 李师长，名根源，字印泉，腾越人。此次西上，即为腾越之事。

之、倪谦吉同来说："陆光荣并无他意，请放心"云云……晚邀霍筱坪〔屏〕来，询省中近况……夜两点钟，接李师长由舍资来电，即拟复。

十七日　晴风凉

早同李云鹄商拟复大理机关部电。午涂阃臣来，商明日接李师长及预【备】办站事……夜又接李师长由广通来电。

十八日　晴风暖

早饭后，会同众绅往东门外接李师长，待至三点钟始到，接后同往长兴店拜谒，见面深承谬奖。见毕回署，乃被陆军进署，内宅眷属畏而躲避于老谭①破屋中。余见陆军出入无忌，往来甚多，意不测，即随赵祥②潜至后院，藏匿无处，亦绕至老谭屋，眷属在焉。因该处亦难久藏，商欲出署外。适宋哨官寻到，即随之往左济生③家，因舒绍葵住于彼处，或可保护，眷属亦随往宋哨官家。时左绅意颇恐惧，语间似下逐客令者，余遂拟往自治局。至局闻眷属在宋哨官家，其房主张姓亦难相容，当令宋哨官将眷属亦接于自治局中。倪绅谦吉将六曾携去，④眷属即安置局之耳【房】，余随王寀臣、张玉书⑤歇于南厢房。当由各绅往探，

① 谭为大班，即轿夫也。
② 赵为仆人。
③ 左名维泽，楚绅。
④ 初逃出在下午三时，宝铎随玉琴藏于仆人吴升家中（在署内西南方）。旁晚，仆余升负余至左家，宝铎在此见先公一面，其时先妣及玉琴当在宋家，左、宋既不容，复至自治局，与先妣及玉琴同在东北厢屋中暂避，时已上灯矣（局门东向，西为上房，故东北隅为厢房，日记中先公亦歇于南厢房也）。少时，倪师来，引宝铎回家。以后消息不通，次日（十九日），倪师一日未归，合家皆惧（此即倪师同王寀臣往迎先公于小东村之时也（见后））。二十日晨，倪师始送宝铎回署西院。
⑤ 王名建章，议事会副议长。张名凤诰，皆楚绅。

署中陆军仍有出入，且有在内宅同吴升饮酒者，亦只好听其出入。乃至夜半，陆军遍处寻余，卫队蔡二少爷（蔡幼堂之子）①及范宝桢之兄，迫家人余升、吴升说余下落，两家人往局来询。张玉书、王寀臣两绅将余匿于被中，而蔡、范二人带兵持枪，在局中穷诘，势甚不测，张、王二绅又将余匿于床下，待蔡、范二人去始出。当同商拟远避之策，又拟将眷属移出局外，余遂改装作团兵式，待将眷属送至局丁李万家，余与各绅同哭而别。随哨弁王维富并团丁四人作巡城，登城至东南墙缺处，将余送下。顺城往南行，拟至王维富家——荷花村，半路，王维富归城，乃同团丁许光亮、许光前改往小东村许光亮家。一路竭蹶而行，二许或牵或负，至时天犹未明，而中心忐忑，甚悔此行。到即家〔写〕信于绅，仍遣许光前天明回城，送与李云鹄，意谓：请众绅往见李师长，如欲竭力保护，即请明示，余即回城，否则将远行不归矣云云。即暂息于楼上草榻待信。

十九日　晴风暖

昨一夜未眠，奔彼虽疲，而万虑千愁，不能合眼。一经思及，中心如焚，前途如何，何堪涉想？许光亮及其父学彦、兄光宣互来陪伴安慰，无如事在心中，坐卧不宁，每自言语，或绕楼徘徊，焦灼不堪言喻。又恐累及许家，拟明日定另逃避。然又思逃避无所，只好寻一自尽，回首妻儿不能相顾，日后如何归结？伤也何如！挨至下午约三时许，倪谦吉、王寀臣随许光亮前来寻，告以："众绅往谒师长，师长甚不过意，宣布定极力保护，接我速归。"闻之心释，诚始愿不及此。念及昨宵，伤定思痛。许家又待余家（？）一饭，备马送余回城。倪、王两绅均步行随

---

① 蔡名自辉，为李师长副官。其父名正绅，景东厅同知。

走，往返四十里……抵郡城，天已昏黑，待将小西门①开，潜行
至自治局，遂同众绅先谒丁军门，同往见李师长，师长见余甚道
歉，并称昨闻余逃避乡间，一夜未曾安眠。爰〔爱〕将奖札稿
给阅，不惟垂谅，而过誉余在楚声名美政。饬地方送公地一区，
奖银五百，即入楚籍。另札委自治局名誉总理。② 余愧谢，当代
抢署各军乞恩邀免，不允，至于跪求，盖不欲结冤〔怨〕于其

---

① 小西门名"仁福门"。

② 李师长札一：(此文载《曲石文录》卷5)"云南西防国民军各营总统官节制
迤西各属文官吏李为札饬事。照得此次建义，拨乱反正，实以扫除专制、
改造民国为职志。此固政治之革命，不杂种族之问题，举凡汉回满蒙藏以逮
沿边苗夷诸族，其生息于中国者，皆中国人。方当共同组织，以建立我中国
统一之民族国家。第为中国编民，义利必无偏畸。其各属官吏，身任地方，
但当问其贤否，不当强生差别，果属循良之长，尤为崇奖所先。兹查楚雄府
崇守谦虽出满洲，久官滇土，起家牧令，所主有声。迨守楚雄，尤多美政，
绅耆黎庶，翕然称之，此在汉族之中，犹不数觏。方今整饬吏治，登进贤
良，所宜首予旌奖，以示秭式。又查满蒙诸族之间，一切习尚，大抵与我同
化，惟民族名籍，尚存别异，实畛域之未除者。前代编定谱牒，改易杂姓，
所以泯种界之编见，章同文之郅治。该守世长中土，服习礼教，应准改姓黄
氏，取同为黄种之义，入籍楚雄，媲昔人居颍之风。至该守在官，廉洁自
持，民被其惠，为该属士绅所共认。兹既解任入籍，除由本总统呈请军都督
府，从优奖给银五百两外，并由该属自治局公同酌议，拨送公产一区，为该
守资生之具，以表我地方酬报之忱，用奖循良而劝来者。除分行外，合行札
饬，为此札仰该守即便知照。特札。右札仰卸楚雄府知府黄崇谦。准此。大
中华国四千六百零九年十月十九日札。"右印文："中华国云南陆军第二师长
印"。左印文："云南西防国民军各营总统官节制迤西各属文武官吏关防"。

札二："（全衔）为札知事。照得楚雄自治局名誉总理一职，亟应拣员
委任。查有卸任楚雄府知府黄崇谦，政声卓著，众望允孚，现已入籍楚雄，
宜予委任斯职。除呈报军都督府暨札委外，合行札知，为此札仰该局知照。
特札。右札仰自治局准此。"（年月日同前）。

黄守移文："云南陆军第二师兵站长署理楚雄府兼管县事督办楚雄厘务
节制驻楚陆防军队黄为移知事。案据议事会议长杨怀仁（字泽宽，楚绅）、
副议长王建章呈称：案奉总司令官李札开：（全文）为此札仰该局，即便遵
照办理，并将办理情形，具报查考等因。奉此，遵即调查得大净室华严会寺
产，坐落楚雄民东界大乌郎田一分，计二百七十工（楚雄每三工为一亩），
年收市谷租三十一石；又冷水阱新旧米康郎山地租，折银二十二两，应完楚

众也。①谈毕，同过蔡二少爷、范葆桢乃兄房间去坐，始悉蔡为报乃父过楚余相待之恩，故昨夜遍处寻余，致彼此参商，疑惧而受惊惶。② 稍谈即归自治局，有李师长谕派之保卫队排列，及蔡二

雄县民赋秋粮二石五斗五升二合八勺；并坐落城内旧县街裁缺楚雄协专城汛署一所，以作卸任黄旧府尊资生之具。备文呈请核转等情到府。据此，当经据情转报军政府，请饬民政司发给执照，以为劵묲在案。除俟奉到批示再行移知外，相应备文移请贵卸府，烦为查照。须至移者。右移卸任府正堂黄。大中华民国元年二月初七日移。"

民政司告示："云南军政部民政为出示晓谕事。大中华国四千六百零九年十一月十三日，奉军政部批：据楚雄府呈称：据楚雄县议事会议长杨怀仁、王建章呈称：奉节制滇西各属文武官吏李札开：（全文至黄旧府尊资生之具）理合备文呈请核转等情到府。据此，知府复核无异，理合报呈军政部查核，转饬民政司发给执照，以为劵묲一案。奉批：呈报阅悉，仰民政司查核给照饬遵，并通行一体周知，呈发仍缴等因。奉此，除复缴并分别移行外，合行出示晓谕，为此示仰阖省官绅士庶，即便一体遵照。切切特示！右仰通知。大中华国四千六百零九年十二月 日。告示实贴……晓谕。"

附记：李师长札内，一改姓黄氏。北回至津，始改姓关；奖金五百，折还白井旧欠（宣统二年十二月，大姚军务需用浩繁。曾向白盐井提举杨伯纯假用千金未偿。反正后，白井收发委员霍维滨，查报实业司，下令向先公追索。即以此五百两折还一半，另筹一半偿清。原借九百五十八两，合省平一千两。事在民元十一月）；寺产及汛署均于民元十一月回京时呈军都督府，捐入杨文烈公祠（明末，杨畏知，字介甫，陕西宝鸡人。守楚郡，为孙可望所害，私谥文烈）作香火之用。

① 李师长此次所带军队多为杂牌。至于掠署，主动为军人内应，为仆人吴升等，本地人（见后）亦染指焉。李师长以碍于陆军名誉，甚怒，必欲究办。先公恐其激变部下，为害更烈，故再三请其勿究。李师长西上后数月，寄声先公："其掠署之军人，已伏法矣。"

② 蔡幼堂任景东厅同知，于辛亥四月过楚，病于旅店。先公为之延医（赵汉楼善医，先公令其往诊，赵要挟不肯去，先公颇怒），照拂甚至，蔡衔感不忘。至其次子自辉，在李师长部下，随之西上，预备报恩，不但先公不及知，恐楚郡知者无一人也。乃李军至郡掠署，师长意旨叵测，先公逃避无所，忧疑兼并之时，忽有陆军率弁，遍城大搜府官（闻各庙宇均搜到），此已可畏矣。乃至自治局，见绅士后，犹复"持枪穷诘，势甚不测。"倘在局声叙以前交谊，此来专为报恩，则复何所畏而不敢见乎？至先公回城见蔡，乃抱而呼曰："老伯何往？累吾寻久矣。"呜呼！非此根寻，乌能奔波一夜，几至于自尽乎？

少爷同陪至局，在局同饭乃去。饭后，同宋哨官至左绅家，见舒绍奎〔葵?〕稍谈，拟将眷属接回署中。至署，则宅内抢掠虽未成空，而杂物纵横狼借〔藉〕满地。闻黄廙叔将到，时已近三更，即往迎迓于东门外【接】官厅，归署，草草安置就寝。

二十日　晴暖

早会同众绅送李师长于西郊官厅。回署，黄廙叔过谒，与余联宗。盖昨李之奖札改余姓为黄（取同系黄种之义），因见妻子。倪谦吉将六曾送归。众绅等陆续同来看余，谈及昨归谒李师长之事：当时谣称欲将杀余，致百姓惊惶，盖因李师长派卫队送余回局，在前排列。有劣绅谢丹诰者，衔余特甚，当时在余后即大言："崇某也有今日。"故随后人众拥挤甚多，均由谢宣言而起也。今谢丹诰见昨无事，又在茶肆演说，并于武庙开会（名同志会），攻余入楚籍，遍街肆骂，谓余非楚种，不认其入籍。所纠合皆系滚龙滥人①，势将摇动人心，颇于公安有碍。众绅商同余过廙叔处同见，告知其事，即应弹压。黄即命将李师长保护余之告示张贴，如有造谣生事，即照军法从事。

十一月廿六日　晴暖

昨阅黄廙叔处奉电，改用阳历，按十一月十三日，为正月一日，明日为正月十五，补贺元旦，本日即为除夕矣。晚邀廙叔及诸幕过我便酌，聊应新典……

廿七日　晴风暖

早廙叔约称："陆军杨副官②率队在大堂行庆贺元旦礼，尊

---

① 滚龙滥人，滇语，为土豪或土匪无赖之代名词。滥即"小人穷斯滥矣"之意。
② 杨名承禄，字觐墀，保山人。

余与虞叔同为长官，一体庆贺。"余以为不合，昨已再辞不获，难拂其意，只得同虞叔在大堂行此礼节……

廿八日　晴风凉

昨闻大理有开赴北伐队之说，路必经楚，然余现已交卸，雅不欲再出应酬。饭后……阅新到北京《民视报》，此中议论，尚属持正不虚。虽北京政府尚照旧办事，而各省糜烂已不堪问……

十二月初三日　晴风冷

……午，陈益斋①、安履端、丁彩堂同谢丹诰之族祖来，代谢丹诰邀恩求释，爰令："过黄太尊处相求，余不便管。"……

初四日　晴风凉

早朱昌廷②过来称："昨有粤人二，由缅入滇，经腾永榆至楚，宿于署中，虞叔遣其来告：'不识其人来历，可暂勿过。'云云。"……晚饭后……李俊贤③由省来楚，奉委查楚、姚、下关、弥渡、景东等处厘金差。谒谈，即宿于府署花厅。

初五日　晴凉

……晚……虞叔邀往见粤人。缘今早俊贤称："昨与同餐，阅悉其奉委来滇之旨，略谓：'滇与满人为难，与革命宗旨相悖'云云一条，故可与见。"晤其人，甚和平，一系陈警天（仰光总机关部首领），一系朱仕周（敢死党）。

---

① 陈名思增，楚耆绅，年最长，须发皆白，行动须人扶持。
② 朱名知绪，黄虞叔幕，为先公故人。
③ 李名建基，江苏武进人。

昆明辛亥革命回忆录

李鸿祥 口述　吴继政 记录

说明：李鸿祥先生，云南玉溪人，现年七十九岁。日本士官学校第六期毕业，归国后任新军七十三标教练官，兼讲武堂教官、教练处提调，后为七十三标三营管带。辛亥革命昆明光复后，任省城卫戍司令，援川军第二梯团长。回滇后任第一师师长，兼管全省八十余营巡防队，兼政务厅厅长，后为省长。蔡锷入京时也到北京任将军府将军（懋威将军）兼总统府陆军部顾问，护国时任广东讨袁第一军军长。解放后为军政会委员，省人民政府委员。

1956 年秋，我因收集云南辛亥革命史料，曾和李鸿祥先生谈话十二次。今将谈话记录整理出来，以供研究云南辛亥革命史者参考。此稿草成后，经李鸿祥先生亲自审阅修改过。

吴继政　1957 年 3 月 3 日

云南昆明重九反正这回事，至今已经四十六年了。虽然时间是很短暂，只有一天一夜的战斗，但是在事前的酝酿和事后的规建，确乎是头绪纷纭错杂的大问题。现在就自己回忆起来的谈一谈。

　　宣统三年正月，云贵总督李经羲调蔡锷由广西来昆明。蔡锷到了昆明后，李经羲并不及时用他。他和我住在教练处里，每天伏案著书，著了一本《曾胡治兵语录》，写了一个筹办兵工厂的计划，直到五月间，才被任为三十七协统。当时云南革命思潮高涨，云南的留日士官生讨论革命，在讨论会上对革命领导问题有了分歧。有的主张云南的革命应由云南人来领导，这一派人就是罗佩金、殷承瓛、李根源等人；有的推举蔡锷为领导，因为蔡锷是士官学校第三期毕业生，资格比较老，加之他有才干有眼光，所以才选他，这一派人有我和谢汝翼、刘存厚、唐继尧等人。结果决定选蔡锷为领导（此后罗、殷、李等未参与会议）。

　　那时我是七十三标三营的管带，营盘在北较场，标统是丁锦，他是一个文人，向来不懂军事，所以经常会说外行话，闹出一些笑话来。因他是北洋系段祺瑞保荐，随靳云鹏来的，所以又是一个顽固不化的忠于清廷的奴才，对革命深表仇恨。当时我们密谋革命的事，渐渐传到李经羲的耳朵里，他就召我去见他。那天我到了制台衙门，李经羲对我说："听说你最近想反叛大清，可有这回事，我是不大相信你会干的……"我说："大帅请放心，我怎么会干那种事呢？在大帅的栽培提拔下，我还要多多为大帅做一些事呢。"我看他的态度很安详，也没有怎么过于追问我。于是他便提起北较场的七十三标有许多兵老弱了，虽然名为三营，实则不过两营的人数，最好你去富民、武定一带招兵，补充新的力量。他说完了就叫我回去。我回到北较场后，扬言准备出发，叫部下把枪枝钉好，每盒五枝。我对丁锦说还没有准备好，要再缓一些日子，实则都是为了起义作好准备。恰遇负责饷械的军需长新婚，正请假在家，不在营盘，又借此拖延，一直到我们起义的事差不多各方面都准备好了，决定在九月九日的晚上十二点钟发动，所以就把出发日期拖延至初十那天。初九晚上六点钟的时候，预定由讲武堂派刘祖武、张开儒来北较场联系。后只来刘祖武一人，他骑着马走近营盘时，恰巧遇见丁锦出来，两人碰个照面。丁锦问道："你来干什么？"刘祖武回答："我来看看李管带，听说他明早就出发到富民、武定去了。"刘祖武走进了我的住屋后，我就把他接进内室，他告诉我说讲武堂那边已经准备好了，问我这里怎么样。我听了很高兴，说我和黄子和、王秉钧、文鸿逵商量妥当。于是我便从床头拿出一枝手枪交给他，出来召集各队队官来我的住屋外室谈话，交代他们几个人叫兵士今晚上打好绑腿，随便地睡，明一早就出发。因为我手下有好几个队长是北洋系的，他们和钟麟同、靳云鹏是一流的人，是李经羲忠实的爪牙。当时他们听见我的内室有托枪的声音，原来是刘祖武在搬弄手枪，我急忙走进内室，并且厉声地喊道："你们这些懒兵，平时不修整自己的枪枝，临时搞些什么？"他们几个看见我的态度很不好，也就没有进去，经我这一喊，里面也就不响了。这几个队官走了之后，正是八时半，夜色已经苍茫了，我正在房子里坐着，忽然听见门外一阵人声嘈杂，我听出是在后天井，便急步走去。原来是排长黄子和、王秉钧、文鸿逵派兵士抬子弹，遇见了值日队官唐元良，唐元良追问他们，因而吵起来了。我便走上前去把唐元良拉到我的住屋内，告诉他我们今晚上要起义了。他一听说"起义"两个字，吓得全身发抖，脸色苍白，紧张得说不出话来，因为他是靳云鹏的亲戚，属于北洋系，我想争取他参加革命。正和他谈话的时间，忽然听见一声枪响，接着听见一阵喊打的声音，便出门来看，只见右队官安焕章（北洋系）跟跄地向我奔来，口里连喊："救命呀！救命呀！"等他挨进我的身边时，便倒下去了。这时从后面追上来好些兵，手里拿着枪，看见安焕章倒在地上；看出我身后那个人，正是刚才阻止他们搬运子弹的唐元良，一时愤怒起来，便举枪向他射击，砰地一声，唐元良应声倒地；跟着督队官薛树仁也应声倒下了（按薛树仁也是北洋系）。这时候营盘里呈现极为紧张的现象，有兵士喊叫打杀的声音，也有兵士从营房里冲出来，他们都满腔愤怒，摩拳擦掌，简直就要干起来了。我看了看表才八时四十分，于是急令号兵吹集合号，并调一、二两营兵出动，齐世杰、成维竣两管带（北洋派）看势不好逃走了。恰巧号兵正在我身边，他就吹起号来了，顿时把眼前一片混乱的场面澄清下来，兵士们一个个整整齐齐地站好。我便问明刚才第一声枪响的原因，是安焕章看见兵士开箱取手枪，便用指挥刀打，于是兵士向他开枪射击。当时我点查营中另外两个反动顽固队官孔昭同、李敬符（北洋系），结果他两人已经乘刚才一阵乱时逃走了。当时就命刘祖武为三营营长、马为鳞为二营营长、萧荣昌代理一营营长。正在这时丁锦率领卫队赶来，向空地上的兵士放了一排枪，被击伤两人。我便下令散开，集中火力，向敌人射击。丁锦的卫队不支，他本人见势头不妙，便拔脚逃掉了。我军把丁锦的卫队击溃后，就整队出发。军队刚刚走到北门外，遇见一座轿子珊珊〔姗姗〕而来，前面的兵士便喊道："轿中坐的什么人？"只听得"是我，我是李根源。"因张开儒去小西门，沈旺度说今晚要起义叫他来，他便出来和我一同往前走，挨近北门城下时，下令由黄子和、蒋光亮、杨秀林数人先剪电钱，持刀带枪爬上城墙。杨秀林身带两把大斧，他们数人悄悄地爬上去，遇见了李经羲派来的一哨巡防队，黑暗中的人影向他们呼唤"口令"。黄子和瞄准前面那个人影，砰、砰两枪，前面两个敌人应声倒地，其他的拔脚就跑。他们几人便疾行到北城门，砍杀守兵，杨秀林便手持大斧使劲向铁门闩砍去，把门锁砍落后推开，城外的军队源源进来。我考虑当时只有九点多钟，距原定起义时间还早三个钟头，各方面还未准备好。于是派人去巫家坝七十四标及炮标报信，另外想到我军只有旧九子枪，单响毛瑟的子弹，而新枪只有五发子弹，每人的子弹有限，恐不能持久战斗，便决定进攻目标，首先是军械局，这是主要实力。而又分遣一排人由排长王裕带领攻占造币厂（内有款五十万两），这排并负有联络讲武堂方面的任务。又由李根源率领一连人去大西门一带，堵截敌军。

当我们革命军开进市区，穿过街心时，居民看见每人背着枪、提着刀，很是诧异，便问道："你们是干什么的？"有的兵士回答："我们正在夜间演习。"当我们走近军械局的门口，便把军械局包围起来，双方发生冲突，于是便开起火来。军械局位于五华山东北，四周围墙高大而坚厚，四角又配置格林炮，大门是铁制的，敌军凭险拒守，战斗开始前有日本人李惠安（原名加藤，他是日本的大学生，曾任日本军队中的参谋，是一个有才干的人，平时教留日士官生的兵棋，曾要求参与我们密谋起义的会议，为蔡锷所拒），他当时看到一时很不容易拿下军械局，便出了一个计策，叫人将北较场的大梯子抬来，用梯子靠墙头，缘梯而上。于是我便派了几个人去，他们这几个人急行到北较场把大梯子抬到北门时，恰遇李根源从大西门回到标本部，把标本部烧了，后又烧了学台衙门及虹溪试馆。又到北门，李根源看见他们几人抬着笨重的大梯子，就问：你们抬大梯子作什么用？他们回答说："这是李管带叫我们抬来去攻打军械局。"李根源连忙摇手说："用不着，军械局的事我有办法，我去一说就成。"于是李根源等人和我派的十余人一同来军械局，李根源来到军械局的大门，叫我们停止开火，并且大声地喊"袁应甫"（袁应甫是由讲武堂甲班毕业出来的一个学生，当时是一个哨官，驻守军械局）的名字。敌人并不理会，仍把格林炮架在门边，不断射击，一刹那间把铁门穿成无数小孔，我躲闪得快，幸未伤人，于是激烈的战斗重又开始了。

当时昆明城中，清方李经羲派十九镇统制钟麟同、总参议靳云鹏率巡防队两营、辎重营、宪兵营及两挺机关枪占五华山，据高临下向我围攻军械局队伍射击；另外辎重营管带范毓灵率卫队、辎重营两连、机关枪两挺防守总督署。直到夜半二时巫家坝的军队才由蔡锷率领开进城，炮兵管带谢汝翼率部由东门进城，由东城埂上开炮轰击总督署和五华山、军械局，炮弹落处瓦飞石散，给敌方添加了很大的威胁。但是军械局的敌人仍是拒险顽抗，他们凭着局中丰厚的弹药，向我军猛烈射击，敌人的格林炮很快的把铁门击成盒口大的火洞，机关枪、格林炮便由火洞喷发出来，威胁我军。于是有人建议用火攻，便把附近居民的烂棉褥废布裹成一大堆，用火油浇在上面，丢在军械局的大铁门边，用火一点，很快地烧着了大铁门，"蓬"地一声倒了下去，敌人看见他们可恃的大铁门倒了，另用柴堆烧，火势很大，成了一道障碍物，敌人在几个地方架好格林炮，他们的火力更加肆无忌惮地猖狂起来。谢汝翼从东城骑马来军械局看形势，看出从正面攻击仍是不易，侧面围墙敌人守备薄弱，便在围墙一角挖了一个洞口，把炸药塞进去，点燃了引心，只听得轰地一声，土飞石散，军械局坚固的围墙裂开了一个三五尺高阔的洞口。谢汝翼执手枪带领军队冲进去，虽然被轰死三人，但这一支兵力闯进去仿佛是一把尖刀插进了敌人的心脏。敌人发见我军冲进军械局，前门清军惊惶失措，无心恋战，大约有三百人由后门逃走，也有的缴械投降，十日早上十点钟全部占领军械局。

我军点收军械局的枪枝弹药，有锡良时购置的德国克虏伯厂造的步枪弹数百万发，日本明治三十年式枪一千枝，两筒无烟二千枝，九子枪、单响毛瑟五千枝，马的里（这是中法战争时留下的）数千枝，另外炮弹数百〔万〕发。

在攻下军械局时，谢汝翼、刘雪峰、庾恩旸炮轰总督署。开花炮弹击中庭中大树，把树炸倒，当时辎重营管带范毓灵被惊死，李经羲已于夜间由围墙挖洞同他的家眷逃至二蠹街（民生街）一个巡捕家中躲藏，署中守备空虚，唐继尧攻入，制台衙门便被我拿下了。

当时在太和街待命的田书年马队，见势不好已逃了。最后是钟麟同、靳云鹏守五华山，排长文鸿逵身先士卒，他爬上山去，露出半截身子，射击敌人，被敌人机关枪扫射壮烈牺牲。我军集中火力猛攻，他们便守不住了。钟麟同便逃到四吉堆，自杀未成，抬到南门，刘存厚命部下把他的头砍下挂在南门城上，蔡锷在江南会馆总司令部，闻钟鳞同已死，命人收殓。而靳云鹏逃出到马市口自己家中躲藏，夜里化装成一个轿夫模样，逃到城隍庙的神台下躲着，过了一天一夜没有吃一点东西，在十一日那天早晨逃到火车站，遇陈军医（院长）把他拉上火车逃走了。

十日正午十二时以前，革命军完全占领了昆明全城，清朝官吏如总督李经羲、藩司世增、提法司杨福璋、提学司叶尔恺等都被我军拿获。十三日把李经羲送去河口，十四日把叶尔恺解出河口。因叶尔恺为人顽固，官僚气又重，所以夏伯留平日很恨他，把他的牙齿打落。杨榛便把他们两人的辫子剪掉。当他们在香港会面时，这一对难兄难弟看见彼此的辫子被剪，啼笑皆非，叶尔恺说："这次什么都完了，官禄钱财一无所有。"李经羲说："这回真是赤裸裸地，一点东西都没有带出来，真叫悲惨了。"这时叶尔恺说："你恐怕比我好一些。"李经羲说："好一些这句话怎么讲？哦！你比我不过多损失几颗牙齿罢了。"

当时以蔡锷为首的革命政府在五华山上成立起来，蔡锷被推为都督，我为省城卫戍司令兼援川军第二梯团长，谢汝翼为援川军第一梯团长。因蒙自有事，罗佩金率二营往迤南，李根源带一营往迤西。不数日迤南、迤西也就响应发动了，全省就光复了。

张文光光复腾越记

编者按：本篇资料辑录自李根源编《永昌府文征》第20卷，是转引的仰光《光华日报》（日期不详）的论述。

辛亥九月初六日（1911年10月27日），张文光起兵光复腾越。文光字绍三，腾越人，家巨富，尚侠有大志。尝与杨振鸿及黄子和、杜寒甫、马幼伯游，由振鸿介入同盟会，时戊申年也。先是河口革命溃败，振鸿被拒海防不得登陆，遂奔缅甸，联结党人腾越间，图再举，因识文光。相与泣涕，言种族大义，并谈滇缅画界叠次丧地之历史，出革命宣言密交文光，散布汉夷人民。未几，振鸿以帝后丧有机可乘，潜入永昌举义。又败走蒲缥，呕血死。子和时在文光家卧病。稍愈展转出蒙化、下关，入省投效陆军。杜、马等则匿居文光家年余。已而片马界务危迫，滇人士四方奔走，言争界事甚急切。陈荣昌奏参兴禄、石鸿韶画界失地，王人文、赵鹤龄奏争重勘滇缅界，杨觐东上界务书，清廷均不应。李根源赴片马侦英兵，绘山川道路地形要隘图归省，大吏弃之弗用。人情异常愤激，热血之士咸思脱满清羁绊，谋独立。

辛亥秋八月，武昌难发，各省谋响应机大动。初五日文光与陈天星、李学诗、彭蓂、方涵、钱泰丰、李光斗、张文运、张映宝、张鉴安、李治等密会于叠水河五皇殿。议定，推文光为都督，并特定禁令十条及采用革命方略等事，遂于是夜三鼓起兵。

防军哨官李学诗，同盟会员也。于南城楼上枪杀防军第四营管带曹福祥，率队拥入镇署，围攻镇署及军械局。总兵张嘉铨吞金自毙。转攻道厅署，官吏遁走。时已五鼓矣。榆标陆军排长陈天星，字云龙，枪毙陆军管带张桐于财神庙，而夺其兵，亦率队入城。两军遂占有腾城。天明事定，市井晏然，鸡犬不惊。文光以陈天星为总指挥，李学诗、彭蕡、钱泰丰为统领，杨大森、祝宗莹、张鉴安、陈廷员等为军事参谋，寸开泰任民政；设财政、公捐二局，审判一厅；李治办警察兼总十八练团务；与税司英员好威洛订约，缅政府不得干涉；并护送关道宋联奎、腾越厅温彝良各由缅甸回籍，而留盐务督销总办彭继志于腾，以清官款。新增兵六营，地方编士林队一营为征集民兵先导。逾三日，遣陈天星、李学诗、彭蕡、钱泰丰、刘得胜等分三路出永昌、顺宁、云龙，以规取大理。在缅党人寸尊福、李瑞伯、刘玉海等亦纷纷携款回国相助云。

龙陵辛亥起义纪事

李若曲

编者按：本文作者为龙陵人，追述龙陵辛亥革命起义情况，叙述很具体。惟所记起义日期，和曹之骐《腾越光复纪略》不同（曹文为九月初十日）。今将最后专事歌颂龙德桂、张际昌的一节删去。该文选录自《永昌府文征》纪载卷27。

宣统三年辛亥九月初六日，张公文光揭大义于腾冲。风声所至，龙邑全城骚然。同知贵州张际昌晴甫、腾永巡防第八营管带邵阳龙德桂、镇南巡检兼分关委员湖南孙振翮天文立召士绅乡团，共筹守御之方。别召在外左哨、右哨官兵以资策应。时城中仅住中哨一哨，命前往腾龙桥防堵，哨官保山李槐紫廷临江桥。次日为九月初八日，张公反正令至。湘人二知与龙公有旧，虑事泄，追杀之，投诸河。随率队伍黄昏入境，住平夏。会左哨哨官保山张定甲之兵亦至，夜二鼓攻入营门，鸣枪示威。管带龙公尚卧病药炉畔，闻声知有变，急起驱诸子媳疾走，谓"老夫报国尽忠于此夕也。"持枪挟弹隐于门内墙侧，门紧闭，还击伤数人。哨兵知不可犯，绕道从后厅登屋脊，弹四下袭击，龙公遂毙命，遗尸挺然独立不仆，同殉者二湘人。哨兵再扑入厅署，同知张公夫妇先潜逸，巡检孙公莫知所之，李槐乃收兵鸣锣，谕百姓各安生理，勿自扰，违者处斩。翌日出示照常维持秩序。原住平戛右哨哨官楚雄孙绍安，清早率兵来集，孙、李势力不相下，彼此推让，孙任裁判厅，理民事，旧部交李直辖。李任管带，治军旅，左哨仍旧。哨副周希成任交涉委员，部署初定。地方哥老会聚众开山堂，思乘机谋不轨，潜结哨兵，将大肆抢劫。左哨官兵尤难节制。人心惶惶，莫可终日。于是城中士绅密推段学矩、赵世恩兼程赴腾谒张公，陈述所以。张公使人驰羽书至邑，并调左哨赴腾。其余畏张公威，咸慑服不敢动。士绅更筹巨款犒赏之，邑赖以安。而张公所派保山方涵、丽江和朝选于十月下浣率兵边境，出镇康，顺宁安辑，为诸官兵士绅陈说利害，于治安维系多所借重。

先是，同知张公深夜出奔，邑人某等辗转送之猛板，至十月下浣再由邑人某送赴腾冲，晤张公文光。张公豁达宽宏，推诚相待，接见同知，呼为宗兄，直欲委与要职。同知倨傲不为礼，继之拍案谩骂，左右齐兵之。张公文光止之不及，曰"张二府忠臣也"，下令厚殓之。

冬月中旬，张公文光复调孙绍安赴腾，委李槐兼裁判厅事。未几，曲石李公（李根源）西上，一路勘〔戡〕定大难。十二月至腾冲。壬寅〔子〕正月，委张鉴安署理龙陵县知事，下车伊始，掌握军政大权，宣布李公意旨、革命方略以及民族精神、各省举义经过。由是人人始知光复事云。

云南辛亥革命参加者列传

编者按：云南辛亥革命参加者的传记，其流传较多者，不必再为重刊。今只就流传较少的《曲石文录》、《永昌府文征》及未刊印的《续云南通志长编》选录 19 篇，供研究云南辛亥革命史者参考。至于内容有很多不妥之处，尚请读者注意。此外《张成清传》、《罗佩金事状》两篇略有删节。

杨君振鸿事状

李根源（卢滇生代）

君讳振鸿，字秋帆，一字志复。又变姓名为福升。昆明杨氏，世居东郭外小街。君少不羁，以事见系，乃自励，狱中读书不辍，出遂补县学生，故其学坚忍而不拔，能文有口，尤擅权略。癸卯（1903 年）游学日本，入陆军振武学校，感民族之今义，理亡国之旧闻，慷慨激发，毅然以光复为职志。又日从孙文、黄兴、章炳麟、汪兆铭、胡汉民、孙毓筠游处。所蓄日宏，而委身国事亦始此。既卒业，乡人公举回滇，整饬军事。君亦以将始事，宜有以藉手者，乃返国，诡说当事，危切悚动，当事重之，得请，立云南体操学校，著籍者几三百人，董鸿勋、潘炜章、徐进辈皆出其门。又倡设公学会，开演说会，于云南路矿利害痛切敷陈，往往声与泪俱。于是滇人一时咸振董，思自奋，而君名益章彻大行，远近来者以一见杨先生为幸，而当道则已稍稍忌之矣。会留东学生连名揭总督丁振铎失地丧权状，逐之去，闻其议发自君，益憾，斥君出为西防巡防军管带，驻腾越。人或谓君薄不为，君以为居边戍志气得发舒，又去省治远，便部署，率门人董鸿勋等从行。董鸿勋者，后入讲武堂，重九之夜据守五华山被重创者也。君既至腾越，寻有盏达土司袭职事，镇道索贿巨万不已，且构难焉，则假君以定之，而因以为功。君往抚其众，不用兵而难解。又发其征贿事，镇道畏其言不敢取，而衔之甚。会君开会演说，陈及大义，辞气尤慨慷，众皆为激昂。事闻，镇道喜且惧，遽上变，请逮治。同人觉，劝君行。至九保，过根源家，家大人里居，止君，因避焉。事急，间道走蛮允，主刘辅国家，以其力出八募，达日本。戊申河口兵起，君与根源暨赵伸、吕志伊集同志开大会于江户以张之，告云南独立于天下，会者近万人，所称云南独立会是也。时河口事已亟，君乃结黄毓英、杜钟琦、何伟伯、何汉、李光鼎、段宽、王九龄等归国为助。中道闻败，乃转入缅甸，留仰光与胡汉民、居正、吕志伊、张成清创《光华报》。于是党人在西徼以外之势始立，而滇西南皆有所据矣。其年冬清室死丧相寻，胤嗣再斩，君乃召同志谋大举。于时君经营西事者两年矣，尝变服入诸土司地，说其土人，欲因之以发难，迄不成，独同志稍稍聚耳。然以为时不可失，将以一隅号召人心，为天下倡。而永康改流事起，城中不备，亟自干崖出潞江里布戛蒲缥，以至马岭寨，收诸寨人，得兵千余，期十二月九日夜会城北演武厅，自大北门入。及期，兵会城下者才数百，守吏谢宇俊闻变，戒严不得入。且闻腾中有兵至，众散走。君至，独何伟伯在，相对太息，无如何，复返马岭寨，图再举。君犯瘴疠，敝心力，岁月已深，事败发愤。未至寨疾作，又传言逻者至，同人掖君走蒲缥。夜中大风雨，不能行，同人负之疾趋出陇间，颠顿不得宿，栖止败窑中。至蒲缥，主何兴家，呕血斗许，遂卒。方病革时，何伟伯、杨毓铣、何兴、吴品芳、彭蒉侍，顾曰："我死，滇事惟李君根源、罗君佩金可继。而不忘此日志者，宜以吾言求之。"其后吴品芳、彭蒉入讲武堂，于反正咸有功，奉君志也。君之卒，官吏求之急，杨毓铣以夜半启先垄生圹而藁葬焉。辛亥九月全滇起义，彭蒉率师定永昌，发圹求之，骨附土皆黑。敛时遗银一锭土中，与骨俱黑。观者几千人，皆流涕。于是具棺椁改殡于郡城。根源时居省中，乃于同人等理君死事，议所彰报，以昭来者。咸谓南中发难实首于君，爰累行义，谥曰忠毅，恤金三千元，以礼葬君太保山。彭蒉寻遭变死，以从君，葬墓左。君生于甲戌九月二十四日（1874 年 11 月 2 日），卒于戊申十二月十一日（1909 年 1 月 2 日），年三十有五。配角氏，无子。弟振国、振芳。以振振①之子铣为君嗣。女二，长奇珍，适谢；次感年，待字。君诗文率脱口而出，振笔而书，感时愤世，成即弃去不留稿。然悲壮之气，激楚之音，掇皮皆真，足以感人。散见于《云南》杂志、《光华日报》及邮亭旅壁者，暇当收拾，待《续滇诗文略》成刊焉。腾越李根源谨状。

此壬子仲春永昌师次，求赵介庵先生表墓，特请南康卢君铸代撰。寻闻思茅吕天民志伊为司法部次长时，与乡人郑炳然开文、谢佩青树琼、张致青大义、段漱泉宇清、何劲秋汉、何伟伯畏、张金山乃良诸君呈南京政府大总统孙公，得请，赠左将军。当述事状时未之知也，故篇中未及，补记于此。印泉自记。民国元年冬十月二日。

（《曲石文录》卷 3）

---

① 原文如此，疑有误。

张成清传

章炳麟

张成清，字石泉，云南腾越厅和顺乡人。父商缅甸，娶缅女，产成清。少颖悟过人，初习缅文，年十三归里，读书未三年，四子五经皆成诵。十七入厅学为诸生，旋赴缅甸习英吉利、印度、野人（景颇）、傈僳、百夷（彝）诸方语，悉通晓。由杨振鸿介入同盟会，任仰光《光华日报》撰述，著《缅甸亡国史》，书未就，梗概粗具。[①] 成清面峭如削瓜，而性和，能拊循侪辈。清光绪三十四年集云南死绝会于阿瓦，宣告滇人应与北京政府断绝，助缅甸、安南、印度独立，若不成则我千五百万云南人同日俱烬，以免如缅甸、印度人之辱。时与会者近万人。英吉利所置仰光总督察其与缅人有异谋，捕杀之，年三十矣。逾年黄兴、吕志伊至仰光，闻成清死处在缅茅，往求其尸不得。

（《永昌府文征》列传卷4）

彭蓂墓表[②]

李根源（卢滇生代）

吾友杨君秋帆（杨振鸿）死蒲缥之年，余在日本东京，彭生尧阶与门人辈实负土以葬，又使人以书抵余，以秋帆之丧告。明年余始南归，尧阶来谒余昆明，又致秋帆之命而言曰："先生之死也，以先生之事属公，使蓂求公，而致先生之言，且使蓂

从，以求毕先生之志。"会讲武堂开乙班，又请曰："先生没，门人惧难不敢里居，又憾其学未就，故尝入中学校半岁，无所得，兹来愿得学于军旅之事，亦犹先生志也。"余既高尧阶之义，又重感其言，而庶几有以成亡友之意，因使变里籍入焉。卒业第最高，而讲武堂蒙嫌疑，于时出隶防军，复戍腾越。送之曰：昔杨君不耻于管带，人亦视其志何如耳。事无不可为者，腾又杨君生平所经营地也，生勉之而已。尧阶亦慨然往。寻余以片马事出腾，尧阶又来从，余过蒲缥里，使道以求秋帆葬处，固固不肯，乃望祭而行。是时秋帆没两年矣，党人怀愤，散走边徼，阴求徒党，势骎骎以大。尧阶之至，凡同舍生在兵中者又深结之。辛亥九月腾冲举义之役，一呼而四起，不战而遂定者，兵皆属也。夫秋帆之生，所为极难矣，而卒无成。此虽以其时，亦秋帆之死有以激之也欤。于是腾越既定，永昌犹抢攘，复分兵予尧阶守之。顾初举事，亟于号召，转相附从者日众，兵既不及简练，又出徇旁郡，势益分散，一二人不辑，全体几被疑。余率师来，独闻人言，尧阶守永昌能辑兵保民，甚嘉之。师次永昌，定危疑，解军兴法，布政令，亦多得其力。时议弭西南患，首裁兵，虑不能无动摇，属当至腾；乃召尧阶，而以永事属。比去之三日，主兵者钱泰丰饯客于郭西门，尧阶与泰丰得手枪视人，试已，还之，机触弹出，中泰丰而仆。则皇遽欲自杀，为客所持；又请自诣狱抵罪，而泰丰兵至围攻之，身被四创死。方乱时，有泰丰部曲李岐山者，弹贯脑亦死。夏历十二月十二日（1913年1月18日）也。泰丰兵犹汹汹不已。根源道闻变，电守吏由云龙等弹压之，始定。然未几而有黄鉴锋之乱，余是以益痛尧阶死，而永事无可属也。事闻，录守永功，褒赠正都尉，而令永人以礼殓。初尧阶至永求秋帆骸骨，改殡于城南寺中；尧阶殁，又于此殡焉。师旋驻永昌，永人谋所以葬，余以为尧阶保永昌有功，而事秋帆又特有始终也，元年四月十五日率将士发丧葬于太保山，而祔于杨君之墓。呜乎！以尧阶之才，而假以年，其所成岂可限哉。既有施矣，遽靳其用，其命也夫。虽然，尧阶从秋帆于难，而卒竟其志，死又得祔秋帆以葬，此亦可以无恨矣。尧阶名冀，世居保山之蒲缥。父永年，母宋氏。年二十四，娶段氏，无子，以兄之子乃贤嗣，女一。既葬，永人以墓上之文请，而著其事如此，塞吾悲云。

（《曲石文录》卷4）

记云南张君文光死事
新加坡《国民日报》

一稔以来，国中殆无宁日。虽滇省远在南服，而骚然无一日安，视赣、皖、湘、粤之间又有甚焉。政府犹不自省，一切附之"乱党之煽动"，所以然者，幸得借是以屠戮辛亥之首义者也。若大理之事，主名为杨春魁，其人非独在远无所知名，彼中人亦罕知者，而政府遂得假手以杀义士。张文光之被戮，远近冤之。传闻被戮之日，文光方浴于腾越城南硫黄塘中，一军官奉唐继尧、谢汝翼命，率兵士二十余人就而毙之，并及同浴者前腾越保商营管带黄安和。使文光果闻其事，岂有大理已覆败，犹从容与人同浴，遂死于是，至死犹不明其故者耶。

文光死，有妾范氏，仓卒间闻变，几自缢死，范有娠四五月矣，遗腹子生，名遗生。

按文光字绍三，腾越董库村人。任侠尚义。商于缅甸，为杨振鸿介绍之入同盟会。尝于腾越、永昌各地创自治同志会，得数千人。辛亥八月，武昌革命军起，文光自缅返腾，纠合陆防各军，刻期九月六日夜起兵，击杀腾越镇总兵张嘉钰、管带曹福祥、张桐等，相继光复永昌、永平、龙陵、永康、顺宁、缅宁、云州、云龙等十余府县及沿边各土司地，称滇西都督。军东下，徇大理，与榆军冲突。李根源为之双方解释，得以无事。省腾合并，文光任协都督兼大理提督，时民国元年四月也。继李根源解职去，大理团长李伯庚暗谮文光于省中当事。时滇督蔡锷形同傀儡，而当权者为李鸿祥、谢汝翼。李、谢随事疑忌而抑制之。文光慨然曰："今之时势尚可供汝辈争权夺利耶。此等鬼蜮世界，吾不欲与居。"乃于民国二年五月请解职留学日本，得准，瓜代事毕，返腾省亲，遂罹是祸。又或传大理起乱，杨春魁假文光及李根源名出示号召，赵州、云县等处据之电省，唐继尧、谢汝翼不察，径电中央，故袁世凯有十二月八日通缉李根源、张文光之通令。继尧、汝翼虽察知张之未与其事，而为贪功冒奖之心所中，且又深忌文光滇西之潜势力尚在也，故必致之于死而甘心焉。呜呼，惨矣！余之记此非以传张君，亦以存是非之真于不泯云尔。

（《永昌府文征》文录卷20）

罗佩金事状①

李根源

君姓罗氏，讳佩金，字镕轩，云南澂江府河阳县人也。原籍四川华阳，明初有讳锦溪者，官呈贡令，遂家于澂江。传十四世至君曾祖准，字自桐，邑增生，以杜文秀之乱殉难。配张氏。祖瑞图，字星垣，光绪丁丑翰林，配郭氏。考森，字宝书，光绪甲午举人。配汤氏，继配保氏，生子二，君居长，弟佩铭。星垣公梦引一沙弥入室，生君。自幼聪慧过人，九岁丧母，随父游幕远方。稍长，益喜交游，而弛跅不羁，凡昆明恶少无不知罗孙少爷者，尝为星垣公杖责。光绪戊戌（1898年）宝书公键闭君于斗

---

① 原题《勋三位上将衔陆军中将护理四川督军广西省长罗君事状》。

室中，教为文，日作一艺，数月，学大进。学政张建勋岁试，以第二名入库。至是益放肆，挥金如土，每深夜逾墙出，星垣公恶之，逐出使别居焉。是时君夫人镇南徐氏已来归，婉语规劝，渐能折节读书，而行不检如故，室中几断炊，酒肆中则一饮数十金立尽。

癸卯夏，考入高等学堂，受业于陈小圃、孙少元先生。在校日与嵩明赵伸聚朋辈数十，高谈时政，多不循礼度。陈、孙两师察知，宣至厅事，罚长跪，责手掌，斥逐出堂。君内不容于家，外不容于校，遂有壮游四方之志。其友何庆三、朱耀南助以资，不足；徐夫人变饰珥作旅费，于是年冬步行至广州，投两广总督岑公春煊。岑公，星垣公弟子也。命题面试，问治两粤策，历一时，君条书十事，文长二千余言。岑公喜曰："尚有见识，文笔亦充畅，吾师有孙矣。"（注删）命移居节署，交总文案张鸣岐，派在奏折处学习（君尝言，参劾苏元春、裴景福、柯逢时、李经羲诸密折皆君所写）。

次岁，送之日本习陆军，在振武学校，颇为同辈所重，与昆明杨振鸿称滇南两杰。振鸿虽尚任侠，而言行不苟。君亲炙久，有感，乃立日记，日自讼其过，如老宿然。有议论，必引《论语》、《近思录》，几不知昔日之为狂少年也。

乙巳六月，孙公逸仙、黄公克强创同盟会于东京，君与焉。吕志伊举评议，推君任云南支部长。君曰："吾辈军人，在学成归国握兵权，负实行之责，名非所宜。"遂与根源、赵伸联名，请以志伊担任，而会中事君无不参与。方声涛为军事部长，凡有谋，胥就商。黄克强寓小石川，而章太炎先生居民报馆，星期休假，君不往黄必就章也。己酉（1909 年）春，士官学校将毕业，庄蕴宽衔广西巡抚张鸣岐之命至日本，约士官生入桂练兵，君亦被约。君曰："坚白（张鸣岐），书生也。急于功名，不足与谋大事。广西军事实力在提督龙济光，某与龙有旧，愿入龙部，可与桂林昆明相策应。"于是君走上海，见岑公，求荐书至南宁，济光委以随营学堂总办，凡帮带、管带以上官，皆从君受学。逾月，余亦至南宁，见济光险狠谲诈，好利无远志，劝君同归，君不顾。洎后济光部下有马、赵姓者密讦君倡革命，龙使人侦君。君不自安，走书告余。余请于护云贵总督沈公秉堃电调君归，任十九镇随营学堂监督兼讲武堂步兵科教官。未几，总督李公经羲入滇履任，君偕根源请并随营生入讲武堂，君遂调充督练处参议官兼陆军小学堂总办。于是军事教育全权悉握诸吾辈矣。君旋受命赴上海，订购德意志枪械，陆小总办推李烈钧代理，未半载旋滇。李督以总参议靳云鹏专权任私，颇疑之，一日召君与余入见，曰："靳云鹏眼斜心不正，难倚信，曷举军事人才告。"余疑李督意在试探，不敢言。君决然起，揭云鹏之失，举蔡锷可大用。李公纳之，命君密电召锷来，勿与靳知。时锷在广西，充新军标统，为桂人所排，复电允送母归湘，即起程。李公喜，命君汇千金作旅费。次岁四月，锷至滇，李公受云鹏挟制，无以处锷。君献策调王振畿兵备处，以锷任三十七协统领，君愿为其属，任步队七十四标统带。君并引用雷飚、刘存厚、唐继尧充本标管带。君之机警果决，余深愧弗及；而锷之名业亦发轫于此矣。辛亥中秋后，武昌起义，余辈多集君家密议，风声所播，李督与钟麟同、唐尔锟谋，斥君赴安南接运军械，君佯从之。延至九月九日，光复军起，君率所部从协统蔡锷自鸣家坝入城，攻击总督署，并派雷飚援余于五华山军械局。时督署有机关枪八挺，卫队五六百人。君力战数时，死伤枕籍，不能下，子弹将罄，幸军械局破，得补充。君督唐继尧、庾恩赐两营猛扑之，经羲逃，始攻入，全城大定。君与李鸿祥任警备，夜分兵变，君守南门，余与蔡公巡至君许，枪炮隆隆，君犹卧城门口，鼾声如雷，屡呼之始醒。足见君临战镇定，有天授，非常人所及也。次日，风传南道龚心湛兵至通海，命君为南征总统官，往讨之，适赵复祥、朱朝瑛、李曰垓起兵攻心湛，心湛遁，其部悉降。君巡阅蒙自、临安、个旧等处，旋省。时迤西乱事已亟，余西行，君继余领军政部事。未十日，蒙自兵变，公私掠夺一空，赵复祥、朱朝瑛失踪。复以君为南防总司令，出师靖乱。君至，剿抚兼施，诛叛兵数百，南防遂定。旋师，仍任部职，清吏治，整财政，革盐弊，设盐兴、盐丰诸县治，筹办援川拨黔援藏诸军饷糈。君体虽强，君之心力已敝矣。或谓君只知应付现局，无远略，故无新之建树，盖不知君者之苛论也。时至八月，大总统袁公召各省军事代表入议，君承乏往。至京，双十节奉令补陆军中将。有清河预备学校反对贵胄学堂合并，全体罢课。袁公命君往调处，事竣，袁公拟任君保定军官学校校长，君坚辞。适副总统黎公通电倡军民分治，设各省民政长，二年正月，君被任云南民政长，出都赴滇任。能以简驭繁，以静制动，故政安人和，一时称颂。历十月，都督蔡公去职，君亦解任。继者唐继尧、李鸿祥。旋丁父忧，家居守制，垦辟黑龙潭田园千余亩，名曰茨坝果园。今其果木嘉荫，为苴兰园圃之冠。又朝夕与昆明李坤、张鸿范、张鼎，河阳李增讲论，所养愈深，而心气愈平矣。四年，筹安会起，袁世凯称帝，君愤甚，与刘云峰、赵复祥、黄毓成、何国钧、李曰垓、吕志伊、赵伸、杨蓁、邓泰中辈密谋抗袁。未几，蔡锷、李烈钧、程潜、熊克武、戴戡、殷承瓛、方声涛、陈强、但懋辛等至滇，唐继尧心遂决，与任可澄、刘显世于十二月二十五日宣布讨袁，组织护国军。蔡锷任第一军总司令，君任总参谋长，李曰垓秘书长。是时滇省财政支绌，饷糈无出，君以数世积累之产，押之殖边银行，得银拾贰万元，军始开拔入川。（编三梯团，每梯团步兵二团、炮兵一队、工兵一连、机关枪一连、骑兵一排。第一梯团长刘云峰率杨蓁、邓泰中两团出昭通，攻叙府。第二梯团长赵复祥率董鸿勋、禄国藩两团出毕节、永宁，攻泸州。第三梯团长顾品珍率何海清、朱德两团，随总司令部于夏历十二月十三日自昆明出发）五年一月二十一日，刘云峰进克叙府。出泸州之主力，前卫董鸿勋甫达雪山关，川军第二师长刘存厚在永宁宣布与护国军合，鸿勋乘势进占纳溪，攻下蓝田坝，以川军团长陈礼门守之，鸿勋由下游渡江攻泸州。而泸之北军反乘夜渡河，袭击礼门，礼门走死。鸿勋腹背受威胁，夜退牛背石，过江。于蓝田坝相激战中，而曹锟、张敬尧之众及驻渝川军周骏已抵泸州，过江进击鸿勋。蔡公得报，以君率第三梯团及第二梯团之何海清部，兼程入纳溪，敌我遂遭遇于纳溪前方之朝阳观、棉花坡一带，阵线延长三十里，激战二十七昼夜，死伤积野，血流成渠。营长曹之骅、赵荣晋、雷电光等即阵亡于是。北军伤亡过多，亦深掘战壕固守，我欲进击尤不易矣。（是役纳泸加入作战之北军：曹锟之第三师、张敬尧之第七师、李长泰之第八师、齐燮元第六师之一旅、周骏川军之第一师。叙府方面之北军：伍祥祯一旅、熊祥生一旅、冯玉祥一旅。其数十余万人，多滇军数倍）蔡公忧之，以非攻下泸州，摧破曹、张主力，则全局皆僵；黄毓成军牵于龙济光兄弟，不能来。乃由叙府抽调金汉鼎、马鑫培两营，侧袭北军之背，亦无功。于是蔡公立退却，引敌前进，再乘机反攻。君赞之。于三月二日令君为左翼军总司令，分两翼撤退：蔡公率第三梯团，由纳溪龙头关退守大舟驿；君率第二梯团及金汉鼎支队，由左翼沿永宁河，退守北极滩，赶掘坚固壕堑。是时北军虽未敢追击，然已蹑至龙头铺之线，亦构筑强固工事，互相对峙。不意君与蔡公正咄咄书空间，忽接广西都督陆荣廷宣布讨袁通电，（又得唐公电，知李烈钧所率滇军第二军已至百色，黄毓成军即日经黔入川增援。又黔督刘显世通电，表示贵州全省听蔡公指挥，并派戴戡率兵一旅，由遵义攻松坎；王文华一旅入湘，攻常德）全军士气为之一振。君曰："可以一战矣。"遂于三月十三日下令反攻，召将领面训，蔡公声哑，艰于言，君代之曰："今日之战，胜可望生；败则死，不胜不败亦死。"群感奋，乘夜推进，接近敌阵。拂晓攻击，战历两昼夜。至十六日，别选敢死队五百人，君与蔡公亲立阵头，督全线冲锋，自卯至申，肉搏数十次，而北军野炮机关枪猛烈排射，不能进。直至日将坠，天相义军，狂风陡作，杀声四起。君督中央顾品珍、何海清部短兵冲入，左右翼亦奋死前进，始将敌阵完全突破，毙敌二千余人，生擒千余人，夺获大炮十四门、机关枪三十余架、步枪二千余支、子弹二百余万发，辎重无算。张、曹狼狈窜去，溃至棉花坡，为李长泰所收容，仍据险死守。滇军亦停止于龙头铺，构筑阵地，收战死者之尸，得七八百具，伤者近千，可谓壮烈矣。是役也，共和帝制销长之几，所关岂细也哉。君右胫为炮片所中，幸不久医痊，然自是不能乘骑矣。同时陈宧命伍群祯、熊祥生、冯玉祥三混成旅，分道向叙府反攻。伍、熊两旅先来，卒为刘云峰分段击破，溃不成军。冯旅后至，遂停止不进，以张之江、韩复榘通使问，君亦遣伍彪报之。盖玉祥心事本反洪宪者也。陈宧见大势已去，商曹锟等，派雷飚为代表，至大舟驿，请求停战一月，蔡公许之。时军务院已成立于肇庆，推君为抚军。由是浙江、陕西、湖南皆独立，而陈宧亦随之宣布反袁。乃世凯犹不悔祸，命周骏为四川将军，宧随冯旅北走，骏入据成都。六月六日，世凯自毙。黎公元洪依法出继总统。录君功，加陆军上将衔，授勋三位，二等大绶嘉禾章，补广西省长，而四川军民两政则授之蔡公。蔡公以成都犹为袁党所踞，命君率顾品珍、赵钟奇、刘云峰三梯团，出叙府，经自流井，向成都进取。一战于内江，再战于资中，三战于简州龙泉驿。周骏逃，君电请蔡公。蔡公由泸州经隆昌、内江、资中，于八月十五日入成都。君请解兵，赴广西任，蔡公不允。蔡公肺疾已深，音全失，不能支，请赴日本就医，得允可，荐君护理四川督军，戴戡署省长。戡以梁启超之故，与段祺瑞通，谓君倡大西南主义，一面命君裁遣刘存厚、周道刚、钟体道、陈泽霈、熊克武诸师之兵；一面密示诸师长反抗君，遂酿丁巳四月十九日围攻成都督署之事。君既免川督，授超威将军，滇将领主与刘战，君不忍夷伤滇士，糜烂川省，令全军西撤川南，促戴戡入省。未几，戴戡又为存厚所逐，死于杨柳场。其参谋长张成礼、旅长熊其勋、财政厅长黄大暹皆为川军所杀。滇将领又请乘机取成都，君仍不允。唐继尧深不慊于君，免君靖国军第一军总司令职。（先是六七月之交，督军团叛，张勋复辟。滇有靖国军之组织，君尚统在川滇军，故有是名。）在川滇军交赵复祥、顾品珍统率，直接由继尧指挥。君遂归滇，闭门谢客，尝居茨坝，以课耕写字研求佛典为事。七年，继尧畀以全省路政总裁，亦不就。广东军政府成立，总裁岑公电邀君。君复电曰："前于役蜀川，负川负滇，丛疚所集，无以自解。愿终身为幸民，不敢问天下事。"九年冬，赵复祥战死泸州，顾品珍返军入滇，迫继尧，继尧出走。迤南数十县竟成吴学显、莫朴、李少宗诸匪巢穴，品珍请君任清剿事。君以迤南巡阅使名义，出驻蒙自，指挥驻军，从事剿匪。余意滇将领能此者何限，君未免轻于出也。君剿之急，匪不能不求生，继尧利用之，竟自桂边返滇。品珍阵殁于陆凉天生关。继尧入昆明，君仓卒奔迤西，依大理第九混成旅长华封歌，抵镇南（南华），封歌不纳，反以营长杨信收其卫队之械。君乃急走华坪，冀渡金沙江入川，乃为匪首普小洪追至，团长李成桢战死，君被拘。小洪报闻继尧，遂于十一年壬戌四月初七日巳时与何国钧同遇害于苴却之双金坡。距生于光绪四年戊寅（1878）五月初四日，年四十有五。苴却行政委员曾纯一为之棺殓，逾三月，运柩至省，继尧不准入城，厝于昆明城东之小松山，无一人敢往吊者。独有剑川周钟岳拊棺痛哭，文山陈价送挽一联，联曰："小沙弥杀戒已开，曾到人间来应劫；大江海风波历尽，谁知沟里去翻船。"价，君之父执，年已八十，尝闻君生时事也。十七年戊辰秋七月，继尧已死，其县人始公葬君于河阳县城西十五里之朱家山新阡，徐夫人祔。子二：曜、曙。

（《曲石文录》卷3）

赵伸墓碑铭^①
李根源

　　君姓赵氏，讳伸，字直斋，云南嵩明杨林驿人。父连金，母王氏，生子三，君最少。倜傥有奇气，读书颖悟迈行辈。弱冠补博士弟子员，肄业高等学校。光绪甲辰（1904年）选送日本，入成城学校。感于种族大义，与孙文、黄兴、章炳麟、陶成章、陈天华诸公游处。乙巳同盟会成立，君与焉。创设《云南》杂志，君任总经理，使金碧声光得侪于革命先导之列，而与江浙湘鄂秦蜀诸志相辉映，非君董理之力不及此。戊申河口兵起，杨振鸿南归，君与吕志伊及根源倡设云南独立会。告云南独立于天下，与会者万人，君主席，辞最激昂。使署闻知，开除官费，而君蔑如也。更与黄兴设大森体育讲习会，阴教同党以兵学。学者有林时塽、刘揆一、焦达峰、孙武、夏之时、方声洞、林隐民、俞培元、杨大铸、张乃良、李贞伯、张大义、李伟、包绍杰、刘九畴、段雄、杨若、唐允义等七八十人。其后或死黄花冈之役，或预辛亥武汉革命，各建殊绩于当世。己酉君在日本任党中暗杀部副部长，遂从李英奇学制榴弹，暇则私演射击，力求命中。日警侦知之，捕君急。乃变姓名潜走台湾，入广西，充右江镇总兵龙觐光部下管带。觐光，君旧结义异姓兄弟也。民国成立，余与蔡锷迭电促君归，筹办云南同盟会及国民党事，凡政府政令兴革，君无不参与。省议会开，当选议长。癸丑赣宁事败，省会解散。君息影乡居，以杨林湖水之为桑梓患也，商筹父老，详度形

　　① 原题：《故云南省会议长嵩明赵君墓碑铭》。

势，从事开浚，历时三载，垦良田八千余亩。利国利乡，厥功为最。迨讨袁军兴，会办兵工厂，制弹药以供军用。叙州纳溪之战，榴弹之威屡挫强敌，然此不过君之绪余而已。君之干济则终其身不得施展什一，其气运使之然耶？不能不为君悲矣。余留东同志之友，乡人中惟君与杨振鸿、吕志伊、罗佩金为最契。振鸿、佩金已遭变死，而存者惟志伊与君二人，今君又卒于昆明，怆怀旧雨，涕泗横溢。计自壬子十月与君判袂，丙辰正月君赴日本，在香港得一晤，相与筹所以护国之略。壬戌（1922 年）君补参议院议员，余居内阁，与君时时相欢饮，聚谈无虚日。未几，有六月十三日之变，君奔走南北，力伸正义，其气概不减于在东时，所谓百折不回者非欤。此后余栖迟吴下，君返棹滇垣，地北天南，竟成永诀，能不恸哉！君生于光绪二年丙子五月初四日（1876 年 5 月 26 日），卒于民国十九年庚午闰六月初二日（1930 年 7 月 27 日），春秋五十有五。子二：凌云、慕云。孙三：家尧、家赋、家永。卜于是年九月二十二日葬嵩明小松园祖茔之次。凌云走书吴门，请铭墓。铭曰：志士之志贞而强，睥睨东海天回光；胸怀磊落神飞扬，激昂慷慨生锋芒。誓与浊世扫秕糠，目中已无豺与狼；平生爱国复爱乡，浲水泛滥忧梓桑。昔日横潦浩渺茫，今日四野稌与粳；六乡父老讴思长，芷庵千载同苾芗。

（《曲石文录》卷 3）

顾品珍[①]

品珍，字小斋，昆明县人。以诸生考送日本留学，毕业士官学校。回滇任讲武堂骑兵科教官。辛亥反正，以功晋至师长，授

陆军中将，旋调讲武堂监督。袁氏称帝，滇兴护国军，蔡锷任第一军总司令，编三梯团，第一梯团长为刘云峰，第二梯团长为赵又新，第三梯团长即品珍。率何海清、朱德两团入川，与北军曹锟、张敬尧部战于纳溪之朝阳观、柿花埂，死伤积野。北军掘壕固守，不易进击，于是退守大州驿。蔡与罗佩金督队冲锋，肉搏数十次，而北军野炮、机关枪猛烈排射，不能进。忽狂风起，品珍率何海清部短兵冲入，始将敌阵突破，毙敌甚众。曹、张溃败，川督陈宧命伍祥祯、熊祥、冯玉祥分道向叙府反攻，亦为刘云峰击破。宧请求停战，蔡许之。袁氏复命周骏为四川将军，宧北走，骏入成都。未几袁病殂，蔡命品珍及云峰、又新三部向成都进取，迭战于内江、资中、简州、龙泉驿，骏逃，滇军开入。佩金代督军，品珍任卫戍司令。无何滇川失和，又新遇害泸州，品珍为部属所拥回滇。唐继尧出走，任滇军总司令。壬戌三月，迤南吴学显、莫朴、李少宗诸匪蜂起，继尧由桂边入境，品珍出剿，阵殁于陆良天生关之鹅毛寨。品珍治兵从无欠饷，甘苦与共，且勇敢有胆略，在川与敌遭遇大小无虑数百，往往以寡胜众，亦近代之战将也。

谢汝翼

汝翼，字幼臣，玉溪人。以诸生入算学馆，考送日本，毕业士官学校。回滇任讲武堂骑兵科教官，旋调炮兵十九标三营管带。辛亥九月反正，率部夜袭入省垣。军械局久攻不下，汝翼身先士卒，冒弹火摧破之。清统制钟麟同战死，总督李经羲遁，全城以平。置军政府，推蔡锷为都督。时川督赵尔丰持两端，土匪蜂起，锷命偕李鸿祥领师入川戡乱，迫令独立。事定，率师还，任第一师师长，晋陆军中将。及锷奉调入京，代理都督。俄放大理镇守使。匪徒杨春魁倡乱，平之。调京入觐，乘滇越铁道车，行至宜良糯租，被何荣昌狙击身死。何前任排长，因事撤职，怀恨谋杀。汝翼学术两科俱优，勇而有谋，在吾滇士官生中可称巨擘，不幸为部下谋害，未竟其用，论者惜之。

刘祖武

祖武，字继之，昆明人。年十七考入武备学堂，旋补县学生。逾年考送日本，毕业士官学校。清季回滇，任讲武堂教官。辛亥举义，历任步兵第八团团长、第四旅旅长、第二师师长。护国军兴，滇方出兵川桂，迤南、蒙自被匪扰乱，围逼城下，几牵动大局，祖武守御，得不破，省军至，悉歼败之。民国十年任政务厅兼财政厅长，俄代省长。十一年春，时疫猩红热流行，死者累累。祖武上疏为民请命，愿以身代，遽感疫卒。子先殒，妻亦逝，闻者莫不伤之。

李修家传（李正萊）

李修家，字献廷，盐兴人。云南省议会议长正萊子也。由清廪生入云南高等学堂，选送保定北洋陆军学堂肄业。少有大志，潜心军事学，既得选送，专习军事。慨然曰："今而后可遂吾志矣。"毕业回滇，历任军谘处、陆军第十九镇等机关军职，改任七十四标督队官。见清政日非，与滇省革命诸哲日夜密谋改革。辛亥重九，光复军兴，率队攻城，身先士卒，奋不顾躯，冒机枪前进。攻克督署，占领南城，击毙清统制钟麟同，论功擢升步兵第二联第二大队长。调援蜀川，充右纵队长。攻克自流井、陕西庙、贡川、富顺县等处，擒斩伪川南大都督周鸿钧及首要悍匪秦夔龙、杨少兰、张青山、张昆山、范华斋、涂哲等数十名。每一战役均以少克众，以数百人或数十人击匪数万之众。川南各境始渐就序。云南都督蔡锷特颁感状，以纪勋绩。其光复、援川两役战功均详载状中。共和底定，凯旋回滇，以功晋陆军少将，改任步兵第二团团长并三次兼任云南全省警务处长、省会警察厅长。护国军兴，升任步兵第三旅旅长兼南防卫戍司令，驻军临安（建水）。是时吾滇以一省之力担任护国大任，竭全力入川，讨伐洪宪。军情万急之际，袁世凯特派龙济光之兄觐光，率数万众自粤经桂由江外入滇，并煽动南防土匪希图扰乱云南治安，为釜底抽薪之计。临安首当其冲，被围数十匝，攻势之猛莫可言喻。守城兵力仅有两营，外无援应。临安不守，不但全省安危难以逆料，护国入川之军恐亦因之动摇，其所关系者至巨。修家誓与城存亡，被围兼旬，镇静如平日。时出奇兵袭敌，卒将敌众击退，跟追至山心，鏖战三昼夜，敌众全部完全击溃，南防卒以保全，全省治安亦以稳固。共和再造，以功晋级陆军中将。民国十年赴北平考查时局。十一年任豫省总指挥。十二年任山东省曹州镇守使。十三年因病赴沪就医。十七年回滇省亲，就任云南省政府总参议官，改任昆明市长。抗战后忽罹危疾，航蓉就治，不效，寻卒。

　　李正荣，字映川。幼孤，赖伯母张氏鞠养，因以为嗣。先是父昆仲伯叔辈二十余人，值乱，迤西一带遍遭蹂躏。大兵之后，继以瘟疫，亲族数十丁口或死于兵祲，或殁于王事，所存者与母二人而已。乱平归里，庐舍已毁于兵。祖遗田产又为族中豪强掠夺净尽，家徒壁立。于是出就外傅，勤苦攻读，每自塾归，辄助母氏操作，不耽嬉戏，迥异常儿，里人交誉之。年二十入邑庠，旋食廪饩。邑人士争聘为子弟师，其自远道负笈相从者恒数十百人，十数年间所造就者甚众。继因食指渐繁，乃迁居元兴井，创建恒丰盐灶，经营盐业。且读且贾，家渐小康。民国二年，本省政府整顿盐政，稔知熟习鹾务，委任白井全区督销总办。下车后周历各井区，详切考查，规划扩充边岸，销情畅旺，课额日增。

常有言曰，盐政无他法，但供过于求则恤商，求过于供则恤灶，两得其平，则销情自畅，课额自增，商灶无困累，人民无淡食矣。嗣盐政改组，调任凤仪县知事。事必躬亲，狱无留滞，至今人犹颂之。七年省议会第二届改选，被选为省议员，复举为正议长。其子等以年事高，请勿就。曰议会代表人民，但使闾阎疾苦得以上闻，民意得以上达，身虽劳，于心滋慰。继政府特聘兼任滇蜀腾越铁路公司总办，路款得以保存者数百万元。议会期满解职后，专致力慈善事业，历任省赈济会会长，昆明市慈善会董事监事，中国华洋义赈会云南分会正会长。举凡救死扶伤恤孤怜贫，无不尽心力为之。生清咸丰丙辰年九月九日，卒民国庚辰年九月九日，寿八十六，无疾而终，人以为生有自来云。

殷承瓛

承瓛，字叔桓，陆良县廪膳生。癸卯考入云南高等学堂，拔送日本留学。初习测量，更入士官。既毕业，回国应考试，列优等，派为陆军第十九镇正参谋官，俄升正参谋。辛亥举义，任云南军政府参谋总长。时西藏有乱事，以总司令领军平之。师旋解职，偕蔡都督锷北上。蔡督办经界局，保任清丈处长，派赴东三省及朝鲜考察，作成方案颇详核。今湖北印行之经界三书，多有其著述，人或未之知也。适袁世凯方谋帝制，与蔡潜出京，绕道日本回滇，首义申讨。蔡领护国军出蜀北伐，任总参谋长。袁死，黎公元洪继任总统，命为川边镇守使，历晋至陆军上将。丁巳卸职归，自是遂壹意学道，初从欧阳竟无研法相宗，继从班禅及洞行习密法，有闻辄悟，得无上妙义。

庾恩旸传

庾恩旸，[①] 字泽普，一字埶右，别号墨江枫渔。墨江人。幼失怙恃，受其兄教育。光绪壬寅，普洱创设中学，入校肄业，为都讲钱用中所嘉许。省会开办高等学堂，与选晋省。值考送学生赴日学习军事，与试及格，遂东渡日本。初学于振武学校，毕业入广岛第五联队炮科练习期满，再入士官学校，戊申毕业，复入联队见习。宣统己酉奉调回滇，委充陆军炮队第十九标教练官，并筹办陆军讲武堂。及随营学校成立，兼任两学堂管教，寻调任陆军炮队第一营管带，仍兼讲武堂教授。一时将士学生与游者，恩旸皆以感情固结之，并乘间力阐民族主义，闻者感动。当片马界务发生时，恩旸倡议抵制，并发起捐资扩充兵工厂，急造枪弹，以为交涉后盾。事为政府禁阻，不果行。辛亥八月，武昌首义。恩旸与谢汝翼、唐继尧、蔡锷等屡开秘密会议，响应武昌。有惧外人进兵干涉，拟待数省而后举者，恩旸力持不可再缓，议始决。重九夜举义，恩旸与唐继尧、罗佩金任攻督署，率所部炮兵会合步队进攻，行抵南城外，为清军马队所阻，随复分兵进攻。恩旸率炮队入小西门，进至龙井街口，登城配备阵地，用炮连向督署轰击，黎明克之。收枪弹数万，分兵踞督巡盐各署，严护居民。事定，组织军政府。恩旸任参谋部部长，甫就职而南防警耗至，与佩金奉令为正副统领，率师南巡。南防传檄而定，以计擒斩江川巨匪史春能。复率大军进镇个旧，劝谕各炉户开工营业。未几川中事急，军府电促返省援川，任参谋部长兼炮兵团事。只身前往，晓以大义，众皆肃然，寻奉命卫戍省城。时因军队分赴川省、迤西、蒙自各处，在省兵力减少，匪徒生心，潜谋

作乱。恩旸侦悉，擒斩首谋数人，省垣赖以安靖。嗣任北伐军总参谋长，与继尧率师北伐，顺道代戡黔乱。军抵贵阳，先商由黔人致书会匪，陈说利害，不听，乃以兵力攻击。恩旸与继尧亲身督战，匪众不支，死亡枕籍，降者三百余人，黔乱大定。黔人感服，遣代表请改组军政府，推继尧为黔军都督，恩旸为黔军总参谋长，暂允维持。后值南北统一，继尧奉中央命为贵州都督，恩旸亦遂留黔，以总参谋兼任讲武学校校长及军务处长各职。民国元年，代表入京，补授陆军少将，留任总统府谘议官。尝以黔事竭力陈于政府，因得中央协济款项数十万金，黔中财力为之稍裕。二次革命军起，锷与继尧欲联合滇川黔桂会师长江流域，减袁氏力，密电促恩旸南旋赞襄军务。电为袁政府所获，派警监视行动。后由继尧释疑，电调回滇，委任陆军讲武学校校长，旋充都督府高等顾问。二年十二月大理之乱，恩旸参赞军机，以功保奖三等文虎章，并加陆军中将衔。三年五月，继尧兼任巡按使，恩旸为警备总司令部总参议官，办理全省改编警备队。七月大总统策令任为开武将军，行署参谋长。十二月继尧以恩旸办理改编全省警备队勋劳，保奖四等嘉禾章。四年一月，继尧轸念民瘼，呈请大总统任命恩旸为普防巡阅使，代巡普防各属。恩旸以次按临抚绥，大军所过而民不扰。又考查各地情形及应兴应革事宜，汇辑其所记录曰《普防巡阅管见录》。时越边有事，关系外交。恩旸坐镇思茅，分兵策应，使政府无南顾忧。事竣旋省，中央晋给二等文虎章。四年帝制发生，继尧通电反抗，宣布护国，改组都督府。恩旸任军政厅长兼宪兵司令官，嗣又兼任参谋厅长。及军务院成立，继尧被举抚军长，成立警卫军，乃命恩旸兼警卫军总司令官。后袁氏病死，继尧将军政厅合并改组参谋厅，又改编军队为三师，任恩旸为督军公署总参谋长兼第三师师长。五年十月十日国庆赏勋，晋给三等嘉禾章。十二月二十五日云南起义岁周，以勋三位补授陆军中将，并晋给二等嘉禾章。恩旸深维护国之艰而惧纪载失实，乃撰《再造共和唐会泽大事记》及《云南首义拥护共和始末记》、《中华护国三杰传》、《护国军神蔡公传》，并采辑中华历代史传，列成《中国对外三十六大军事家传记》一册，以资军人模范，均各刊印行世。六年三月继尧分区剿匪，任恩旸第三卫戍区总司令官。七月复辟祸起，继尧举兵靖国，任恩旸靖国第三军总司令官。及继尧大旆出发，复调恩旸驰赴行营，兼联军总司令部参赞，军毕节。七年二月十八日被刺陨命，年三十有五。

赵又新

又新原名复祥，字凤喈，又新其别号也，后因避袁氏侦缉，遂以别号行。顺宁县人（前顺宁府宝宁县）。生而颖异，长更聪强。年十五补博士弟子员，逾二年以优等食饩，士林重之。性倜傥，善饮健谈，人乐亲附。时清政不纲，疆宇日削，每与朋辈谈国事，辄喟然曰："丈夫不能如班超以诸生立功异域，亦当学马援愿战死疆场以马革裹尸。日事毛锥，老死牖下，不几负此七尺躯耶。"光绪甲辰，滇大吏议送学生出洋，乡人士或惮远不敢行。君毅然往，遂至日本。入振武学校，继入联队，后入士官学校。戊申毕业归国，遍阅长江各省军队而还。既抵滇，授讲武堂教官，不就，与同学叶荃、黄毓成两君入川，任督练公所提调。宣统己酉，滇督调回，授以七十五标教练官，驻防临安。辛亥重九，全滇光复。标统罗某先逃，君抚其众，靖临安，援蒙自，怀异志者皆逃，一方以宁。民国元年入赣，参赞军务，湖口起义失利，间关回滇。三年春，任云南讲武学校校长。四年冬，袁氏叛国，滇省首义，君率第二梯团随蔡邵阳取道川中讨逆。川中附逆者皆来迎战，先后五六月，卒破之。袁氏退位，共和恢复，君以第二梯团长兼永宁道尹驻泸州。治军之余，抚绥众庶，政教一新，盗匪敛迹。六年改任第七师师长，仍兼永宁道尹，适川将刘某（刘存厚）谋争督军，复起战事，叙泸一带失而复得者，皆君平日德洽军民之所致也。重庆既下，滇政府宣言川人治川，以熊某（熊克武）督之，顾品珍领第一军，君领第二军，分驻资、泸。君在泸一意练团兴学，劝种植，倡实业，宜民善政举办不遗余力，泸人建祠祀之。九年春，排外风起，川军伺隙来攻，君与顾品珍力战走之，遂入成都。而彼众我寡，势难久持，遂旋师。敌军四起，归路断绝，君先抵泸，顾品珍督战未返，而守泸川军潜作内乱，君亟缒而出，待品珍不至，坚不肯行。比品珍至，而敌愈大集，君以体壮行缓，遂及于难。季弟复新及犹子霖均死之。君临危，谓其弟与侄曰：“我死国事，分也。汝辈可速行，得生还仍效力国家，以竟吾志，则予瞑目矣。”言讫以短铳自击而逝。时民国九年秋八月二十七日，距生于光绪七年辛巳冬十有二月朔日，春秋四十，归葬省垣西郊玉案山麓。君虽以武功显，颇娴文事，食饩之年应经古，试题为《岳武穆奉诏班师赋》，君有句云：“一木难支，宋室之偏安已定；百年遗恨，英雄之结局如斯。”甲辰将东渡，撰联云：“甲箓新翻敢自悔望洋而叹，辰猷远告勿轻言观海之难。”驻泸时每以暇日集名流联咏，尝和老杜诸将与秋兴八首，皆有杰句，如“千古英雄同一哭，仰天长叹泪沾襟”云。

叶 荃

荃，字香石，云县人。以庠生留学日本士官，毕业回国，赴四川任教练处帮办，旋调新军标统兼剿蛮匪指挥。手击蛮酋，遂打通雷波、马边、屏山诸路。辛亥革命任黔军第一师师长。丙辰袁世凯称帝，云南护国军兴，任第五军军长。靖国任第八军军长，率师入陕，与于右任、井勿幕、胡景翼、曹俊甫诸辈联合作战，迭摧陈树藩、刘镇华、吴新田之众数万，声威震于关陇。继以川滇战起，率军南返，为管金聚扼于汉中，不动声色，竟生擒金聚而礼纵之。乙丑（1925年）冯玉祥、胡景翼、孙岳起国民军，任第三军第二师师长。憨玉昆、刘镇华倾众来犯，会岳维峻大破之于洛阳，由是孙殿英等远近绿林咸来归附。丁丑（1937年）自京（南京）沪归返顺宁，潜修佛法，以疾遂不起。荃性豪爽，疏节阔目。论者谓有古英雄气概，非虚语也。

王麟书

王麟书，字瑞征，云南新平人。始毕业警察学校，后又入讲武学校，普通学毕进连队。君乘此时机将革命思想输与士兵。辛亥重九之役，所部兵皆明大义，无几希障碍者，君与有力焉。时君偕同学生守大西城，嗣以军饷重要，调君守藩库。仓皇扰攘中竭全力防护，无丝毫失。滇事既定，随唐公蓂赓北伐，经黔，值土匪猖獗，黔中父老遮留靖乱，君亦在事效力，充贵州都督府副官。黔乱平，北伐中止，君辞职旋滇。盖一因思母念切，一因欲返原校蒇尽未卒之业也。讲武业毕，充步三团三营十二连排长，旋调充步七团一营三连排长。乙卯冬，袁氏称帝，我滇兴师护国。君隶第一梯团第二支队，取道川南，凡新场、燕子坡、捧印村以及横江、安边诸役，皆身先士卒，毅然以力战取胜。拔叙后，敌军大股至自泸州，与我军激战于叙东白沙场。敌军踞龙头山，以大炮数尊、机关枪十数挺集中注射，势张甚。君以敌众我寡，制胜殊难，欲登山夺取大炮或机关枪，以杀敌人之势。率敢死士冒险前进，抵山麓忽腿部中一弹，流血不止。士卒要之退，君大呼曰："今日之战，正我辈捐躯报国时也。我不前进，谁前进者！"仍负创猛进不已。既而又一弹中君腹部，遂陨命。气未绝，犹大呼杀贼者再。时民国五年一月三十一日也。年三十有六。君死事甚【壮】，人皆称之为烈士云。

田钟谷

钟谷，字树五，漾濞县人。性沈默，寡言笑。幼即有志武略，苦地僻无师。年十四赴省肄业讲武堂，因入同盟会。辛亥秋毕业。重九之役，身先士卒，杀敌数十人，以功擢连长。五年春，护国兴师，君率兵一营与敌战于叙府之白沙场，所部仅数百人，敌重且十倍，苦战相持至数日。一夕集士卒励之曰："凡久战则敌我俱惫，能鼓最后瞬息之勇者胜焉。况彼众我寡，设为所乘，则歼我之尽。何若出其不意，冒死进击，或能克敌也。"明晨进战，自朝至日中不得前，敌弹如雨，巨炮声震遐迩，尘起蔽天。将士相继伤亡，陵阜枕籍，血肉模糊。君左手中弹，血流如注，犹持佩刀，神色凛然。数数驰骋军中，指挥不稍馁。巨弹毁所立足旁大树，直立不为动。日将晡，未克进展，乃率所余百余人奋起一呼，同陷敌阵，与敌大搏，刀剑击刺声硠然不绝。会援兵亦至，遂破敌，逐北至二十余里，俘获甚众。由此名大振，或谓护国军之获胜决于此云。其后戍蜀四载有奇，巨细百余战，屡功晋阶至中将。其平日御下以宽，颇以李广之不击刁斗自况。十四年夏，应范石生之邀入桂，盛暑远征，往来百色剥隘间，染瘴成疾，是年十一月五日殁于南宁军次，春秋三十有四。君少好学，戍蜀时愈纵览子史，尝欲辑诸子兵略一书未就。又嗜释典及道家言，居恒屏欲澄虑，冀于静中养出端倪，故每临危均能神色不变。其卒也，滇人惜之。

侣致中（朱朝瑛）

侣致中，字位卿，建水人。清岁贡生。宣统辛亥闻武昌首义，乃密谋于驻军七十三标教练官赵又新及同邑朱朝瑛，企图革命。朝瑛、又新重其言。俄而昆明光复，越二日建水亦举义旗，遥为响应，成立军政分府，推举朝瑛为正都统，又新副之。致中任参谋长，运筹帷幄，多所策划，故对于云南光复大业，致中与有力焉。民国二年，出任易门县知事，有政声，未几卸任归，不复入仕途。日惟诗文自娱以终老。民国十三年病卒于家。

朱朝瑛，字渭卿，与致中同里。少读书慷慨有大志，中清光绪丁酉科乡副进士（疑为副榜之误），以功授广东补用道。吉林巡抚朱家宝器重之，派赴东瀛考察政治、军事。辛亥旋里，适鼎革，纳侔致中谋，爰于重九后二日就建水举义旗，被推为正都统。时蒙自海关兼兵备道龚心湛握南防军权，闻变，派督带孔繁琴率军三营图建城，意欲先肃南防，然后率兵规复省垣，颠覆革命。朝瑛侦悉之，提军迎击于大破丫口，孔负伤，全军溃散。朝瑛旋派副都统赵又新、参议朱润卿进攻蒙自，龚力不支，遂引窜。迤南大定，省垣得无威逼，至是朝瑛乃电辞都统职。滇督蔡锷改委朝瑛为临元澂江总镇，兼统南防各营并兼国民党迤南支部部长。值蒙自兵变，朝瑛会同督署所派大员罗佩金从容处理，使地方危而复安。寻电辞本兼各职，上峰允之，特授陆军中将。

李植生传

李植生原名培根，字仲初，李培元之弟。培元，云南留日学生之开风气最先者。植生幼有大志，赋性强毅，好击技。入方言馆，通日语。比长，培元招东渡，入东斌学校学陆军，毕业归，大府檄充七十三标见习，旋调驻临安步兵队官。未几旋省，充七十四标三营队官。武昌起义，植生与黄毓英、邓泰中、杨蓁、蔡锷密会于唐继尧家，谋响应。九月九日发兵攻清督署，植生当前锋，激战一昼夜，总督李经羲遁，云南独立。事定，从罗佩金巡视迤南。民国元年至四年，历任个旧、蒙自步兵大队长，蒙自河口统带，腾越永昌统带，军警督察官。袁世凯僭号，植生时为步兵团十五团长，奋然率所部北伐。适迤南变作，暂而东归。五年，以所部助蔡、罗入川，战绵竹、广汉间。六年佩金督四川，受戴戡离间，与土著诸军不辑，战于成都，带伤移师资简。会中央政变，倪嗣冲、张勋叛耗入川。乃太息曰："吾辈再造共和，旋见破坏，负诸先烈多矣，何面目归见故老乎。"言次泣下，五月十七日遂注丸自击死。年二十有九。

段 枪

段枪，字月楼，剑川人。少时喜读太史公游侠、义大利三杰等传，慕荆卿、玛志尼之为人。清光绪丁未为邑高小学生，以尤异升丽江郡中学生，庚戌由府申送入省选科师范。特渠志气轩昂，不欲以师儒终，遂考入讲武堂。辛亥秋，黄子和招之密议革命于归化寺。重九光复，枪身与其役，事甫定，滇督蔡锷令充步兵三联队二大队小队长，克日援川。叙泸之役，战绩卓著。民国元年四月，班师驻东川，寻应江西都督李烈钧电召，赴赣供职军府。越年方声涛任江西混成旅旅长，调枪充少校参谋。宋教仁案发，赣督李烈钧宣讨袁，令方声涛部移驻湖口，辎重缺乏，时水陆交通已断，枪多方计画转运饷糈，军食得以无匮。厥后夹谷、沽溏、吴城诸役，枪无不身先士卒，手刃敌人。已而失利，乃东渡扶桑，入浩然学校，毕业又入东京法政学校。乙卯三月，中日交涉起，袁世凯卖国已露其端。枪愤激填膺，与杨益谦奔走同志间，约归国举义。旋抵沪，隐居租界，日与川滇黔同志筹划西南起义事。八月，得李烈钧自南洋电招，枪偕同志航香港，转新加坡。适帝制议起，李烈钧、林虎、邹鲁、陈炯明及杨益谦、庄怀恭等集议新埠，枪亦与焉。决议分两道向滇进行，枪挺身曰："此男儿报国时矣。愿得通问唐将军书，同庄君怀恭绕缅甸入腾冲，鼓动迤西军队，再抵昆明谒唐，请首义。"同志俱豪其言，遂祖饯别。甫抵叶榆，庄怀恭染瘴殁，未几枪亦相继卒，时年仅二十有四，国人惜之。孙总理为题其墓道曰："功同首义"。杨益谦为撰墓表，述其生平事迹綦详。

辛亥贵州革命纪略

黄济舟

叙　言

贵州辛亥革命为公元 1911 年，今为 1956 年，寒暑已四十六易，迄无详细之记载。1936 年秋济舟返黔，留心黔事者，以济曾躬亲其役，嘱将情形录出，以供本省文献材料。嗣闻平君绍璜早有《革命史事》之发表，周君素园亦有《革命痛史》之编撰，两人当日均同在中枢，一切见闻谅亦相同，余又何必再赘。且是时人物方面、思想方面、时局方面多仍故步自封，余亦不愿有所论列。今者全国解放业达七稔，贵州情势焕然一新。中国科学院历史研究所第三所，暨贵州人民委员会文史研究馆，征集近代史料，乃搜罗残稿，从事编纂成《贵州革命纪略》一册。平、周两作，迄未获睹，不知与此作有无出入？

贵州革命之原委与贵州党争相始终，欲说贵州之革命，必先了解辛亥前之贵州。

光绪年，中国震于外洋武器、轮船、货物之精良，举国上下大谈洋务，其结果不过练洋操、购洋械、用洋货，为外国作销场。光绪中叶，中日构衅，丧师赔款，始恍然于空谈洋务之无补，举国又竞言变法，守旧者死力相随，荡激酝酿，孕成两大派别：一为康祖诒之保皇党，主张辅佐清廷，改行君主立宪政体，狡黠者依附之；一为孙中山之同盟会，主张推翻清廷，另组民主立宪政治，激烈者信仰之。贵州为中国边远之区，人民经济生活均远逊于各省，人民聪明材力并不亚于各省。两派声息播入贵州，一般知识分子，各就其性之所近，纷纷活动。遂于光绪之末，宣统之初，自治学社、宪政预备会，先后出现。积至辛亥革命全面爆发，自党集事，宪党阻挠无效，合作不安，乃仿吴三桂故智，引滇兵入黔，实行劫取。

辛亥革命性质，贵州亦与各省一律，系知识分子及资产阶级领导。君主政体虽已推翻，民主政治究未树立，国情尚在混乱之中。所列人物，以前在社会上分际若何，以后在政治上转变若何，不遑分析。但就当时表现者，据实直书，以存真相。本人虽隶自党，内部工作向未担任，整个组织，语焉弗详。革命工作本人身逢其时，身任其事，身在核心，所经险阻，知之甚悉。按照农历，今为丙申，距辛亥已四十有五年，一切情事，传闻不免异辞。兹幸身手尚健，成此纪略，于贵州辛亥革命之前因后果，灿然备列，俾后人得所辩证。

纪略初稿，去秋竣事。在编纂中，本省文史研究馆同人，时来访问，选举所知尽量相告。脱稿后，送文史馆、统战部各一份，以供参考。馆中之史，适亦编竣，系胡寿山、吴雪俦两君合著。胡于革命时，曾任艰巨工作，但身不在中枢；吴于辛亥时，年龄尚幼，今凭残缺材料成此巨著，其眼光手笔固自不弱。窃谓记录史事，应仿新式画家依样描绘，忌旧式画法，刻意渲染，庶免理论多于事实。拙作纯从客观著笔，能否不渗入主观成份，本人亦不敢自信。惟事实不敢增损，是非不敢歪曲，此则可以自矢。顾或者曰：贵州革命，自党成绩固不可没，宪党中反对革命诸人，皆有地位之缙绅，似应为贤者讳，不必赤裸裸的全盘托出。呜呼！历史性质，岂容假借？昔司马迁身为汉臣，所作史记，且不避谤书之嫌。余于诸人交谊亲谊，并不后于他人，倘援春秋之义责备贤者，此作仅有记载而无批评，视齐之南史、晋之董狐，有惭德矣。

又：贵州谈革命较早者为张忞（号营普，辛亥时已五十余岁），光绪三十年，与平绍璜、彭明之等创办寻常小学，暗中宣传革命。校中员生受革命思想者有：傅中藩、白汉香、喻莘翘、花筱石、傅仲三、黄芝明、程楷、吴积诚、吴小元、谢根梅、匡黄、张先培、程毅、刘仲子等。平因锋芒太露，清吏传责手心，愤走日本。忞惕于平事，拟另物色血性青年，会党分子，并结纳陆军学生，光绪三十二年被捕逃出，直至辛亥以后，始回贵州。自治学社成立时，忞若在黔加入，大可一显身手，不至垂老无成，恹恹就没也。

黄济舟自序　1956年10月10日　时年八十有四

一　纪略之提要

辛亥各省革命，或则清吏被戕，或则党人见戮，均经几许伤夷，事乃就绪。贵州九月十三日（11月3日）之夜，兵不血刃，竟将省城轻取到手，各县随传檄而定。不特旁观者讶为新奇，即当事者亦认为侥幸。当日革命，主动者为自治党（即自治学社，或称自治党，省曰自党），作梗者为宪政党（即宪政预备会，或称宪政党，省曰宪党）。事定后自党接受调处，不惟不仇视宪党，且引而共治。宪党登台，并不和衷共济，日惟间离挑拨，掀起内讧，勾结外兵，独攘政权，穷治自党不遗余力。按自党历史不过五年，遽推倒凭借绅权之宪党，完成革命之一阶段，其兴也勃焉！洎与宪党合作，转为所乘，一败涂地，其亡也忽焉！议者咸归咎于蔡氏之调处，不啻引狼入室，其言虽是，而犹未尽也。自治社员遍于全省，事前艰苦卓绝奋斗，运敏捷手腕联系各方，故进行节节顺利；事后志得意满劲松，无严密组织维系群众。故宪党之恶势力，得一蹶而摧毁之。论中国之革命，孙中山之收获，被劫于袁世凯；论贵州之革命，张石麒之果实，见夺于宪政党。倘非全国次第解放，完成共产党的革命大业，不惟中国国际地位不能提高，中国人民生活不能好转；即辛亥革命真相，亦将为挂羊头卖狗肉之蒋介石蹧坏无遗，而贵州革命更无从说起。兹得从容暇豫，将以往情事分述如次，幸莫大焉。

二　革命基础之产生

中国自同盟会在日本东京揭橥，以革命相号召，各省多有分会之组织。留学日本之平绍璜（名刚，贵阳人）、漆铸城（名运钧，贵筑人）、张绎琴（名友栋，盘州人）、张翰仙（名锦林，贵筑人）等先后致书来黔，商确此事。光绪三十三年（1907年），张石麒（名百麟，字景福，湖南人）纠合同志，成立自治学社，暗为同盟会贵州分会。办一公立法政学堂培养政治人才，开一《西南日报》以为言论机关，推钟山玉（名昌祚，字元黄，开州人）为社长，以黄莆清（名泽霖，浙江人）、张秉衡（名泽钧，贵筑人）、杨伯坚（名寿钱，贵阳人）、杨伯昭（名昌铭，贵阳人）、陈南生（名守廉，字让泉，贵阳人）、陈百朋（名永锡，大定人）、刘树藩（名镇，安顺人）、谭景周（名璟，湖南人）、韦见凡（名可经，四川人）等，分任学社、学堂、报馆各事宜。省外则方竹君、陈勋石、刘久安、孙鉴清、安舜钦、凌汉舟、伍未章、刘汉赤、陈纯斋、朱芸间、陈桂臣、王小谷、胡寿山、李小谷、谭子骥、饶焕彩、饶镜泉、詹灵枢、彭瑞甫、曾宪谟、简孟平、简仲芬、张镜波、张云程、谭云鹏、钟子静、钟子光、钟子受诸人，分头负责，标榜平民主义，与贵族主义相抗，屹立贵州革命之基础。

三 革命障碍之继起

贵州举行新政，自办学入手。清制：学堂由公家筹款设立者曰官立，由少数人或个人筹款设立者曰私立，由地方公款设立、或多数人筹款设立者曰公立。光绪三十二年，唐尔镛（号慰慈，遵义人）、任可澄（号志清，普定人）、徐天叙（号叔彝，贵筑人）、华之鸿（号延厘，遵义人）、陈廷棻（号穉苏，平坝人）、何麟书（号季纲，贵筑人）等，搜提省会书院膏伙，府县黉门宾兴，暨各种学款，开办一公立南明中学。当时人士以为公共巨款，不应少数人掌握，不应仅办一中学。然以势不相敌，亦无过而问者。洎自党产生，极力摘发。唐等感于理绌人孤，拟扩充实力以相抵制。宣统元年，官立法政学生马克明（名灿奎，贵筑人）、杨文山（思南人，名焜）等，集合同学组织宪政预备会，邀请唐等加入，借壮声威。唐等乘机攫得会中首领，以其亲信分任要职，马、杨沦为一普通会员。唐等既据此团体，凭借中学经济以资活动，占领原有《黔报》以作喉舌，而又托庇于保皇党旗帜之下，人数虽不逮自党甚远，声势亦骎骎与自党相埒。宣统年间，赫然为贵州地方之两大政党焉。

四 自宪两党之政略

中国之同盟会、保皇党均欲改革朝政。当时所谓新党，为清廷握有实权之旧党所嫉视，在势两党应相合作。因同盟会欲推翻清廷，另行改造；保皇党欲依赖清廷，就便改造，政略根本不同。自、宪两党既与同盟、保皇两方各成统绪，又加以利害之冲突，意见之参商，两党之斗争极尖锐化。光绪末叶，贵州举办新政，其新设机关参用士绅（或聘为议绅，或任为职员），此类士绅宪党人多，自党人少，在势宪党应占优胜。然每一交绥，宪党终告失败者，一则骄纵自恣，早为社会所厌弃；一则情愫素敦，极受群众之欢迎：所谓得道者多助，失道者寡助也。

五　自宪两党之阵容

宪党凭借绅权，接近官厅，自恃力厚，征求会员，务取可作鹰犬，足供驱遣之流。其资历稍优，才具稍裕者，忌其相逼，则远避而屏抑之。自党行为，适与相反。如黄济舟（名德铣，贵筑人）、周素园（名培艺，毕节人）、乐彩澄（名嘉藻，黄平人）、周铭久（名恭寿，嘛哈人）、蔡衡武（贵阳人，名岳）、彭明之（名述文，修文人）等，宗旨虽与自党相近，关系则与宪党较深。自党一再派人接洽，欢迎入社。黄济舟职务琐繁，势难他顾。钟山玉、张秉衡频以大义相绳，卒予加入。周素园身任多差，忌带色彩，允以道义之交，从旁尽力。乐彩澄、周铭久各有立场，不愿冶为一炉，允遇事互相提携。蔡衡武、彭明之允予合作，不必入社，以便两党有所牴牾，可作调人。自经此度经营，官厅方面得素园一手斡旋；士绅方面得乐、周、蔡、彭随时联系；济舟已入社，其所服务地方，其所领导之单位：如省方劝业公所、农业试验场、牧畜厂、工艺局、清理财政总局、公立崇德女子师范、贵筑劝学所、官立两等小学堂、第二小学堂、自治公所、自治研究所、城厢九区联合会等，皆间接可为自党之羽翼。自党愈觉生气勃勃矣。

六　两党在谘议局筹办处职权下之角逐

谘议局筹办处（谘议局成立后，改为自治筹备总局），其总会办为司道，议绅为于德楷（号仲芳，贵阳人）、唐尔镛、华之鸿、任可澄、黄禄贞（号干夫，普定人）、黄家琨（号蕴珍，安顺人）、乐嘉藻、乐嘉荃（号良丞，黄平人）、周恭寿、周培艺、石承霜（号雨农，贵阳人）、文明钰（号式如，贵筑人）十二人（于、唐、华、任、黄、文则宪党也；二乐、二周、石蕴则超然也）。光绪三十四年冬，处方筹办选举，派士绅多人赴各选区调查指导（·内黄德铣称事繁不能出省，特推数人请总局加入分派。后黄办选举，对各区得所印证亦由于此）。宣统元年春，办理选举，以府为单位，贵阳选区由黄德铣担任。遵义选区为宪党垄断，安顺选区则自党操纵，贵阳为首善之区，人口殷繁甲于各区，议员额仅三名。遵义、安顺人口相差无几，安顺议员额亦三名，遵义议员额达六名，畸轻畸重，筹备总局议绅亦应负其责。贵阳区初选当选人三十名，黄德铣亦在其内。宪党议绅谓黄办选举，例应避嫌，请总局将黄撤销。黄根据选举章程，提出抗议。选举监督庞鸿书（即贵州巡抚），就两方争点电达北京，经宪政编查馆解释，谓照选举章程，监察人员不能当选。黄以选民身份办理选举，初选复选，均有当选权利。复电到黔，黄之立场愈固，复选又当选矣（各区宪党初选，当选人有曾充监察而人不及举发或不敢举发者，今反受到打击，作茧自缚，何苦乃尔）。

七 两党机关报之纠纷

光绪三十二年，于仲芳等为开通风气，创办《黔报》。逾年自治学社成立，屡欲拉拢《黔报》，借为喉舌，所谋未遂，乃自办一《西南日报》，以资鼓吹。两报逼处一隅，各行其是，未相凌也。及宪政预备会成立，据《黔报》以供宣传，于是两报渐走极端，即一新闻之登载，一余兴之小说，亦必吹毛求疵，互相攻击。如某姓枪杀亲子事，一报尽量露布，一报极力掩护，闹到某姓当事人出亡，闹到官厅卷入漩涡，闹到北京派员查办。某姓见报后，派人向《西南日报》质问，要报方更正道歉，报方不予接受，则请巡警道查封，警方称应归法律解决；又请审判厅惩处，厅方谓有闻必录，报馆天职，不能违法裁判；又请绅士理剖，报方派人游说绅士，请勿为恶人张目，自损尊严。报方以某姓威胁不已，乃更进一步，大声急呼，谓地方出此惨案，地方官何以竟不过问？贵筑县署，一面示意某姓暂时远避，一面出票出差着手拿办。某姓受此打击，迁怒官方，撷拾其他各事及此事，鼓动同乡言官入告。京中派员来查，入黔境后，博采舆论，详阅两报，得悉真相，据情上复，其事始寝。其他之事，更指不胜屈矣。

八 两党在谘议局之驰骋

谘议局于宣统元年成立，议员三十九人，自治党多数，宪政党次之，超然派极少。选举议员时，谘议局尚未开幕，两党之争，尚不显著。开幕后选举议长，自党不欲首当其冲，又不愿宪党得手，竟以票权助超然派之乐嘉藻当选。宪党忿无可泄，遇事与乐为难，乐雅负时望，且有自党拥护，不能将其推倒。开会期满，乐毅然辞职。贵阳区无复选当选候补人，又召集初选当选人重来投票，头次开票无人及格，取票次多三人（宪二自一）；二次竞选，仍无人及格，取票次多二人（宪自各一）；三次竞选，投票之三十人，宪党占多数。前两次自党以计诱其投花，三次投票前，有选民多人，持书面投办理选举之黄德铣，警告投票人云：本区仅议员三人，已欠公允。而此三人，乐嘉藻为黄平人，华之鸿为遵义人，实际仅黄德铣一人。今乐辞职，本区选人补充，诸公投票身份，本群众所付予，选出之人，如非本区，群众誓不承认。黄公布其书，有谓投票自由，此书迹近干涉，可以不理。有谓其书持论正大，群众意旨，似宜尊重。黄曰：我辈今日立场，系来投票，只要所投之人，确为本区土著，即算不辱使命。选出之人，属于何党，无须计较。至此群众一哄而散。及投票时，宪党人有负气不至者，自党票数遽反少为多。此名议员，卒为自党之杨寿篯当选。此两次之争，尚斗智而不斗力。至开会时选举副议长，闭会时选举资政院议员，自党纳黄济舟议，不全掩取。投票前自党研究人选，黄曰，我党票权虽占优胜，若一网打尽，必有后灾，毋宁稍予退让，较为稳健。众无异议。故副议长各占一名（自党为谭西庚，宪党为牟琳），资政院议员亦各占一名（自党为钟振玉，宪党为牟琳）。是时，乐嘉藻已辞职，谭西庚推升为议长，牟琳另当选资政院议员。所遗两缺，又为集争之焦点。自党巧用其锋，仍仅占一名，举出朱焯当选（安平人，号芸闾），另一名举出龚文枉当选（号雪樵，都匀人，素与宪党极接近，又与自党有相当周旋。所谓中立派者是也）。宪党向隅，心固不甘，然亦无词可措。此三次之争，均算平安渡过。及选常驻议员，黄仍申前议，自党不再采纳。投票结果，宪党无一当选，宪党大哗。一面命宪党议员全体辞职，一面由机关报痛诋自党一手垄断，一面鼓动人民提出弹劾，请将谘议局立时解散。自党更不甘示弱，起而相抗，形势紧张，几乎演成械斗。谭云鹏嘱黄济舟以友谊关系，邀出两党中性和平识大体者各数人，力陈利害，略谓：谘议局为国会之先声，举国上下经几许呼吁，始告成立。今为意气之急，令其解散，无论曲在何方，贵州议员何颜以见全国人民？两党竞选，必有一败。败者不妨再接再厉，卷土重来。何忍自贬丰裁，宁抱偕亡之痛？至此次选举，倾于一方，亦失政党风度，大可宣告无效，另行投票。反复申说，两方均觉动容。复经官厅之调停，士绅之劝谕，言归于好，而常驻议员，又费一番分配。

九　两党在教育总会之搏击

教育总会为法定机关，主持地方教育，不受学务公所节制，宣统元年成立（章程早经颁发到黔，提学司恶其相逼，停压经年，今始公布）。会员人数，自党为多。选正副会长时，宪党知自党适当人物无暇及此，他党人物票权又居少数，满拟正副会长，垂手可得。殊投票结果，正会长系乐彩澄当选，副会长系周铭久当选（因自党票权悉投乐、周），宪党依然失败。其后，乐、周选定大道观内一部分地方以为会址。宪党怂恿该观会首鼓动商号，大施反对，罢市之声，甚嚣尘上（省城庙宇，多办学堂，教育总会仅用一部分地方，自亦无碍。但该观为省垣中心地点，商民打醮聚宴之区，每年会首八人，均殷实商号，财势向不小弱。教育总会侵入，本已不愿，再经人播弄，岂能无事）。教育总会本身，宪党会员已成敌人，他党会员莫敢左右，自党会员作殊死战。事闻抚院，恐酿成暴动，严饬提学司、劝业道妥为处置。司道等立派学务公所总务科长（姓名已忘）、劝业公所商务科长（黄济舟）·会同商务总会会长（李湛仙）设法解决。因在商会旁听有人，说话各有顾忌，多时提不到正文。黄不能忍，遂起而言曰："据一般传说，会首商号声称，教育总会如不退出，我们愿意花钱雇出流氓，前来开撵，问他坐得稳否？教育总会自党会员宣言，果然到此地步，我们会找帮上弟兄出头相助，看他又敢怎样？听其演变，一定闹糟！拟请学务公所迅觅一地方为教育总会会址，教育总会既托身有所，自党会员决不至坚执己见，定要与人拼命。会众方面，地方既可收回，其气已平，更不肯耗财贾祸。但觅地方非仓卒间事，望李会长向会众分别劝谕，约束员工，对教育总会勿再叫号。本人亦往教育总会诰诫，对于所用房屋，停止改动，免再生枝节。"李云："事属公益，我岂敢辞？

但会址务早觅获，免夜长梦多。"两科长回报，司道会详到院，抚署限提学司三个月内觅定会址，令教育总会如期迁出。在此期间，大道观会众及教育总会会员，如敢不遵，勇于寻衅者，仰巡警道厉行取缔，以维治安。其事始勉强敉平。

十　两党对省城议事会董事会之冷静

议事会董事会为自治之机构，各县多未成立。贵筑为首邑，县城即省会，尤应早日成立，以为各邑模范。因无的款可资组织，无人着手。黄济舟籍隶贵筑，历充劝学所学务总董、官立两等小学第二初等小学堂长、自治公所所长、自治研究所所长、陆军小学堂教员、崇德女子师范总理、城厢九区联合会会长、谘议局议员、清理财政总局议绅、劝业公所科长、农业试验场场长等职，对于本县自治事宜，责无旁贷。乃于宣统二年召集本县人士，积极进行。但议长、议董两席，深虑自宪两党又复相持，事前之疏通，临时之诰恳，煞费舌唇。意谓竞选本政党所有事，以往谘议局、教育总会过于激烈，几将局会根本动摇。贵筑范围较小，何能胜此巨创。古人投壶较射，何尝不争，能揖让升降，何等雍容。诸君既以筑人身份到场，切望共维秩序，俾两会不致流产，全筑实利赖之。投票时，全场气氛极为肃穆，两会首领顺利产出：议长为李耀枢（天锡），议董为石雨农（承霖，两人在直隶、广东服官多年，回籍后深入民间，无绅豪之积习）。两党遇事必争，今态度如此冷静，一因两党迭经肉搏，亦须稍休喘息，一因两会经费支绌，两首领仅有义务而无权利，故黄得将两会垂手组成。

十一　革命前之准备

自治学社本以革命为职志，成立后，即积极进行者：一为发展社务；二为联系群众。联系方式：（甲）拉拢党会分子，（乙）拉拢新防各军，（丙）拉拢陆军学生，（丁）拉拢待用军官；三为训练乡兵。训练计划：制订方案，交谘议局通过。送请抚院通饬各属按照方案训练乡兵，替代旧有团防。满望此策施行，即由各县社员出面承办。并筹全省为五路，每路各设一指挥，担任训练、联系、运动、宣传各事。预定龙昭灵指挥东路，傅佐卿指挥南路，宋仁瞻指挥西路，廖谦指挥北路，本社直接指挥中路。第一、二两项进行多有成效，第三项人事方面、经费方面牵涉太大，官方延不举行。后来革命，因乏实力，不免为人掣肘。

十二　革命时之计划

武昌起义消息传至贵州，自党急谋响应，苦无兵力。其时官方兵力，新军步兵一标，计三营，每营五百人，共一千五百人。附炮兵一队，计二百余人，标统为袁义保。又征兵一营，计五百人，管带为董福开。此几种兵械精人足。巡防队分东、西、南、北、中五路，每路四营，每营二百四十人，共四千八百人；抚院卫队百余人，管带为彭尔堃；各司道卫队百余人，管带未详。此几种兵，人枪不齐。绿营号称十二营，有名无实。陆军小学生四、五两期共二百余人，这些机构，均将运动成熟。又帮上弟兄数百人，兵备处候差军官十余人，保定陆军速成学校毕业派回本省服务，亦各联络就绪。自党连日在党魁张宅开会讨论，李芝池、陈南生、孔成九等，主张率领业经招来之会党克期发难。黄莾清、谭景周、孙鉴清等，主张召集已被运动之军队、学生即日举事。黄济舟主张暂缓半月，先筹定基本武力，然后发动，免仰人鼻息。筹备步骤：一、由贵筑议董两会组织团防；省垣为贵筑辖地，有此兵力声光不小，本人可负责促成。二、由谘议局敦促当道，将保定军官学校遣回各生，悉派充新防各军军官，如此则全省兵力已间接入于自党之手，此事本党议员在局提案即日发出，立可生效。张石麒深韪其言。自党中人以为纾缓，多不赞同。一经犹豫，事为宪党所闻，任等一面向当道告密，建议召刘如周（名显世，兴义县人，时为靖边团营管带）带兵入卫；一面保郭重光筹办团防，抢占先着。自党丁此危机，欲先发制人，遂策动会党，激厉〔励〕军队，鼓吹学生仓卒举事。始谋不臧，卒贻后祸。

十三　应付告密之经过

　　宣统三年，贵州巡抚为沈爱苍（名瑜庆，福建人），署藩司为文子成（名征，满洲人），署臬司为王仲瑜（名玉麟，云南人），学司为陈石麟（名骧，天津人），巡警道为贺奉生（名国昌，江西人），护劝业道为文仙洲（名沄，满洲人），高等审判厅丞为朱存侯（名兴汾，浙江人）。二文对于自宪两党无所可否，王、陈两人素昵宪党，贺、朱两人向袒自党。当宪党之告密也，王、陈力主捕治以遏乱萌，贺、朱咸称操之过急，适为厉阶，并授意自党速请谘议局出而调护。议长谭云鹏（自治党员）召集在省议员谈话云：近日风云紧急，当局据一面之词，拟取断然手段，严酷处置。此种导火线一经爆炸，省城立遭糜烂，本局何说以谢人民？拟向当轴陈述利害，令其持重而发。但危疑之际，辞不得体，有被卷入漩涡之虞。我素短词令，诸君有愿负此责者，请推一人前往。众惶急未知所应。谭续云："今日到会诸人中，黄君济舟于当道向有周旋，遣代我一行，众意云何？"众皆曰："善。"黄云："势机紧急，需救孔殷，既经指定，愿即成行，个人吉凶，殊非所计。惟兹事体大，能否完成使命，则不敢必。"随离席出发，同人色然送之。

十四　折服沈抚之辞说

黄代表议长往谒，沈抚拒不接见，再三强之，始勉延入。沈厉声曰："你们一定要见我，有何话说？"黄曰："时局紧张，谣诼纷起，敬询我公如何措置？"沈曰："谁敢造反，捕杀而已！"黄曰："激出变端，谁尸其咎？"沈曰："官方自有主权，何劳局中过问！"黄曰："本局为人民代表，演出惨剧，人民将受池鱼之殃，不敢不问！黔中两党互相倾轧，设所告此过，波及无辜，风潮扩大，如何收拾？且人敢于作乱，必有种种捍卫，岂易受捕。不幸变生肘腋，当道恐亦不利。"沈气稍夺，曰："贵局尚关心我之安全乎？"黄曰："公为一省之主，人民所托命，自应关心。"沈曰："然则贵局何以见教？"黄曰："以公地位，但严阵以待，不必打草惊蛇，各省事平，贵州讵敢妄举？大局果变，公亦有以自处。区区愚忧，各方面均行顾到，幸垂察之。"沈不觉微颔，黄遂反局报告。沈随召司道会商。王曰："谘议局心怀叵测，其言万不可听。"贺曰："川局弄僵，正费经营。黔事谘议局既进忠告，亟宜特加考虑。"至是而党人幸免于难。

十五　革命成功时之状况

自党既得谘议局之掩护，积极活动，于是新防各军均蠢蠢思启，各校学生亦跃跃欲试。宪党转深藏避祸，官厅果采严阵以待之策。对于新军借练打靶消耗其原领子弹，以防暴动。对于卫队，深加抚慰，不惜纡尊同饮，冀收其动摇之心。至九月十三日，革命真相完全显露，高级官吏咸在抚院集议。下午七点钟时，沈亲打电话唤标统袁义保说话，但闻枪声，久之始有人答曰："你是抚院吗？袁反对革命，已七枪毙命。唤之何为！"沈忿投听筒，立使人往唤卫队，则已臂缠白布，整队待发，向使者大言曰："沈帅本身，我等誓死保全。若杀党人，决难以应命。"沈计无所出。贺曰："谘议局前日既来说话，今日正可问其作何计较。"遂派王、贺两人驰赴谘议局，其时党魁张石麒已在局中，与谭议长、黄济舟诸人早有商酌。王、贺至局，从人带有武装，革命党人必欲卸去武装，始许入内。黄知形势已易，彼之武装已无能为。若太令其难堪，转恐激变，有失和平解决意义，力为阻止。王、贺入晤，谭曰："此时惟有曲循民意，允其自治，本局可为缓冲。否则诸公非屈辱，即牺牲耳！"王、贺允取沈意旨，一小时内答复。回述于沈，乃设万岁牌跪拜陈诉，倥偬之间，牌忽倾倒，众官讶为不祥，大哭而起，决从局议。王、贺又衔命莅局磋商办法，议定由沈交出军政大权，通电避位，全省治安、各官生命财产，由谘议局负责担保。王、贺复命，沈派中军宗绍武持其关防、令箭等投交谘议局，贵州革命遂告段落。

十六　在事人员之追述

自治党进行革命，几于全体动员。就当日所知，今日犹记者，逐一叙之。运动会党，则有李芎池（名立鉴，开州人）、陈南生（名守廉，贵阳人）、谭泉清（名德骧，贵州人）、黎绪元（名克荣，开州人）、吴湘苓（名冠，贵筑人）、孔成九（名鹏，贵阳人）诸人。运动防营，则有涂宝煌（号未详，贵州人）、肖家煌（号未详，贵州人）、刘谨权（名未详，贵州人）、关绍益（名未详，贵州人）、杨伯昭（名昌铭，贵阳人）、方竹君（名策，安顺人）诸人。运动新军、征兵营、院卫队，则有黄莆清、谭景周（名璟，湖南人）、张秉衡（名泽钧，贵筑人）、杨树青（名未详，贵州人）、孙鉴清（名镜，安顺人）、陈纯斋（名康，安平人）诸人。运动陆军小学，则有廖子鸣（名谦，四川人）、刘莘园（名未详，仁怀人）、胡寿良（名仁，贞丰人）、江务滋（名德润，贵州人）、黄幼甫（名德鑫，贵筑人）、史渊如（名之培，贵阳人）诸人。运动兵备处候差军官，则有王文烜（名炳奎，清镇人）、周绍骕（名步瑶，龙里人）、黄剑青（名祺元，独山人）、游佩荪（名凤池，贵阳人）诸人。购运子弹、寄藏子弹、输送子弹，则有胡寿山（名刚，贞丰人）、张润之（名泽锦，贵筑人）、陈俊坞（名未详，贵州人）、贾绥之（名国献，广顺人）、谢文琴（名未详，遵义人）、徐曜卿、鲁达仁诸人（徐、鲁均守护枪械子弹军官，徐贵定人，鲁安徽人）。临时传递命令，探报消息，则有张本初（名文礼，贵阳人）、卢以庄（名未详，贵州人）、冷田民（名未详，贵阳人）、桂绍莲（名未详，贵筑人）诸人。或一人专任一事，或数人共任一事，或一人兼任数事。但就其主要者记之，不能强为分析。至其统筹全局者，党魁张石麒也。坐镇幕中，隐为一大本营者，谭云鹏也。暗中援助，削弱反对之阻力者，乐彩澄也。从旁赞襄，引起社会之同情者，彭明之、蔡衡武也。作壁上观，借壮声威者，周铭久也。置身机密地位，透露官方动静，俾得顺利进行者，周素园也。利用谘议局职权保障党人安全，不至半途偾事者，黄济舟也。

十七　谘议局临时之部署

革命事业全仗谘议局之撑持，于是每事以谘议局为重心。抚院关防送局后，大体已告段落。张石麒赶归，摒挡他事。此间未尽事宜，由谭议长、黄济舟相机处置。谭倦入眠，仅黄一人。俄而北路来报：有众多人硬欲入城，是敌是友，情况不明。俄而南路来报：新军入城，防军阻止，势将开火。俄而西路来报：学生入城，警察盘诘，正起摩擦。黄立用电话请贺道台亲谕西城警

局，又用电话嘱兵备处驰谕南城防军，复令张润之赴北门善谕来
众，幸皆敉平。亡何，军事代表杨荩诚来见，请示机宜。黄曰：
"旧机关已倒，新机关未立，请君暂负军事责任。城厢要隘及军
械仓库、邮电各地，何处应防守，何处应巡逻，宜速选人出动。
由局腾屋三间，为临时办公。"杨退，学生、民众陆续来见。分
别延入，各加抚慰，请即归休，明日来局参加开会。一切略有头
绪，黄乃归寓，鸡声已三唱矣。

十八　组织政府之情形

翌日，张石麒商同谭议长，用谘议局名义召集各界在局开
会，组织政府。推黄济舟、蔡衡武、孙鉴清、华延厘、谭景周、
廖子鸣、王文烜、乐彩澄、周铭久等，接收各机关。推平绍璜、
周素园、朱云间、龚雪樵等草拟组织大纲。设军政府总揽军务，
推杨荩诚（号伯舟，秀山人）为都督，赵德全（号纯臣，湖北
人）为副都督，周步瑶（号绍骐，龙里人）为参谋长。内设参
谋、副官两处，外设军政、执法两部。陈宗岳为参谋处长，陈康
等为参谋。文崇高为副官处长，某某等为副官。蓝鑫为执法部
长。廖谦为军政部长，王炳奎副之。新军扩编为三标：第一标统
叶占标（辖杨树清、肖规等三营）；第二标统肖鸿宾（辖艾树
池、马繁素、赵××等三营）；第三标统鄢元发（辖胡刚、郭润
生、曾广×等三营）。设枢密院总揽政务，推张石麒为院长，任
可澄为副院长，周培艺为秘书长。内设枢密员十余人。外设民、
财、实、教、交五部。民政陈永锡为部长，涂月楼副之。财政蔡
岳为部长，华之鸿副之。实业黄德铣为部长，孙定刚副之。教育
谭璟为部长，傅宗藩副之。交通孙镜为部长，刘镇副之。又设巡
防统部，收编招来之会党及旧防军，以黄泽霖为总统，黄祺元为
参谋长，蔡升之为卫队管带，谭德骥为东路分统，陈守廉为南路

分统，宋仁瞻为西路分统，李立鉴为北路分统，岑鉴清为中路分统。尊谘议局为立法院，为本省最高机关。议长、副议长、议员各仍其旧。军政府、枢密院重大事体，须得立法院同意乃可施行。

十九　立法院之成立

立法院仅就谘议局改易名称，扩张权势，组织上既无变迁，人事上亦无更动，其成立轻而易举。自成立后，军政府、枢密院两方，凡机密事件、重大事件，咸来开会，并请议长、议员参加讨论，有须征取绅民意见，或须宣示绅民政令，亦常召集群众来院与会。

二十　军政府之成立

都督、副都督既经举定，军政府亟应首先成立。杨伯舟系日本士官学校毕业生，回黔曾任新军教练官，军事固其所长，政治经练实感不足。赵纯臣以一下级军官遽登高位，其手腕眼光，均不能为杨臂助。用人方面，在事出力诸人多未分配职务。反对革命分子，因巧于攀援，转得录用，引起一场骚动。立法院责令张石麒、杨伯舟协商调处。立法院、枢密院、军政府乃开联席会议，令在事诸人当众自报事实。于是又有多数人急须安插。军政府业经组织就绪，杨虽深自引咎，未便突然更张，乃将此批人员，交巡防部、实业部、枢密院分别位置，鼓噪乃寝。

二十一　枢密院之成立

枢密院性质等于今之省政府，枢密员如今之省政府委员，院长、副院长等于今之省政府主席、副主席，秘书长适如今之秘书长。院长、副院长、秘书长各一人，枢密员无定额。凡与革命有特别劳勋或与革命有重要关系者，由众推定提出，经立法院承认，均得随时加入。除院长、副院长、秘书长、六部部长外，如平刚、乐嘉藻、周恭寿、杨昌铭、陈柱臣、刘显世等皆专任枢密员者也。院务分军事、民政、财政、实业、教育、交通六股，每股股员三五人不等，各自推一人为主任，全体股员，有系枢密员者，有非枢密员者，院中例会，一律出席。自党人物各有岗位，院务多无暇兼顾，各股事权转渐入于宪党人物之手。

二十二 巡防统部之组织

黄莼清本刑幕出身，此次革命其功亦多，组织政府时，群推为司法院长。李苪池、孔成九、黎绪元、吴湘舲等坚拥莼为巡防统领。谭云鹏、平绍璜、乐彩澄、周素园等均不谓然。张石麟正欲得一劲旅以作后盾，卒允其请。组织统部时，黄济舟语张曰："莼身为统领，我辈安危，惟莼是赖。莼本身之安危系于卫队。管带一职，须声威素著，切实可靠之人担任，庶缓急可恃。今观所部，殊不惬意，吾窃忧之。"张立召莼来商，并由济介绍一相当人物与莼晤言，莼亦满意，允立予调整。迟逾三日，莼未报命。复召来诘，莼云，所部不愿外人加入，业经一番整顿，决可勿虑。错已铸成，济不便越俎再渎。张只有嘱其好自为之耳。

二十三 府院各部之概况

府院所辖各部，除执法用臬司旧址新设外，其余各部，均就接收各机构改组成立。军政由兵备处组成（军械局、火药局并入范围）；民政由巡警道组成（保甲局等并入范围）；财政由度支司组成（厘金总局、善后局、官钱局并入范围）；实业由劝业道组成（农事试验场、牧畜厂、陈列所、省内外各矿厂通归其管辖）；教育由提学司组成（省内外各学堂、劝学所等仍归其管辖）；交通由电报总局组成（省内外邮电局，及劝业道之邮传科亦拨入其范围）。改革伊始，各项措施，尚谈不到。独财、实两部各有一事，轰动全城。一为财部焚烧档案（大量册籍运集辕门隙地，连日焚烧，火光烟幕弥漫遐迩）。一般舆论，咸谓该部由布政司蜕化而来，原为本省最高行政长官（清改巡抚为实职，布政乃降为隶属）。政府掌故地方文献，菁华所萃，投诸一炬，未免可惜。昔肖何入关，先收册籍，今蔡反其所为，意果何居？或曰，案牍占屋数楹，此后愈积愈多，徒供鼠虫之穴窟，不如早付祝融，较为痛快。一为实部扫解巨款。实部之款，内有折存官钱局之八千两，系皖省捐款。清宣统初安徽水灾，奏准捐虚衔封典，筹款赈济。贵州捐务，皖当局托署臬司王玉麟代办。王回道任，将此款暂附劝业公所。黄接收时，部中旧人咸称此款并非本省之物，外间多未知之，劝黄收为己有，酌提少数津贴员司，黄未之允。库中存款约十八万两，悉为银锭。每锭重十两，五十锭装一箱，约三百六十箱，每人挑两箱，须力夫一百八十名。解出之日，运款力夫，护送卫队，照料员司，不下二百人。招摇过市，观者塞途。金云，实部此款，改革前藩司递来提取，黄时为科长，力主留办实业，坚不移交，今身自为政，转将此款轻易交出。前后行为，何矛盾如是？

二十四　司法机关之虚悬

枢密院组织大纲，于军政、民政、财政、实业、教育、交通六部外，本有司法院之设置。因推定之院长黄弗清改就巡防统领后，院长人选未定，法院暂未成立。而原有之提法公所、高等审检、地方审检、看守所、监狱各种机关，竟至无人过问。黄济舟谓：任何国家司法必不可缺。况改革以来，向隅诸人，亟待安插，应将司法大小机关一体成立，大可容纳多人，岂非两善。屡次提议均无应声，一事如此，其他可知。

二十五　新编防军之闹饷

贵州军饷，有由库款发给者，有由厘款发给者。改革后，各款集中于财政部，新军隶属军府，月饷径由军府向财部支取。防军隶属枢院，月饷应由枢院令财部照发。统部成立之初，领饷程序未及明白规定，领饷无着，兵队大哗。中下级军官及士兵，闹到枢密院向空开枪示威，闹到立法院以枪托触地泄忿，此种意外风潮，不旋踵而解决。外面闻之，争向府院询问。府院中人，有不知其详而信口作答者，有明知其故而危辞耸听者，弄得谣言纷起，人民饱受虚惊。

二十六　漏编防军之蠢动

政府组织就绪，人心渐定，忽有散军欲劫监库之风说，全城震惊。查此项军队，本正式防军，向驻司道各署守护监库，因官长逃匿，漏未被编，忿而生变。枢密院初拟剿办，恐军府统部处置失机，激起战祸，乃改剿为抚。以黄济舟于此项军队较为接近，推往收编。黄知若辈多系湘人，久历戎行，性极慓悍，非若辈信仰之人招之必不肯来，亦不敢来。特嘱曾任参游协镇之军官刘高桂（号已忘，湖南人）设法寻出该队之哨长、什长等，开诚晓谕，幸而就范。即派刘为督带，以资管束。一场剧变遂归消灭。

二十七　刘如周之入省

刘本沈抚电调，招募徒手兵一营（计五百人），兼程来省，希冀领取新式枪枝。驰抵安顺，省垣已反正，不敢遽入，具函来省，略谓前衔沈命带兵入卫，因诸公正有义举，故迟其行。兹幸大功告成，本人行止惟公等命。张持其函在立法院两次讨论，平绍璜、黄莃清谓刘在兴义向极跋扈，不如因而除之。蔡衡武谓刘才可用，令其入省，敢保其无他。黄济舟谓刘自命不凡，驭之不易，不如令其归去。张谓彼既来书表示善意，杀之不可，令回兴义后恐难制，毋宁许其入省。刘既入省，不能无所位置，遂推之为枢密员。刘入枢密院任军事股主任，带来之兵，驻东城外九华宫，计分四队，前队官王文华，后队官鄢鼎三，左队官王慎一，右队官袁祖铭，旋亦领得枪械，其势寖张，院中会议逐渐骄横。平绍璜时加裁抑，刘蓄忿寻衅，某次之会竟拍案示威。

二十八　攘夺代表之突兀

贵州反正后，迭接湖北黎元洪、江苏程德全、浙江汤寿潜各都督通电，请选派代表前往开会，筹组中央临时政府。已推出枢密院之平刚、军政府之文崇高为代表。刘、任等欲争此代表，私用军府名义电云南都督蔡锷，代选在滇黔人熊范舆、刘显治，并垫给每人旅费三千元。平、文旅费合计不过千元，熊、刘旅费竟达六千元。其后，平、文到达南京，熊、刘亦由滇赶至。审查代表资格，熊、刘以邻省代选无效。

二十九　两党携手之一瞥

自党革命后，黄莆清、杨伯昭、陈伯鹏、谭景周等，拟取断然手段，诛夷反侧。谭云鹏、黄济舟、周素园、乐彩澄等，拟取宽大主义，免增怨毒。蔡衡武则拟化敌为友，携手共进。张石麒采用蔡议，故各机关人员，两党参用。于斯时也，两党中人，一感卧榻之侧，容人鼾睡，啧有烦言；一觉食人唾余，终不能甘，愈生异志。冰炭之性，本不相容，勉强结合，欲不恶化，其可得乎？

三十　耆老会之出现

宪党组织此会，以郭子华（名重光，贵阳人）为会长。表面为一酒食征逐之团体，实际则含政治作用。平绍璜、谭云鹏、乐彩澄、周素园、黄济舟均谓不加取缔，必生他虞。张石麒谓民主国家，有集会结社之自由，区区一会，即怀异志，亦何足患？置之不问。其势愈张，公然刊关防、出布告，自称人民代表，与立法院对峙；更组织团防，厚储实力，以胡锦棠为保安统领，并嗾其党徒冒各界名义，今日立一会，明日设一社，此地聚一党，彼地集一团，举所谓自强社、尚武社、务本团、政党联合会、共和实进会、政治期成会、平权无私会等，五光十色，荧惑社会耳目。

三十一　公口之林立

公口即哥老会之别称，皆扶明仇清之残余组织，清廷斥之曰匪。贵州反正，张、黄曾资其力，洎事既定，或收编入军，或资遣回里。正安插解散之未遑，宪党包藏祸心，大施煽动。更由郭重光以耆老会名义，于立法院开会时登台演说，提倡大开公口。谭云鹏以议长地位禁其发言。然已驷不及舌，不两日间省内外公口，如春笋发生。郭复举黔汉公龙头温瑞廷招兵五百以驻南路，举懋华公龙头李（名已忘）招兵数百以扎盐路。耆老会所任之保安统领胡锦棠，则充大汉公龙头，军心被其动摇。黄莆清拟厉行裁制，不听者杀之。时政府人数，两党相当，宪党中人谓不宜操之过急，激生他变。自党中人未深考虑，姑漫应之。黄裁制之说遂不得行，为维系军心计，徇部下请，亦开光汉公，自充龙头。光汉公出，气象堂皇，一切公口，黯然无光。宪党又令陈宗岳、陈廷棻开斌汉公，宗岳充正龙头，廷棻充副龙头。宗岳为军界所知名，廷棻为学界所知名。斌字右武左文，隐寓二陈之历史。成立之日，特别张扬，务超光汉公之上。至是各党会竟明目张胆占据民房衙署，以立公口。仪式陈设，比于官厅。而头戴英雄结，鬓插杨梅花，腰围战裙，足穿麻儿草鞋之辈，招摇过市，有如戏场。

三十二 张石麒之出巡及杨伯舟之北伐

自党虽纳蔡议，引宪党出而共治，宪党内不自安，转谋起而代之，用间离政策使之分化。初谓军政府与枢密院军民分治，枢密院之权力渐高，引起张、杨之裂痕。继谓巡防部不隶属于军政府，军政府之权威渐缩，引起杨、黄之争端。更唆使杨、赵不和，黄、赵交恶。立法院睹此黾厄，恐危及大局，邀集各方会商解决办法。金谓凡事既生摩擦，不求退让，必有伤夷。宪党提议张出巡上游，杨率军北伐，黄出驻四川，赵留守省城，如此调整，既可向外伸张势力，又免在内酝酿猜嫌。自党知此议不啻调虎离山，亦未揭破，仅谓省城空虚，不予赞同。商酌多次，始决定张、杨同出，黄、赵同守。

三十三　积匪罗魁之伏诛

张、杨既出，黄、赵交欢。宪党一时不便再施间离，致露形迹，变计招致罗魁入省，使之图黄。罗本积匪，在遵义一带犯案累累，久缉未获。今忽奉召，率其丑类骚扰而来，沿途奸杀，劫人马匹，号称马队，北路人民衔之刺骨。宪党机关报反大事鼓吹，称为民族英雄，且请加录用。黄知此獠不除，祸在眉睫，探赵意旨，唯唯否否。遂于新川会馆盛设彩觞，为之洗尘，诱入之后，当筵枪毙。防御森严，罗之丑类无敢动者，一时人心大快。

三十四　黄荩清之被刺与张石麒之出走

黄既诛罗，宪党知黄非易与，时张已将上游各县抚绥就绪，年终言旋，拟将省内各项重加整理。宪党见张、黄势力转趋稳固，图之愈急。适黄之分统谭德骧部有奸淫情事，黄正查办。宪党以四千金遣谭幕王小山买该部督带李先春、唐灿章，令队长夏培初，于元年二月二日（阴腊十五）假充解送匪徒，荷枪实弹，赚入统部，将黄刺杀。先是，宪党刺黄之谋既定，广散烟幕，一则曰黄警卫森严，有失民军风度；再则曰黄卫队不稳，必将祸起萧墙。黄因是对于兵弁，不许武装，一为杜人口实，一为预防变端。被刺之晨，其左右亲信，又被诱外出，黄之遇害自难幸免。刺黄之辈，同时又分兵袭张，张之卫队管带彭尔堃适在张宅，立遭击毙。张避入内室，正被搜查，南路分统陈南生驰来救护，手刃数人，余始窜去。陈遂拥张至军政府，约赵合力拿办变兵，并会衔出示安定人心。赵嗫嚅者再，其部对张且含敌意。陈又拥张出城，暂驻彼部，次日陈约各路分统共讨叛军，并与赵谈判，至者寥寥。张觉势不可为，乃挟陈南走。比达广西，以枪械抵借小款，遣散所部，二人轻装赴沪。

三十五 赵纯臣之首鼠

黄运动新军，赵先响应。军府成立，黄力扶持，赵以一队长一跃而为副都督。黄遇难时，统部密迩军府，赵若罔闻。及张求援，赵亦不应。其军法部长蓝绍庭且布告曰："黄统被戕，个人交涉，凡尔人民，不必惶骇。此种情形，揆之于理，似太不合；征之于事，实有所因。"尔来宪党令郭时时说赵曰，自、宪两党之不相能，君所知也。君与自党相须为用，宪党亦知也。君之地位，固由自党之力，而自党之得手，实由君之力。今自党在位，君事事仰其鼻息，岂得谓平？宪党不甘受其卵翼，若去张、黄，宪党愿戴君统治全黔。赵惑其言，故其态度竟至如此。

三十六 立法院暨各机关之改组

贵州反正后，各机关匆匆成立，原定三个月后另行改组。黄死张出，适届改组之期。时巡防部已瓦解冰消，枢密院亦形存髓亡。宪政党乘机易人过渡。赵至是亦有狐兔之悲，意不谓然。新换诸人，又不愿就职为人傀儡，只好换汤不换药，改部为司，即以原有正副部长为正副司长，暂维残局。至于立法院，经全体承认为本省最高机关。耆老会虽自称人民代表，终有正闰之分，宪党欲去之久矣。适南京来电，规定各省有议会之组织，乃改立法院为省议会，推广议员名额。谘议局议员以府为单位，议员三十九人，省议会议员以县为单位，议员共百余人。至是而军政大权，人民代表机关无权过问矣。

三十七　唐继尧之入黔

宪党力谋自党，分化政策虽达目的，究苦实力不充，乃假贵州军府名义，向云南军府借兵。滇督蔡松坡（名锷，湖南人），向闻贵州平靖，突来借兵，正加考虑。宪党戴循若（名戡，贵定人）、刘希陶（名显治，如周弟）、熊铁崖（名范舆，贵阳人）等，时在滇垣，复加请求。蔡遂派唐继尧（号蓂赓，云南人）用假道北伐名义，率兵入黔。复电到达，群情惶愤，请究发电主名。宪党人云，通电假道，不谓无因，何必误会，致相惊扰。时自党正值多事，宪党气焰方张，此事遂含混过去。滇军入境，自党中人建议于赵，令其由边境通过。赵为郭愚，许其入省，且设供张。唐至贵阳，不驻招待之处，径令军队分扎山头，并设大炮直向省城。赵始知受绐，请郭来问，郭已避不见面。越日，军府被围，而赵逃矣。于是宪党之耆老会，遂正式出面，举唐为贵州临时都督，戴循若、任志清为都督府左右参赞，刘如周为军政部部长，朱勋为民政司长，华之鸿为财政司长，黄禄贞为实业司长，何麟书为教育司长，高培埏为防务局长，文明钰为官钱局长。至各机关地方，除实业司保持原状正式移交外，其他机关，或逃避一空，或摧残殆尽。故唐入城，以实业司尚属完整，即在其中暂行驻扎。时为元年三月五日（阴腊十四）。

三十八　钟山玉之遇害

钟本自治学社社长。上年以孝廉方正入京朝考，反正后回黔。在途闻滇军入黔，乃绕道入滇，上书蔡督，谓贵州本无变乱，自、宪两党时相倾轧，不可听一面之辞，助之以兵，惹起两省纠葛。蔡因唐早出发，不及撤回，嘱钟驰回调处。钟抵安顺，唐已据黔，若辈即电令前刺黄之军队唐灿章等，杀之于安顺城外，颈中十余刀，其首始坠。钟与刘希陶本为同学，后充靖边营督带，又与刘如周共事，因旨趣不合，毅然辞归，交谊遂淡。当议杀钟时，蔡衡武曾向刘、任、郭、戴诸人呼号营救，诸人互相推诿。及杀钟电发，始语蔡曰，成命不及收回，只有为谋善后矣。钟丧至省，停于红边门外三教寺，重为装殓。亲友、党人，均惧祸及，至者甚稀。黄济舟趋唁，凭棺俯诀，颜色如生。其夫人抱其幼子，在旁哀泣。

三十九　赵纯臣之被杀

赵之逃也，刘、唐等轻其平凡，不虞为患，未加追袭。赵本鄂人，杨伯舟又驻军湘西，若由东路直下，远扬正易。因有妻族住在贵阳沙子哨地方，又恃郭子华可资保障，潜伏于此。唐、刘等闻其尚未出境，虑其别有企图，由郭诱出，杀之于毛栗堡。

四十　杨树清及各军队之遭戮

杨树清出身学兵，张、黄等运动新军时，深资其力。发难之夕，新军出动，标统袁义保出阻，杨举枪击射，袁惧逃伏，其事遂定。军府成立，以功擢为管带，派其率兵驻渝。军有纪律，与川人极相安。唐既据黔，以杨为张、黄死党，调回杀之。其他军队，无论官长士兵，恐其不为己用，缴械之后，驱至东郊，悉数坑杀。

四十一　周素园、黄济舟等在渝之通电

宪党得势，对于自党及有关人士，不惜屠杀，且颠倒是

非，至谓自党为匪政府。谭云鹏、乐彩澄、周素园、黄济舟等，以为两党相争，胜利者进，失败者退，夫复何言。自党卧榻容人，为敌所乘，是自谋之不臧。宪党斩草除根，免其再发，亦自卫之恒情。信口污蔑，究何为者？但地盘邮电，已入宪党之手，无可告诉。五月中，黄济舟、王文煊、黄剑青、周小恒、陈俊坞、周素园先后至渝，立将贵州情形，撮要陈述，由周素园领衔分电北京、武昌、南京各处，俾明真象（事后诸人亦先后东下）。

四十二 洪江会议宣慰辞职之始末

清廷退位，战事已停，北伐各军自应撤回。但杨伯舟返施之时，已在唐继尧据黔之后，唐及宪党当然阻止。湘、鄂两省出面调停，于元年六月在洪江开会，鄂特派员赵均腾，湘特派员危道丰、陈书田，杨军代表肖健之、王铮、刘世杰，唐军代表牟琳、胡为一、张绍銮、吴作菜、何瑞等，协定八条，呈经中央批准，于八月由国务院电黎副总统、谭都督会同办理。无如率兵回黔者为原任都督，现在主黔者为临时都督。杨、唐地位，根本冲突，协定八条，何能实行？但黔军逗留湘境，终非久计，中央特命赵均腾（号南山，湖北人，清末曾任贵州陆军小学监督）为宣慰使，率领黔军回黔，以资解决。唐及宪党恐赵入黔，于彼等多有不利，仍一再反对，赵乃辞职。遂令湘、鄂调停暨中央处置之苦心，均付诸东流。

四十三 谭云鹏、黄济舟、杨伯坚之入京

洪江会议既归无效，赵使宣慰又不果行，黔军黔人，苦不得归。元年八月，出亡黔人之在武昌者，拟请政府作有效之处置。

适谭、黄、杨先后戾止，众以三人在黔历充谘议局、立法院、省议会议员，推为代表，三人在鄂先谒黎副总统，请其具电先容，随搭京汉铁路火车北上，袁世凯立予接见，由谭详述一切。袁云："贵州早有代表凌云（号秋鹗，贵阳人，宪党党员，适以教育代表到京开会）等来见，所言与君等不合。"谭曰："若辈自说自话，曲直自然颠倒。"袁云："其他黔人如蹇念益、陈国祥等亦尝言之。"（蹇号季常，遵义人；陈号敬民，修文人，清末之保皇党，洪宪时之劝进党）黄曰："若辈始而反对革命，竟至告密，继而借兵袭黔，取而窃据。此种反侧投机之尤，留之终必为患。曷若乘机易人，将贵州收入中央，非徒黔人之幸，实亦政府之幸。"袁云："国基新造，中央志在维持原状，今言及此，俟徐图之。"杨曰："自党非不能收合余烬与之周旋，特恐一隅之争，影响大局，是以投诉中央。今中央转维持原状，公是公非之谓何？"袁曰："兹事复杂，非急切可了，余事甚冗，改日再谈。"遂起身送客。

四十四　于业乾之罹祸

刘、唐地位，本由自党攘劫而来。自党又与国民党为一脉渊源。故刘、唐之仇视国民党，仍与仇视自党无殊。贵州组织国民党支部，已触唐、刘之忌。于充特派员贸然入黔，险孰甚焉。于由北京动身时，漆铸城、张绎琴、黄济舟等曾举唐、刘态度相告，力阻其行。于不之听。及入黔境，何季纲（名麟书，贵筑人）秉承唐、刘意旨，派人枪杀于思州道上。与于同行胡德明，亦追之玉屏境杀之。国民党及黔人大哗，中央责问到黔，唐、刘佯为不知。及湖南都督奉令彻查证实，唐等又称为遇匪。扰攘数月，终以不得主名而罢。

四十五　北伐黔军之交替及铜仁之血战

北伐军回黔问题，久未解决。沿至民元八月，杨伯舟知难而退。中央得唐、刘等同意，派周子光（名燊儒，贵州人）接管北伐军，率之回黔。杨遂辞职入京。唐、刘与周早有协商，令于接管后将此军设法解散，而另酬周以他职。但周表面上既不便解散，实际上又不能回黔，迁延两月，其军分为两派。软化一派，行止一惟周命；倔强一派，奉席丹书（名正铭，贵州人）为首，誓与滇军相并。十一月席率此一派自动回黔，滇军遏之于铜仁，相斗极烈。黔军之陈开钊（号永洋，龙里人）素称善战，攻城阵亡。滇军之陈宗岳（号嵩圃，铜仁人）向号能军，重伤毙命。滇军尚可增援，黔军已无后继。席竟告失败。而北伐军回黔一事，至此遂不成问题矣。

四十六　北京贵州冤惩团之轇轕

宪党既借外兵攘获政权，若能逆取顺守，抚绥疮夷，收拾人心，自党即有未安，黔人亦可无言。无如若辈铲除异己，不留余地，致令呼吁之声，弥漫全国。其彰彰在人耳目者，如周培艺、黄德铣等四百八十三人在渝致北京大总统、武昌副总统、南京黄留守暨各省之通电；魏邦彦、刘树仁等一百五十七人对唐继尧艳电之驳议；平刚、谭西庚等二十九人上国会请愿书；张友栋、漆运钧等数十人上参议院请愿书；贵州军学商各界血泪通告书；遵义鲁瀛布告同胞启；沿河王元齐泣告同胞书；徐龙骧黔人乞救书；京津全黔维持会方敦素、梅镇涵等八十六人之贵州血腥录；简书、彭景祥等五十五人之冤惩团等等印刷品，对若辈罪状抉发无遗。若辈衔之次骨，欲施打击，又因多系临时性质，苦难着手。惟冤忿团有通讯地址，有调查表册，类似永久机构。若辈用贵州政府名义，由刘显治出面，控团中漆、方、简、彭诸人于北京法院，谓诸人笔下口中称若辈为贼为妖，公然侮辱，破坏若辈名誉。冀以政治势力，威胁法院入诸人于罪，法院亦知团中宣言，全属受屈呼援，并非造谣生事，罪无可科。乃取调停方式，劝漆等息事宁人，此后不再呼彼等为贼为妖，具结完案。一场滑稽诉讼，登时解决，冤忿团亦随之而消。

四十七　黔人呻吟之尾声

宪党之刘显治、熊范舆、戴戡辈在滇服官，见个旧厂发达，亟思染指。刘、熊合力运动戴入个旧任职，三人亏空厂款十八万之多。滇人追赔过急，三人串通唐继尧，借口兴办贵州实业，以都督名义，借法人勾堆男爵法金一千二百五十万佛郎，或英金五十万磅，周息六厘，以贵州契税、印花税作担保。若辈此举，一方面挪还滇债，一方面互相分润，人民担负不之顾也。黔人闻之，惶骇奔走。于是年二月十三日聚集同乡在北京南横街贵州新馆开会，以大定陈永锡、清镇阮绍鎏等反对尤力。但木已成舟，中央且不能禁，区区人民反对，自无效之可言。自时厥后，国事日非，黔事愈不可为，自党已不愿再作无谓之挣扎，黔人亦不愿尽作无益之哀鸣。宪党强敌既摧，内讧迭起。亡何，唐继尧、刘显世宾主交恶。亡何，刘显世、王文华甥舅相夷。亡何，唐继虞、刘显潜、袁祖铭、彭汉章、周西成、李晓炎、毛光翔、犹国材、王家烈，此兴彼仆，各为蜗角之争。至民元廿四年，蒋介石势力伸张入黔，贵州政府始经改组。而残余遗孽，又攀援蒋氏，窃据要津。迨一九四九年（即民元卅八年，现已改用公元）十一月贵阳解放，贵州始重见天日。

四十八　自治党成功失败之总结

自治党之起事，其初得新军之赞助，卫队之响应，陆军学生之附和，哥老会党之撑持，声灵赫濯，垂手成功。及政府成立之后，新军归入军府，与自党另树一帜。陆军学生为宪党何季纲煽惑，转与自党为梗。卫队会党虽与自党站在一线，但不能妥善编制，俾成可靠之基本武力。而宪党复百出其阴毒险狠之计，媒孽而重伤之。故不久而苐清殉难，张石麒出亡。于斯时也，论其表面，自党领袖虽已离去，而立法院无恙也，军政府无恙也，枢密院无恙也，其他各部无恙也。究其实际，军政府之赵纯臣显与宪党默契，立法院之谭云鹏等于赘疣，枢密院仅有躯壳，各部形同标本。其中人物，如谭景周、孙鉴清、廖子鸣、陈百朋等号称自党之骨干，亦不免匿迹销声。蔡衡武、乐彩澄、周铭久、周素园、黄济舟等向为社会所属目，宪党所嫉视者。蔡因合作之策竟结恶果，已无置喙余地。铭与自党向不亲切，自难尽力援手。乐虽极意维持，亦苦计无所施。素在枢院，黄在实部，各自硬起头皮，不屈不挠，作正式之交替，始洁身而去，未及于难，亦云幸矣。

贵州光复纪实

杨昌铭

　　《贵州光复纪实》，自治学社社员杨昌铭（伯钊）作。昌铭辛亥前求学于北京京师大学堂，辛亥七月，毕业返省，张石麒令其组织宪友会贵州分会，为自治学社革命的掩护。九月十四日贵州光复，昌铭以宪友分会负责人资格，为枢密院议员。不数日，即出任铜仁知府，兼负安定贵州东防重任。滇军入黔，昌铭亦弃职出亡，直至一九二七年后，始行返家。此篇为昌铭于一九二九年所作，因其参加革命仅一月有余，亲历者少，又年久追忆，难免不有错误之处。如书中所列张纲举、王天鉴，当时皆韶年幼童，并未参加革命。九月一日，沈瑜庆在南厂打靶示威，取杨树青为状元，九月十三日向徐耀卿之妻购子弹两箱，杨树青用去弹头之枪弹击衰义保，沈瑜庆手书承认独立云云，黄泽霖坠城阻止新军入城，刘显世攻军政府左目受伤等事，均非事实。其余时间地点错误者亦多。除此以外，书中对革命经过之大体楞角，尚能切实反映，亦足供研究辛亥革命者的参考。本书系据所藏稿本副录，未经删改，藉存其真。

　　　　　　　　　　　吴雪俦、胡刚附志　1957 年 5 月 1 日

自　序

　　呜呼！秦桧不死，难昭武穆之冤；南史仅存，尚秉董狐之笔。追维往事，可为寒心。言念故人，弥增感喟。摧残志士，甘于为虎作伥。糜烂乡邦，不惜开门揖盗。假虞灭虢，彼固贪璧马之私。复楚哭秦，此徒逞鬼蜮之伎。可怜荒郊鬼哭，谁招枉死之魂。坐听茅店鸡声，漫洒逃亡之泪。今幸河山无恙，故我归来。试问桑梓依然，城狐安在。嗟乎！苍天厄我，不死者其或有意留我于青天白日旗帜飘扬之下，一写我贵州辛亥革命真正痛史也欤！吾于是回肠荡气，不禁低徊感慨垂涕而道之矣。夫贵州之知有革命，自自治学社始。而贵州之能实行革命，亦自自治学社始。盖彼时处清廷专制积威之下，未敢昌言革命，特假名学社以掩其迹耳。是以社中所创办之《西南日报》、公立法政学校，以及各县之分社，其言论讲演，无一非宣传革命之媒。且当时军警皆与学社有直接或间接之关系，部署酝酿，已非一日矣。故辛亥九月，一闻武昌起义，不数日兵不血刃，即行宣布独立，其成功何如是之易易哉。亦以学社能指挥军警，卒使效忠清廷者，无所施其反抗能力。加之各县分社，同时响应，仓卒间彼昏惶骇，罔知所措，势不得不仓皇退让。庄子谓大浸稽天而不溺，疾雷破山而不震者，殆亦深得其意也。不意反革命派，计无所逞，潜向滇人乞师，以遂破坏之谋，而滇人心存侵略，乘此假名北伐，坐收渔人之利。当是之时，学社同人坦白为怀，情殷革命，因其扬名北伐，误认同调，毫不为意。及至行抵贵阳，揭开面具，时已防御不及。于是人刀俎我鱼肉，死者死，逃者逃！云散风流，至今犹有余悸也。最痛心者，借名会党，妄加匪国，既觊觎自命定乱之师，复攘臂夺我首义之名，而学社同人，十八年来，日颠沛流离于忍辱含垢之中，无从自白于天下。致使辛亥革命真正工作，因之湮没不闻，亦可痛已。日昨忽值光复纪念，适昌铭息影蓬庐，旧日同志，相继敦促录列颠末，以告后世。仆以义不容辞，匆匆以两半夜时间，草成原因四则，披露真相，亦聊以尽后死之谊，且为天地留正气，为世界存信史云尔。知我罪我，在所不计。是为序。民国十八年，岁次己巳冬日，自序于贵阳之卧薪尝胆室。

一　革命党光复全黔之原因

贵州自治学社，经先总理认为同盟分会，成立于民国纪元前五年，即光绪三十三年，丁未三月，发起人张百麟、钟振玉、蒋子衡、王小楼、张鸿藻、张秉衡、曾焕文、陈青石、王小谷、谢文琴等。初暂以田家巷谢文琴家为会所，后改设天后宫。于是各府、厅、州、县知名之士，富于革命性者，莫不加入。即同盟会会员傅佐卿、钟子光、昌铭等，由外求学归来，亦参加其中。历年来创办《西南日报》、公立法政学堂、公立法官养成所、监狱专修科、检验传习所、自治研究所、司法讲习所、达德学堂（原名民立第一学堂）、光懿女学堂、乐群学堂等，以贯输主义，作育人材。清例，政治学堂非奉旨不能开办，然自治社员不顾也。开州钟山玉由日本留学归来，被举为社长，张百麟副之。分社达五十余县，社员学生数万人。适清预备立宪，诏各省设立谘议局、教育会，各县设议、董两会，而自治社员占十之七八，贵州革命思潮，因之扩大。中间虽经反革命者宪政预备会、耆老会、保皇党阻挠陷害，如云贵总督李经羲赴任，道经贵阳，宪政党人某告密，谓自治学社系革命机关。李经羲乃将钟山玉、张石麒、周培艺等，交巡抚庞鸿书查看。庞委钟、张、周三人为司法警署科长，名重用之，实羁縻之，卒不能稍阻其志。终于响应武汉，促成共和。所谓贵州光复之主因也。

宪友会在辛亥八月初一日，开成立大会于两湖会馆。各县来省赴会者四五千人。举昌铭、杨伯坚为干事。伯坚因公在京，昌铭适由京师大学毕业归来，此会系国会请愿团与各省谘议局发起，孙洪伊为总干事，汤化龙为湖北干事，谭延闿为湖南干事，蒲殿俊为四川干事，谢远涵为江西干事。按宪友会与革命党宗旨本不相容，贵州因交通不便，又在专制势力之下，未便揭开真面。昌铭与张百麟密商，谓以后国内有政党发生，即以本社社员去组织，其益有三：一、可以集中人材；二、可使消息灵通；三、事机到时可以减少障碍。

八月十九，武昌首义，张百麟、昌铭、谭景周、黄泽霖、黄德铣、陈元栋、乐嘉藻、周培艺、蔡岳、谭西庚、朱焯、龚雪樵、杨应鳞、柳惠希、龙杰卿、张镜波、王星垲、陈百朋、李怀安等会商，以为时机已至，遂遣社员各回本县，联络各界，分头运动绿练各营。是时绿营未撤，有提督一、总兵四、协镇十、参游都守千把外委数百员，防军三十六营，五统领，星布全省各县，清室兵力不为不厚。乃光复后，通电一出，无敢反抗者，盖自治社员在外分头运动之结果也。社员分头运动，如方竹君、陈遂初独立于安顺；吴嘉瑞、傅佐卿、赵卓哉设军政分府于古州；魏维新响应于湄潭；凌霄、陈开钊响应于龙贵；谭希元、简书、昆仲响应于大定。虽有驻军，无如之何。一经运动，且暗为补助焉。

九月初一，长沙独立，张秉衡由湘来电，催促响应。汤化龙有电致昌铭，黎元洪有电致赵德全、蓝少亭、叶占标等，亦催促独立。由是风潮日甚。

初九日，昆明独立，自治社员借登高为名，有在翠微阁会议者，有在浙江会馆会议者，有在东山、相宝山、螺蛳山、黔灵山会议者。又如白沙井张百麟、谭景周、王炳煃、廖谦及昌铭数家，田家巷谢文琴家，府后街何宾侯家，林家巷黄泽霖家，小井坎桂少莲家，群明社、谘议局密室，皆秘密会议处也。于是陈靖武、伍伟章、萧道生、史之培、张润之、何宾侯、黄剑青、王炳煌、杨树青、冯凡树、岑少刚、岑炯昌、艾树池、江德润、姜辑五、胡仁、李佩玖、王度、刘烺、汪泰阶、罗祝之、蔡云波、胡锡侯、杨叔文、陈兰孙、胡刚、廖谦、彭堃、刘镇、王子衡、王槐熙、刘乔松、饶存厚、詹麟初、张希濂、张协华、张文林、叶家龙、朱梦莲、陈冰如、陈纯斋、母伯平、罗静安、罗星垣、刘少屏、张静波、庄鹏程、邓海澄、莫仲莹、莫季莹、饶云普、程毅、田世雄、谭仁溥、彭瑞甫、赵龙骧、杨汉俊、桂少莲、冷用民、毛以宽、张兆岐、刘士刚、魏维新、张本初、张纲举、孙仲常、刘汉卿等，（人数尚多，因年久遗忘，容后查明补入）分头运动新军、陆军学堂、警察学堂，暨省内外各学堂、各青年。黄泽霖则组织民军，一面运动新军标统袁义保。昌铭谓袁油滑，不足恃。乃令何宾侯联络赵德全、叶占标、蓝少亭、刘炳甲、萧鸿斌、鄢松山。事成，许赵德全任标统，因何与赵、蓝等系兰交，相知有素者也。是时新军干部，多半鄂籍，前巡抚岑春蓂由鄂带来者。赵、蓝等又为黎元洪旧部。黎曾有电催促，故易联络也。张百麟、谭景周运动院卫队下级干部李勇宾、李贵和、龚青云、徐楚才、陈祥年、周恍惚，军医苟显杰，文案马文祥等。该队官兵多系湘人，巡抚庞鸿书由湘带来，张、谭与之同乡者也。卢季衡、卢以庄接洽巡防军帮统胡锦棠、管带和绍孔。

初一日，巡抚沈瑜庆亲赴南厂，齐集新军打靶示威，取杨树青为状元，盖欲收拾军心也。学生王天鉴更名克仁，杜国昌拟狙击之。因运动尚未成熟，派社员前往止之。自后风潮甚涌，财政监理官彭子嘉、劝业道王玉麟主张拿办张百麟、乐嘉藻、昌铭、陈百朋、黄泽霖，警道贺国昌、厅丞朱兴汾谓不可操切。

十一夜，王玉麟设西餐于道署洋楼上，宴张百麟、周培艺、乐嘉藻、昌铭、陈元栋、谭西庚、朱焯、龚雪樵及绅耆郭子华、任可澄等，陈百朋后来加入，盖以觇其动静也，至三更后始散。

十二日，新藩司王乃征由豫抵黔。黄昏时，沈抚台召各官厅绅耆郭子华、任可澄，谘议长谭西庚、朱焯、龚雪樵及蔡岳、乐嘉藻、周培艺、陈元栋、陈百朋、昌铭等，会议于抚署之梅园，列戟森严，张百麟未到。沈抚谓："两湖土匪作乱，乃乌合之众。"王方伯说："现已扑灭一路，甚属清平。"蔡岳谓："近日风潮颇大，请中丞仿庚子之变刘坤一、张之洞维持两江、两湖办法。"又有主张自保会者。郭子华谓："新军可虑。"王玉麟谓："新军无虑。袁标统接有运动密函，已呈中丞。密函乃黄泽霖致袁义保，劝其激发天良，助自治党人光复汉族者也。"昌铭一聆此言，知事已败露，恐迟则变生。会散后，即访张百麟，述会议经过，请以明日举事。张百麟谓："运动尚未成熟，不如十五。"昌铭谓："迟则族灭矣。兄不干，弟先干。"未几，蓝少亭、叶占标、鄢松山、闵兆祥、刘炳甲、赵德全来访张百麟，谓："我们标统，请张先生有要事相商。"张谓："你们标统想戴红顶花翎，有甚么商量。今夜深，明日再去。我上下游有十多万人，要如何，便如何耳。"赵等笑而不言。昌铭遂约赵、蓝等，到府后街何宾侯家陈述院上会议经过，并谓请诸位预备明日举事，如迟必有不利。又谓："我与张百麟相商，抱人道主义，不可流血，吾党数年来，不顾生命，不顾家族，努力奋斗者，在推翻专制，以便实现三民主义，不以杀人为快也。诸君务须记之。"夜深，各自回家。

十三晨八时，谭西庚、朱焯、张百麟、黄泽霖、谭景周访昌铭，征求同意。张谓："兄曾学武备，又带过兵，请任临时都督。"昌铭谓："我资望不孚，脱离军界多年，去岁由京回黔，经上海晤宋遯初于民立报社，主张议院政治，我想在议院活动。兄乃党魁，可自任之。"张谓："我不谙军事，我扇扇鹅毛扇可也。"又推谭西庚，谭亦力辞。张百麟云："可惜我们社长钟山玉在京未回，不然，都督一席，最为相宜。"无已，只好请伯钊去推衡武（蔡岳字）。及访衡武，衡武面有惶恐之色，开口便问："伯钊！汝自危否？"昌铭答云："事已至此，自危何益。我看官厅不敢为害我们，即不然，亦不失为廿世纪之雄鬼。"蔡又问："石麟怕否？"昌铭答云："同我一样。"蔡谓："兄等不怕，好自为之。"是日，郭子华约集两党，在江西会馆组织自保会。张石麟阳许之，而阴为准备。社员及各校学生，亦来催促积极进行。但陆军学生，新军同志，均有枪无弹，乃由张润之、史云海，向徐队官耀卿之妻相商，以银若干两，购所藏之子弹二箱。又由胡刚、江德润、张润之、陈靖武、萧道生、伍伟章、黄泽霖等，输送陆军学堂及新军营。

　　陆军学堂学长毛某，向该堂江总办告密，谓学生已动。沈抚令防军帮统胡锦棠，率队围陆军学堂，一面遣王玉麟到谘议局诘责。谭西庚等以婉言解释，请不必操切。沈抚又调新军入城，袁标统到南厂集合队伍，杨树青请袁赞成独立。袁不从，树青去弹头枪击袁，袁哀求勿害生命，不敢为梗。树青乃派数人，将袁送出图云关，盖实行不流血也。一面电话告谘议局，言标统中七枪毙命。沈抚亦同时得电，乃集合卫队官兵，思以抵制。然已不为彼用，肩章早已扯去，炮机已不翼而飞矣。沈仓皇失措，即令王玉麟、贺国昌到谘议局筹商，与议者谭西庚、朱焯、张百鳞、谭景周、黄德铣、昌铭、杨子书、柳惠希、龙杰卿、王星偕、唐化溥、陈靖武、李香池、黎绪元、吴湘玲、黄泽霖、孔程九、伍伟章等，均言非宣告独立，不能定人心而维持秩序。王、贺以此言复沈抚，沈见大势已去，又惧自治社员布满上下游，不得已，始手书承认独立。字据内有该绅等苦心孤诣，维持地方，准其具情密奏，宣告独立之语，并盖巡抚关防于上，由王、贺交谘议局议长谭西庚收存。并云："请维持保护各官厅身家。"乃去。时已一句钟矣。

当时即将谘议局改为军政府，树汉字大旗于门首。因时间匆遽，墨犹未干。一面缮写安民告示及军令、禁令，分头张贴，皆发难诸人亲自动作。社员来报：新军同志要进城，众谓夜已深，如进城，恐乱秩序，居民不安。乃用布坠黄泽霖、陈靖武等出城赴南厂，安慰新军，新军遂举赵德全为都督，赵言："杨教练官荩诚，他阶级在我之上，可去举他。"杨亦默认，即云：你们去弄饭吃，待天明再入城。十四日黎明，有社员到谘议局来报，言陆军学生与胡锦棠相持于达德学堂门口，恐要开火。昌铭、黄德铣以电话责问沈抚，云：如开火，秩序必乱，你们身家，我们就不负责。沈答云：已令人去止胡锦棠不可乱动，请你们好好维持可也。时陈百朋亦到，以大义说锦棠，锦棠乃退。于是姜辑五偕陆军学生、新军同志及各校学生，列队而入谘议局。昌铭与杨荩诚商酌，派杨昌熙、钱瑗、罗祝之、江德润、黄德铣、熊滨、金茂卿等收各机关，并派队守藩库、道库、官钱局、军械局，派陆军学生队守城门。又社员学生，分头讲演，保护教堂，劝民间开市，照常贸易。米价骤涨，又出示压市。军政府印，因时迫未刊，乃借用谘议局关防。社员来报：监狱及警署人犯，要打出来，乃派队去镇守。告诫云：如你们一定要出，即照军法从事。若守法，改日再为开释。又有学生等请将告密之毛某祭旗。昌铭谓："既主张不流血，大家要遵守，可以将他饶恕。"是日秩序井然。当时有主张留沈抚任都督者，有推举贺道者，有推举朱厅丞者，日暮均无结果。不得已，仍推杨荩诚为都督，赵德全副之。

十五日，有谓杨都督不谙政治者，众乃议设枢密院，为贵州行政最高机关。当时武昌来电，征求同意，有或以北京为普鲁士，抑以武昌为华盛顿之语。由平刚拟组织法，用委员制。当选者张百麟、昌铭、陈元栋、周培艺、乐嘉藻、平刚，为调和党见，将任可澄、雷少峰加入。推张百麟为院长，任可澄副之。枢密院下设各部，陈百朋任民政，蔡岳任财政，谭景周任教育，黄德铣任实业，黄泽霖拟任司法，后改任绿练各营统领，廖谦任军务。改谘议局为立法院，谭西庚仍为议长。凡任职者，均纯全义务。此当日大略情形也。嗣以铜仁毗连川湘，公推昌铭以枢秘员摄铜仁府知府事，兼下游边防营务处；又推平刚赴沪，充全权代表；刘成璧联络民众，组九区连合会。

十六日，石麒令张本初去索巡抚关防。沈抚派中衡宋振铎、巡捕玉少荣，送巡抚关防，缴存枢密院，谓沈抚要回籍，请派队护送，并借银二千两作路费，均允之。至在黔旗人，亦一律保护。有回籍者，电请他省都督，饬知所属沿途保护。当时又要出兵援鄂、援川，库款奇绌，并未向民间捐借。

由此观之，史称英国文明革命，不是过也。当时武汉首义，全国风靡，然他省光复，乃少数革命党人，运动军队，惟贵州则多数党人，指挥军队。贵州居崇山峻岭中，能聚集多数革命党人者，以自治学社为假面具，阳蒙自治之名，阴行革命之实，故能使清朝官吏，信而不疑，以致兵不血刃，全黔光复，此近因也。

二　光复后革命党失败之原因

清季光宣之间，与贵州自治学社对峙者，为宪政预备会。系一股保皇党人，及仕宦子弟组织而成。中有刘显世者，兴义县人，因若祖父办理地方团务，曾充靖边营管带。辛亥之秋，革命声浪日急，宪政预备会首领任可澄与劝业道王玉麟密商，请沈抚调显世来省驻防，压迫革命党。不料显世行至镇宁，而贵阳业已独立。欲进不能，欲止不可。因王文华素表同情于自治学社，且与社员友善，乃入贵阳晋谒枢密院诸执事，表示服从。有主张将显世杀之以除后患者，有不许入城者。昌铭则主张委显世署安义镇总兵，如不忠实，将来借撤绿营，自然无形取消。蔡岳以身家保以去就争，要显世入贵阳，与昌铭辩论，几至决裂。磋商数日，张石麒始允显世入城。蔡岳为之运动，请多设一副都督，以显世任之，不得同意。杨荩诚始委显世充四标三营营长，显世阳奉阴违。蔡岳又为之多方运动，石麒始允显世加入枢密院。由是何季纲、陈穉书、黄干夫、周铭久、戴戡纷纷加入，而本社社员彭明之、李小谷、朱芸六、杨伯坚、孙鉴清，因之亦加入枢密院。

当时反革命者，恐清朝恢复，不敢显然露面。及汤化龙致赵德全、昌铭电，有北京十室九空，清朝大势已去之语，登载各报。反革命党遂放胆密谋，大有不夺取政权不能罢休之势。于是何季纲、何器之（季纲曾充陆军学堂教员，器之要求不遂。）利用陆军学生，组织尚武社，拟诱张石麒、黄泽霖到社杀之。胡刚以何季纲等阴谋告胡仁，胡仁转告同学，谓当为国，不当为私人利用，其事始寝。黄泽霖年轻，少阅历，召集部下会议，李香池、孔程九、谭泉清、黎绪元、吴湘玲主张组织光汉公抵制之。反革命党遂组织十数公口对峙，如黔汉公、大汉公、实汉公、斌汉公等纷纷成立。斌汉公举陈崧甫为大龙头，何季纲、何器之亦在十二金仙之列。郭子华、温瑞亭组织黔汉公，胡锦棠为大汉公大龙头。刘显世开黄汉公于相宝山，以某僧为大龙头。于是勾结巨匪罗魁入城，声言举行二次革命。黄泽霖密令李香池、周玉山计斩之于老川会馆（是日，因杨叔文宴军官，罗亦在座）。反革命党自危，密谋愈急。刘显世、郭子华、任可澄等，在堰塘坎唐家花园日夕筹商，以银三千两，使王小三运动分统谭泉清部下队官唐灿章，犯上作乱，故有十二月十五日之乱。

是日早十时，唐灿章督叛兵枪杀统领黄泽霖于贵山书院。同时围指月堂张秉衡家，枪杀学生田有光。又围田家巷张石麒寓所，枢密院卫队管带彭尔琨死之，石麒越墙脱险，石麒妾某氏被害。分统陈兰孙率队营救，格杀叛兵数名，李香池率队往援，胡锦棠闭城门阻之。分统孔程九、黎绪元、吴湘玲，作壁上观。护理都督赵德全，为郭子华所愚，按兵不动。晚十时刘显世督叛兵围攻军政府，府卫队开炮迎击，显世左目受伤，始退。

十六日黎明，陈兰孙率队护石麒出走西路，显世电阿兄显潜截击石麒于贞丰。石麒渡白层河，出广西，绕道赴沪，谒孙总理面陈一切。自是贵州一变而为匪国矣。此实反革命党欲夺取政权之阴谋也。阴谋败露，恐革命党兴问罪之师，郭子华、刘显世、任可澄、何季纲、聂阁丞等密谋，乃请保皇党分子、贵定人戴戡，赴滇请兵。滇督蔡锷，乃派滇军将领唐继尧，借名假道北伐，向贵阳前进。时都督杨荩诚率北伐黔军，已到常德，以副都督赵德全护理。

壬子正月十二日，唐继尧亲率滇军到达贵阳。赵护督德全，曾牵羊担酒，出郊劳军。十三夜，滇军围攻黔军政府，一面围攻南厂援川归来之黔军，屠杀革命党人赵德全、田世雄、杨树青、何宾侯、许阁书等。南厂黔军官兵缴械者数百人，亦捕至螺狮山尽坑杀之。革命党人纷纷出亡。萧道生、伍伟章、岑少刚、杨肃安、张富山、李友桃、彭考臣、饶毅、王子林、曾应堂、宁秉钧先后被害。被害者尚多，查明补载。李怀安出亡在粤，显世电龙济光杀之。张秉衡在川署合川知事，方知白在浙署黄岩知事，显世目为乱党，电请袁世凯逮捕之。即奉命回黔办党之党人，如于德坤、刘泽之、胡仲文、李鼎臣等，亦被杀害。当滇军出发时，适钟山玉由沪回黔，道经昆明，闻戴戡借北伐之滇军，扑杀贵州反正时之党人，乃上书滇督蔡锷止之。宪政党人恶山玉揭其黑幕，指其罪恶，派兵要杀于安顺。从此贵州政权，遂落于反革命之手矣。反革命党平日把持公款，借慈善兴学为名，实则结党营私，分赃舞弊，恐革命党清理公款，故一致团结，勾引滇军，夺取政权，屠杀革命党人，以绝后患，此亦主要之原因也。山玉书附后。

民国纪元一月一日，孙先生就临时大总统于南京。梁启超即电滇都督蔡锷，有速将滇、川、黔三省占踞，不然，吾党无立足之地之语。是时滇人排外，有李根源欲举二次革命之电来黔。由此观之，蔡锷为保皇党计，为自身计，贵州即无公口发生，滇军亦必来黔窃踞，可断言也。况又有戴戡秦廷之泣，一般无人格者，甘心认贼作父，结党成群，而附和之，欢迎之，而蔡锷之危险脱矣，保皇党首领梁启超破坏民国统一之计成矣，唐继尧升官发财之机会来矣，吾黔一般热心志士忠实党人之厄运至矣，七百万同胞，入水愈深，入火愈热矣。此外因也。

　　附　钟山玉致蔡锷阻止滇军入黔书

　　旅滇贵州国民一分子钟元黄，为传闻滋疑，敢代表七八百万黔人请命，谨上书大都督麾下。窃维滇黔两省，唇齿相倚，在中国廿余省中，素称贫瘠。而两省之中，又以黔省为最。此次两省反正，闻滇军政府，念唇齿之谊，以黔协款无着，内治为艰，协助黔军政府军饷三万元，枪械一千支，子弹五十万颗。此等义举，不特黔省全体人民感激泣涕，即元黄闻之，亦不胜望风拜首，感激泣下矣。乃数日以来，传闻种种，有谓此项军械，非赠黔军，系赠兴义刘显世家者。故有兴义已先运去一百支之说。有谓非赠刘氏，实赠黔军，特刘氏传说，谓黔中枢密院长张石麒有意劫取，故不由大道运送，而取道兴义之说。传闻如此，元黄不胜滋疑。夫此项军械，乃滇军政府公物，万无赠及私人之理，前说当然不确。惟云张石麒有意劫取，张非黔军枢密院长人乎？既赠黔军之械，黔军政府之重要人，不名正受之，而反劫取之，有是理乎？果欲劫取之，则滇军不赠可也。而又云兴义运去，大道不保，兴义转可保乎？兴义可保，兴义以下又安能保乎？由此以推，则此等传说，直系刘氏欲争权夺势，而巧取此项军械，利用之以推翻黔军而遂其图伯耳。此则传闻之可疑者一也。

又闻此次滇军北伐队，先本取道川省，后因刘氏于中要求，始改道黔省，以为借滇军便道，平治黔匪，此说更觉可骇。夫黔有匪无匪，元黄不敢妄揣。反正后之抢劫，与反正前之抢劫，比较如何，元黄亦不敢臆断。惟黔果然有匪，黔军力不能及，不知滇军曾电询之否？黔军曾有复电否？黔即有电，此电究公允确实否？若仅据刘氏一面之传说，则恐系党人争势，借滇军势力以扑灭黔军耳。盖黔人之有两党，数年来欲兴革命党狱，演杀人惨剧者，已非一次矣。此则元黄之疑而且骇者又一也。

总之滇黔两省，唇齿相倚，利害相系，滇义助黔人军械，则当使黔人实受其赐，而不当使一二跋扈土豪利用之。滇既能举行北伐，则当早使满虏扫除，俾民国政府早日统一，不当为党人利用，妄杀同胞，挑动战祸。此等传说不实则亦已耳，如果属实，恐助黔而反令黔乱，安黔而反令黔危。枪声一举，盗贼乘机，七八百万人之生命财产，从兹灰烬。以两党人之争权夺势，竟不恤黔人之无辜受殃，抑可惨矣。元黄自沪旅滇，数日以来，闻之同乡，不胜忧疑，不胜惶恐，谨冒死泣血上书，伏祈都督洞鉴，迅电维持，免开战端，则黔省幸甚，民国幸甚。

贵州辛亥革命散记

吴雪俦　胡　刚

一　对贵州辛亥革命有影响的仁学会

当清朝光绪二十三四年间，康梁倡导维新运动的时候，谭嗣同的《仁学》一书，在国内起了很大的影响。《仁学》的思想，鼓动了当时一般知识分子，大家都愿为着国内维新而努力。

吴嘉瑞字雁舟，湖南湘潭人，清朝翰林，分发贵州以知府任用。吴也是一个有维新思想的知识分子，对康有为、梁启超、谭嗣同等都非常敬佩。对《仁学》一书更津津乐道，称颂备至。1898 年（戊戌），吴被任为贵州百层河厘金局总办，局址设贞丰城内。吴带去一幕友名杨虚绍，亦湖南人，与吴至交，并同醉心于维新运动。吴到贞丰后，见城内青年读书之风很盛，作风亦颇纯朴，但缺乏时代书籍及通人雅士的引导，未免可惜。遂命杨虚绍出面与其联络，组织仁学会，以文昌宫为会址。每夜由吴、杨共选一讲演题目，或国际时事，或国内政治，或西儒学说，由杨在会内开讲，有时吴亦自往主讲。当时正值维新空气浓厚，地方官绅均不加干涉，工作进行非常顺利。入会青年由数人、十数人至三十余人，其他会外人士前往听讲者尚不在内。一时维新思想，弥漫了贞丰全城。

戊戌运动失败，康梁逃走，六君子被害，清廷追究党羽。贵州巡抚王毓藻，以吴在贞丰组织仁学会，公开鼓吹维新，撤职"锁轿杠"，拿问进省。仁学会遂解散，杨虚绍亦逃走。幸当时官府对此案抱敷衍态度，未株连他人，贞丰青年得借此无事。吴嘉瑞到省，案情初甚严重，后王抚见清廷不很注意，亦无形弛缓；又得各方援救，始将吴开释了案。佢因此之故，吴亦困顿省城，备受艰苦。时张百麟（石麒）之父张翰，正宦游贵州。以吴为同乡（张长沙人），遂聘为百麟教读。先后数年，悉以维新思想灌输于百麟脑中。故百麟的初期思想，实为维新派的改良主义。

贞丰青年，自吴嘉瑞走后，对时局发生不满，对清廷尤其愤恨。不久，遂组织哥老团体名同济公，暗中从事活动。光绪壬寅、癸卯间，张百麟到贞丰，与他们结识，共期为振兴中国而努力。后来百麟成立自治学社，此辈青年亦相继加入。如孟广炯（瑞廷）、邓金昶（旸涤）、傅良弼（佐卿）、钟振玉（子敬）、钟振声（子光）、饶成厚（焕彩）、胡刚（寿山）、梁士荃（明青）、詹德煊（灵枢）、孔广钧（陶庵）、吴昶（子循）、姜瑞熊（辑五）、孟广仁（泽廷）、刘钊（希文）、姜应熊（伯祥）、钟振采（子绥）等，均在社内发生了骨干作用。

二 一个倡导贵州革命最早的人

贵州革命倡导于光绪癸卯、甲辰间，平少璜是其中最早的一人。

平少璜名刚，贵筑县青岩人，光绪四年（1878年）生。父号敬斋，以制帽为业，在贵阳开帽铺，收入尚丰裕。其母先后生十三胎，惟少璜与其六姊及妹长成。少璜行九，父母以多生不育，仅一子；又因业商，为社会所轻视，遂一心培植少璜读书，希望取功名、光门第。少璜八岁始读书，十五岁学作八股，二十岁入学为秀才。在少璜本人，求取功名，只是为满足他父母的希望，他自己则另专心于汉人训诂韵音之学，后又兼治宋人性理之学，想将来作一个纯粹的儒者。他在"自述"中说："时所知交，为同学许君浚，及贵筑学之同砚生傅君文堃。许君好经学，与予性近，每相见以经术切磋。于时，予所购置书籍，而以汉学关于训诂音韵者为伙。傅君则性倜傥，好史事，每会必抵掌论古今、谈臧否，浩然有揽辔中原、澄清天下之志。故识其堂曰景逖。尝笑予为章句之儒。久之，予又兼治宋学，究性理。谓人生不识我之真际，所谓学问为人，亦徇他之奴隶耳。于是观静趣，养心源，默验物欲之交，以参天人之际。主守乎静，而用在礼，因字吾居曰静学斋。傅君又诮予为虚拘之士。"

这时正是戊戌变法，维新的思想和理论，震撼全国人民的头脑。尤其是一般青年，思想进步的，都倾向于这种学说的研究。同时天津严范荪来贵州督学，设立经世学堂，提倡研究西人格致之学，更助长新学在贵州传播的风气。当时贵州的人民很穷苦，交通又不便利，购买新书新报非常困难。在贵阳只有乐嘉藻（采澄）、蒲藏锋（劭光）两家都是大商，在外埠设有坐号，乐、蒲二人又性喜读书，常函知其坐号购买新书报夹于商货中寄来。因此，他两家便成为贵阳新书之府。少璜这时也喜欢研究新学说，遂与乐、蒲二人交往，又识彭述文（铭之），他们四人每相会见，都大谈新学，提倡废科举、焚八股。而另一主张维新的老名士张忞（一名张铭，字憪普），亦互相往来，参加讨论。因此，少璜的思想，遂急剧的由汉宋学说转变到维新方面。接着庚子事变，国人对外人的欺凌与清室的腐败，更加愤恨厌恶，孙中山的革命主张，得到进一步的推广。少璜读书研究的领域，又由维新到革命，并逐渐赞成革命。光绪癸卯年，少璜在乐嘉藻处读到章太炎驳康有为书，大为佩服，拍案而起曰："方针定矣！"至是遂决心趋向革命。但张、彭等人，仍旧赞成维新。因相与往复辩驳，随后二人亦逐渐赞成革命。

少璜以贵州新书报毕竟有限，知识苦不多，想亲见维新和革命诸先进，彻底领教两方面的内容，并觇当时风气的趋向，遂于癸卯夏间，由贵州到上海。因素仰国学扶轮社社长邓实的名，特往拜访。坐间，询以梁任公的住址所在，邓答称："不知此人为谁。"当时心颇疑怪，以梁的声望，邓不应不知，久乃悟邓为革命党，对保皇党当然有这种态度。又会晤曾到贵州的日人秋枚，秋枚向平说："你们贵省的乐君嘉藻，知道从办教育以求维新，是不错的。但他想以教育振兴中国，与我日本分庭抗礼，这就未免太不自谅〔量〕了。不过，中国要图富强，仍旧要办学校，我希望你从这方面去努力。但是中国目前办学校的，在我看来，不过培养另一种奴隶而已，对中国的富强，并没有多大好处，这是你将来办学校时，值得研究的问题。"这席话对少璜是一个大大的刺激。因此，他遂决心回贵州以办学提倡革命。

少璜返筑后，白天研究由沪带来的新书，夜间研究汉宋之学及诗古文辞。是年乡试，其父逼其应考，不中，常加打骂。而科举亦于是科后即停止。少璜遂乘此机会与张忞、彭述文商讨筹办学校，以贵阳北郭真武庙为校址，定名寻常小学。他任国文及管理，述文任物理、算术、地理，张忞任历史、修身。甲辰正月开学。日日夜夜，与教员学生，共同商讨革命的理论。

甲辰阴历十月初十，是清室西太后的七十寿辰，入秋后，贵州官吏即开始筹备，备极热烈。少璜愈见愈愤慨，遂独自剪去发辫，以示抗议。当时剪发是一种惊天动地的奇闻，不被目为离经叛道，即被目为颠狂失性，而少璜又是贵州剪发的第一人，因此更惹起全城的注意。到了寿日那一天，少璜自书一对联，张于通衢说："东望日本西观义，卅年来人皆进化；北惩俄罗南戒党，七旬后我亦维新。"

　　这付对联是讥刺西太后，说她往东看，日本因维新而强；往西看，意大利因维新而统一；往北看，俄罗斯也在闹改革；往南看，孙中山又在闹革命。所以逼得她七十岁了，也不得不来谈维新。对联贴出，全市大哗。乐嘉藻和贵阳另一大绅于仲芳，遂急向张崧、彭述文说："少璂剪发一事，已犯大错，今又贴对联，更形严重，满城指摘纷纷，当道恐有大举。"要张、彭劝其离城躲避一时，再作区处。少璂的亲友，亦来家苦劝，速走为佳。又经其父母切责，少璂遂离校返青岩老家暂避。

　　少璂到青岩后，住在余庆堡老家中，日长无事，不耐枯寂，遂游说堡中乡人，倡设半日学校，开通民智，由他义务任教。经费则以堡中祠堂庙产的一部分充任。但这些祠堂庙产，多年来都被地痞劣绅所侵蚀，必须清理提收转来。少璂为扩大这种半日学校，又游说青岩镇内一同举办。于是规划学校，清提产款，购买书具等事，大家都推少璂统办。因是时常往来于贵阳、青岩间，或骑马，或步行。少璂的马，故意把尾巴鬃鬣剪去。他自己则身穿短袖领褂、短裤、凉鞋，一如赶马的"马戈头"。因此，大家都以怪物相讥笑，少璂则自行如故。

　　少璂行事既怪，又因提庙款得罪地痞劣绅，加以剪发及张贴对联等事，含恨他的人，遂在贵阳府控告他是革命党，请求捕戮。当时贵阳知府严隽熙，绰号严二滥子，为一顽固的封建官僚。对少璂的往行，已多不满，得状更大怒，立即出签提人。戚友闻讯，咸来家探视，并为他编装假发辫。又往托于仲芳、乐嘉藻等往贵阳府说情。使用了绝大力气，才使清吏的毒怒缓和下去。严隽熙开堂审讯，加以一番斥责，谓：一介青衿，何不谨守圣训，而异言异行，欺世骇俗，有玷名教风化，应予戒饬，以儆将来。遂呼叱责打手心四十，命其父领回家中好好管教悔过。少璂先受家中严责，不许当庭抗辩，被此侮辱，怒火如焚。他在《自述》中说："予本欲五步流血。以友之劝导，小不忍则乱大谋，非为一扬名或一泄愤已也。予深思之，此固非一方一人之业（指革命），何如假此因缘，游海内外，以谋合豪杰之士，要须从高远下手。若则，兹之祸我者，未尝不是玉成我者；今之戮辱我者，未尝不是激愤我而勖勤我者也。于是定志出游日本。"

光绪乙巳五月，少璜由贵阳起行，同行者有漆运钧字铸成、马宗豫字悦川、张锦林字汉轩、赵世诚小字老十、朱沛霖字雨三、万勚忠字勉之、王孝耑字继帆，以及张仲铭、李有桃等，到日后，少璜入明治大学习法律。不久，同盟会组成，少璜即加盟，并被举为贵州分会长。

三 三个鼓吹革命的小学

光绪癸卯至宣统辛亥间（1903～1911年），有三个私立小学，都在进行革命运动的鼓吹工作。这就是私立寻常小学、私立乙巳小学和私立光懿女子小学。

寻常小学筹备于光绪癸卯之冬，开学于甲辰之春，由平刚、张忞、彭述文三人所发起，校址设于贵阳北城真武庙。由平刚任国文及管理，张忞任历史、修身，述文任物理、算术、地理。学生七八十人，大多数为清末预备考秀才的童生，文化水平并不高。平、张、彭等于讲课时注入革命大义，启迪他们的智慧，课余时又授以革命理论，增加他们的认识。因此革命的空气，在校中特别浓厚。时陈鼎三又在贵阳北门城楼上，开办民立小学，学生四五十人，也请寻常的教师前往教课。因此寻常与民立，竟成为姊妹学校。甲辰冬，平刚因张贴对联讥刺西太后事，避往青岩，校中加聘傅中藩、白汉香等为教员。乙巳中，张忞、彭述文等移校址于北城外忠烈宫，更校名为乐群小学，校务更形发展。是年秋，张忞又以筹划革命，机事泄露，流亡省外。清吏以乐群

为革命渊薮，迭出事故，将加以取缔查封。事机危急，彭述文乃
延请清时礼部尚书李端棻之族弟李子良为校长，出而缓冲周旋，
方告无事。但校中革命鼓吹，仍未停止。直至辛亥革命，都一贯
在发挥积极作用。

乙巳小学筹备于甲辰之冬，开学于乙巳之春，所以定名为乙
巳小学。由蒲藏锋独力开办，罗祝之等任教员。学生约四五十
人，校址在抚牌坊皇经阁。蒲号劲光，贵阳人，其家在贵阳开绸
缎匹头号，号名蒲庆昌。劲光年幼聪敏，好读书。光绪戊戌前
后，常命其商号派住省外人员，在外购买新书报夹入商货运回，
因是得常读维新、革命等书报杂志，与乐嘉藻号为贵阳新书最多
之家。蒲与平刚、张忞、彭述文、乐嘉藻等，常相往来，从事新
学的讨论，久之亦具有革命思想。平刚等创办寻常小学，蒲亦创
办乙巳小学以相配合。平刚在日本参加同盟会，亦介绍蒲以蒲剑
之名加入为会员。乙巳小学亦以鼓吹革命为宗旨，凡校中有旅行
等事，多与寻常、民立联合举行。因此，忌者亦以革命学校相毁
谤。后因各方掣肘，独立难支，学校不久遂停办。

光懿女子小学校址在贵阳城内晋禄寺，为自治学社张石麒等
所开办，以白铁肩（女）为校长。开办时间比寻常、乙巳稍后。
校中教员如李泽民（小谷）、谭璟（景周）、王小谷、胡刚等，
均为自治学社骨干分子。宣统庚戌辛亥间，张石麒等筹划革命，
多以该社为秘密会址。每星期六必在校中开会一次，处理一切事
项。因当时男女分界尚严，女校不易接待外人，而该校房屋亦深
邃，讨论革命事项，容易保守秘密，不致泄漏。贵州辛亥革命，
该校发生的作用颇不小。

四 《西南日报》的筹办经过

贵州自治学社成立于 1907 年（清光绪二十三年）的冬天，

至1908年，工作才逐渐展开。当时社中所赖以宣传的工具，一为自治学社杂志，但出版数目不多，宣传效力不广。一为定期公开讲演，听讲者人数亦有限制。因此在1908年的年会时，才通过一个提案，决定筹款购买机器，开办一个自治学社的机关报。

根据当时的物价，要往上海购买一部可以印报的机器，约需银洋三千元。这在当时的贵州，尤其是自治学社，确是一个困难的命题。不买吧，当时承印"黔报"的贵州通志书局，又是控制在唐尔镛等的手中，决不会替自治学社印刷报纸。最后，自治学社决定采用一种股份公司方式，发行股票三千五百股，每股一元。先由自治学社社员认购，剩下的再向社会劝销。结果费了很大气力，只推销了五百多股。

张石麒的岳父名黄鲁岩，也是湖南人，在贵州做知县。因为同乡关系，遂把他的女儿黄蕙芳嫁给石麒。这时鲁岩已死，他的夫人尚积存有一笔资金，作为生活之用。自治学社招股工作成绩不佳，张石麒遂动员他的夫人向岳母处劝购。经过几许周折，始由他的岳母拿出纹银一千五百两，承购股票。基本上解决了这一问题。

社中派黄泽霖（莆卿）到上海购办机器。泽霖到沪，经过若干困难，始将机器装运来黔。计全部费用，花去三千三百多元。

报纸名称，最初采用《惧报》，援引"孔子惧，作春秋"之意。向巡警道立案，巡警道批：报纸的作用，在以和平风格，代表舆论，监督政府，《惧报》之名，不甚雅驯，有失政府期望宗旨，应另拟报名呈送备核。社中又开会讨论，石麒以自治学社的目的，在团结本省，联络西南，进而促进全国的自治，即以《西南日报》命名。经复呈巡警道批准，遂于1909年7月发刊。报端登记的负责人，为编辑张景福（石麒的另一名字）、发行陈守廉（兰生）、印刷许可权。自从《西南日报》出版，自治学社的工作，遂得到飞跃的前进。

五 运动新军的新方法

辛亥春，贵州自治学社为积极筹备革命工作，决定以运动新军为第一要务。推荐黄泽霖为新军标统袁义保书记官，配合新军中队官赵德全，书记官蓝鑫，司书生艾树池、马繁素，正目杨树清，见习饶成厚等，在内鼓吹活动。派张泽锦、胡刚、谭璟、彭景群、陈康等，或以友谊关系，或以会党关系，在外联络接洽。一日张石麒召见胡刚，向他说：新军运动工作，仍嫌迟缓，要他设法用普遍大量方式，加强这一运动的进行。需用经费，可直接向他领取。胡刚与同志商量，以新军均系青年，喜交朋友、饮酒，容易为义愤所激动。以此作为方向，拟定一些计划，以事进行。

时贵阳城内花牌坊有一大官栈，房屋宽大，前后三重。老板李辅臣，其妻为贞丰人，因此与胡刚很熟悉。胡刚与李商量，说新军中朋友甚多，每星期日放假，都来找他玩耍。因无适当地点，想借他的栈房饭厅，准备酒菜等物，作为招待朋友之用。李欣然允诺。地点问题，获得解决。

胡刚与杨树青、艾树池等商量，要他们每星期放假，即约集新军中血性青年若干人，到大官栈找他，介绍饮酒。即以此为基础，以后逐渐扩大、串通，准备短期内，把新军中革命的空气发动起来。

第一次由杨、艾等约集到大官栈的士兵约十数人，见面介绍后，畅谈一番，即入席饮酒。座定，胡刚致辞：谓今日之会，当尽量快乐，期在必醉，猜拳行令，决勿拘束。惟过去猜拳口号，如宝拳、魁首等，内容陈腐，俗不可耐。因建议另采一种新口号来代替。大家赞成，请其提出。胡云：第一、过去出大指叫一定，今拟以独立代替。因畅谈中国受外国压迫欺凌，急须独立的意义。第二、过去出手相同叫对手，今拟以平等代替。因畅谈中国与外国相往还，地位不平等；人民与官府相比较，地位不平等，今后须打倒这种不平等，代以平等的意义。第三、过去的二红二喜等，今拟代以两半球。因畅谈世界两半球，中国虽是大国，但是弱国，急须发奋图强的意义。第四、过去的三元等，今拟代以区区三岛。因畅谈英国及日本均三岛国家，但对中国特别欺压得利害，中国青年必须立志报仇雪耻的意义。第五、过去的四红四喜等，今拟代以岔桃园。因畅谈刘、关、张桃园结义，收赵云为四弟，扩大团结，共同御侮的意义。第六、过去的五经魁首等，今拟代以五大洲。因畅谈五大洲的形势，中国应如何在五大洲中图强的意义。第七、过去的六合同春等，今拟代以六君子。因畅谈戊戌政变，六君子殉难，清室只知丧权辱国，割地赔款，不发奋图强，反残杀忠良的意义。第八、过去的七巧等，今拟代以七尺躯。所畅谈男儿七尺躯，当愤发有为，湔雪国耻，杀身成仁，舍生取义的意义。第九、过去的八仙图等，今拟代以八大奴隶。因列举曾国藩、曾国荃、官文、胡林翼、左宗棠、李鸿章、彭玉麟、刘坤一等八人，帮助清室，摧残太平天国，甘愿为他人作奴隶，残杀自己同胞的丑史。第十、过去的九老图等，今拟代以九万里。因畅谈寰球九万里，只有中国贫弱可怜，中国青年，应该急起直追，改变这种状况的意义。第十一、过去的全家福、十全十美等，今拟代以大同世界。因畅谈孔子之道，最后是达到大同世界，我们应负起责任，实现这种理想的意义。全体均热烈赞成。这些口号，都是胡刚事先与同志们拟定出来的。解释的内容，也是经过一度讨论确定的。于是胡刚首先与艾、杨等猜起拳来。随着众人互相效法，酒酣耳热，不但热情奋发，有的竟公开拍桌击凳，大骂政府起来。这一预定计划，果真收到了成效。

大官栈成了运动新军的基地，一次又一次，新军越来越多。

由猜拳行令，进而讨论国家时局、世界大事；由外国压迫、官吏腐败，进而讨论康梁维新、孙中山革命，以及贵州青年应该采取的抱负，最后归结到革命是中国及贵州当时最急需最有效的办法。计每次花钱二三两银子不等，均由张石麒直接交与胡刚。聚餐情况，亦由胡刚直接汇报张石麒。大约三四个月，新军中的革命空气，遂高涨起来，为九月起义创造了成熟的条件。

由于当时人民对清室的厌弃，新军们在大官栈大嚷大闹，人们既不惊奇，官吏亦不过问，真是大势所趋，人心所向，革命的时间条件，已经成熟了。

六 一幕有关革命前途的选举

清朝自戊戌政变，西太后垂帘听政，接着庚子之役，八国联军入京，逼得她狼狈西逃，蒙受了无比的耻辱。她见〔鉴〕于外有强敌的压迫，内遭人民的反对，革命运动渐起，统治日渐垂危，为着挽救这种危机，也不得不假意赞成维新，希图苟延残喘。光绪三十三年（1907年），明令各省筹设谘议局，作为实现议会政治的准备。贵州接到这种诏旨，遂于次年（1908年），成立谘议局筹备处，积极进行筹备。

这时贵州人士对谘议局抱有最大欲望的，分为两派，他们都是有新思想的知识分子。一派以唐尔镛（慰慈）、任可澄（志清）为首，他们都是所谓"世家子弟、贵胄名阀"，赞成康梁的维新变法。他们从1905年起，就在贵州开办学校。凡属官立、公立学校，多半在他们手内，又掌握教育总会，控制学款学产，因此便成为社会力量的重心；一派以自治学社的张石麒为首，他们都是当时的贫寒子弟，声望不隆，赞成孙中山的革命主张，准备借维新之名，达到革命之实。这两派都知道谘议局是新政中最有力的工具，谁能控制它，谁就可以掌握当时的舆论力量，替自己的事业创造成功的机会。所以在 1909 年的谘议局议员选举中，大家都以全力集中竞选。

依照当时社会的声望，唐尔镛、任可澄都有把握当选为正副议长。但事出意外，唐尔镛因唐飞案被逼出走，一切事业，遂不能不移交于任可澄。任可澄出身安顺世家，原名文铄。入学、中举，均用文铄之名。后来可澄到贵阳办学时，才改名可澄。因此，贵阳人知道可澄的人甚多，安顺则知道文铄的人甚多。选举开始，安顺选区共四个名额，每名额选候选人十名竞选，以得票最多者当选。可澄因几年来都在贵阳，所以对安顺的布置比较欠密。选举结果，自治学社的刘荣勋（久安）得票最多，有十三票，第一；可澄有十二票，第二；自治学社的朱焯有九票，第三；罗云峰第四；张绍銮（幼辉）第五。这样，可澄已当选为议员了。以后就是在谘议局集会时，竞选议长，当选后就可控制谘议局。不幸可澄的选票，有一部分写的是文铄，有一部分写的是可澄，而可澄的选民登记，是用的可澄，因此文铄这一部分选票就成废票了。可澄的选票，计算结果，位次在张绍銮之下，于是便落选了。可澄及其同党，在贵阳闻此消息，大吃一惊，愤懑之余，遂向主管方面提出选举诉讼。但结果厄于法令，不能挽回。唐、任既落选，自治学社议员，又占绝大多数，遂稳稳的控制了谘议局。还是自治学社自愿让步，经过双方会商，才把副议长让与唐、任的同党牟琳（页三）。

这一次选举，对贵州辛亥革命关系巨大，自治学社就是在谘议局的支持下，赢得了贵州辛亥革命的最后胜利。

七 顾以民帮运子弹

贵州辛亥革命，主要是自治学社的力量，但社外人士，亦有不少功绩。顾以民就是其中的一例。

顾以民一名顾以仁，贵阳人，贵阳达德学校教员。思想进步，平素即醉心于革命主张，常与自治学社人士相接近，因此亦与张石麒等相熟悉。辛亥九月初四日，自治学社得徐耀卿的钥匙，连夜由大兴寺弹药库运出子弹十七箱，枪支四十五支，分存于各同志家中，准备分配给新军与陆军小学学生，作为起义之用。运送方法，将子弹打散，或封成糖果点心式样，或夹入其他衣物，再陆续派人送去。顾以民得社中朋友的秘告，自荐于张石麒，愿作陆小子弹的运送人，并得到张石麒的许可。

陆军小学在贵阳次南门外，出城门沿南明河西南上，约一里路即到。由次南门沿南明河一带城墙，特别低矮，距城楼不远，有一关帝庙，庙外即城墙，墙外有一回龙寺，寺外即临河。关帝庙一带居民，每日由城墙上倾倒垃圾，日积月累，竟成一沙丘，高几与墙等，并常有人由此上城下河，运物洗衣。顾以民先到此一带侦察，认为由此处出城，较为稳当。因此，连日夜间，将子弹捆扎身上，由关帝庙跳城而出，绕回龙寺沿河而上，直至陆小交与指定的接收人。当时分配陆小的子弹本不多，经过几次运输，任务即告完成。后来九月十三夜，张石麒感觉陆小的子弹太少，又命向多山及胡刚两次运弹补充，才使陆小学生解除了首难的困难。

八　起义旗帜符号的准备

辛亥农历九月十四日的黎明，贵州谘议局的上空，升起了一首巨大的汉字白旗，迎风招展；满城的人们中有手缠白布条符号的革命人员，欣欣然执行各自分配的任务。这些符号和白旗的来历，也是不简单的。

当九月初八日，云南起义的消息传到贵州后，自治学社的社员，以万分激动的心情，分头做着起义的准备。白沙井谭景周的公馆，地势僻静，工作方便。社员们遂到蔡岳（衡武）所开设的群明社（绸缎匹头号）内，取追绿扣白锛布十二匹，作为制造旗帜符号之用。先以一匹做大旗一首，布满院内；再以草根作笔，松烟和胶作墨，推社员谢文琴为书手，赤足短衣，往来跳跃于旗帜之上，书一丈余大"汉"字，元气淋漓，全体喝彩。其时社员起义雄心，已随白旗巨影飘扬于天空之上了。此外则将白布撕为布条，包装成捆，作为分发各方之用。全部工作历三日始告完竣。当时起义运动，已入半公开状态，一般群众对此，并未表示诧异。

九　黄德铣游说沈瑜庆

辛亥九月初九日（10月30日），云南新军起义，贵州震动，巡抚沈瑜庆，请宪政预备会任志清等，筹议应付方策。时自治学社准备起义的风声，已逐渐传播。任等向沈建议：时机迫急，欲图救急之方，只有先发制人。自治学社系张百麟、黄泽霖等所领导，如即刻将其逮捕正法，贵州革命就可无形瓦解。因提出捕杀八人的名单。沈纳其议，退与王玉麟、贺国昌等商议。王主即办，贺主缓办，沈表示再加斟酌。散后，贺将此情密告张百麟，请其善为处理。张集同志会议，决由谘议局出面，阻止沈这一行为。谘议局议长谭西庚，亦自治社人，即时请议员黄德铣（济舟）密商，要其前往游说沈氏。黄云："此事重大，仍以由局中形式上通过派出为宜。"谭遂召集议员开会，说明原委。议员均缄默不愿往。最后，谭云："诸君既有困难，由我指定黄某代我前往如何？"众皆赞成。

九月初十日晨，黄德铣往见沈瑜庆，沈初不见。黄云："我来有重大事项相商，关系贵州全局及当局安危，必须一见。"沈见黄，态度很傲慢，一手持旱烟管长吸，两目视黄不作一语。黄遂展开其说词：

黄：今天谘议局谭议长派我为代表，有要事与当局相商。

沈：谘议局有何大事，一定要与我相商？

黄：局中因近日各省起事，情况紧急，贵州亦有不稳风潮。闻有人献计当局，将捕杀一批人民，以示镇慑，不知确否？

沈：我受朝廷任命，抚字边疆。保土安民，责任重大。今竟有奸人欲谋作乱，当然必须逮捕法办，以资镇慑！

黄：局中之意，贵州素有党争，两党互讦，由来已久。借机假手，更在意中。如当局不被牵入，始终是党争而已。如果一方诳报，当局偏信，就可生出事端，扩大范围。近日人心不安，风潮迭起，谁是革命者，谁非革命者，议论纷纷，但都是揣想之词。既无人证，亦无物证，值此混乱时期，难保无别有用心之人，借故兴波，挟嫌陷害。当局若不谨慎，误入计中，一旦错捕错杀，大乱即因之而起。若果如此，大之则糜烂全省，小之亦扰乱省城。万一被逼者迁怒当局，欲图报复，则血流五步，对当局之安全堪虞。徐锡麟之于恩铭，即是一例。因此，本局议长，心怀不安，特命我前来致意。

沈听后，动容，色转和，倾身向黄微笑：似这样说来，你们贵局，还关心兄弟的安全了？

黄亦温和其言，改用当时习惯称呼：大公祖为贵州一省之主，大公祖的安全，就是贵州人的安全。如大公祖自身不保，何能保我们贵州，何能保证议局同人？本局焉能不关心么？

沈：既如此，贵局有何见教？

黄：贵州省党争，前面已经说过。但党争的对象，并不在当局。只要当局置身于两党之外，不作左右祖，纵然党争如何剧烈，也不致移怨于当局身上。至于说到革命，谈何容易？贵州地区偏僻，交通不便，不似沿江沿海城市，革命党进则容易号召，容易起事，退亦容易隐藏，容易逃散。并且枪械子弹，由何处运来，粮饷军需，由何人接济，事事都成问题。本局之意，贵州既有新军，大公祖又有卫队，均系械弹精足，兵员熟练，在此重要时机，大公祖只须紧紧加以统驭，严阵以待，观变而起，纵有革命党欲图起事，见当局有备，亦不敢轻率妄动。是大公祖不必捕杀一人，而社会自安，人心自定，大公祖固安若磐石，本局同人亦叨庇无患。至于全国趋势，将来如何，贵州可随各省之后，迎刃而解，不必自为过首，以蒙好事之讥；先成乱阶，以负朝廷之望。不知大公祖以为如何？

沈沉思有顷，点头：既如此，贵局系舆论机关，代表民意，亦须尽力辅助政府，安定人心。兄弟本无成见，只要于朝廷有利，人民有益，兄弟自无不从之理。希望转达贵局谭议长，大家共同努力。

黄见沈已允诺不再捕人杀人，即起身兴辞而出。

这一番游说，对自治学社的起义，帮助很大。当时张石麒等若真被逮捕，起义计划必然被打破无成。贵州的前途，也将转向另一方面去了。

十　起义后两党合作的第一幕

贵州辛亥革命起义以前，自治学社与宪政预备会，进行着生死的斗争。起义前夕，自治学社决定采兼容并包态度，与宪政预备会合作，情况才为之一变。但宪政预备会对此是不知道的。因此九月十三夜之变，宪政预备会人士，都认为大祸来临，各自寻觅秘密场所，深深隐避。

九月十四日晨，起义成功，张石麒与蔡衡武商量，须派人找任志清出面，共同讨论军政府组织事宜。张以胡刚曾进过通省公立中学，为任学生，遂命胡前往敦清〔请〕。胡至任公馆，院门紧闭，经向门房说明来意，请其转达，良久始开门纳胡。任亦随即由内至客厅相见。胡略谈起义经过，即转达张石麒请任共出商议大事之意。任筹思有顷，问："蔡衡武在否？"胡云："蔡正在彼相候。"任始允同往。至谘议局，胡先入告，张石麒迎出，与任共立院中，互相问讯。张云："贵州革命已成功，今后即组织军政府问题。自治学社决定与各界人士，共同完成此项责任，希望先生通力合作，创造贵州人民的新贵州。"任亦谦逊允诺。蔡闻任到，亦出外相迎。其时任的发辫，尚未剪除，青丝一缕，长垂脑后。而是晨来谘议局者，皆将发辫剪去，以示革新。胡刚遂执剪刀一把，向任说："先生想亦乐于剪发，我来效劳。"即将任之发辫剪下，顺手抛于院内房上。任悻然顾胡说："身体发肤，受之父母，不敢毁伤。剪发未尝不可，但须得我同意。剪去之发，亦应交我保存，何致如此乱掷。"张见任作色，从中解释说："发已剪去，谈之何益，我们还有大事商量，不必在此计较。"蔡云："来！来！我们商量大事去！"遂拉任入内而去。

任、蔡进入局内，与谘议局诸人，共商都督人选。蔡云："贵州起义由自治学社发难，石麒尤为首功，都督人选，似应归之。"任亦云："当然！当然！此位舍石麒莫属！"遂决定推举代表四人，往迎石麒，即晨在局中正位都督。石麒正在另一室与其他同志商议别事，代表往达来意。石麒云："此大事当从容商议，不必如此过急！"命邀衡武一谈。蔡至，石麒云："都督非军人莫属，我们已决心留待山玉（钟昌祚字）。且军政府时期只有三个月即将改组，我又非军人，何能就此职务。民主国家，议会重要，我们当从此方面注意。都督一职，容缓另商。"蔡亦首肯。遂将此意转达会中诸人而散。后来新军方面，拟推杨荩诚为都督，钟山玉又不知何日可到，因此，在十五日的会上，终于把都督一职畀予了杨荩诚。

十一　张泽钧直言诤谏

　　张泽钧（秉衡）是自治学社重要领导人之一。贵州各县自治学社分社的建立，多半出于他的直接组织领导。辛亥四五月间，奉派到湖南作联络调查工作，替革命准备增加了不少力量。九月初一日湖南独立，泽钧与湖南军政府建立了正式联络关系，并商定必要时请湖南派兵援助贵州。随即星夜赶回贵阳，准备与张石麒共同领导起义。殊行至黄平，贵州起义已告成功。泽钧于九月十八日晚到省，正值刘显世的兵亦于是日开入贵阳。泽钧闻张石麒招纳刘显世，大愤！饭后，匆匆与胡刚往见张石麒，三人到张密室会谈。泽钧对湖南工作作一概括报告外，即询石麒招纳刘显世的用意。石麒告以革命成功，政治上当采兼容并包政策，并认为刘亦有相当能力，以恩结之，亦可以为我用。泽钧听罢，怒形于色，当即向石麒提出厉声争辩。

　　泽钧随谈随以手击案，谓："自治学社容纳刘显世晋省，是一大错误。刘显世累世土豪恶霸，在兴义各属有笑面虎之称。其人阴险多谋，又有族兄刘显潜为之羽翼。他一贯勾结宪政党人，与云南蔡锷等有深切联络。他对革命从来不赞成，并以革命党人为仇。因此原故，宪政党人才荐与沈瑜庆，命其带兵进省，镇压革命，捕杀自治党人。天幸贵州起义，显世尚在途中，致敌人阴谋无法实现。我们如果善于处理此事，从宽大方面说，命其将徒手兵带回原籍遣散，本人听候调用。从铲草除根方面说，我们正须诱其到省，一举歼灭，不能姑息养奸，以贻将来之患。这两种方策都不采取，反而听其悠然到省，参加政府组织。此人一与宪政党人结合，就如虎添翼。将来有兵有械，首先就要捕杀我们。试问我们有何力量足以抵抗？我们千辛万苦，数年筹谋，才有此次成功。如听任刘显世篡夺以去，并为其刀下之鬼，全体同人，心何以甘？这是你今天最大的失策，自治党人将从此离心离德，不再团结一致了。看你将用何法补救。"

泽钧接着对容纳任志清等也提出批评。他说：宪政党人数年以来对我们的摧残陷害，难道你还不知道吗？宪政党人与我们抱的宗旨，各不相同，势如水火。革命成功，其他的人都可合作，只有宪政党不能合作。宪政党中有一部分人或者可以合作，如任志清、陈稚苏等绝不能合作。我们对待宪政党人，虽不必斩尽杀绝，但亦不可重用。最好的办法，一面对他们虚与委蛇，一面尽量巩固我们的政府。一俟我们各方布置就绪，根深蒂固，再以虚名高位，择其尤者而安顿之。贵州起义，他们认为对他们必加杀害，能自保全，已属庆幸，绝不会想与我们争夺政权。过了一个时期，见我们不惟不杀害他们，反而任用他们，他们必当感愧交集，与我们渐渐相安了。不料你对此问题，又犯了错误。枢密院是何等重要机关，公然举任志清为副院长，还准备把宪政党人再加入一些。让他们布满政府，参加一切机密，了解一切内幕，使其能针对弱点，全力图我，这是一种甚么想法呢？往常你作事都很精细，今日为何这样糊涂，真是使我大惑不解。

最后泽钧表示他的态度：我此次返筑，满心抱着希望。殊知所见所闻，完全出乎我的预料，敌人遍地，危机四伏。从今天以后，我决不参加政府任何部门，任政府任何职务，并且不久我即出省。我犯不着把生命陪着你们葬送掉，我自己求我的生存，看你们在贵州如何下台。这一番话，把张石麒弄得瞠目不知所答。泽钧手拉胡刚，悻悻而去。

腊月十五日（1912 年 2 月 2 日），宪政党人派人刺杀张泽钧，误中田有光，泽钧幸免于难。随即有同志傅雨农（为霖）、龙在深（灵夫）、龙在清（少芬）、张煦兹等，同来探访，共谋出避安平（今平坝县），以待后图。泽钧遂至安平张煦兹家暂避。次年正月初五日，泽钧闻滇军已入黔，知必大杀党人，遂乔

妆为神甫，由张煦兹偕同，绕小道至清溪。清溪知县李葆真，与
泽钧至交，藏之县衙内数日。因接滇军搜捕自党令，又资助其逃
往铜仁。泽钧由铜仁经湘赴宁，时首都已迁往北京，袁世凯就大
总统任。泽钧流浪大江南北，备极困苦。不得已应袁世凯县长考
试，及格，分发四川，任合州知县。刘显世为贵州督军，闻之，
电四川巡按使陈廷杰，逮捕入狱。幸当时在黔参加自治学社的四
川同志龚廷栋为四川财政厅长，自治学社社员杨寿篯、廖谦（子
鸣）等亦在成都，极力营救，方获开释。泽钧至武汉，郁郁
以终。

十二　贵州代表选派之争

辛亥八月十九日武昌起义。九月十九日，黎元洪通电各省，
请派代表到武昌开会，筹组临时政府。不久，江苏都督程德全、
浙江都督汤寿潜，又通电各省，请由原谘议局及都督府，各派代
表一人，常住上海，筹开全国性的国民代表会议。这两个通电到
了贵州，贵州立法院及都督府，遂着手筹备代表选派事宜。

此时，任志清为枢密院副院长，刘显世为枢密员兼军政股
长，他们秘密商议，筹组中国临时政府，召开全国性国民代表会
议，都是重要大事。贵州代表如果由宪政党人充任，不但以后在
中央可起重大作用，在贵州亦可得到若干便宜。但当时情况，欲
想公开选出，决不可能。遂私用枢密院电本，以枢密院名义，电
知蔡锷，说贵州应派代表问题，一因人选困难，二因财政困难，
很难如期选出。请他代就贵州旅滇黔人中，选派二名，并请代垫
旅费人各五千元，由云南直到上海。同时密知熊范舆（铁崖）、
刘显治（希陶）等，从中促成此事。经过熊、刘的多方运动，
蔡亦首肯。即以熊、刘应选，并各代垫旅费三千元。一面复电贵
州枢密院，云已照办。

贵州立法院筹备代表选举，定期十月十五日（农历）举行。贵州都督府应派代表，亦请立法院代选。选举结果，平少璜、乐嘉藻二人当选。时平少璜正负枢密院日常事务处理责任。一日，接蔡锷复电，大惊！因思此必任、刘等所为。遂请他们询问，任、刘不答。平云："枢密院凡有重大事件，均经会议处理。致蔡之电，事关重要，并未见由会中通过。且近来我负枢密院实际责任，事无大小，均须经过我手，亦从未发出此电。此必另有用心的人，偷窃院中电本，私电蔡锷，才弄出此种现象。枢密院既不负此种责任，当电蔡否认此事，请其不必代劳。"任、刘闻言，遂合词阻平，谓："滇黔唇齿之邦，贵州借赖滇省的地方正多。蔡既已代我们选出代表，人选又甚适宜；并又代我们垫出旅费，解除我财政枯窘的困难。何妨顺水推舟，予以承认，免伤两省和气。"平坚持不允，即拟电稿，交人拍发。任、刘云："此大事有关贵州前途，何去何从，可召开各界联合大会解决。"平云："开会解决，无所不可！但电仍非先发不可！"于是一面发电，一面召开会议。次日，由枢密院通知都督府，民政、司法各院部会，及耆老会，在立法院开会。

刘显世首先报告。

刘：云南蔡都督来电，代我们选熊范舆、刘显治为赴沪代表，并代我们各垫旅费三千元，这是他的一番好意。平君不和各方面商量，取得同意，竟轻率武断，去电否认，这种使人难堪的做法，可以替贵州造成最大的不利。

平：选举代表是贵州的事。竟有人偷窃电本，请求云南代办。现云南既有电来，我们当然要去电否认。刘君还说我不同各方面商量，取得同意，难道偷电人当时做这种事情，是同各方面取得同意的吗？那就请他把经过说出来。所谓使人难堪，究竟是谁使谁难堪？请大家品断品断！

经此驳斥，刘显世面作青白色，站立台上，双手叉腰，怒目而视，气出虎虎不已。任志清见此情况，遂出台作答。

任：此次代表选举，贵州已经选出平、乐两君。闻乐君已坚决表示不就。至于平君，现正服务枢密院，事务繁忙，不能离开。而贵州光复以来，各方意见随时发生龃龉，多赖平君从中斡旋，得以融洽。若一旦平君离去，转圜无人，贵州前途，危险堪虞！因此，我们才请求云南代选，以解决这一困难，这就是蔡都督复电的来由。我们这样做，还有两种原因，一因贵州去上海太远，交通不便，而会议期间又近。如果让我省代表选出到彼，恐会期已过，等于白费气力。二因此次会议，关系重大，我省代表非才识优异，海内知名之士，不能胜任。有此两因，所以才请云南代为选派。昨天阻止平君勿急于发电者，其理由在此。

平少璜又继续发言。

平：任君这一席话，立意虽好，尤其替我打算得很周到，但是我是否留在贵州，或到上海，事关我的行止。君等既如此爱护，何不向我明白提出，取得我的同意。乃采此暗昧行为，私行发电，这是何种理由。至于贵州距沪太远，交通不便，亦属实情。但京、津、沪、汉，我们贵州人不少，如求方便，就地请人出席，岂不胜于云南。如说代表人选，须才识优异，海内知名之士，那末，如于德坤、漆运钧等，在革命党中，更是知名，才识无不优异，又何必远在昆明去找人。以上种种，都不足以说明此事的真象，只有说为着私人的利益，或少数人的利益，必须这样做，才可说得通。今任君反说我打电否认为太忙，不知贵州还没选举，就先打电请云南代选，究竟是谁比谁忙。

这一席话，又使任志清束手无语。此后会场再无人讲话，情况陷入沉寂中。良久，耆老会的郭重光（子华）才以调停人的口吻，出而发言。

郭：今天大家的话，我都听清楚了。平先生对事情考虑得很周密，发言也很有条理，很恰当。刘、任两君，为着选好贵州代表，热心太过，因此办起事来，不免脱略形迹，以致发生这种不快。我看三位先生，都是国家人才，更是贵州人才，今后来日方长，或为国家，或为地方。和衷共济，推诚合作的时间尚多。不必为此细故，水火参商，以至结成仇怨。我敢告诸公一言，如再这样下去，恐非国家之福，希望双方都以大局为念，或高或低，不必斤斤计较。今日之事，就此结局，不必再论，以后也希望不必挂怀。

郭氏这一番话，才勉强把会议结束了。但是刘、任等仍旧不放弃他们的计划。熊、刘二人，亦直接由云南到上海报到。后来还是会议审查资格时，认为贵州既有直接选出的代表到会，云南代选的代表，可以无须出席。于是平少璜、文崇高（乐嘉藻辞职，都督府派文担任）才正式出席了会议。

十三　谷寅宾帮忙请滇军

辛亥九月十四日，贵州革命成功，军政府成立，接着杨荩诚北伐，张石麒出巡，平少璜赴沪开会，内部空虚。宪政预备会邀集有关人士，在郭子华公馆密商应付办法，决定推戴戡到云南以贵州公口林立为借口，请滇军来黔平乱，夺取政权。戴到滇，会同黔人周沆向蔡锷哭师。蔡派唐继尧率兵一梯团部队入黔。至平彝，经钟昌祚力请，又停止前进。其时贵州正发生"二·二事变"。

"二·二事变"，张石麒幸免于难，率卫队与陈守廉（兰生）退至安顺。准备在安顺成立军政府，回兵戡乱。时自治社党人陈燮春（遂初）任贵州提督、方策（竹君）副署知府，均安顺人。张石麒住提督署内。陈与宪政预备会党魁任可澄为姑表兄弟。宪政预备会欲发动陈叛变图张，遂密函任之姑父谷寅宾（少华）主持其事。谷先说合陈之稿工（如今之秘书）李叔和配合行动。

一日，谷先至东大街同知巷口商人孙锡之铺内坐待（陈住同知巷内，出入必经过铺门）。不久，陈与李同行而来。谷出门邀其入内，围炉而谈。言中，谷忽向陈正襟作色说："遂初！你有贵州都督的资格！你知道否？但须要掌握时机！一个人一生发达显赫，只要做一两件事就够了。你以为如何？"陈听后，沉思不答，低头以火箸拨火。有顷，谷又如前重说一遍。陈仍不答。良久，谷又再说。如此三四次，陈均不动。李叔和在侧，见陈如此，遂向谷说："少华！你说话可明白些！这样含含糊糊，提督恐不易懂！"陈以火箸掷炉盆作鉴然声，抬身而起，怒目视李云："你以为我不懂吗？他是叫我杀张石麒，这事做不到！你们要放明白些，今天我的权限可以杀人，惹我冒火了，我就要杀人！"遂起立，动身，拂衣出门而去。李亦随之而行。

谷寅宾面无人色，仓皇返家，立即收拾行李，复函贵阳，雇轿夫两班，连夜向云南进发。至平彝见戴戡，以图张经过相告。并云："张石麒已无作为，滇军速进，贵州可唾手而得。"戴喜，即偕谷见唐继尧，诉说情况，极鼓动之能事。宪政预备会得谷函告，知图张事未成功，遂怂恿赵德全电唐继尧欢迎进兵。滇军遂以民国元年阴历正月十二日入贵阳。

宪政预备会政权成立，以谷寅宾为贵州省议会议长。

先烈钟山玉先生事略

钟全林

编者按：本文为钟昌祚之子钟全林所作。此文大体均实在，可供研究贵州辛亥革命史实的参考。原文为铅印本，系贵阳黄德铣所藏。

先生姓钟氏，讳昌祚，号山玉，一名元黄，贵州开阳县两流泉人。清时以廪贡生举孝廉方正。少家贫，其父自课读，辄以黎明读檐下。弱冠通经籍，居开阳书院，隆冬无炉火，拥败絮，写读迭易不稍休。时邑宰胡璧典质阖邑绝产，大购书籍，置院中。先生因得博极群书，而尤讲求于经济之学，又旁通当世之务。胡公常语人曰："钟生识度，大器也！"光绪丁酉，津门严氏修督学黔中，咨访才俊于府州，州牧陈文彦进之曰："钟某真人才也！为生平所仅见。"时严公甄拔高材生四十人，先生次第一，严公益重之，调入经世学堂肄业。先生以为拯救危亡，要在武备，更入武备学堂。因黔边游匪为患，黔抚林氏绍年委先生出办靖边营军务。至军，与士卒同甘苦，军纪厘然，撮世界大势与军人天职作白话行军歌以教之。每以中外豪杰名，名士卒名之俗者，且集众为述其故事，卒以与统领刘官礼旨趣不合，辞去。

乙巳，留学日本，湖南杨度引访康有为，无所短长。丁未归国，漫游燕赵间。丁祖忧，返于乡，为邑劝学所总董高等学堂堂长，设半日学堂于乡镇，劝农民子弟每日以隙入听讲，壮老得旁听。竹笠芒履，短褐羸縢，巡行村落间，入农民家，劳其勤苦，劝其读书。逢集，则登台宣讲，以小喻大，申引万端，不倦也。适张君百麟等发起社团于贵阳，不成。先生策划之，以处清廷专制积威之下昌言革命之未能也，遂饰名曰自治学社，先生被举为社长，张君副之，即世所称西南党而辛亥九月十四日光复贵州之首功者也。

是时同盟会贵州分会长平君刚等在东京，呈准先总理孙公文，认许自治社员得全为同盟会会员，同盟会员傅君佐卿、钟君子光、杨君昌铭等由外归黔，亦参加其中。由社创办公立法政学堂，先生任堂长，又尝欲联川、滇、黔、湘、粤、桂六省以图全局。故所发刊之新闻纸曰《西南日报》。

戊申、乙酉间，黔垣疏通沟洫工程，先生董其成，收沿街无业游民组成苦工队，工既竣，将散之。除有家可归者外，余苦工五十名，皆本工程为谋衣食住，脱令自去，仍为无赖子。先生尝慨社会之无业者众而奴隶制度之惨无人道也，更本其救世之思想，平民之精神，商得巡警道贺氏国昌协助（贺与先生为日本同学，贺凤佩先生，人晤之者，贺辄曰汝省有钟山玉，识之乎？其倾服如此），遂创办警务工厂于贵阳；又搜沿街乞丐并各局区查获无业游民于其内，教以制笔、攻革、织屦等业，令自食其力；组织雇佣队、水队、煤队、砖队，照市价出售而以余利归之，特设劳动钱庄为之储蓄；备日新浴堂以重卫生。每夜必登台讲演以进其智识，饭后则纵使歌嬉以为娱乐，而于管理训练，尤为注重。用兵法部勒，务整齐严肃，按时出榜等分以示鼓励，躬自荷锸率队行歌市中以为常。又创办慈善会、救护幼女所、劝业女工厂，收养虐待不堪之婢女而教诲之，及笄者更为择无室男子征求双方同意为之婚配。事具先生所撰创办警务工厂及该厂所周年各碑记中。于时风气未开，士类羞匹于皂隶，而先生之为，实为创举，先生早知名，至是人辄讪笑之。故先生有"疯子"、"叫花头"、"官媒婆"之名，而先生不顾也。或谓之曰："君之所为，人所不屑，抑何乐而为之耶？"先生曰："人所乐为者，抑亦何乐而为之耶？"先生之努力于社会事业类如此。

初，贵州谘议局成立，自治社员当选者过半数，前后议长乐君嘉藻、谭君西庚、朱君焯，皆为自治社人，外邑分社达五十余，社员学生数万人，各州县议、董两会自治社员率占什七八。游学日本归黔倾向保皇党主张君主立宪者流，见自治社之日盛也，忌之，与一部分绅士组织宪政预备会（至今贵州犹称之曰宪政党）以谋抵制，阻挠陷害，无所不用其极。云贵总督李经羲赴任，道经贵阳，若董遂举《西南日报》言论暨先生为群丐剪发事以告，谓自治社系革命机关。李乃将先生与张君百麟、周君培艺等交贵州巡抚庞鸿书查看。赖贺氏国昌解说，庞乃委先生等为司法警署科长，名重用之，实羁縻之也。

辛亥夏，北京开报界联合会，先生以革命事业非结纳海内人才不为功，乃悉以社务付副社长张君主持，自以《西南日报》代表名义偕社员张君泽钧北上。未几，武昌起义，先生即图于北方谋响应，遣其门人叶荣等赴杨村，说京津铁路巡防统领何燮臣反正。事泄，遂南行，晤黄君兴、陈君其美等于沪上。旋以黔电任为贵州代表至南京，又被举为贵州参议员。既而黔急电促归，乃约自治社员安君健、刘君荣勋同行返黔，以夏历腊月中旬至昆明。适滇督蔡锷派唐继尧率师援鄂，贵州宪政党人谋由自治社之手夺取政权，不惜诬自治社人之为匪也！乞师滇省，蔡允之，令唐改道由黔中。黔人夏同龢知其谋（夏本宪政党人，时以所求不遂，怨若辈），密以告。先生闻之，即上书滇军政府（书见辛亥年十二月廿二三两日《云南民报》），并面蔡述黔有两党，素不相容，今黔执政者为革命党，非匪党，请勿受若辈愚。蔡许诺，即电唐，令复取道于四川。唐之前队，亦既改道由川矣。宪政党乞师人闻之，大恐，以"将在外君命有所不受"之语喻唐，流涕哀请，并许黔事定后愿奉之以为贵州都督，否则请杀某等头以为殉。唐利之，密电蔡，诳以前队已入黔境，唐遂入黔。

　　方先生之既得其请也，乃兼程返黔，入黔境而后知唐军之实未止也，犹欲执蔡之正式答复以为争。抵安顺，都督陈君燮春迎住于督署。时风潮日恶，陈备鞍马，请护送避地郎岱。先生曰，吾为拯黔人于涂炭，故冒死以来，问心无所愧，何避为，且吾已函唐继尧，决赴省垣为调和人也。安顺党人多苦劝先生行，有赴川、赴粤、赴湘均愿偕行者，卒不从。当贵州光复之初也，众议以先生有文武才，孚众望，咸推先生为都督，以先生之不能即归也，不得已以杨荩诚权其事，宪政党人素忌先生才，屡谋暗杀，皆败露。斯时，图之益急，壬子正月十八日，遂及于难。

　　先生明憲淡定，廉正刚方，平居无戏言，而言则必行，有不为之事，而为之必忠。烟酒赌博，终身所无，人有遗行，辄加劝戒，学仁义之道而不泥于古，法先哲之言而不背于时，遭际坎坷，愈困益励，特立独行，尽瘁惟力。根于理，闳于论，雄于文，工于书，性有恒，日必作字。其日记颜曰天人，阅历二十年未尝一日辍。文章下笔立就，自谓其得力于日记者为多。又尝自述其为文之法曰天地人，天，时也；地，地也；人，物事也。居室朴陋，书所慕古今中外圣哲豪杰名帖斋壁，每饔飧，辄自呼之，又自应之，号曰"点名"。家无婢仆，德配江氏月波知先生意，烹饪浣涤，皆自任之。有章，文曰："自反而缩，殊难满量！绳愆纠缪，肃拜昌言。"与人书则用之，因以为信，其题示自治社同人"作事老大，居功老么；行己无天，读书无圣"一联，极足表现其伟大之革命精神。又联曰："自恨不如张良、萧何、韩信诸豪杰，安于所在专制、立宪、共和之国家。"以寓其改造社会之怀抱。自幼不苟，五岁时，过舅家，舅父阴遗以银，纳袋中，归而觉，走反之。性至孝，方先生就义时，从容曰，我竭我智，我尽我力矣！恨不死于革命未成之时，而死于民国成立之后，夫复何言！乃北向叩辞其重帏，盘足坐地，自掌其颈曰：杀。先生生于民国纪元前四十一年，死时年四十二。

先生死后，亲故逃窜，人无敢近者。英教士吉厚庵，留黔久，素耳先生名，驰营救，已无及。乃持方君策函报先生家，其门人宋君元明闻之，慨然亲往。逻者叱之，曰："是吾师也！果何罪？亦既死矣！"众义之，因得归葬。柩经贵阳，停六广门外，愚民不知可以为祸也，趋拜柩前，叹曰："好老爷！好老爷！"抵其里，里人家出一人会葬于距其庐一里赖陵之阳。今先生之母犹健在，尚未知先生为党国而以身殉也。宿草荒丘，封树犹待焉。

民国二十年元月下浣纂于首都

按此文谨就在京搜集材料暨当日目睹，历年耳闻，确凿可据者节约笔之。先生之创办工厂以从事于实际之劳动运动，设立会所以积极谋真正之妇女解放，事实俱在，信而有征。在距今二十余年前，实所罕觏。至其他嘉言懿行，人所乐道者甚多，私家之传记亦不少，俟日后搜齐与各碑记另印之。先生有诗文集若干卷，其门人钱为树整理之，未竟，今藏于家。

纂者并志

贵州革命先烈事略

平　刚

编者按： 本书为贵阳平刚撰。刚字少璜，清光绪末叶留学日本，加入同盟会，并被推为同盟会贵州分会会长。贵州自治学社加入同盟会，即在此时。辛亥革命成功，贵州军政府成立，被选为枢密院枢密员。平氏此书所记各革命先烈事略，或亲所熟悉，或得之传闻。属于前者其纪述大体确实可靠，属于后者则不甚正确。贵州辛亥革命时，参加的人虽多，有著述的人则很少。平氏此书，亦不失为研究贵州辛亥革命史的参考资料。

序

予初履贵阳，见双碑矗立于中山公园，金字辉煌耀目，审知乃为蔡松坡、唐蓂赓二公纪功碑。继欲再搜求革命先烈遗型，则遍贵阳而不获一，心颇疑民国之建造，贵州人士，殆未参与？惟予少隶党籍，尝追随各省先进，饫闻革命故事，深知在同盟会时期，贵州致力革命者，实桓桓多士。即光复以后，贵州同志之被屠杀者，尤惨重于他省；今睹此巍巍丰碑，乃适得其反，何社会之是非颠倒，如是其甚？耿耿此念，尝举以询平刚同志，平同志乃示其所编《贵州革命先烈事略》一册。予披读而始了然其故。盖贵州僻处边陲，文化交通阻隔，统治者睥睨狭隘，争夺自雄，昧于时代之认识；而草莽豪杰，又向为士夫所轻视，动辄目为会匪，遂演成屠党之惨剧。实则断颈洞胸者，皆一代之英，为求群众之福利而死，为殉一己之信仰而死，所谓"求仁得仁"，固绝未计及生前死后之荣施也。迄今时移世易，革命功成，而化碧飞磷，湮没荒野，视彼窃国者之盗名欺世，勒石铭勋，虽死者无知，而生者对此，其如何感慨耶！所幸兹册所纪，于诸先烈缔造之艰辛，与夫牺牲之壮烈，已得历历表彰；而社会之是非，复获正确之认识；并使后之人饮水思源，知革命事业，已非士夫阶级所能为，不朽之名，亦非争夺自利者所可窃；并贵州数十年来冤抑不平之气，得一一倾吐于册中，诸先烈之遗风余烈，同垂不朽矣！民国二十六年孟夏李次温序于黔楼一角。

弁　言

贵州革命，予自庚子国变倡始。时得三同志焉：张忞、彭述文、蒲劲光。张、彭二君，初尚犹与于保皇，经予力辩，张君遂先定，彭君久亦乃定。时有大绅乐嘉藻者，亦心许之，而故示反阻，实则阴与援护，予青年不及知也；至反正，乃豁然悟其运力之久焉。予既以剪发恶清吏，出走日本，谋合各省同志。乙巳秋，得香山孙公，为三会党之同盟，始昭告于天下。吾黔则直至戊申之岁，自治学社出而接应，忞时已风泄亡命，是中声气，惟述文为间介。故贵州自治学社，本党实认为在黔之同盟分会也。及予归国，社长张百麟，请予就分会长职，予以三事不可，使仍旧贯。暨反正，黄佛青不受约束，予呵斥之，佛青诋予为无权；乃太息道义之不足，弃去贵州，大体于是无纪，卒为奸人所乘，致招复败，于今二十有五年。吾人主张之初意，不翅华胥之幻

想，大局兹且不论，若夫贵州前程，虑引满此生限业，欲达所悬
鹄的，不待筮龟，盖可知矣。哀哉！生者从是已乎？死者何以瞑
目耶！虽然，贵州者，神州区宇之一也，使夫八十一分，皆能放
大光明，则此微分之一，又安能独堕黑暗叫唤地狱耶？吾将心香
祷之！死者在天而有灵乎？吾将企足以待之。廿五年三月，平刚
书于嘘云室。

张　忞

　　张忞，字懵普，贵州贵阳府贵筑县人。当清之末，忞一老书
生，年五十余矣，豪情胜概，不减青年，尝与乐嘉藻、彭述文、
平刚、蒲劭光等相结纳，俱持革命义者。惟刚、忞言议激进，嘉
藻则颇缓和，又与大绅于仲芳，延日本人高山公通，创建师范学
校，规规于物质文化。刚、忞病其圭棱不显，另与述文发起乐群
小学，明宣排满之旨；而劭光续办乙巳小学，亦如之。先是贵州
无小学也，自乐群成立，时时与学生畅说民族主义，风潮渐起。
嘉藻忧之，使述文婉诚平、张，辄为平、张大义所屈，复以谢嘉
藻。嘉藻于是叹惜，深责述文而讥之曰："君真所谓同平章事者
也。"刚由是益愤励，至断发以显示诸生，而为官牒所捕诛，临
危，仍得乐于缓颊，始脱险出洋。嗣是忞另交青年，如王文华、
陈天煜、吴传声、魏维新、郑绍诚、江佩屿，愈益密进，常秘议
于山寺中，久亦为清吏所侦闻。乙巳冬，冒雪出亡，历蜀游京，
欲窥清室动止。门人熊范舆，时宰天津，虑罣连，趣之云南，至
则被聘为滇中两级师范国文教员，学生甚钦仰；乃至讲武堂诸
生，如卢焘、李雁宾、彭文治、田树五、杨蓁等，一时之铮铮
者，数十百人，莫不慕忞之为人；风声所播，复招清吏之忌。旋
以考试，题涉叛义，提学使叶尔楷〔恺〕，请下令捕之，复跳黔
之兴义，又为王文华、窦居仁、何辑武所留。俄而云南反正，电

聘君入幕府，未几归来，年力亦俱衰矣！从此蟪居不起，惟心未忘革命。民纪十三四年，贫甚，年已七十余矣。生平嗜酒，晚年每醉则哭，谓革命之功尚未成，后生不可便图享乐。每闻党事兴落，辄咏叹于诗歌。见青年，常以竟前功属望之，闻者莫不感动。十四年三月卒于家，遗一子二女，其妾熊氏，以佣作抚孤，见者莫不哀叹云。

张百麟

张百麟，字石麒，贵州贵阳府诸生，原籍长沙。父汉，游宦来黔，生百麟。幼即倜傥，抱大志，善交游，所至为众推服。尤善结绿林，而伏其雄。清末戊申之岁，与贵阳张忞、彭述文、蒲劭光、黄济舟、傅文堃、张秉衡、谭景周、杨寿篯、杨伯剑、黄佛青、陈兰生、周凤文，龙里陈野鹤，贵定凌霄，清镇傅雨农，平坝王度、陈纯斋、朱焯、刘竹山，开州钟昌祚、李香墀、许阁书，修文江务滋、官宗汉，毕节周培艺、宁益之，大定简书、陈百朋、谭冠英，威宁蔡济武、管吁、管汉夫，水城卢子高，黔西毛训端，安顺方策、陈遂初、刘九安、刘谨权、柳惠熙，郎岱安健，镇宁李有桃、陶子香、白汉香，关岭陈元栋、杨文畅，贞丰傅佐卿、钟子俊、子光、子绥、谭子虞、胡刚、姜瑞熊、詹德煊、饶焕彩，安南王小谷，兴义张鸿藻、赵协中、郭润身、郭务明、蒋梓材，普安董威伯，思南陈伯渊，石阡谭西庚，松桃戴雅成（臣）、蒋亦莹，余庆张健之，都匀龚文柱，镇远潘德明、穆邦荣、王芷雍，黎平周伯良、张镜波，施秉张伯修，外如李小谷，孙镜、刘镇等，结一学会，号自治社，以周培艺之《黔报》发表宣言，更出《西南日报》，宣登社论，民间故又称西南党云。西南党之势力既布全省，百麟复善运用，几有左右政局之概，故反正一呼，全黔举四镇十协之兵，无敢鸣异者，夫固有所制之也。斯时张忞所结一部之青年，异军特起，已为清吏侦闻，忞虽潜遁，西南党骎骎亦受波动，局势几坏，赖百麟弥缝之妙，获免于祸。盖渠一身，兼七要差，犹能潜移默运，履险如夷若此。先是平刚在东京，分主贵州盟约，因彭述文函介，得认自治学社为同盟分会。迨辛亥，广州革命屡起，百麟渐严整其社内之部勒。刚适回黔，百麟欲避位，刚以为不可者三事，在便宜行之耳。八月，武昌义起，百麟即督促响应，以谘议局为发动地，使黄济舟从巡警道贺国昌、前议长乐嘉藻、在籍翰林院编修王仁阁、京官陈元栋、杨伯剑等应付于官场；以陈百朋充谘议局书记官，通于教育绅商间；以廖子鸣充陆军小学堂提调，指挥陆军学生；以黄佛青充新军营书记官，串通学兵；使谭景周勾结部院卫队；郭润身通教练官杨荩诚；既得新军队官赵德全、蓝绍廷之应许，犹未足，复使吴冠、黎绪元、孔成九遍招哥老会之李香墀、罗魁、谭泉清、陈兰生等。又通知各县党员，自为准备，一月之间，食眠不暇；而清廷初为所蔽。原计定九月二十二日起事，乃宪政人侦得此方密谋，而以泄之官场。贵州巡抚沈瑜庆不知所措，问计于宪政人，请调兴义刘显世，而夸其公忠勇干。时臬司某，深赞其议，且力主不顾一切，请先斩自治八人，势机危甚。卒以济舟厚重而言辩，疏以利害，复挽垆危。然此机稍纵即逝，于是有百麟之友蔡岳者，亦与刘氏善，劝百麟且从自保会，欲有待也。自治社人挟持不可，百麟乃悍然断行，官绅聚宴，欢然也，社人方怨望之；于次日之夜三鼓，百麟忽遣杨树清入新军营，枪击清标统袁义保，即以电话告部院，瑜庆命卫队，云"队长彭尔垫，已持炮机赴谘议局矣"。旋闻陆军小学生将与防军开仗，瑜庆谓是"虚语"。因学生枪弹，令早搜藏，不谓适有某哨官徐耀卿者，领藏数箱弹丸，尽献百麟，故学生敢战也。瑜庆知大势已去，下令防军放仗。黎明，新军由大南门入，陆军学生由次南门入，俱赴谘议局。百麟乃出而宣布贵州反正之意义，以故贵州之反正，遂于九月十四日而成。都督杨荩诚，由新军推出，以后队官赵德全副之，蓝绍廷为军政执法处长。谘议局召集各界，推平刚拟具军政府草案，设枢密院，绾于军民两政之间，众推百麟为院长，推周培艺为民政长，以陈百朋摄警察事。百麟既当权，故示宽大，转引任可澄副己座，而以刘显世为枢员，久乃酿成反噬，始有滇人寇黔，党人惨戮走死之事。反正之冬，百麟以院长出巡，先巡上游，至兴义归，显世用王华裔策，买人杀黄佛青，遂围百麟私宅，卫队长彭尔堃御之于庭，百麟乃得逾垣而跳，夜屯南门外马家坡，各路统带均受收买，惟南路之陈兰生，率所部赴义。翼日，卫翼百麟西去，由百色东下。明年正月，至上海。旅外黔人，责其招哥老，失黔疆，拒见孙、黄二公。刚于是日平议曰："招哥老，各省起义所不禁；失黔疆，正奸人背义之罪，盖反为敌张目耶？"遂为引见二公，然身无长物，复造《惧报》，二公当时亦岂能为尽量之助？况社人逃出，胥赖扶持，食指盈屋，已渐不可措撑。至民八年，力亦尽矣。某月日，以咯血卒于上海法租界明德里。遗老母八十余龄，一子十余龄，总理曾与抚恤。后复母子继死，三屉凄然。后死者不肖，不能继其先烈，百麟之绩，蔑斯没矣！岂不痛哉？

黄佛青

黄佛青，贵州贵阳府贵筑县人，先浙江籍，其父游幕来黔，故佛青亦曾以刑名处各县署，与张石麒属戚谊。石麒结自治社，佛青最有力，只身赴沪，购印字机，以为宣传党义之用。此在今尚难行者，而佛青当时，能独力举之，其毅志已如此！西南党既志在革命，石麒即预遣佛青入新军营，充书记官，从来军人莫不与哥老会匪通者，故反正时，佛青颇得两方之用。石麒初意，欲以廖子鸣挟陆军学生指挥新军。既见新军拥杨荩诚，知此策不售，一变而以防营制收编哥老，分东南西北中五路统带：东路统带谭泉清，南路统带陈兰生，西路统带孔成九，北路统带李香墀，中路统带岑鉴清，而以佛青为五路巡防总统，翼镇省枢。石麒倚之，欲劫持新军，原议临时军政府，限三个月改组，石麒一念遂专注此。刘显世时则阳示犬依，而阴为狼顾，平刚识而惧之，告周培艺曰："显世虎而冠者也！累代蟠据兴义，鱼肉乡人，今为沈抚招至，以抗革命，权为委蛇，伏我肘腋，此而不诛，将必为患！"石麒既用蔡岳言，竟意在彼而不在此，显世乃得与郭子华、任可澄等日夜窃筹剪除民党之计，而佛青等竟梦梦然，盖偏私之为弊也。先是东路统带处，有文案王华裔，为人小有才智，亟觊幸进，因其父旧为刘官礼从属，故知显世等谋，间尝为利害之言说张、黄，石麒笑而不纳。华裔退，转献策于显世，请以千金募死士，得泉清部将唐粲章，密伺佛青。有人以告，佛青故粗豪，意气自若，谓刘如周一乡团首，敢尔耶？一日，报"获巨盗，请总统审讯"，佛青饬"传候"。将出，友复阻之，恐有诈，佛青怒目张须，奋袂而出，坐未定，枪声遽作，头先受创，脑溅屏壁，身犹独立。贼竟入，剖腹割头以去。遗妻女二人。

钟昌祚

　　钟昌祚，字山玉，贵州开阳县诸生。清末，调南书院高材生，受知于提学使严修，举孝廉方正。游学日本，室内不置案几，读书写字，辄伏地而作。尝入市以头巾盛豆腐，日人大笑之，昌祚从容告之曰："而何足以知此！昔伊藤博文、坂原退助，当适异域，未尝不贻笑柄，今皆传为佳话。安知今日之我，不即他日之若耶？"日人见其言行方正，亦敬服之。及归国，与张百麟结自治社，而与周培艺为社中坚。居常鄙夷士大夫，谓其习气，奴视平民，不合人道；以故收集无衣食男女，分别条教，躬导苦作，不嫌粪扫，食息与共。复择中外名人，如忽必烈、拿破仑者若干个，效圣哲画象故事，朝暮一度，称名以自儆。士大夫亦非笑之，而昌祚则孜孜不疲也。洎反正时，刘显世密谋盗窃，遣戴戡乞援于滇。昌祚时在谘政院，闻信，兼程赴昆明，飞书腾说，指责党争，明辨大义，力劝滇人不可越俎代庖，徒益黔梦，情辞恳至。蔡锷初亦惭阻，戡不得已，复因周季贞切诉党同利害。锷乃悚悟，决派唐继尧以北伐名假道入黔；兵至安顺，继尧接锷密令，捕昌祚杀之，遂坑黔军于扶风山麓。呜呼！张百麟反正，务尚宽大而不流血之名，唐、刘盗黔，乃行豺狼残忍之实，二十余年，无敢论是非者。国民政府成立，始领"成仁取义"四字，题榜于其家而昭雪焉！

于德坤

于德坤，字业乾，贵州贵阳府贵筑县人。清末以举人领兵部火牌，赴河南会试，途次过熊范舆，谈种族遗恨，甚相契，约共提倡革命，相要不入试场。范舆佯诺而阴违，及榜发，且中试。德坤乃知若辈非同志，遂浩然去国，东渡日本，始交沧州张继、蕲春田桐、居正、桃源宋教仁、浏阳刘揆一、善化黄庆武等，创办《二十世纪之支那》杂志，假名虬髯客者即君也。既而平刚至江户，一见即相得。乙巳之秋，香山孙公到东京，结合中华革命同盟会，两人遂加入，德坤任评议员，刚任贵州分会长，然遇会议，德坤辄从容致远，故常与刚龃龉。己酉，本国有大故，首部使命，贵州以张顺之急归行事，刚召集会议策进，德坤取犹与，顺之亦以殁阻，刚以是愤废职者经年。庚戌之冬，德坤归国，漫游幽燕。未几反正，南京临时政府成立，充内务部参事，杨荩诚在南都，重君名，欲聘参军谋，辞不就。无何，迁都议起，君力主定鼎金陵，与宋教仁多论驳。政府既北移，心滋不愉，于是徜徉大江南北，居恒与刚谈唐刘盗黔，刚谓小局不足计，君则以家乡所在，未可忘怀，但非己莫属耳。壬子秋，令同志回籍分组党务，德坤受命，乃与刚筹策，刚谓刘显世性极险毒，兹既盗据，岂容主人高卧其侧？君欲借文字灵，大张旗鼓，吾见其终凶耳！德坤不以为然，谓土豪能鱼肉乡里，于士大夫则歉然，己之故旧遍居邑，土豪其敢谁何？遂推荐刘潜、胡德明、徐龙骧，同归负责。于时为九月二十九日，四众欢宴，载橄皇皇，裘马出都。乃显世已接其弟京电，饬驻防铜仁刘法坤及何麟书招待四人。君等行抵铜仁，麟书且与叙中表谊，濒行，又殷勤遣兵护送，将至田线坪，护兵因忽不见，路旁茨篱中，有群贼跃出，德坤乘舆在先，劫而杀之，德明从至亦及于难，时为十月十日也。龙骧逃京，刚请首部为申雪，当权者不问，刚诉至泣下。张继适在座，颇抱不平，亦不见理。刚始函电呼吁，显世乃以地属湖南插花界，遂指称为湘盗。湘督谭延闿派员澈察，始将情伪宣露。民纪六年，刚至昆明，唐继尧亦谓全系刘氏所使云。

蔡济武

蔡济武，原名奎祥，贵州威宁人，前云南提督蔡锦堂标之族侄，清末州学诸生。光绪宣统间，任县议会议长，与张石麒结自治社，故又为同盟会党员，于革命甚出力。辛亥反正，以功任贵西安抚使。唐刘盗黔，济武时奔丧家居，见残杀株连，乃遁迹远游，居津沪两载，复东渡日本。民纪四年秋，奉总理命，同熊克武入滇，计于滇黔界兴师，从人尚滞海防，济武独先赴昆明。以交通漫广，继尧忌之。或告使趣离滇境，谓继尧恶其为冤愤团首领故也。比济武在北京时，继尧曾请袁世凯解散者，济武亦触起旧恨，抚膺太息而言曰："凡人之难于成事者，大抵畏首畏尾。

吾诚知唐某非吾徒也，恶其辄假同盟会自冒耳。今吾奉命来，彼将何以处？万一不幸，吾愿掷此头颅，以破彼之奸侩！"济武竟不行，继尧亦竟杀济武且割其头，旋与克武等称护国起义焉。后总理行在北平，下手谕，许抚恤其遗族云。

平子青

平子青，贵阳平刚之族子也。反正时，受黄佛青命，募少年百数十人，佐佛青，鼓动革命。军政府成立，编入巡防营。叙功，以随佛青充队长，既而改委九门总稽察。壬子年元月十四日晨，滇军盗黔，各营伍瓦解，子青独激战于八里屯，兵败，只身宵遁，匿居南乡之杨梅堡。显世窃据，虑子青为患，乃遣其党平祖香侦之。祖香以叔侄之谊，诱而执之，显世使杀之南明河畔。遗三子一女。

杨树青 （田世雄）

杨树青，贵阳人，正谊学校学生，初在新军营充弁目，反正之前，投张百麟，愿告奋勇，密结营兵。九月十三日深夜，奉百麟命，负弹丸，缒城出，沿梭石马趋南厂，逾垣入营，散其丸给兵中，盖当时风声不靖，各军士所挟弹丸，已被搜藏故也。树青既鼓动众起，乃迫标统袁义保，义保不从，树青开枪射义保，丸摩顶过，义保惊逸。一时大哗无首，教练官杨荩诚出为晓谕，众遂拥之以为都督，树青于是以功升管带职。滇军寇黔，树青时从叶占标援川归。继尧闻树青名，诱而执之，并田世雄等数十人，尽坑之扶风山麓。

田世雄者，湖南镇筸人，募入巡防军，虽当兵而有大志。时湖北军人汤斧山在新军中充队官，喜与兵士谈革命，世雄特从之

游，迭邀宴于华严寺斧山，均以养疴为晦。平刚由日本归，世雄
等曾两度访于宅，放言无隐。世雄为人，短小勇悍，亦行伍中不
易材也。反正叙功，得充巡防总统五卫队队官之一。秉性鸷烈，
当贼谋刺佛青时，四分统、四卫队，皆受间离计，不敢与言者，
独南路分统陈兰生与世雄耳。明年正月十三日，滇寇至，亦惟世
雄不屈，首遭贼害云。

谭冠英（简忠义）

谭冠英，字希颜，贵州大定府学附生。其初志在教育。清
末，张百麟结自治学社，冠英与简书参焉。冠英性求实是，于其
乡创设东区自治讲习所，平日已结合数百人矣。宣统三年，与书
假练乡兵，得模范一营，故辛亥反正，大定竟安然成立军分府，
冠英且自任参谋长焉。因便裁剪府衙差役，而遂致祸矣。先是，
大定差风，号甲全省，地方苦之。暨反正，冠英乃谋从株除，彼
小碍于名，故不得言，惟衔之刺骨。时犹称府行政长官，新委陈
鸿爵适至，陈故清吏，见书等副署专权，亦不悦，差役知之，又
值军政府派何宾侯驻防新至，鸿爵曲意迎合，于是假中学堂传知
会议地方事宜，役各衷甲而往，冠英未之知也。席间辩论锋起，
而书故不让，一役怒，拔刀斫书，冠英犹不知，起而呵斥之，役
遂杀之。书得越垣而逃。其弟忠义，十余龄，是时见书脑后受
伤，愤甚，夺驻军架上枪，前卫其兄。兵怒，亦杀之。冠英时年
四十五，遗妻氏，子二。地方人士，哀冠英之忠与书弟之义也，
并厚葬之，置祭田焉，署双烈云。

何宾侯

何宾侯，原名培璟，字少璋，贵阳西乡王官堡人。清时为典

吏，富赀，好江湖任侠之说，故入哥老会，凡军人大多与于哥老，故新军中多与宾侯通往还者，宾侯乃隐为之首。反正之前，张石麒与哥老密结，多假座于桂少莲家，而宾侯之于桂家，复通世谊，故石麒与新军为衣裳之会，而宾侯则为东道主，以是论功，得充管带。旋命所部驻防大定，唐刘盗黔，宾侯已辞职乡居，乃有人以哥老首领告之者，因就捕而杀焉。

张先培

张先培，字心栽，贵州麻哈人，清安义镇子材先生梁第五子。幼入乐群学校，饫闻革命之义，高小毕业。其父请于巡抚庞鸿书，咨送北京贵胄学堂。值平刚回国，濒行，请赠言，戒之曰："吾人宗旨而宿领之矣。夫学所以储能，所以勖胆，业之成否，胥于胆能瞻之。此去，要以学为务！"未几反正，汪精卫出狱，与李石曾结京津同盟会，先培与黄芝萌、傅仲三、李元箸加入暗杀部。袁世凯时于南北和议无诚意，虚与南军诡随，而以全力摧山西，民间愤甚。石曾于是奉密令，决取暗杀。十月二十八日，先培与川人杨禹昌，各怀炸弹，探所经路，匿茶楼上。俄见袁车驰过，先培知福建某君所击第一路线已无效，急投一丸下，马骤，未中，仅伤卫士。为警兵瞥见，遂捕二人去，严刑研讯，骂贼不供。明日，骈戮于军警执法处。先培既死，和议亦成。黄克强、陈英士入京，寻掘二尸，并黄芝萌葬万生园中，以炸良弼之彭家珍合冢，世称四烈士焉。

黄芝萌

黄芝萌，字季明，贵州贵定县人。清末，负笈省城，入乐群学校未毕业，入新军营充学兵，旋考送北京测绘学堂。反正后，入京津同盟会暗杀部，主盟时属李石曾，尝召秘会于北京饭店，袁世凯既受清诏，出抗民军，石曾遂命暗杀部诛之。先是，新华宫动静，由交通部秘密同志负责，故十月二十八日晨之消息，早知"袁由东长安街，沿丁字口，回铁狮子胡同"。福建某生，已于袁出行时，投炸弹一枚，不中，乘惊逸去。先培继投亦不中，被捕。芝萌正伏伺东安市场，值缇骑捕人，疑之，亦被捕。傅仲三、李元箸伺鲜鱼胡同口，闻前线均未得手，拟绕截狮子胡同，而警兵恰张巨绲断行人，见二人仓皇之状亦捕去，幸有警士长刘某同在捕中，过岗位为岗警所认，得并释而逸。芝萌既就捕，以布罩面，过船板胡同寓所，其仆识其大氅，因抄其寓。仲三本同居，卒避去，匿女同志郑郁秀处，刘警长复寻至，令乔装出京。是夜，元箸犹未识芝萌等被捕，往访先培于贵州老馆，乃为逻者执，次日严讯三人。芝萌知不免，慷慨自陈，故未受刑。张、杨于未死前，四肢已摧折矣！元箸则因无据，然亦未免捶楚之辱矣。三君既判绞死，袁亦怵然求和，后并合葬三贝子花园，陈英士躬为附土，且植树焉。

王宪章

　　王宪章，贵州兴义府人，体貌魁梧，喜任侠，谩骂成性。前清之季，来贵阳入新军充学兵。寻弃去，投入警察学堂，以好谈革命，为监督者所嫉视，卒因辱诟长官，被逐。不得已，遂走湖北当兵，旋入工程营后队，充什长。反正，以正目首事有大功，升任第十七混成协，作协统。盖第十七协为黎元洪旧所任职，而宪章一跃跻之，其勋名之赫濯可知矣！及军职改编，宪章累绩升至师长，嗣因反抗袁氏专政，逃匿上海，仍潜谋不辍。癸丑之役，复奉命统率江北军，事虽未成，勤劳特著，袁氏恶之，百计图之。终以间谍之诱，赴西餐馆，而施以麻醉药物。宪章既被执，乘夜解往南京。冯国璋承袁氏意，即暗害之操场中，秘其尸，时甲寅仲冬三日也。

吴鼐

吴鼐，字慕姚，入党后，别号虎头，原籍贵州黎平府，其先有为贵阳府学官者。鼐故为贵阳府学廪生，习桐城派古文颇有名。旧无党见，喜鸣不平。反正后，见刘、任辈所为非义，不免讥评，遂亦被迫亡命走北京。民纪元年二月，始入本党，为田桐之《国风日报》社主笔，复以攻击袁氏得罪，逃匿天津。癸丑，充南京总司令部秘书，失败，复匿上海，遇清候补道贵州姜某，得识袁之府役某，谋假饮食以杀袁，且以商诸岑春煊公子，盖岑公子亦以乃父仇袁故，而谋有以报之也。一日，数人密会岑宅，大定陈百朋，往访岑公子，突入其间，众议遽止，百朋疑之。公子既昧于世故，不耐掩，卒然谓曰："虎头，百朋非若同乡耶？且均同志，何讳为"！不得已，众举所谋以告，百朋亟赞同，退而以告熊天泽。时虎头亦困甚，忽接书："有刘俊三汇款来济，须至某取兑。"虎头雀跃而起，呼凌汉舟遂往，寻近华界，贼数人跃而出，猛挟虎头上汽车入华界去。汉舟独有力，故得绝裾而跳。地在法租界褚家桥，时为四年正月初六日，由镇守使署解北京，杀之军警执法处。年三十八，遗妻王氏，子女二人。

周伯良 （张佩兰）

周伯良，贵州黎平府开泰县学附生，仲良之从兄也。素仰何忠襄王之志行，故以种族革命自任，时发狂言，则大呼曰："好头颅，谁当砍之？但待价耳！"气概不可一世。清末，入自治学社。平刚由日本归，伯良自黎平来会，一见即快谈连夜。为人俊悍，刚爱其材，勖以宁谧，笑而不从。自少与同里张佩兰相善，盖年相若而性相投也。俱喜与闻人事，故里中谓之"二狂士"，议会之场，人多远之。洎贵阳反正，消息到黎平，伯良乃与佩兰亟谋响应，邑吏故不许。二人乃招四乡团兵，得数千人，欲围城以威逼之。有婪衿某，平日倚墨吏作狼狈，伯良等诮谭之而无奈之何者也，今惧一旦失其城社，乃与吏谋，佯为誓诺，绐佩兰入而杀之，枭首出，众即骇散。伯良不能禁，遂亦逃。吏遣捕役追而杀之于永从。

伍　英

伍英，字伟章，贵州平坝县人。体性短小强干，入自治学社，为张石麒效疏附奔走，于革命故有名。唐刘盗黔，英亦亡命在外两年，潜归隐里，渐出而纂立两级小学于城中。显世知之，遣谍诱之出城而系之，欲解进省。离城八里矣，英喟然曰："止止！吾知而辈意矣，总之一死，吾何必晋省？吾之所以归者，不欲离家乡远父母耳！请得区区以如我愿，何如？"遂就其地而杀之，而割之头以报显世。

熊朝霖

熊朝霖，系贵阳人，其父兄旧与平刚有世谊，湖南人作先烈传，误籍之黔阳县，盖黔字之为舛？当清之季叶，朝霖以贵州陆军小学，转湖北中学，而升保定军官学堂。不知何时入同盟会。袁世凯奉清诏命，出抗民军，朝霖乃密奉总理命，入滦州营伍中，联合得数十百人，于天津密结分会，复得王怀庆加盟，遂鼓噪兵变，是为滦州起义。朝霖方欲举以挠世凯，不悟怀庆卒然围之，盖怀庆乃北洋之巨猾，而世凯之功狗，乌得引以为类？然此数十百人，终能鏖战三昼夜，致死亡逾千戍，众寡不敌，我师败绩。朝霖被禽，不屈，被害，暴尸数日。有友萧子刚、陈若飞、陈小舟，收其尸而权厝焉。

彭尔坤

彭尔坤，福建人，清末时从沈瑜庆来贵州，充巡抚部院卫队长。武昌起义，张石麒派谭景周以湘人之谊，入卫队中款接，尔坤遂来投诚，愿附革命，率其队百二十人，首缴炮机示意，从此常密候命于石麒之门。反正后，石麒被举枢密院长，仍以尔坤为院卫队长，从院长出巡上游，甚忠谨。及王华裔谋逆，乱兵攻张宅，尔坤御之，战于门。石麒乘间逾垣而走，尔坤竟死之。

陈天煜

陈天煜，贵州思南府人。当清之末，天煜来贵阳，慕张忞名，往见之，执弟子礼。尝从忞宴东山背风亭，谈革命，酒酣兴起，跃拳击柱。后以事远行，临别，请忞赠言，以"勿忘革命"勖之。久乃无耗，辛亥反正，天煜忽在云南响应武昌，以九月初六日起兵大理，尚先昆明三日也。大理距省城甚远，蔡锷以九日独立，犹未得大理真相，因推副督李根源西巡，闻大理都督为陈天煜，疑未敢进。忞时在昆明幕中，往见根源，述有弟子陈天煜事，根源乃命电询大理，天煜复电，请举"赠言"为征。忞曰"是矣"。根源遂邀忞同往，忞请先驱以报。至大理，见所举事颇有条，地方亦盛称之，忞心甚慰，乃告以省方大旨，欲其解兵，天煜亦慨然有"功成不居"意。省方遂允给解散费五万饼金，先交一万，余令赴昆明结领。天煜惧有诈，决然弃去，偕所友好十数人，航海赴沪，而谒中山先生。先生时退居，令之陈报稽勋局。天煜行抵都门，甫投谒各当局，而缇骑已发，将天煜等捕去，谓"云南来电，讼天煜为匪类，骚扰大理"，故不容诉辩，骈戮之于北京西市，闻者莫不哀焉。

李鼎成

李鼎成，原籍湖南永顺府保靖县人，侨居贵州铜仁府。于德坤等被害后，无敢回黔结党者，民纪二年，本党欲组织各省选务，贵州遂派鼎成负责，初来贵阳，寓湖南会馆，刘显世知之，即命唐尔锟、张忞加入，组成国民党贵州分会，向首部请领开办金及选举费。平刚知之，出而陈情阻发，时当权者丧心病狂，不听，竟拨给巨款。厥后，贵州所出国会议员，竟无一真国民党员，暨袁氏灭国民党，显世即密令收捕鼎成。有高等检察厅厅长胡良汉者，以同湘谊，阴泄于鼎成，乃传藏于庄少云、吕伯阳、熊逸滨诸家，不可久，始潜归铜仁，既至而病，坐筹资斧，复为显世侦知，密遣谍者驰至，立捕斩之。有老母八十余岁，哀求独子留养，终不许也。

陈开钊

陈开钊，贵州贵阳府龙里县人，当清末季，属初期武备学堂出身，加入自治学社。体性伟悍，勇于为义，与新军营士官素多往还，故于辛亥反正，在事出力。杨荩诚率师北伐，开钊从任管带，师次常德，和议告成，奉大总统孙公令："滇军回滇，黔军回黔。"行抵沅州，而滇军不奉命，出兵抵拒，荩诚柔懦，遂不敢进，愿以复黔之众，请交旅长周子光，军分两路，相辅而归。以席正铭率八十三团，向松桃方面推进，子光自领八十四团，由洪江镇远而上。开钊则告奋勇，以所募复黔义师之名，请当前锋，取中路出发，直指铜仁，沿途布告大义，先声锐甚，鼓励士众，示必克期复黔。师抵铜仁，滇军闻风气阻；加以两湖人士，不直滇军之声，弥满东路，以故交绥即败。开钊乘势扑城，滇人殊汹惧，飞电求救，唐继尧急调援川悍将黄子和，而又兵变，在途戕命。继尧于是既惭且悚，废然决计回滇矣。刘显世闻之大骇，要迫城绅电向南京抗辩，复谣惑其党陈崧甫，谓开钊扬言："破城之日，首族尔家"。崧甫之父乃与其子相泣而请滇军少留。崧甫愿先犯阵，滇军已遣人向义师请缴械而退，而开钊则气张甚，不许，谓"必得滇人尽歼焉而后快"，滇军于是愤恨，子弹虽尽，搜集城中土炮，誓与开钊肉搏。时义师已围断铜仁，近倚松桃沿河，有席正铭所领八十三团之联络，远有周子光所领八十四团，足为镇远滇军之牵掣，且可望截断贵阳之援路，开钊自谓可操胜算，躬赴城下指挥苗兵登堞，未防子光降敌，镇远援军忽至，城中敌忾倍盛，尘声震处，开钊已为土炮射中要害，崧甫豕突出城，内外杀声，山谷争应。我师既见主率阵亡，又闻敌人增援，一时惶骇，遂土崩瓦解矣！我师既败，滇人获开钊尸，愤其暴，剖腹然灯。盖开钊为人，悍勇专行，素足以制之者，惟贵定凌霄一人；然是役也，霄适以病落伍，岂非天哉！

席正铭

席正铭，字丹书，贵州思南府人，清末来贵阳，入陆军小学堂，小学生多倾心革命者，故正铭亦醒于义。至湖北起义，正铭虽升在中学，然未获展足，值贵州北伐军近鄂，而和议告成，都督杨荩诚以正铭有邻乡之谊，因援入军，委充参谋。未几，大总统命："滇军回滇，黔军回黔"；副总统黎公，谭都督延闿，复力持正论；而唐刘之党，乃以私人利害，拼命相争。黔军既愤愤，苠诚知前途必有血战，遂请放去，而以其众交同学之周子光。然军心于子光不见信，于是推正铭以副之。正铭见群情附己，亦愿决申公义，认领八十三团，以拊敌之左臂；且陈开钊自告奋勇，愿作中坚以犯敌，亦须择劲旅而为之犄角。是役也，战略既胜，殊可操券，子光虽弱，苟不贰心怀货，则铜仁孤立，岂足当我夹攻之众？铜仁一拔，贵阳迎刃而解矣。呜呼！子光降敌，而开钊死，正铭之众溃，使我义师一败涂地，子光之罪，不可谓上通斗极乎！正铭既败，反归申江。癸丑革命，复任江北之役，事虽未就，不失为肯努力者。厥后入川，乃为总司令之争，而复谋之不臧，致遭惨戮，则亦大可哀矣！惟夫死之二年，其妻柳氏目击夫仇，沪上惨死，大笑而亡。吁！亦可谓之烈也已矣！

刘　镇

刘镇，字树藩，贵州安顺府学诸生，为人短小，岩岸自高，与张百麟结自治社，出力经营，设法政学堂，即负讲师之责，办《西南日报》，复担编辑之任，间出杂志，专发挥共和政治，下笔万言，倚马可就，词理彬彬，不愧斐然之君子也。今犹检出《政治欲论》一篇，约十万言，文心细抽，规模宏具，如斯巨制，无浪费言，且其抨弹得失，光明磊落，引绳批根，动见症结，迥非茹柔吐刚，如今之幽默者，有不可同年而语者矣。当唐刘盗黔，镇亦久流在外，支离南北，且垂十年，含愤沈郁，无所宣泄。席正铭入川图黔，夙重其名，念秘室一职，非镇莫属，且抱志既同，故待之以入幕之宾。于是甫从正铭，舍馆未定，行抵白驿，遂及于难。呜呼！可谓玉石俱焚已。如镇者，实为导泻民国之先河，乃无与于党国报本之典礼，后生执事，倘不免"数典忘祖"之咎欤？

张 英

张英，字少权，贵州贵阳府贵筑县人也。曾入乐群小学校，年十三转陆军小学，十六岁升湖北中学，十七岁时反正回黔。民纪三年，由保定军官生毕业，与普安王其芳谋刺袁世凯，机露，悬赏通辑，更名匿山东丁世诚家。八年秋，奉大元帅令，偕湖北吴醒汉，绕道湘西而入鄂西，于施南、来凤间成立民军，旋与酉阳王勃三合，任参谋长，勃三因去广州任非常国会议员，英遂抚有其众，以隶石青阳部下。黄复生起兵下川东，授英清乡司令，仍驻酉阳，嗣以击匪与赵国泰、刘襄礼战，马逸误落水田中，得吐血症，未能调养，明年二月，病遂不起，亡年才二十五。其部队交勃三之弟子牛，而命英犹子某，扶其柩回原籍，葬于次南门外猫猫坡。无妻子，惟遗其父张协卿，母邱氏，以哭子得痼疾焉。

刘 潜

刘潜，字泽之，原名琨，贵州镇远府诸生，调高材留学省城公立师范学堂。值清季变制，巡抚林肇年官资出洋。留学日本，改习法政，入同盟会。为人慎重，当其入会，以为出处所系，经详审虑。毕业归国，入鲁抚幕。辛亥反正，潜往烟台赞画革命，曾任审判厅民庭长。民元之秋，遂与于德坤奉派回黔筹办本党分部，德坤与胡德明遇害，其弟坚犹谓被盗，虑兄孤旅，躬往迎卫。兄弟二人，且滞玉屏，拟俟数日然后行。及至清溪羊坪间之漫坡塘，仍被劫杀，其弟逃至冬瓜棚，盗追及亦杀之。遗姒娣，抱子隐于深山，闻亦先后不育。潜妻田氏，坚妻邹氏。坚字少陵，盖俱绝世矣。惟道旁二蓬颗，长留过客之指点太息而已。

胡德明

胡德明，字仲文，贵州定番州学诸生。少年倜傥，清之末，调高材入省学法政，遂渐染于革命。听讲钦定宪法，大骂为"奴隶契约"，因自费留学日本，进早稻田大学经济科，遂入同盟会。其兄德元，以优贡赴北京。德明书以告曰："中国须求根本自拔，惟兄不可梦，梦寻胡虏生涯也。"及归国，更入京津同盟会，熊范舆出南京参议院，辄诟言南京政府，德明遇之于天津同乡会，奋起与辩，怒掌其面。唐刘据黔，德明逢人大骂："强盗且能盗名，贵州今落大盗之手，吾人诚无黄钺白旄以夺其实，要不可不有口诛笔伐以夺其名。"不久，于德坤奉派回黔，筹设本党分部，邀同协办，壬子秋末出京，冬遂被害于田线坪，身中四刀，并割其头，以德明当时大骂故也。伊兄闻报，遣人运尸，往反之期，动经旬月，而面目犹生，盖其忠烈所致欤？

徐龙骧

徐龙骧，字伯芬，贵州思南府学诸生，以高材入贵山大学堂，清末巡抚林肇年以官资送日本学师范，遂入同盟会。反正，任南京内务部签事。民元之秋，与于德坤、刘潜、胡德明奉派回黔筹办党务，德坤三人被害，龙骧以故在后，逃回北京，陈报首部，并呼吁海内，值"大盗窃国"，遂无可诉。民纪二年，南京二次革命，龙骧以参与之功，奉白版，权摄江宁县篆。张勋攻陷南京，龙骧衣冠坐，堂皇骂贼而死。

谭西庚（朱 焯）

谭西庚，字云鹏，贵州石阡府举人，清光诸中叶，大挑一等，授职浙江青田县知事，甚有惠声。予告终养回籍，值改制，省设谘议局。西庚被选议员，旋推任议长，年已六十矣，犹能赞助革命，加入自治学社，密与张百麟筹划，隐蔽于清吏之间。以故贵州反正，得以谘议局发纵，而人心不皇惑者，西庚与副议长朱焯之力也。军政府成立，西庚与焯被推为立法院正副院长。唐刘盗据黔政，西庚义不为屈，与焯同时出亡，游大江南北，晋谒总理孙公于上海。留览燕京虽久，而无所投刺，焯以堪舆糊口，君则以医理就食，备尝艰苦。归至洪江，显世知之，密嗾王华裔欲戮辱之。不得已，复退隐安江，困甚，与辰沅道尹吴跃金有旧，请一廛而为氓。帝制变作，复隐名于芷水之旁，渐征痿痹，因就温证一篇，而疾病莫能续，遂以丙辰之冬卒，焯则去死成都焉。焯字云麓，安顺府安平县举人，善易学，励品行，亦以唐、刘盗政，义不容居，故甘与西庚流而不返，是亦高尚其志之士哉！

许阁书

开阳许阁书者，原属贵阳府开州学诸生，质秀而文，十余岁即入州黉，其家为州望族，故少年即负盛名。夙慕张石麒、周素园之为人，加入自治学社，崇尚民主主义，努力社务，输金不吝。社中创设法政学堂，阁书宿直堂事，劳怨不辞。《西南日报》之成，尤运力焉。反正后，顾颓然自废，隐有大树之风，而无言禄之意。及唐刘据黔，同志皆出流亡，阁书独返林薄，自谅于物无尤，以为可遂初服。殊不料奸人之腹，乃以盗度君子之心，于阁书之为人，一切不问，要于异己，则视同寇仇而已。于是侦知其犹乡居也，命捕役往，获即就戮。是日，阁书适抱子趁集，刽人至，知无生理，请托其孤，然后授首。嗟乎！慷慨就义，阁书有焉。

黄烈诚（张杨氏）

女士黄烈诚者，黄佛青之妻张氏也，自字烈诚。当清光绪之末，与白铁肩女士创设光懿女学于贵阳，襄助革命之运动，风气之先，备尝艰苦。夜工筹划，日任教授，精诚所至，虽在男子，有叹"望尘莫及"者已。暨反正，盘计库帑，仅余生银十九万两，凡清吏各回原籍，亦既从优资送，且政局翻新，军支几倍，而当权者又严禁捐输，岂如后世之可强行赋敛？以故烈诚遂请平刚之母与其妹，首脱簪珥，普劝乐将，不用横征，借充军实。呜呼女士！仁也亦巧矣！及佛青被害，烈诚复涕泣呼吁，奔走南北，而与蔡济武等创作冤愤团。事虽无成，总理亦为感动，予以多金。惜乎！未及三年竟以积劳，瘝死于路，呜呼烈诚！欲不谓之仁义忠烈，其可得乎？

至若张百麟之妾杨氏，又一忠慧节烈妇人也。当刘显世以兵搜百麟之宅，其妻素患瘫痪，不良于行，其子孩提，惊晕在地，赖杨氏智计，得免于难。既而其妻子从百麟逃至上海，杨氏则因有身待娩未行。暨滇军入寇，知为百麟之妾，而青年也欲侮辱之，勿已给之，乃得从容自缢。时有诗人余达甫，题长句以哀挽焉。词曰："千秋奇女彰彤管，患难艰夷始见之。往事辛壬更水火，那堪残杀济颠危。西南自是成封豕，巾帼何人独委蛇。如此从容申大义，敢将一死愧须眉！"

朱霈霖

朱霈霖，字雨三，贵州龙里县学附生，其父乡望甚隆，故得公费留学日本。丙午入同盟会，急于校课，遂得心痫。卒于日本中央大学得以经济科毕业，反正归国，充临时政府内务部签事。癸丑之役，从居正起兵山东，旋夺吴淞炮台，俱有力焉。中间一度窃归谒亲，几为侦骑所获，遇王小谷为邑宰，密告幸脱。黔军与滇军战铜仁，曾参谋其军事。四年，刘显世密运枪械过常德，凌霄、匡黄等七人，谋劫于路，君识败朕，故独获免。七年与平越王枢元，谋用警兵于武昌起事，机偾，亡入湘西，遇川边宣慰使安健，约共入蜀；途又被盗，病莫能兴。平刚时会湘西五军，为立军政府于沅陵，因荐之第三军，充参议。困益甚，居恒郁郁，使酒谩骂，人莫敢近，渐沈痼疾。八年月日，以下血卒。归骨无计，刚为请于地方人士，故遂葬之凤凰山冢。

王枢元

王枢元，贵州平越州诸生，俗称"堵府王家"，世族也。旧入自治学社，为人拘谨，顾善技击，尝练子弟兵若干名，保卫一方；入民国来，百里内无盗踪，受其赐也。以故被选候补国会议员。刘氏盗黔，枢元不能居，亡命游武汉间，与朱霈霖共事警察中。七年，因居警界久，欲以警兵起事，机关败露，二人遂走湘西，遇平刚，并荐之入第三军，以有拳足之能，故常奉使于朗江上下游。忽为冯玉祥游骑所获，枢元当场持术抵抗，遂被击伤而毙狱中焉。方枢元之居湘西也，候补议员，时轮缺出，而以其拘谨故，终畏刘氏，不敢去广州，虑似李怀安之受害也。盖李怀安，亦兴义人，在清时，以恶刘氏，入赀得捐知县，指省广东，已出省多年；而显世据黔，犹能请龙济光杀之，此枢元所由疑阻也欤？

李有桃

李有桃，贵州镇宁州诸生，为人宁谧性孝，乡望甚孚，无男女老幼，咸称之"李三老爷"。有聚族械斗者，动拥数百千人，临以县卫队力，亦莫能解决，而"李三老爷"至，温语片言，深仇立遣。曾留学日本三年，无知其有志者。辛亥反正，有桃举全县以应军政府，绿营管带萧良臣不敢与抗，始有知其为自治社员者。唐、刘盗黔，张百麟逃下百色，有桃饬陶子香送之，以故捕而杀之县署之门。有桃当被禁时，邑人愤甚，欲纠众劫狱而出之，不许，恐累地方于难。死后至今，有谈及者，尚莫不悲感云！至其孝事继母，更无间于乡党之言焉。呜呼！殁昭乡祀，义在斯乎！

陶　淑

陶淑，字子香，亦镇宁人，初入贵阳新军营充学兵，素服膺于李有桃之为人，故于其县反正，力佐有桃举义。先是有桃欲起事，以淑倡体育会，得数百人，暗施军事部勒，人莫识者，一旦得用，而绿营不敢与抗，职是故也。然刘显世终以其护送张石麒下百色而深恶之，故乘滇军入寇时，特以密令督趣萧良臣而杀之于北门华光庙云。

白汉香

白汉香，贵州镇宁州学文生，性戆直而骸浊。清光绪丁未年，与本地学派不合，负笈游省垣，闻乐群流革命之声，欣然投之，且崇仰彭述文之学行，愿为之助，而任教焉。时清吏尚模棱，稽闲既疏阔，汉香于学子，故为昌言，口给不讳。于是激扬所至，浸溉遂深，如张先培、黄芝萌，其尤取精者也。既而加入自治学社，论坛控纵，不免悔尤。有防营管带宋仁瞻者，与汉香少同里闬，性独贪狼，平日颇为汉香所诮责，固衔之婴心矣。庚戌，铲烟事起，标统袁义保赴镇宁各乡，奉令严办。而西路既属产场，烟苗故盛，人民生业所系，不免违言。汉香之父，又为团首，因虑乡愚执固，寒假之期，转省已载途矣，复驰而归，或为调处。不意仁瞻适参军事，遂媒孽长短，谓汉香久于乐群煽动革命，今来凭其父力，意在举旗耳，非徒抗铲也。义保赫然，驰使入告，巡抚庞鸿书闻报亦赫然，命就地正法。呜呼！汉香之死，其于视日鼓琴之际，有绝调词数章焉，可谓从容就义者欤？

刘谨权

刘谨权，字警黔，贵州安顺人。家贫亲老，贩养能敬。方策识之，教之夜读，以入自治学社，得读《民报》，遂努力革命，见总理孙公像，则持归膜拜。辛亥反正，安顺响应，成独立军，身任统率。唐、刘盗黔，谨权以亲故，蛰居乡里。民纪二年，李鼎成来贵阳，筹办党务，复出为赞助。刘氏遂愈恶之，密遣谍探，诱而杀之。其妻李氏，遗腹生一子，女二人。

傅文堃

傅文堃，字厚叔，别号中藩，贵筑县庠生。幼颖悟好史事，慕祖生之为人，故名其居曰"景逖堂"。尝与平刚同学，刚时务汉人师承，兼宋儒性理之谭，君辄非笑之。及庚子国变，刚倡言"排满革命"，君则附和康梁，主保皇最力。既而刚出日本，君以史地之学教诸生，杨寿篯时擅文史，为《西南日报》主笔，于是铮铮有"二才士"之目。刚在东京，接彭述文书，知二人于时颇有力，心窃尤之，遂注意发书，先即劝谏文塈，往复驳辩，颇经时日，二人始翻然首肯。君既回头，遂极努力，学界受益，君功为最，故反正考绩，获推教育副长。暨刘氏叛迹渐露，君知祸伏萧墙，于是放弃贵州，愿"从刚出游，浪迹大江南北，浩然不返"。癸丑之役，与张百麟等一度经营宝山，既遭屡败，心绪不宁，方知白虽邀游天台、雁宕，究非本志。民纪四年，竟以咯血卒于上海。遗妻子二人在乡，现亦俱谢世矣。

杨寿篯

杨寿篯，字伯坚，贵筑县学廪膳生。性孤傲而勤敏，强学不倦，且孝友，少即负盛名。创立正谊学校，自命甚高。方清之末，与陈思望、萧协成，结"岁寒三友"，俯视一切。为学则尚"公羊"，兼攻"说文""音韵"，颇有著述。变法后，加入自治学社，被选谘政院议员。初惟主张立宪，后于政治，屡失所望。一日，于某宴会，酒酣之际，忽狂言曰："方今之世，安得尽人如平刚者耶？"举座大惊，客遂引去。及主笔《西南日报》，时时与宪政党人为驳论，笔甚犀利，于学界人心颇能吸引，与傅文塈一时齐名。唐刘盗黔，君亦势不能容，遂走北京，一度南游长沙。汤芗铭时督湘，几遭险难，由是北返，遂困老郎署矣！某年月日，以劳瘁卒，遗所注《公孙龙子》一部，《说文音义》若干卷，遗族妻子均在籍。

赵德全

赵德全，宇纯诚，湖北汉阳人，清末来贵州，曾充新军营后队队官。新军营鄂籍官长最多，以德全资望最重，故贵州反正，德全亦最有力，副都督一职，诚非德全莫属。蓝绍廷虽有才，人多畏其暴；德全为人忠厚，故人望归之。然贵州成事之偾坏，亦半由德全之忠厚致之也。而德全乃以忠厚犹不免于见杀，则唐、刘辈之残贼无人理，亦可见一斑矣！呜呼！唐、刘之徒，见利忘义，终于一一为天下之大僇，又孰谓"天网恢恢，疏而或漏"哉？方滇军之假道来黔也，识者知德全将受人之诈，告德全曰："滇军之来，北伐其名耳，衔意实在侵盗，君其勿忽！"德全曰："北伐正名也，假道公义也，吾何辞以阻之？"告者曰："闻彼恶公口，辞曰：'为伐乱而来者欤'？"德全曰："公口，诚不理于口；但自黄佛青误杀罗魁而后，尝告人曰：'公口之污，吾当以颈血洗之！'今佛青已死，公口之名早肃，又何'伐乱'之足辞为？其或以义召而终以利夺也；则公道在人，神鉴在天，我不屑以满城生灵，而与若争富贵，时至则有敝屣弃之耳！"耆绅郭子华时在座，哗跪而为苦语而誓之曰："吾言有不应者，请死屠刀之下！"德全于是奋然作色曰："郭大人耆年长德，而言苦切若是，诸君何事更疑焉？"癸丑正月十四日黎明，滇军以炮击贵州军政府，第四标标统刘显世叛应之，城陷，德全乃避而走，匿其妻袁氏之乡。未几，黔军回黔，显世使人杀之茅篱堡，即德全之妻家也。

萧建初

萧建初，贵州安顺人，前清之末，与方策、刘谨权等成立自治分社。贵阳反正，安顺响应最速，亦惟建初是赖。及钟昌祚遇害，无人敢收其尸，策与谨权等均亡在外，独建初出为殓葬。后李鼎成来贵阳，筹设分部，谨权时回黔，建初复与之密为应和。暨刘显世密杀鼎成与谨权，建初幸漏而跳〔逃〕，乃匿居江西岁余。为念母老，四年四月，窃归觇母，竟于七月十一日，为显世所捕，而斩于县之大箭道。年三十一，遗母妻子，妻易氏，子名良弼。

艾树池

艾树池，字汉萌，贵州石阡府人，父母早丧，家贫，不能求学。清光绪三十四年，贵阳创练新军，树池来入伍，其貌不扬，曷鼻齽齛，渠肩挛膝。初面，人或轻之，久乃知其抱志也。与杨树青先识，声气骎广，为众推服，渐升小队长。尝与田世雄访平刚于私宅，密谈大义，遂深相结。明年，湘鄂反正，风播黔中，树池乃从赵德全、蓝绍廷，深夜出没张百麟家，至九月初，势机渐迫，树池以术要其标统，得接第三营管带。当局已有戒心，计收兵人子弹。十三日夜，树池、树青密运子弹回营，即迫见袁义保，义保给以少待。二人恐有变，树青乃铳胁之，不意义保竟以是跳〔逃〕，全营大哗。谋为统帅，急切未能。教练官杨荩诚出而抚慰，众遂拥之。十四日晨，全队入城集省议会，宣布独立。于时，二树之名噪甚，乃不旬月之间，黎平有"清吏丑正，杀周伯良"事，军府急命树池驰救。先是，黎平有洪匪之乱，地方人士乞镇算一营，就近镇摄。树池至，甚与款洽。未几，唐、刘盗黔，慑树池名，令吴传声率兵往，佯言与之襄剿，算军营长田福山，力劝树池先诛吴，然后助之讨唐。而树池迟疑，恐致糜烂，乃率其众入湘。至三眼桥平茶地，竟遭滇军伏击而溃。癸丑讨袁，树池复出，任第一师参谋；失败，潜续策进，被捕，系于鄂之狱。袁氏毙，获释。总理嘉其志，密令"入湘以助谭延闿"，又被捕入武陵狱，遂为唐生智所杀，盖民纪十年事也。

萧健之（萧 规）

萧健之，字子刚，贵州贵阳人也。方清之末，入陆军小学堂，升湖北中学。反正之初，袁世凯负嵎弗顺。健之与熊朝霖，在滦州鼓动独立，而为王怀庆所编。事偾，朝霖死之，健之脱险南下，复参与黔军回黔之议。初，唐刘盗黔，名既不正，两湖人士指责綦严，于是请以和议解之。双方遣使会议洪江，黔军之使周子光及健之，滇军所使为牟琳，湖北派赵金滕，湖南派危道丰，亦参证其间。健之乃独持正不阿："滇军应回滇，黔军应回黔，公道所归，铁案莫动。"健之于是遂得"鲁仲连"之目。琳既受约而归，唐、刘怒，欲杀之，决计背盟，发兵抗拒，故有"铜仁之战"。黔军遂誓师西讨，众疑子光气馁，乃使健之监之。中途，子光果贰于敌，健之乃密扣子弹，以济我师，显世故衔之次骨矣。暨我师败，健之不敢回黔，徘徊于都门。逾年，其弟显治偶遇健之，乃恬之以言曰："雨过天青，勿相尤矣！且长安居亦不易，介介何益？若欲归者，敢任先容，子莫执固，请趣图之！"时健之方以妻家促其完婚之事，踌躇莫决，闻此，欣然遂归。显世故为式好，肆筵洗尘。是夜，欢饮中酒，牵出东门而杀之九华宫石坊下。萧规方潜归，睹此，骇然而跳〔逃〕。盖萧规亦陆军小学生之归心革命者，反正之役，颇有勤劳，从新军学兵一跃而升管带，与杨树青从叶占标援川。归，值唐、刘盗黔，途中遂有欲阻兵抗战者，规与树青，皆不欲立异，饰辞而归。及树青见杀，规始惊而逸。癸丑，加入重庆独立。逾年，复潜回，匿杨伯剑家，又见杀健之，乃密移入乡，其家为黔西州滥泥沟人故也。一日，有人持熊克武密函投于其家，捕者寻至，竟以是杀之南明河畔。规字道生，为人机变，然再逃而仍不免，悲夫！

安　健

安健，字舜卿，贵州郎岱厅诸生。其先为水西土司，自蜀汉建兴三年，健之远祖有从武侯佩三珠虎符征讨南蛮者，得锡土著姓，至于今千有余年矣。子孙绣衣肉食，宰制一方，世袭罔替，其抱封建之想，国内自衍圣公外，宜莫如健之家世矣。乃其人嚣然尘表，自幼与邑生彭文治善，文治时时以"平民之义"导之。清末，尝愤官吏虐民，辄欲起兵抗变，文治以时未至，阻之。嗣游省城，谓自治社与己志合，欣然加入。漫游日本，遂入同盟会焉；复拜章余杭先生之门。反正后，唐、刘盗黔，愤不欲归，矢志追随中山孙公，屡次革命健皆能与。广州讨龙之役，奉命指挥王度等，再败再入，艰苦能忍，大元帅颇嘉誉焉。旋命之宣慰川边，跋涉万里，中途遇盗，屡阻必达。时川中拥兵同志各怀离沮，健居其间，秉节不二。十四年，由川回黔，道经赤水，见周西成，遇平刚于座，责以"放弃党务"，刚谓"时犹未至"，于是慨然入贵阳，而邀方策、程毅、傅启运等，筹设分会；终以形隔势碍，始浩然离去。十五年，复以党代表职，导第九军效顺中央，嗣因军长彭汉章遇害，健颇受赤化之嫌，乃浪游滇粤两年。十八年夏，龙云、李燊奉命入黔讨周西成，健起而为之辅。至贵阳，被推临时省政府委员兼民政厅长。未几，龙、李交恶背分而去。健仓皇尾追欲事和解，终于无济，愤慨交集，旧疾随增，遂因积劳于某月日殁于昆明法国医院。中央闻报，议以一等抚恤，追赠陆军上将。呜呼惜哉！健生纨袴之中，而志青云之上，亦奇士矣！乃其体富脂肪，满脑肥肠，行则吁吁，坐则徐徐，心惊神解，志大材疏，故频衔使命，而液槠不胜，虽志行坚正，终于瘁劳成病也。

方　策

　　方策，字竹君，贵州安顺府庠生。安顺为黔商萃重地，风俗最靡窳。而策独尚廉洁，矜义气，喜游誉风尘之中，詹詹为鸣不平。其邑于清，本属大府，故提督军署建焉。盖清官吏，堂廉素称高远。故事：人民之于官吏，虽州县下至承佐，见则胥拜跪，匍匐在地，言则有"唯"而无"诺"；至提督之为一品大员，其威棱更不可响迩矣！某年月，督署课射艺，卫士某飞矢误入民房，射杀匠人某翁。署中人若无事者，翁之家其敢谁何，掩泣贷殓，且藁葬矣！策时从学校归，闻市人啧啧，色若谈虎。询其故，怒甚，谓"草菅人命"，不平。急诣翁家，戒勿成服，且踊棺而哭，必有以报也！策则端章甫，投刺入公门，以校长名请谒，长擅提督代陈颠末，请"顾民嵓，惩祸首，并怜济翁之家属焉！"提督徐月亭亦宿耳策之名，故敷衍之，退则间示以恫喝，谓有"详学褫责"之意。策闻状，乃具情上控制军，陈词恳切，卒获申诉。令文下于巡辕，严斥诘状，月亭殊悚慑，终于屈服，事遂平反云。策之名，由是借甚。张百麟结自治学社，策与通款，乃成立分社焉。贵阳反正，安顺独应和最先，亦策指挥之力也。及唐、刘盗黔，策故不能居，亡命沪粤，总理屡有所举，策皆与力。民纪十一年，曾被举贵州省议会议长。于反对者不少假借，致遭解散。旋于广州观音山，遇蒙难事，策时直宿，激励同志，誓以身殉，事解而止。及晚年体衰，常不理于后进之口，然每谈国难，词气动人，可谓"至死不变"者欤？

李小谷

　　李小谷者，黔之遵义人，而异于遵义人之性者也。方清之末，黔省十三府除遵义一隅，盖无不有倾向革命者。而夷考小谷之先，原居遵义未久，且小谷来贵阳最幼，此其所以异于遵义人之性者欤？光绪戊申年，贵阳张石麒结自治学社，小谷名逮籍中，年虽少，坚苦致慎，料理各县称"社中铮"，而言不及遵义，异哉遵义人！而小谷者，于异之更异者欤？迨反正后，叛徒引外兵入，按籍捕杀，党人远窜，小谷亦亡命蜀中。蜀之豪杰莫不识之，因仕于蜀者垂十年。夫蜀之政局号称变赜，而小谷处之乃无间言，又一可异之事也欤？洎十二年，袁祖铭阻兵巴渝，小谷以计材权佐其幕，且身兼数务，而畴量军实，业业钩稽，莫不机牙四应，无毫忽爽，如是者又三年，人皆称为异能。盖小谷之出身本寒微，兼质弱而多病，生平处物接人，虽琐屑之际亦必恳款经心。自予与别至遇渝城，要在十年以外，每叹其身之骤衰，则力劝其任遇，而小谷固从之而不能改也。然则小谷之所以异者，而实至不异者欤？乃吾党中，常有疑小谷之变易者何哉！小谷亦尝愤慨以告予曰："吾惟以不顾异变，而始糊其口于四方，今若引绳以排根，彼夫华士之躁进，其谓之何矣！"予曰："夫激水可使过颡，冻雨不能崇朝，渊泉之用在长流，望洋每叹于无际。古来大任之载，固在此而不在彼也，小谷何尤焉。"夫当生死利害，而犹不趋异于守，此固异于遵义人之异；而小谷之所以奔走流亡，不得终其天年也欤？呜呼小谷！竟以十七年某月日，积劳咯血，死于贵州官产清理处。

王文华

　　王文华，字电轮，贵州兴义县景家屯人。前清末留学贵阳公立师范学校之优级选科，喜与张忞游，饫闻革命之说。时校中禁革命书籍甚严，文华则怀《民报》于自习室窃读，监学察知，屡记大过而不能改。平刚由日本归，文华往见，纵谈革命，刚深

异之，后知为刘显世甥，疑其伪，遂不与接。文华归里，集青年
窦居仁、何辑五等，成立体育学会，阴谋革命。反正前，张忞由
云南脱险来兴义，文华留之以主学会。洎显世据黔，以文华为副
官长，创改陆军制，文华自为大队长，即以忞为记室，显世不
怪。扩张防营，文华正式陆军既备规模，而为第一团团长，显世
复以其兄显潜统防营以掣之。及帝制变作，凡属防营莫不赞同，
独虑文华持异，于是假开军事会议，欲以众劫之。文华乃乘众甫
集，首即厉声而发言曰："袁氏帝制自为，倾复民国，大逆不道，
今日之事惟有发兵讨贼耳！敢有附逆者，予先手刃之。"显世之
众乃为其气所慑，遂无敢异言者。大议既定，蔡锷亦在滇发难，
飞檄传来，文华即请缨自效。显世不得已，以一二三团任之为东
路司令官，即日誓师东下，而老谋宿将，则谓"文华初生之犊，
罔识利害"。袁氏正受公使团之讥讪，勒限一月，以重兵削平西
南。用三道入滇故智，而以攻黔为中路。令骁将马继贞率步骑三
万，号称十万，循辰龙关从马伏波故道西上。黔中遂已震恐，谓
前敌若失，即以"孺子阻兵安忍，横拒老成"为辞，显潜又既
奉袁命，设巡按使行辕于兴义，频电催"斩文华，何惜一人，迅
以谢罪"。目论之士，胥谓文华此必族矣。更论其所部：一团弱
而三团傲，兵弱且傲，不亡何待？暨文华与继贞交战，一团团长
恇怯而退；三团团长果以轻敌阵亡，战情殊恶。赖有三营营长窦
居仁、敢死队长胡刚，两路奇兵殊死奋斗，全军之气为振。文华
乃与继贞相持于沅芷之间。继贞初恃其众，且易文华文人，指日
荡平小丑耳。不料文华善用士气，屡战逐北，反以少数而挠继
贞。至五月之久，显世阴扣弹丸，文华则诫士卒以刺刀冲锋，继
贞乃不能越雷池一步，卒以愧愤，自戕而死。黔军由是得"善
战"之名。袁氏既毙，民国复兴，文华勋名借甚，被推为第一师
师长，显世、显潜愧不能平，谋去文华之念益炽。六年，文华出
游京沪，知皖直军人思想顽钝，无异乃舅，始加入国民党，且与

张百麟言归于好。七年，护法军兴，文华又以师长兼黔军总司令入川以抗北军，与吴光新战，卒驱北军出川，名誉日愈崇隆。时湘西北军犹有出没，地方军民迭向黔军请援，文华乃以第一混成旅分驻辰沅。平刚由昆明下湘西，会合黔湘诸军，成立军政府于沅陵，得晤黔之将领，然后知文华之革命有素，而显世、显潜之谋倒文华也，愈益不容稍缓矣！初，显潜所统防营，有王华裔者，率一部驻防洪江，名守黔边，亦监陆军。九年春，黔军与川军有违言，忽调第一旅赴川，华裔遂督师入贵阳，而遣刘晋吾假商游渝，所以观变也。文华忌之，全师而归，晋吾乃误报兵败，华裔遂欲挟显世以收渔人之利，陆军将士均愤甚，文华终以投鼠忌器，遂避之沪。诸将士不得已，开军事会于遵义，共推第一混成旅旅长卢焘，权总师干。秋九月朔，归师抵省，问肇乱者之罪，华裔、显潜均已在逃，其余诛放有差，显世乃不安其位，引咎自去。冬，文华受总理任为国民党军事委员会常务委员，值大选贿案发，文华复奉令往浙江说卢永祥，欲共起兵以讨曹吴之罪。十年春三月十六日，在上海后马路，不幸遇贼刺中要害，卒年三十五，以众议，葬其柩于西湖之滨。①

张汉生

　　张汉生，贵州盘县人，民纪九年，以南洋公司商品，于安顺分庄出售；因常往广州，故曾入国民党。至十五年夏秋之间，北伐军兴，气象熊熊，汉生复见猎心喜，投入朱培德军，愿效执殳，为之奔走。时培德所领滇军，驻粤日久逃亡殆尽，因电贵州当局请许在黔募充，以滇黔人类较近故也。周西成复电慨然允许，于是汉生奉命携款来黔，在古州一带悬旗招募。既渐就绪，

―――――――――

① 　此篇后又有"李益之、王晓林"小传，所记非辛亥事迹，今略去。

始趋谒省署投文请见。殊于茶话之际，汉生略陈中央此次允须北伐之大义，及近年来新式之筹备；因宣扬中央德威，讽劝宜早觉悟，接受党义输入文化，措词之间，不谙周性，未免搪突。周遂大怒，呵其"冒昧"。汉生既退，周竟电令："古州将领，凡所新募一律收编，黔中子弟不许出境"，然而汉生已耗培德巨款矣。遂不敢回粤，盘桓省门数月，逡巡西去。未几，守边将士来电，谓"有张某者，自命粤中军人，招摇盘江各属，如何处分？"复电令其"捕获，就地正法！"汉生死后，培德有电来问，周以"通匪被杀"报之云。

（尹哲卿　柳子楠　罗士卿　宁銮
孔广钧　饶正权　王子林　陈电白　李绍修
朱杏元　陈名义　曾运堂）

孔广钧，字陶菴，贵州贞丰县人，将弁学校毕业，素具革命之志。龙济光向贵州征兵，广钧招一连人从之，故充独立连连长。王度以第一路司令之名入广州，首得广钧赞同，于是加入者至三千余人，因机泄先死。

尹哲卿，与广钧同邑，且结生死交，亦以兵一连从龙，充广惠镇守使署独立连连长。因广钧而与度识，亦遂赞成，并为运动使署之兵旅颇得手。事偾，遂同死难。

柳子楠，贵州盘县人，旧办团，以一连团兵从龙，于独立十六营充第四连连长。因广钧而见度，运动得六五百人，愿负发难之任。机泄遂被杀。

罗士卿，贵州贞丰人，原属"老一标"士兵。在广州充独立十六营教练官。因运动龙济光振武楼之炮兵，事覆，死之。

陈电白，贵州盘县人，陆军学堂毕业生，从龙济光充独立十五营教练官。时密会度，多所筹画，事覆，亦死。

李绍修，盖属贞丰籍，为孔广钧之排长，同时被害。

朱杏元，盖亦贞丰人，乃尹哲卿之排长，与哲卿同难。

宁銮、饶正权、王子林、陈名义、曾运堂，均贞丰人，因在籍与孔广钧通函，赞诩革命，广钧被害，搜检得函，济光遂电知贵州，刘显世乃按名捕而杀焉。以上十二人系死于民纪三年之役。

杜康臣（王续宾　陈炳焜）

杜康臣，贵州古州人，公立法政学堂毕业。从王度至广州，充讨逆军第一旅编修，时以"革命之义"向军士演说。常偕王续宾、陈炳焜，往来港澳，与度密会，约定在河南举事，机泄而死，炳焜与焉。续宾系紫云县人，贵州陆军小学毕业生，在龙济光独立第十六营充编修，度第一次失败，嘱续宾仍密进，并嘱部伍中与之接洽。及康臣、炳焜被捕，续宾遂仓卒举事，亦被害。炳焜时为第一旅之下级军官也。三人之死，属民纪四年事。

欧阳煜

欧阳煜，字伯麟，贵州铜仁县人。清光绪三十三年，入贵阳陆军小学堂。宣统三年升湖北中学。武昌起义，煜颇与有力，叙功得充战时总司令部参谋官。总司令蒋翊武鉴其材能，调兼第一兵站部长。癸丑之役，复入泸军总司令部。失败后伏处申江。甲寅春，陈英士命之密往湖南，有所运动，因侦知"刘显世购得枪械，运过常德"，煜乃纠合凌霄、匡黄等，谋路劫而夺之。有金卫斌者与焉。朱霈霖识其奸宄，儆众莫行。于是煜、霄，皆呵斥霈霖，谓"雨三太多疑，焉能成事！且金曾疏附佛青，同出亡在外，何嫌忌如是？"霈霖于是孑然离去，果为金卫斌所卖。事债，湘黔志士七人，于六月二十八日，俱被害于朗州江畔。枪毙后，霄幸获活，煜亡年才二十三也。湘人录入烈士祠，书其名作"煦"，盖误记耳。

刘荣勋

刘荣勋，字九安。方清之末，荣勋为安顺府名诸生。少有大志，挈其弟谨权，偕方策、柳惠希等互砺品节，负自治学分社之任。省议会成立，荣勋被举议员，颇尽言责。官吏自巡宪以下，措施或不便于民，荣勋抨弹无所忌。予居海外时，已耳其名，及遇之，与谈民治意义，颇中肯要，心愈仪之。反正时，仓卒济变，故多翼赞之勤。嗣以主事者之狂大，乃为奸人所乘，同志相继流亡；独荣勋以父母故，不欲远去。迨二亲年近风木，颇思幼子，荣勋乃承志而招之。谨权亦以"事玩情疏"，宜可归终养矣。殊返家未久，竟及于难。荣勋悲之，由是内悔外忧，傍徨曲室，累足终夜，每闻风声，则惊魑魅，一日三迁，殆非人境，如是者又若干时。洎父母相继以忧徂，凡而祖柩绋软，荣勋俱不敢事，惟是哭于庭，踊于唐，踞止于阈，以待窀圹归虞耳。继此而咄咄纡结者又若干日。荣勋亦遂骨毁形销，奄然以逝矣！然迄今孝义令闻，远近犹啧啧有声，盖荣勋不至今日有重名也。当时仇之者，既不能明杀，复不得便刺，固缘"荣勋之至慎"，亦爱敬荣勋而为之防其微者，早大有人在已。乌乎！荣勋之死也，可不谓之极沈郁幽愤之壇惨者乎？

匡 黄

童稚匡黄，贵阳廪生某之子。幼入乐群学堂，堂长彭述文见其肌骨精悍，短小敏活，而为易今名。益以寓未来革命之望也。及反正，黄尚少，故不能有所任，然以渐于革命之大义，已能辨正知非，见"蛮夷反动，盗憎主人"，心滋不平，以是一念之笃，遂亦奋迹流亡，而怦怦之痌，待乘便一发耳！民纪三年之夏，刘显世适购枪械入黔道经武陵。黄观此明目张胆，乃不胜其愤，遂起而与凌霄、朱霈霖、欧阳煜辈，要于路而谋夺之。终以年少，热诚有余，而机智不足，为奸人所卖，湘黔七人同时被害。乌乎！昔童汪琦，能执干戈以卫鲁国，孔子犹勿殇之；今黄虽稚，能死于义，虽欲不录，其可得乎！

窦居康（廖　谦）

夫贵州之反正，以响应武昌，其功在能迅举，成此大事，而能不杀一人，其意可谓至善。乃寇贼奸宄，乘人之草创，而窃攘夺于其间，此刘显世、唐继尧之罪，较之杀人放火，实为不可赦者欤？虽然，彼引盗而导火者，罪又甚焉！厥罪之魁，伊何人也？一者，为计杀黄佛青之王华裔；一者，为引寇入破黔局之戴戡。或逃刑逾十年，或罔生过五载，乃终为我执义不回之士，禽而诛之。是诛贼之功，要不得在反正先烈之下矣！

谨案：杀王华裔者，窦居康。居康字尧衢，贵州兴义县人，贵阳陆军学堂毕业生，从其兄以庄，幼年遂入营伍，为人风姿颇秀，皙美如玉，口吃讷讷，不知为武人也。十一年，大总统孙公命王伯群长黔，以庄以第一混成旅驻铜仁，实左右之。华裔乃敢挟其武力，途次来争。伯群、以庄不欲糜烂其民，慨然弃去，所遗部队，命交周西成与居康摄持暂避。西成见贼萃至，以本军方易帅，不得不退驻沿河。华裔即占铜仁，盛兵架梁山，挟妓高会。居康乃不胜其愤，鼓励所部，反取攻势，从一眇连长，身先犯敌。贼初狃于前胜，犹不在意，既见居康情殊猛进，遂大骇溃。华裔方踞胡床，品茶饮，居康已入城矣。乃舞屣而遁；趋舟，断缆而舟横；惶亟，匿入舱内。居康命眇连长凫水追至，攀其舷，呵令放仗，左右皆股慄。问"头目安在？"华裔骇视，飞丸自舷一方来，尸横墙下矣！华裔既死，居康旋赴彭水，收抚群盗。夜船时不虞，仓卒为盗所害，年才廿云。妻何氏，尚为守焉。

又案：杀戴戡者为廖谦，字子鸣，蜀之新都人。清光绪之季，以陆军军官出身，需次来黔，与张百麟结自治学社，志趣非常。百麟初画，欲以谦领军事，故使充陆军小学堂提调。革义日乃孚，谦功为上。嗣以新军不同，推杨荩诚都督，谦仍为之参谋，至戡乱黔，谦始归蜀。民纪六年，从刘存厚起义川中，任团长职，戡又乱蜀。谦于是日夜纡筹，竟击破戡兵于成都。戡率残众，遁入皇城，谦复围之；攻二十日，皇城破，戡乔装杂逃，谦亦乔装入士中，尾而识之。犁迹不舍，追至中心场，戡之从卒仅数十人已，惶极且困，窜入某甲首家，闩门抵御。谦乃督众围剿，当场一一格毙。检验戡尸，乱枪如痘。谦复戟指数而骂之，然后裂其尸以投之锦江中。是役也，谦以功升旅长，兼参谋长。不幸于某年月，被贼刺之于某地死焉。

张镜波（戴雅臣　董威伯）

张明德，字镜波，贵州黎平府开泰县学名诸生。方清之季，以高材受知于东道吴雁洲，得调省入贵山大学堂。性爽直好嚎谈，高视疏节；每遇饮宴，辄使酒陵人，座为辟易。故好事抨击权贵无所忌，以是堂中有所抗议，则群推以为冠。巡抚庞鸿书震其名，呼而训戒之，然爱其才，亦优容焉。张百麟结自治学社，乃罗致镜波，以主《西南日报》，因为之努力。及反正时，尤多献替，镜波之名益显，被选省议会议员，与松桃戴雅臣、普安董威伯，鼎足齐名，遂以字行。唐、刘盗黔，三人俱不平，而镜波独简直，不屑委蛇，乃弃去，遨游南北。以素喜豪放，故与当代武人，率为尔汝之交。自癸丑以还，镜波莫不与役，而尤著绩两湖。或假商号，或设学校，掩荫同志，所全不少。民纪三年至十年，黔楚之士，受其赐者，无虑数十百人。中间七、八、九之三年，于湘西军政府兼任秘书长，赞画维殷。计镜波之廿余年，入不给施，倾家散济，己则任其江湖落魄。至廿五年之夏，始从绥靖主任刘兴归来，已年衰瘤病矣。间尝与刚絮话出世，或思浪游，均有所不能。于是悠然忆及十余年前，朱霖病废沅陵，镜波日侍所谈，亦复如是，不禁潸然而太息！冬，遂病革，强入医院，已知不治。刚乃慨其革命一生，无息，复无家，强迎之来舍。明年正月五日，咯血卒于厅事。敛葬之资，赗诸戚友，一女随身，亦云惨矣！

戴雅臣，原名人骏，清之松桃举人，于自治学社著绩。入民国被举省议员，努力革命奋不顾家。镜波去后，雅臣能忍辱，隐身议会，而与敌为吊诡，至八九年之交，始得乘贼之便，乃竭身心之力以倒之。刘氏既倒，雅臣亦吐血而亡。方自省门绋枢回籍。嗟乎！禹八年于外，若雅臣者，可谓吾党之深心人矣！

董威伯，原名权环，于清末，属普安之名诸生，亦著籍自治学社。黔局破陷后，亡命于外有年，谒总理归来，复谋密运。于某年月，被逮下狱。自分男儿死矣，作绝命诗数首，备取从容就义，殊遇他缘得释。又图改策继进，不谓于昼夜密移之际，所携秘册不慎于藏，为贼窃去，忧思不已，遂罹心痼而亡。嗟乎！威伯之于革命，可谓"至诚无虚，自强不息"者欤？然惟其播种也深，故于今收获也茂。闻其乡后进之士，几莫非威伯当年之及门子弟，或私淑而与有闻焉者。呜呼！是三人也，乃终身淹倒于革命之中，以较今日侥幸于革命之外者，此可为悼也欤，抑可为法也欤？且刚之录此八十人也，谓之即三人焉亦可耳！

跋

右贵州革命先烈八十人，余为陆续校印于《晨报》既毕，装订成册，以质诸世。此八十人中，有贩夫走卒，有部伍健儿，有勋业显宦，有阀阅世胄，有穷巷书生，有市井细民。流品虽至不一，要皆慷慨激昂，发乎内在之忱，或参加国家革命事业，或为乡土争自由，一与恶势力搏斗，今或伯道下世，若敖之鬼已馁，或则哲嗣联翩，尚为国家效命。穷通得失，亦至不一。彼八十人，曾未一计成败利钝，一以革命为归。余生也晚，大半未获亲与交接，读兹事略，倍觉虎虎有生气。绍璜先生，就其记忆所及，著为此篇，不以事业成败著于笔端，非如行状传志，诩其丰功伟业，仅记其荦荦者，见解即已高人一筹矣。十年以来，余服务乡邦，得与方竹君先生共事，夷考其行，觉仍老而弥笃。今虽下世，检读兹篇，回味所曾相识，皆如绍璜先生所记，更以知其落笔之不苟矣。方贵州之起义也，余龄未满旬，总角束发，日惶骇于视听，今兹回忆尚有余感。彼时清廷侦骑四出，官府奉命唯谨，一言革命，动以白刃相加。市井奸人，又复捕风捉影，故入人罪，以售其仇杀自利之私。官府追捕党人，日必数起，草菅人命，无所不用其极。党人之横死者，日每有人。今兹所传，仅得八十人，为时仅二十五年耳。征诸社会，已多不能道其姓字乡里，则尔时之被捕杀者，必百倍于先生所录；唯以时方戒严，私家未敢载笔，草泽英雄，遂以淹没无闻。即兹八十人，赖先生之笔以传，亦云幸矣！志士仁人，为民族争生存，浩然之气，长存于天地之间。初第行其心之所安，本未计及身后浮名，则除此八十人，余亦何憾。然环视国内各省，革命先烈，祠祀林立，黔中健儿，乃反没世而名弗彰，甚有误入湖南革命先烈祠而享异乡恤食者。若非先生，则百年之后，此八十人中，知名者更必百不得其什一，先生之作又乌能已！今国家统一，黔人涵濡共和，已忘君权之残暴，饮水思源，其亦知所有自。外侮方亟，后死之责尚殷，追思往哲，勖兹来者，先生之作，更足以风世而励俗矣！大定杨万选。